范守纲 ——

著

写作例话

上海教育出版社
SHANGHAI EDUCATIONAL
PUBLISHING HOUSE

图书在版编目（CIP）数据

范守纲写作例话 / 范守纲著. — 上海：上海教育出
版社，2023.11
ISBN 978-7-5720-2357-6

Ⅰ.①范… Ⅱ.①范… Ⅲ.①作文课－中小学－教学
参考资料 Ⅳ.①G634.343

中国国家版本馆CIP数据核字(2023)第214536号

策　　划　李光卫
责任编辑　余佳家
装帧设计　陆　弦

范守纲写作例话
范守纲　著

出版发行　上海教育出版社有限公司
官　　网　www.seph.com.cn
地　　址　上海市闵行区号景路159弄C座
邮　　编　201101
印　　刷　上海昌鑫龙印务有限公司
开　　本　787×1092　1/16　印张 24.5
字　　数　400 千字
版　　次　2024年1月第1版
印　　次　2024年1月第1次印刷
书　　号　ISBN 978-7-5720-2357-6/G·2086
定　　价　49.80 元

目录

作文就是用笔说话（致范守纲信）

叶圣陶

（一）

守纲同志惠鉴：

来信敬读。足下知道我目力不佳，字写得这么大，使我看下去不费力，设想周到，使我感激。打印的发言稿字体不算小，但是用墨淡，纸色不够白，我就不能细看了。

作文教学偏于形式，诚如足下所说，是一种弊病。偏于形式，自然把作文看成一件特殊的事，跟实际生活并不怎么切合。于是学生自然要"叹无内容之苦"；无内容就是无话可说，无话可说而硬要说，自然是苦事。如果把作文看成一件极其平常的事，跟每天要说许多简短的话，还要说些长段的话同样平常，那就不会无话可说了。学生说话也得训练。训练要各科老师一齐着力才好，语文老师自宜多担些责任。作文就是训练学生用笔说话，语文老师专负这个责任。我看来信的时候想到这一些意思，随即写在这里，足下以为何如？

观察，思索，我现在想，也是各科教学都得训练的事，不限于语文科。训练的目的在于使学生真能全面发展，不在于作文。但是学校教育如果在这方面真能启迪有方，学生作文程度必不会差。

足下的"写作训练应该编排序列"这句话，我非常欣赏。

感于足下厚意，勉力写此一信。心思不能集中，书写又不很便当，只能简略说几句，未免辞不达意，尚希原谅。

上海育才中学段力佩校长是我的老朋友。他学校里教语文有一套试验办法，让学生多看书籍，学生作了文，让他们分组讨论，自己修改。足下想必知道这些情形，所示的种种高见，不妨与段校长谈谈。

即请

大安。

叶圣陶　五月三十一日上午（1979年）

（二）

守纲同志：

尊论训练学生作文诸端，皆有意义，我表赞同。试验三年而后，此一班学生实际作文能力当较高于一般初中生。

今时作文教学，有些人不免承袭旧时之想法与作法。如①学作文为了应考试，②作文是发一套空议论，说一番虚假话，③作文要搬弄词藻，讲究形容和比拟。诸如此类，我以为不宜再输入今时学生的意念之中了。足下高明，必有同感。

足下课内是一课外是三，此说极好。我以为无论什么课，课内都应当注目于课外。学生当学生是暂时的，而做一个真正合格的公民是一辈子的事，所以一切功课都要从实际生活出发，不是为学某课而学某课。

有设计的多练，自然有更好效果。我想加一层意思，练还是要切合学生当前的实际。足下以为何如？

匆复，即请

暑安。

叶圣陶　七月十四日上午（1980年）

（三）

守纲同志惠鉴：

九日手书敬诵。

我的话没说清楚，之所以没说清楚，因为想得不很清楚。

现在试来重说几句。

凡人要作文，学生要学作文，因为作文是生活的需要，工作的需要。最要认明的，作文决非人生的点缀，以为能写几句文章就很漂亮，就是超出常人的人。

作文就是用笔说话。溯到根源，还须注重说话。话能说好，文就能作好。

另一方面，看书看报就是用眼睛听别人说话。如果听人口头说话有较强的能力，那么看书看报也不会看等于不曾看了。

由于以上的理由，训练学生要语言与文字兼顾，而语言是基本。

再溯到根源，语言与思维分拆不开。语言要说得正确，有条有理，其实就是头脑里要想得正确，有条有理。因此，语言训练与思维训练要同时并举。

我所说的想不清该有多少项目，这是指训练思维和语言的项目，其次才是阅读和作文的项目。

此刻写这些话奉答，仍然抽象且模糊。即使当面谈，恐也不会较好些。实在抱愧之至。

即请

撰安。

叶圣陶 一月十七日（1981年）

重视“优秀作文”的样本价值（代前言）

范守纲

学生作文，历来多被看作语文课的一道作业，突出的是它的练习功能。这是不错的。而其中的“优秀作文”则不仅具有练习功能，还具有示范功能。这是值得重视的。示范性正是优秀作文作为样本的价值所在。

教学实践表明，“优秀作文”对于同龄人有着特别的吸引力。由于年龄相仿，生活相似，知识相类，心理相通，不仅便于直接模仿，而且“你行，我也行”，还能大大激发学生的写作兴趣和自信心。一个有趣的现象是，学生普遍“害怕”作文，却普遍“欢迎”讲评。对于范读或张贴的“优秀作文”，学生是十分关注的。有的作文甚至时隔几十年后，仍记忆犹新，并津津乐道。

我当过语文教师，也任过语文杂志编辑，还编过语文课本，可谓一生与青少年作文为伴。我收集的优秀作文，数以千计。当教师时，执教两个班，历经若干届别，收有优秀作文，但所见毕竟有限。而从事编辑，编写课本以后，就有更多机会收集少年佳作。不仅来自区、县，更有来自省、市，乃至世界各国，凡有所得，皆视为至宝。面对灿如星辰的一篇篇少年佳作，我都细加把玩，爱不释手。其间应各地报刊之约，陆续选评，加以介绍。例如，1999年中华人民共和国成立50周年，为《文汇报》编选“不同年代的青春之歌”专版；2019年中华人民共和国成立70周年，为《新民晚报》编写“少年强，则国强”专版；同时为黑龙江、内蒙古、山西、河南、四川、广东、江苏、北京、天津、上海等地教育刊物或开辟专版、专栏，或综合集评，做的都是推荐、评点、介绍的工作。其中很大一部分是从写作的角度介绍的。积以时日，这就成了《写作例话》的雏形。

在整理《写作例话》这部书稿的时候，我的心情还是很激动的。那一篇篇充满青春气息的作文，那一个个尘封已久的与文章作者和推荐者来往的故事，一一回到眼前。其中有一些我也附录在这本书中。我珍惜它们。它们是鲜活的写作实录，也是岁月的历史见证。

本书名为《写作例话》，写作是它的中心内容。我努力地将青少年写作的知识点、能力点加以梳理，并特别关注难点，然后与我所收集的优秀作文加以对接，加上我的评点和说明，希望能引起青少年读者的关注，并有所收获。

至于怎样读《写作例话》这本书，我有两条建议。一是通读。这犹如读故事书。因为每篇作文都是一个故事。我在评点时，也有生活故事穿插。我相信，有些作文故事会让你心动的。二是选读。你在写作中，遇到了困难，不妨有针对性地寻找相关章节阅读，看看优秀作文是怎样安排处理的。书中章节都有名目，可以因需而读。

只是有一点需要明确，不管怎样读法，关键点是要有所悟。这个"悟"来自你的内心，你的思考。它是收获的标志。阅读不是走过场，而是心有所属。有所悟，才有所得。得心才能应手，认真阅读，认真写作，提高写作能力是完全可以预期的。

以下引三段名言，以与青少年读者共勉。它们是：

1. 阅读是写作的基础。（叶圣陶《阅读是写作的基础》，《叶圣陶语文教育论集》，教育科学出版社1980年版）

2. "模仿"可以说是创造的第一步，"模仿"又是"学习"的最初形式。但我们拥护"模仿"，只能到此为止。过此一步，则本为向上的垫脚石，就转而变成绊脚石了。（茅盾《大题小解》，《茅盾文集》第10卷，人民文学出版社1961年版）

3. 写吧，只有写，你才会写。（巴金对萧乾说的话。文洁若《俩老头儿的故事》，《中华读书报》2005年11月11日）

一、写前准备

（一）从几则小故事说起

说起写作，不少同学会皱眉头，说："很难。"难在何处？难在无内容可写，难在写作过程不顺畅，难在作文成绩提高不快。久而久之，自然而然，就害怕作文了。

同学们说的也是实情。但是，能不能破解这个难题呢？本书就是为你们破难解困而编写的。办法还是有的。那就是向写作能力比较强的同学学习。他们是你们的同龄人，他们的作文实例能给你们有益的启示，取法于此，加上写作实践，相信你们就会尽快收获到写作进步的喜悦。

为了提升信心，我们先说几个小故事。

① 儿歌《我爱北京天安门》是谁写的

"我爱北京天安门，天安门上太阳升。伟大领袖毛主席，指引我们向前进！"这首儿歌耳熟能详。歌词朗朗上口，明白流畅。你们相信这首歌词是出自一名十三岁少年之手吗？确实是。作者名叫金果临，时读小学五年级。平时他负责编写班级墙报。一日，他在墙报上画了北京天安门，还画了一轮金光四射的太阳、红旗、向日葵，画面十分鲜艳好看，他很满意。回家后他想起白天的得意之作，难抑兴奋之情，一口气写下这四句诗。此后，由表姐金月苓谱曲，《人民日报》转载，迅即传遍大江南北。少年朋友，这可是你们同龄人的作品啊！

② 七岁儿童写《咏鹅》

"鹅，鹅，鹅，曲项向天歌。白毛浮绿水，红掌拨清波。"这是一首著名的唐诗。诗题为《咏鹅》，骆宾王所作。你听，多么动人的鹅鸣声，多么明丽的群鹅图！有的同学还兴趣盎然地提出："鹅，鹅，鹅"，连唤三声，这是对一只鹅的惊呼，还是对一群鹅的指认？读者可以各有自己的解读。令我们惊喜的是，这首千古名作竟是出自七岁孩童之手。据《补唐书·骆侍御传》："宾王生七岁，能诗。尝嬉戏池上，客指鹅群令赋焉，应声曰：'白毛浮绿水，红掌拨清波。'"骆宾王七岁能诗。少年朋友，他行，你们不行吗？

③ 作家叶文玲的写作故事

据叶文玲回忆：

后来，我又不满足于只看一般的故事书了，学校图书馆那丰富的图书又像磁石一样吸引着我。那些古今中外的大部头小说使我着迷，我把所有课余时间都花在借阅图书上。这时，我养成了做笔记的习惯：记书中优美的词语，记描写的精彩段落。做笔记锻炼了我的记忆力，也增强了我的理解力。

有一次命题作文写"一件不愉快的往事"，我的情绪分外激动，觉得自己得到了一个大显身手的好机会：小时候受过的一次委屈，平常积累的那些描写苦闷心境的词语，像酵母似的发挥了作用。我从一个清冷的黄昏开始写，以月亮的美丽皎洁和周围人的嬉笑，来反衬一个受委屈的小女孩的孤独和寂寞。写着写着，我禁不住眼泪汪汪。这篇充满真情实感的作文又得到了好评，被用大字誊抄出来贴在教室的墙上。可是，看到老师用红笔圈出我写的月亮"像一轮玉盘嵌在蓝色的天幕中"这句话，说这个"嵌"字用得特别传神时，我脸红了。我不能心安理得地接受这个赞誉——因为这句描写和这个"特别传神"的"嵌"字，是我看了巴金先生的《家》后念念不忘的词句。

（《我的"长生果"》，见五年级上册《语文》课本）

叶文玲，当代女作家，有《叶文玲文集》问世。她曾就读浙江台州楚门镇中学。当时，她就是一名普通的中学生。她爱读书，如痴如醉，做读书笔记，摘抄优美词语，摘抄名著描写的精彩片段，她是用功的。她的作文中的一段描写被老师大加赞扬，恰恰是她学习巴金《家》中的一段描写的移用。她的经历和体会是会给你们启发的。

　　"阅读是写作的基础。"（叶圣陶语）这句话揭示了阅读与写作的联系。诚然，阅读的功能不止于写作，它是人生成长的必备功课，"腹有诗书气自华"（苏轼语）。仅就阅读与写作的关联来说，阅读提供养料，出示样本，既有精神的熏陶，又有辞章的积累，"读书破万卷，下笔如有神"（杜甫语）。对于作家如此，对于成长中的青少年亦复如此。

小链接

　　作家秦文君说： 阅读是写作之母，孩子需要培养阅读的热情，因为有了热情才能热爱。阅读、生活、写作如同地基、砖瓦、设计。"地基"就是阅读；"砖瓦"就是生活的阅历；"设计"就是写作能力。

（《新民晚报》2021 年 10 月 25 日）

　　作家贾平凹说： 素材要从生活中来，智慧的东西得自己体会出来才有意思。我作品中的人物大多有原型。有原型就像盖房子先打几个桩，怎么盖心里就有数。这也是一种习惯。

（《新民晚报》2020 年 6 月 21 日）

　　作家王宗仁说： 看见了，想一想，记下来。这是我人生和文学的三字经。

（《语文学习》2018 年第 1 期）

（二）自备一本练笔簿

　　巴金说："只有写，才会写。"学生课堂作文，一般为两周一篇。从"多写"的角度说，这显然是不足的。为此，不少同学就自备一本"练笔簿"，用于课外自由写作。这确是一个好举措。课外练笔，自选题目，自由发挥，没有"作业"的心理负担，一吐为快，受到广大同学的喜爱。这从他们为练笔簿取名可见一

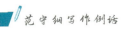

斑。例如《纸上涂鸦》《心灵放飞》《牛刀小试》《乱弹曲》《灵思偶得录》《男生世界》《云之梦》《采蜜本》等等，显现青少年乐观、自如、调侃的心态。

学生的"练笔簿"是多功能的，它也是读书笔记，学生读到生动传神的语句，必录之以欣赏，借用于作文。它也是"生活小记"，学生抑或遇到动心之场景，一次难忘的见面，一次揪心的分别，一次欢笑，一次痛哭，必录之于"练笔簿"。又或有一些"小感觉"，春风，夏雨，秋霜，冬雪，动之以情，诉诸笔端，可供自我欣赏。课外练笔，有助于学生积累词汇，凝聚思想，倾吐胸臆。自备一本练笔簿，留下美好的青春记忆，激发写作情趣，操练写作基本功，一日进，日日进，得益是明显的。且听下面几位同学的心声：

我有一个好办法，每天晚上回忆一下自己这一天干了什么，听到什么，看到什么，想想这些事情可以表现哪方面的内容，有何特点，有何价值，等等，最后记录在日记本上，这样坚持下来，就解决了写作文最头疼的无事可写的难题。

（河北　钟晓峰）

读书看报，浏览杂志，看看电视，听听广播，每有所得，随时记下，便构成了我的"日札"，点点滴滴，日积月累，"日札"里有最真实的记录。

（黑龙江　张志国）

从小学到高中，每位老师都强调平时练笔。不拘一格，自由为文，我不知不觉地学会了观察与思考、感受与表达，久而久之，练笔成了我的一种习惯，如果隔段时间不写，心里总有一种想表达的欲望。

（广东　邱　岚）

最喜欢描写亲情的文章，平淡中显真情，所以我喜欢《背影》，喜欢朱自清。

一直希望像他一样，可以写出清雅美丽的文字。

这个世界太大，而我只能描绘一片，但这一片正是我的天地。

（上海　肖波儿）

5 爱上了，就别撒手

我非常重视写作前的积累。一些中学生平时作文，苦于无物可用，无话可写，经过一番搜肠刮肚之后，还是找不到合适的题材和词句。造成这种情况的主要原因是积累不够。我从初中开始，就有意识地搜集语汇和素材。看到书上一个不熟悉的词语，听到别人一句新鲜的话，观察到某个自然或社会现象，包括轶事趣闻、格言名句，自己偶尔产生的想法，诸如此类，我都会随手记在笔记本上，每个月整理一次。这样积累多了，可写的东西就很多，可用的语汇就丰富，写作时就能得心应手、左右逢源。

（广东　曾桓开）

（三）留住"瞬间"

生活是平凡的，又是丰富多彩的。唯其平凡，有些同学觉得无话可说；唯其多样，有些同学又觉得无从说起。其实，细细想来，生活中总有一些人和事会给你留下比较深刻的印象，而它们又往往集中于为数不多的几个转瞬即逝的"镜头"。抓住这些"镜头"，也即捕捉住这些"瞬间"，作文材料就会源源不断。

试看一例：

早上起晚了，妈妈冲好了牛奶放在桌上。我一手忙着戴帽子，一手抓起碗就喝，妈妈把糖罐送到我面前说："加点儿糖吧！"顿时，一种异样的感觉涌上心头。我喝着甜甜的牛奶，想说许多话，又说不出来。

这是一个极其平常的生活"镜头"。可是，一旦作者有了一种"异样的感觉涌上心头"，这个场景一下子"活"了起来。作者由牛奶加糖联想到生活中的人和事，热情、关怀、鼓励，能使人平添自信和勇气。"在清淡的生活中加一点糖"，从个别到一般加以概括，从而揭示这一场景可表现的母亲的爱，这是作者对生活有所领悟的显示。有领悟就有文章。捕捉"瞬间"，说到底，就是捕捉这

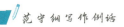

一"瞬间"所得的领悟。

留住"瞬间",还要求摄取动人的形象和安排紧凑的结构。意义存在于形象,无形象也无从表现意义。

以下是沪剧演员倪幸佳的一段回忆:

父亲的身影

我记得清清楚楚的是,父亲调回上海工作后,不管刮风下雨还是雪花飘飘,我演出结束回家,父亲的身影总是在我家车站的路灯下。有时从郊县演出返回,路途时间受到耽搁,但等上一二个小时,父亲不会离开。他路灯下那个温暖的身影,每每想来,都会使我泪水盈眶。时光匆匆而去,父亲的音容在我心里还是那么清晰。现在偶尔经过我们原来家附近的车站时,我仍忍不住要朝路灯下瞥上几眼,当然再也看不到那个熟悉的身影了,但我心里仍会涌上一股温暖的情感。

(《路灯下的父亲》)

在岁月长河中,父亲深夜路灯下等候女儿归来的情景,虽为短暂一瞬,却永远刻印在女儿的心中,也刻印在读者的心中。父爱无言,含蓄朴实,这是人间最真挚的感情表达。多少年后女儿在《路灯下的父亲》一文中记下了这深情的一幕。

下面是两帧街头拍摄的照片,记录的同是耐人寻味的亲子之情。

一帧被称为"雨伞爸爸"的照片,2015 年 9 月 14 日在网络上发布,感动了全球 250 万人。这张照片上,一位穿蓝色衬衣的父亲左手提着公文包,右手为孩子打着伞,在滂沱大雨中全身淋湿。

另一帧标题为《让孩子自己系鞋带吧！》。孩子年少，需要家长爱护，但孩子能做的日常小事，父母也要包揽，这对孩子的成长是不利的。放手让孩子做他们力所能及的事，将来他们就能做得更好，走得更远。

让孩子自己系鞋带吧！

任国强

一位家长蹲在地上给戴着红领巾的女孩系着鞋带，女孩坦然地伸着脚。

有个微信群讨论长跑的时候说了这件事。有妈妈说孩子不会系鞋带，这不是个例。教育部发布的《3—6岁儿童发展指南》指出，5—6岁的孩子应该会自己系鞋带，但事实上小学一、二年级的孩子大部分都不会，中高年级的孩子能熟练快速完成的也不多。

很多家长看到孩子系鞋带笨手笨脚，索性代劳。孩子小，需要家长爱护，但什么都大包大揽，往往造成孩子低能。如果从小让他们学做自己能做的事，将来他们就会做大事，能做得更好，走得更远。让孩子从系鞋带开始吧！

"瞬间"剪影：

意义重大的"46秒"

1997年7月1日，香港回归祖国。回归仪式要升中国国旗。这里有一个细节——乐队演奏和国旗升起的时间。英国人说，乐队从1997年7月1日零时零点零分起奏，同时升中国国旗。李肇星（时任中国外交部部长）回答说："不行。我们乐队要提前46秒钟起奏。我们国歌全曲演奏需46秒钟。提前46秒

演奏，确保1997年7月1日零时零点零分我们的国旗升到旗杆顶端。"短短46秒，堪称一瞬间，事关国家主权和尊严，意义何其重大。

（《李肇星说》，人民日报出版社2012年版）

瞬　　间

张家港市鹿苑小学　秦文娟

"谁来主持？"课堂里闹哄哄的，正在举行一场文艺活动，可是，没有主持人。

我坐在位子上，心跳得厉害，多么想站到台上去，但是，我知道，同学们会笑话我的。

记得上次，班上开一个小型故事会。我向班主任和同学们提出：当一次主持人。没想到遭到了他们的非议："你行吗？凭你的口才？"……面对种种议论，我失去了勇气，失去了一次锻炼的机会。

现在，机会难得，我应该战胜自我……

"到底谁来，勇敢一点啊！"老师的话音打断了我的思路。"应该去，不要气馁！"我发自内心的呼唤，一股勇气驱使我走向讲台。

瞬　　间

张家港市鹿苑中学　金础建

暮色渐渐笼上来了，透过雨幕可以看见远处朦胧的灯光，我站在一家商店门口，焦灼地拨弄着手指。从好友家里出来，雨还是淅淅沥沥的，她要我带伞，我拒绝了，我说在雨中散步更有诗意。可现在……

"要不要进来同撑一把伞？"一个男孩子的声音飘入我耳际。一个高高大大的男孩站在我面前，手里撑着一把蓝色的伞。

我心中一喜，可转眼间这喜悦便像肥皂泡一样"啪"地破灭了。要是个女孩，而不是一个男孩，我一定会毫不犹豫地同她共伞，可他……要是我同他共伞，明天，准会满城风雨。我仿佛看到老师、父母责备的目光，同学神秘的眼神……我不敢再往下想。

"怎么，不敢进来？"真诚而带有挑战的口吻，我很强的自尊心猛地一震：怕什么，路也不远，何况人正不怕影子歪。我咬了咬牙，不再犹豫地走进了那无雨的世界。

生活中像这样瞬间出现的一幕又一幕情景，都引人注意，发人思考，有心积累，录以备用，何愁下笔缺少素材。

（四）注重思想积累

说到写作积累，同学们往往比较注意生活素材的积累，这是不错的。而思想积累却不被重视，这是需要提示的。思想是生活素材的灵魂，它统率生活素材。注重思想积累，有利于激活生活素材，表情达"意"，通情达"理"。文以意为主，这是写作最基本的道理。

请看，作家肖复兴有一段文字：

母亲在这座新楼里一共住了五年。母亲去世以后，好长一段时间，我出门总是忘记带钥匙。而每一次回家走到楼下的时候，我也总是习惯地望望楼上的那扇窗，可那空荡荡的窗像是没有画幅的镜框，像是没有了牙齿的瘪嘴。这时，我才明白那五年里窗前母亲的身影对我们是那么的珍贵而温馨，才明白窗前有母亲的回忆，也有我们的回忆。

当然，更明白了：只要母亲在，家里的窗前就会有母亲的身影。那是每个家庭里无声却最动人的一幅画。

（《窗前的母亲》）

母亲在世时，对母亲的关爱视同寻常。只是在母亲离去后，才倍感珍惜。作者借母亲窗前的一幅剪影，连呼"才明白"，母爱"是那么的珍贵而温馨"，留给我们的是永远的"回忆"，"更明白"母爱对"每个家庭"都是"最动人的一幅画"，值得所有人的反思。三句"明白"，揭示了窗前母亲身影的意义，短短文字，感动了很多读者。

再看一个生活片段。那是作者对池中莲花的欣赏：

清丽脱俗的莲花，虽出于池底的污泥，却有着一份至纯——无瑕的白，恒久的白！莲花凋谢了，深深埋着的根和茎上，会再长出同样清丽的白莲，同样纯洁的白，一载复一载，清新不变的至纯……

污泥为什么能孕育出人间的至纯？引我深思的除了莲花之外，更多的是它潜藏在水中的根和茎。

是根！不停歇而又谨慎地吸收污泥中的养料，成为人间至纯的白色；是茎！毫无保留、毫不间断、默默地把一切运送着，为了莲花开得更白、更美、更纯……

（陈伟恒《黑与白》）

池中有白色的莲花，池底有黝黑的污泥，莲花有根和茎，这就是日常所见的池中风景。仅止于此，人所共见。这位同学深入一步，他有感于莲花"清丽脱俗"，有"无瑕的白，恒久的白"，正是植根于池底的污泥，联想到荷花"潜藏在水中的根和茎"，根"吸收污泥中的养料"，茎毫无保留、毫不间断地"运送"，这才造就了莲花的"白""美""纯"。文章赞美无名者的贡献。有了"思想"，有了立意，文章的素材就有了生命。尤可称道的是，同是写"莲"，本文与宋人周敦颐《爱莲说》不同，周文写莲"出淤泥而不染""香远益清"，这位同学写莲色白而至纯，全靠污泥的供奉。描写对象相同而立意有别，如此别出新意是难能可贵的。

思想积累包括道德观点的积累，政治观点的积累，哲学观点的积累，尤其是哲学观点的积累。

道德观点，一般指做人的道理，对人对事的基本态度。写作者要树立正确的人生观、幸福观、价值观，保持高尚的情操，健康的思想感悟。

关于政治观点，基本上以我国的各项法律、政策为依据。关心国家大事，树立远大理想，留心时事变化，不断提高政治觉悟。而哲学观点则主要指辩证唯物主义的思想观点，诸如透过现象看本质的观点，全面地看问题的观点，一定的量变产生质变的观点，发展的观点，事物在一定条件下转化的观点，等等，这对于认识生活、厘清生活之间的联系大有裨益。这些基本的哲学观点是帮助我们分析、认识生活的"望远镜""指示灯"和"解剖刀"。什么是分析的方法？辩证的方法就是分析的方法。掌握了辩证法，就掌握了分析的方法。

那么，在平时怎样才能做好思想积累呢？

具体的做法是向书本学习，向生活学习，特别重要的是自觉地加强思想锻炼，遇事问一问为什么，学会运用哲学的基本观点，审时度势，不断地体验、总结生活的真谛。不少同学有计划地阅读必要的理论书籍，如《辩证唯物主义常识》《社会学》《心理学》，还认真地写读书笔记，这不失为积累思想观点的好方法。另外，还有些同学能于平时注意收集一些富有哲理的名言警句，如"比较是医治受骗的好方子"（鲁迅《随便翻翻》），"天下没有不散的筵席""天下乌鸦一般黑"（谚语），"九层之台，起于累土；千里之行，始于足下"（老子《道德经》），"业精于勤荒于嬉，行成于思毁于随"（韩愈《进学解》），"冬天到了，春天还会远吗"（雪莱《西风颂》），等等，辑成名人名言录，列为座右铭，这些都是积累思想观点的行之有效的方法。

诚然，平时注重思想积累，对于加快构思速度有实际作用，但应当明确的是，做好这方面的积累工作，其意义决不仅止于在写作时能使思考有较高的起点，有较好的角度，更重要的意义还在于能培养正确的思考方法，形成较好的思考能力，能面对纷繁复杂的社会现象，有洞幽烛微、驾一驭万、进退自如的能力。因此，与其说，善于积累思想观点，是为现场快速作文做好思想准备，不如更准确地说，这是为中学生从幼稚走向成熟，成为一个社会有用人才所做的必要的思想准备。

小链接

社会主义核心价值观

中国共产党第十八次代表大会从国家、社会和公民三个层面概括社会主义核心价值观的价值目标、价值取向和价值准则。社会主义核心价值观是维系一个国家团结、稳定和繁荣发展的不可或缺因素。

富强、民主、文明、和谐——国家层面

自由、平等、公正、法治——社会层面

爱国、敬业、诚信、友善——公民层面

名人名言十则

◎ 其身正，不令而行；其身不正，虽令不从。

（［先秦］《论语·子路》）

◎ 居安思危，思则有备，有备无患。

（［先秦］《左传·襄公十一年》）

◎ 人固有一死，或重于泰山，或轻于鸿毛，用之所趋异也。

（［汉］司马迁《报任安书》）

◉ 兼听则明，偏信则暗。

（〔宋〕司马光《资治通鉴·唐纪八》）

◉ 山重水复疑无路，柳暗花明又一村。

（〔宋〕陆游《游山西村》）

◉ 我自横刀向天笑，去留肝胆两昆仑。

（谭嗣同《狱中题壁》）

◉ 数风流人物，还看今朝。

（毛泽东《沁园春》）

◉ 从来燕赵多豪杰，驱逐倭儿共一樽。

（朱德《太行春感》）

◉ 真、善、美，这是能使人生达到至善境界的三大要素，有了它，人就有充分的理由认为自己不会为生活的苦难所毁。

（〔俄〕谢德林《波谢洪尼耶遗风》）

◉ 想象力比知识更重要，因为知识是有限的，而想象力概括着世界上的一切，推动着进步，并且是知识进化的源泉。严格地说，想象力是科学研究中的实在因素。

（〔美〕爱因斯坦《论科学》）

（五）培养好奇心

在日常生活中，人们会遇见种种现象，其中有社会现象、自然现象，再细分还有生理现象、物理现象等等，不一而足。对于这些五花八门的现象，有的人加以关注，有的人一眼而过。诚然，不是每个现象都要深究，但有的人注意到某个现象并追踪研究，运用知识，找出事物的联系，认清事物的本质，这种探究精神和思维习惯确是值得称赞的。请看眼前的这位小朋友，出于好奇，他"闭上眼睛正对着校门走"，竟发现了这一"生理上的'左倾现象'"。他把这个"发现"写成文章：

奇怪的"左倾现象"

河南淅川二小雏鹰文学社　王毅宇

今天中午，在操场上直往学校大门走去，我突发奇想：闭上眼睛正对着校门走，看能不能走进校门。于是，我闭上眼睛，小心地走了起来。"咚！"的一声，我的头被狠狠撞了一下。我惊得一睁眼，见自己撞在校门左边的墙上。真奇怪，我怎么会走偏？我疑惑不解。

下午放学，我走到检察院大门口，我又想起中午在校门口做的那个令人不解的试验。对，再试一次。于是，我后退了一段，又闭着眼睛正对着大门走了起来。这回我可警觉了一点儿，估计快到大门口了，我睁开眼一看，呀，不好，又偏向左边了。我疑惑极了。

到了家门口，我又做了一次类似的试验，结果又是偏向了左边。我想，这绝对不是偶然现象，这到底是什么原因呢？我百思不得其解。可我总觉得在哪本书上见过对类似现象的解释。我苦思冥想，噢，想起来了，在那本《365夜》上。

我在书堆里扒来扒去，终于找到了那本已被我翻破了的《365夜》。我根据目录翻到了211页——《奇怪的"兜圈子"》，迅速浏览一遍，终于明白了其中的道理：原来，这叫作生理上的"左倾现象"，书上说，一般人使用右腿的机会比左腿多，所以右腿的肌肉要比左腿发达些。这样，右腿迈出的步子总要比左腿的大。人在路线明显，周围环境可以清楚观察的情况下，眼睛和大脑可以控制自己两脚间迈步大小差距，及时做出调整；如果缺乏这个条件，眼睛和大脑的控制失去作用，人就会不知不觉地听凭两脚迈步，于是就发生了生理上的"左倾现象"。如果行走的路线长，就会使自己的行走变成兜圈子。

为了说明这个现象，书上做了一个实验，在玩具小汽车的右边两个轮子上粘两圈胶布，开动后就会发现，它的行驶路线偏向左边。如果用遥控汽车实验，那么，你命令它直线前进，它会不听命令地向左兜圈子。我立即找来了一个玩具小汽车，在右轮上粘了两圈透明胶布，在地板上用力一推，汽车果然向左行驶。

解开了心头之谜，我如释重负。我想，如果我们不学知识，不学科学，那我们将成为一个什么也不懂的"白痴"。我一定要学好科学知识，做一个合格的21世纪新人。

本文的"探究"由"发现""解释""启示"三个部分组成。

第一部分，以一次偶然发现引发"疑惑"：闭目直行，会偏向左边。再"试验"，"又偏向左边"。第三次"试验"，还是"偏向了左边"。三次试验，一样结果。这是偶然现象，还是别有原因？"疑者，觉悟之机也。"（明·陈献章《陈白沙集》）于是有下文。

第二部分，查书明理。作者记得科普图书《365 夜》中就有记载，书中有《奇怪的"兜圈子"》一文，说明这是一种生理现象。原因是人的右腿使用机会多于左腿，右腿肌肉发达，因而迈步较大。平时走路，有眼睛和大脑调节，故能直行。而一当失去调节（如蒙上眼睛），任凭两脚迈步，行走就自然偏左。为了确认这一生理现象，作者还依据书上所示，再做了一次玩具汽车的实验，即在小汽车右轮裹上胶布，左右轮不平衡，"汽车果然向左行驶"。

第三部分，获得启示。作者由此感悟，学习知识才能明理。他还依据书中所示做了一次实验，以验证书本知识的正确性，这种认真探索的精神十分可贵。其意义当不止于认识生活中的一种现象，更大的意义在于拥有探究精神，掌握实验方法，是现代人才终身学习、不断进取的永不枯竭的动力。

这是一篇说明事理的文章。"说"而"明"是表达的基本要求。说明事理自然要写"事"，但叙事要简，紧扣事理，突出要点，三言两语，切忌繁复。如这篇作文前后写了五次"试验"，突出的是试验"结果"，而过程均寥寥几笔带过。

从写作的角度说，这篇文章内容简明，层次清楚，语言朴实，立意深刻，"小事情"说明"大道理"。这个"大道理"就是通过探究，认识真理。回过头来说，如果没有探究，没有研究过程，没有这些充实的内容，即使掌握了必要的写作知识和技巧，也出不了这篇文章。宋代大诗人陆游告诫儿子的话："汝果欲学诗，工夫在诗外。"（《示子聿》）此话意味深长，一语道出写作的真谛。

小链接

◎ 当爱因斯坦誉满全球时，他却说："我并没有什么特殊的才能，我只不过喜欢寻根问底地追究问题罢了。"

（爱因斯坦《我的世界观》）

◎ 中国科学院院士汪品先寄语青少年："没了好奇心，也就没了创新灵感。"

（《新民晚报》2020 年 12 月 14 日）

二、真情是写作的源头

（一）文章写在"动情"处

文以情动人。感情是社会生活的产物。动人的感情往往是生活丰富而有意义的表现。写作时及时捕捉"动情"的题材，是取得成功的前提条件之一。

请读一篇习作的片段：

又来了！一双脚！

我把头勾得低低的，相信自己的脸一定成了红红的"大苹果"，我捡起布、油刷，开始擦鞋。

你问我为什么？"尝试！"我正在尝试呀！你没看到？我正在试试闻脚的臭气，尝尝做人的艰辛。

这是一位女中学生暑期"勤工俭学——街头擦鞋"的一幕。她在无端受到一个轻浮少年（顾客）的调笑之后，由愤愤不平到泪流满面，进而据理力争，从中感悟：

管他呢！可以说，这个"擦鞋"职业夭折了，我的第一次"下海"也随之告吹。可是，我很坦然，虽然没赚到一分钱，但我获得了一次很有价值的尝试。不记得谁说过这样一句话："人生即尝试。"是啊，不尝试，何以知道人生的滋味呢？

看得出，字里行间作者是很动情的。投身于生活的激流，她的感情受到冲击，因此有话要说，有情要抒，有议要发。值得称道的是，作者没有止步于"感情用事"，而是由情入理，把"尝试"和人生学习联系起来，从激动的情绪中提炼出富有启示意义的认知，这就使文章表达的情和意具有普遍的认识价值了。

记叙文如此，写议论文和说明文也是如此。请看一篇题为《西施的"颦"为什么美》的习作，其中一节是这样写的：

西施的美，在于她的自然流露。"颦"，皱眉，孤立地看，这并不是一个美丽的字眼。但它之所以为美，就在于这是西施病中不经意的流露，她把美蕴藉在欲为而无所为之中。这正是美的一种境界。陶渊明说："此中有真意，欲辨已忘言。"李太白说："清水出芙蓉，天然去雕饰。"他们追求的，不也是这种境界吗？自然的美，美在其个性化，这是一种成熟的美，更是一种洒脱的美。西施的美，尽在一个"颦"字；西施的"颦"，美在真，美在自然，美在朴实无华之中。

文章崇尚自然，语中肯綮，列举名例，形成排比的语势，在论述观点的行文中，充满着自信的情感。在这里，情和理是相互依存的。情中有理，感情才实在，才有生命与活力。通情达理，情理并至，文章才有以理服人、以情动人的力量。

中学生的生活是丰富多彩的，感情的涟漪一个接一个，诸如：转换环境、人事变化、生日聚会、竞赛活动、论辩问题、野炊篝火、委屈受挫、聚散离合、结伴旅游等等，这些都有感情的积聚期，都有抒发的突破口，都能形成一个个"动情点"。追寻"动情点"，是中学生作文取材的有效门径。

小链接

◎ 文生乎情。古人多有论述。《礼记·乐记》说："情动于中，故形于声。"意思是感情从心中产生，就会用声音来表现它。南朝梁刘勰说："故情者文之经，辞者理之纬，经正而后纬成，理定而后辞畅：此立文之本源也。"（《文心雕龙·情采》）以"经纬"作比，情理带动辞章，这是文章的"本源"。

◎ 107 字短文获"冰心作文奖"

一名三年级小学生凭借一篇 107 字的短文获首届"冰心作文奖"一等奖，此消息引起了教育界内外的关注。在评委眼中，这篇文章的制胜秘诀在于其"自然率真，素面朝天，充满童趣，非常温馨"。

妈妈回来了

诸暨市实验小学教育集团城东小学三年级　郦思哲

前段时间，妈妈去杭州学习，去了好长时间，可能有一个月吧。

今天，妈妈终于从杭州回来了，我非常高兴！因为妈妈的怀抱很暖和，因为妈妈回来了，爸爸的生日就能过得更好，因为妈妈在家里会给我读书……

妈妈不在家的时候，我很想她，想妈妈的感觉，是一种想哭的感觉。

（《新民晚报》2006年12月5日）

（这篇文章只写了两段话。第一段写了"妈妈终于从杭州回来了，我非常高兴"，同时写了高兴的三个理由。第二段写"妈妈不在家的时候，我很想她"，一想"妈妈"就"想哭"。这些感觉，每个孩子都有，写下来就是文章，还获了大奖。他，还有你，还愁写不好作文吗？）

（二）追寻"动情点"

什么是青少年生活的"动情点"？这里的"情"，当然不仅仅指写作情绪，它主要指写作内容，包括"情意""情理""情趣""情景"等内涵，是指伴着强烈感情活动的写作内容。所谓"动情点"，是青少年感情的凝聚点。感情凝聚需要过程，感情喷发又需要突破口，每一个"动情点"的出现，都需要有一个抒发的契机。

例如，中学生临近毕业，同学间互题"毕业赠言"，这就是一个生动的写作"动情点"。中学生三年（或六年）同窗，朝夕相伴，其间"有过欢乐，有过悲伤，有过争吵，有过和解"，日积月累的友情，一朝分手在即，自然难分难舍。"毕业赠言"的内容和形式深深触动着中学生纯真的情怀。在毕业考之后，升学考之前，将分手而未分手，此时此刻，既具备感情条件，又具备时间条件，于是"毕业赠言"的表达形式应时而起，风行于少男少女之间。令人刮目相看的是，这类"毕业赠言"（货真价实的"作文"！）大多文笔清新，感情真切，构思巧妙。中学生对此何等认真，何等看重！一扫往日"作文"搜索枯肠，穷于应付的窘迫相。这是中学生写作的奇迹！如果中学写作教学能追寻这样一个个生活的"动情点"，以"情"带"文"，形成新的作文训练格局，那将是多么美妙的学习情境。

请读下面一组中学生的"毕业赠言"，内容活泼，语言生动，流溢着青春的光彩。

表现之一，梦幻色彩。正如中学生自己所说，青春的年华是梦的年华。他们涉世未深而畅想未来，乐于想象，敢于想象。在他们的作文中，常常呈现出一种梦幻的色彩。请读下面一组中学毕业生的"临别赠言"：

如果有一天见到你乘着航船在天上飞，我将不会感到惊奇，那时请代我向扫帚星问好。

（宁　峻）

你是湛蓝的海，我是蔚蓝的天，望那海天相交之处——坦荡，没有距离，那就是，我们的友谊。

（王　玮）

读了这些"赠言"，你能不受到强烈的感染？是的，欢乐，是青春的主旋律。"乘着航船在天上飞""向扫帚星向好"，表现了多么欢快的心境。开朗是青春的基调，"海天相交之处……那就是，我们的友谊"，表现了多么宽广的胸襟！

表现之二，俏皮色彩。无须多说，青少年是社会的"娇子"。俏皮是幸福的产物，年龄的特征。请读又一组"毕业赠言"：

貌也好，心也好，人也好，情更好，梦更好，祝愿好好，好自为之！

——赠赵好好（姚　政）

最大特点——勤奋；最令人羡慕——成绩；最好美德——谦虚；最令人钦佩——乐于助人；最逗人的——打喷嚏；最精彩的——射门和远投；最精妙的——思路和方法……

（施永琦）

在这些"赠言"里，巧嵌名姓，别有风趣，勾勒个性，突出鲜明。玩笑而略带油滑，幽默又显现睿智。既有独创性，又有价值观，表现出青少年独具魅力的创造精神。

表现之三，夸张色彩。青少年于人于事评述多有夸张，常常是感情强于理智。缺少经验，限于知识，又往往急于表态，难免意气用事。从这个意义上说，稚嫩也是一种美。再请读一组"毕业赠言"：

我赞夸自己有笔挺的鼻梁，你只有滑稽逗人的翘鼻，我赞夸自己有浓密的眉毛，你只有浅淡的眉毛；我得意了，可我忘了，你有比我洁白的皮肤，你有比我更纯洁美好的心灵。你的翘鼻向人表示善意友好，淡眉向人表示热情和蔼，你美极了，你是一块光洁的美玉。

——赠毕钰（碧玉）（丁　萍）

有这样一个女孩子，把云儿当作她的梦——迷惑我们；把梦当作她的诗——折磨我们；把诗当作她的忧愁——恐吓我们。这个女孩是谁？

（沈　轶）

你瞧，赞美，即使对普通同学也不惜以"美玉"相比；对朦胧的情愫，大喊"迷惑""折磨""恐吓"。表达夸张，正是青少年感情胜于理智的鲜明特征。

总之，梦幻也好，俏皮也好，夸张也好，恰恰表现出青少年的一种清纯。青春的感情犹如一泓清泉，梦幻是它的雾，俏皮是它的波，夸张是它的势，清纯是它的质。中学生作文透露出青春的气息，非成人也非儿童能比，这是中学生的天赋，也是中学生作文创新意识的体现。

追寻写作"动情点"是一门科学。把青少年的写作活动推到真实的生活环境中，让学生经受锻炼，增加体验，有感可发，有情可抒，有话可议，满足青少年"模仿成人"的心理需求，树立青少年的自立感，顺应"情动辞发"的写作规律，顺应青少年的心理发展，是有科学根据的。在这样的写作环境中，学生是生活的主人。在社会交际中，他们不再被"小看"，他们可以平等地、自主地、独立地与社会其他对象交换意见，交流思想，自尊自强，这大大有利于中学生的身心发展，思维活动的开展，写作能力的提高。

再如，围绕"十四岁生日"，组织一组写作活动。先请爸爸妈妈给孩子写一封信，然后孩子给爸爸妈妈写回信。书信写作原是教学计划中一个训练项目，一旦让中学生进入生活的真实情景中，产生写作冲动，写作就出现意想不到的积极效果。请看下面一位学生十四岁生日时和父母通信的片段：

韵韵：

…………

近年来，我与你母亲总有些感觉，成长为青少年的你，在某些方面已有些与我们格格不入。总以为父母不了解你，我们有时想让你做一些力所能及的事来锻炼你的自主能力和意志,而你又不能理解我们的苦心。

…………

父亲

爸爸、妈妈:

　　你们好!

　　看了你们的信,我没有哭,因为我不愿在全班同学面前流泪,我一直不喜欢这样。但我的心却久久不能平静,不停地在流泪,泪水淌着,快要汇集成一条小河了。

　　不记得有多久了,我的内心好空虚,好无奈。妈妈还记得吗? 小时候我总喜欢扑在你怀里撒娇,在你的怀里好温暖,好舒适。这样的美景对于我真的不会再有了,每每我扑进你那温暖的怀里,你总是不耐烦地把我推开,"这么大了还撒娇,不害羞"。我的心好冷,为什么要长大,小时候多好。

…………

　　爸爸妈妈,你们知道吗,我真需要一个诉说心里话的人,却迟迟没有找到。还记得吗? 每每和你们说起我心中的感觉,你们的回答总是把我打进一个冰冷的地窖。"小孩子,不要说这种事。"我无法再说下去,抑制着即将流出的泪,又慢慢地吞下这一肚子的怨气。为什么刚才你们还说我很大,现在又说是个小孩子,我究竟是什么,究竟有多大,竟连我自己也说不清了。还记得吗? 饭桌上你们谈论着自己的事,从来看不到你们的女儿多想插一句,我一张口,却总是被你们的厉言堵回:"小孩子,不要插嘴。"我是不是很善变,撒娇时的我变得很大,而这时的我又变得很小。对着镜子照照,我还是我,比小时候高多了,也胖多了,可在你们心目中,为什么这时的我是个长不大的小娃娃? 为什么不给我说话的余地? 你们知道为什么现在吃饭时我一言不发吗? 因为我深深了解自讨没趣的滋味。给我一点说话的余地吧,我好需要。还记得吗? 每每我把录音机音量开大一些,你们总是二话不说随手把它关掉。我又怎样,随手拿本书翻翻,又被你们一声"不要看杂书"制止。你们到底要我怎样,成为一个只会看语、数、外的书呆子? 我实在无法忍受,我需要一个空间,一个拥有自由的空间,你们何尝知道? 你们何尝了解?

…………

韵韵

平平常常的一封家信，却表现出多么不平常的意义！从孩子的回信中，可以看出字里行间流溢的拳拳真情、依恋、辩解、期待、娇弱而又执拗，活脱脱的一个十四岁少女的"我"跃然纸上。不能设想，不是沉浸在真实的生活情景中，不是生活中父母与女儿感情真挚的交流，而仅仅是为写作假设的情境而写，学生作文会有如此委婉而深情的呼唤、如此流畅而富有变化的句式吗？

追寻写作"动情点"是一门艺术。把青少年"动情点"自然地编入作文训练计划，要注意适时、选择和引导。

何谓"适时"？适时就是不失时机。应该看到，青少年的感情活动是强烈的，但又是有阶段性的，具有过渡性的特点。时过境迁，感情就会大起大落。追寻"动情点"要抓准时机。例如，上述"毕业赠言"的写作，"十四岁生日"的写作，都有一个时机的问题，时机不到，或过了时机，写作效果就大不相同。因为环境条件、心理条件，都是事物发展到一定阶段自然具备的，失去了客观条件、主观条件，学生的写作训练就很难得到理想的效果。

适时地将写作"动情点"纳入训练计划，还要注意做到不露痕迹。也就是说，要自然地将生活情境和写作情境融为一体。例如，十四岁生日活动，子女和家长通信，必须通过邮局邮寄，是真正的生活通信，不是做做样子，一封封家信是来自邮局还是由教师转交，教学效果会迥然不同。

何谓"选择"？那就是对青少年生活动情点要加以挑选，要寻找生活"动情点"和写作教学计划的结合点。因为现实生活中，学生的感情是丰富的，多向的，多层次的，"动情点"也是多侧面的，多归属的，多层次的，而且是因人因时因地而异的。从各个学生来说，他们各有自己的"动情点"，各有自己的写作契机。要选择带有普遍意义的"动情点"，这样写作教学计划才能相对集中，适应班级群体教学的基本特点。所谓"选择"，还有一层意思，就是要挑选青少年的积极的、向上的感情活动，这样做有利于适应青少年的感情需要、心理需要。青少年的感情需求、心理需求不应该停留在低层次的"生存需求"上，要进一步向高层次的"关系需求""活动需求"，特别是向"利他需求"发展。从发展个性心理来说，有一些学生应该动情而未能动情，这就需要有目的、有计划地去激发、培养，以形成完善中学生心理的"动情点"。"选择"的第三层意思，是注意分寸感。必须指出的是，并不是学生共有的"动情点"就都可以直接引入教学计划。例如，青少年性意识的萌动，显然，这个"动情点"是有普遍性的，但是，这个"动情点"有其特殊性，有一定的内向性和隐蔽性，受学生的知识基础等条件制约。选择这个"动情点"，要注意场合，要注意透明度，要注意方式方法，配备相应的教育措施，不加选择，唯"动情点"是用，有时候教学效果也会适得其反。

当然，青少年情绪易于波动，"为赋新词强说愁"现象时有发生。同时，由于生活实践的局限，初涉人生的好奇，有待提高的文化修养，用笔反映生活的后滞（生活丰富而表现力较弱），这都使中学生在表情达意时有不同程度的失真、失实、失准。我们说，关键在于准确地把握感情的内核——"意"和"理"，做到不矫情、不虚泛、不失分寸，通过写作，青少年的情感就能得以陶冶，得以抒发，青春心理就能得以平衡健康地向上发展。

小链接

毕业赠言四则

◉ 你胖得可爱，我瘦得可怜；你热得像火，我冷得像冰；你心直口快，我守口如瓶。我们在一块儿，免不了出现误会和矛盾。可爱的"水桶"，你怎么能装得下我对你的爱和恨？

（湖南祁东育贤中学　申巧玲）

（凭体型，乱起绰号，不妥；对比中，抒发真情，点赞！）

◉ 告别之际，我赠你一幅画，画上的人就是你。为了这幅画，我画了整整三年。不过，我用的不是普通的颜料，我用的是友谊的彩笔。

（湖南祁东育贤中学　肖军云）

（赠画原是虚拟，比喻才见用心。三年时间不算短，同窗友谊深且长。）

◉ 地球是圆的，今天，我们在这边分手；明天，我们在那边聚首。

（湖南平江五中　匡洪波）

（放眼未来，期待明天，心胸开阔，尽诉少年情怀。）

◉ 不要去希冀一把伞，
它虽然可以为你挡风雨，

却也能遮住阳光。

（辽宁大连二十中学　安　娜）

（以"伞"为意象，追求独立自主，闪现哲理光彩。）

（三）天然去雕琢，纯情最可爱

介绍一篇难得的好作文。它表现一群农村孩子欢乐的童年生活。他们的自由、快乐能让你忍俊不禁。你的童年有类似的故事吗？

《金色的童年》一文是多年前一位农村中学老师寄给我的学生作文。这位老师在信中说："这是一篇有争论的习作，本人大为欣赏，给其高分。但组内同仁多不以为然，理由是'立意粗俗，格调不高'，难登大雅之堂。为此，我很苦闷。"记得当时我是回信的，并参与了他们教研组的讨论。我认为，中学生作文原是独立的社会文本，它有自己的社会功能，是中学生表情达意、用于交流的载体。毫无疑问，作文的主体是中学生自己。作文既不是"代人立言"，别人也不能越俎代庖。然而，多年来，作文的社会功能和独立主体性被严重歪曲。校园作文似乎就只是一种"练习"而已，"练习"也只是为了应考。一切为了考试，"考分"成了广大中学生追逐的目标。在限时（写作时间、阅卷时间）、限题的条件下，为谋求"高分"，移花接木、张冠李戴，伪饰言辞，假话连篇，造成了中学生作文"二十年目睹之怪现状"。

时至今日，中学生作文的这种畸形状态还未有实质改变，非但如此，其弄虚作假之风还有愈演愈烈之势。缘于此，我重提《金色的童年》一文，原因之一，这确是一篇可爱的真情之作，其栩栩如生的儿童生活场景的描绘呼之欲出，令人爱不释手。而更重要的原因是，当年它的出现就引发一场争论，是"雅"是"俗"，是"高"是"低"，争论的焦点在于怎样认识青少年作文的真情实感，怎样立意，怎样评价，怎样指导，这些都关系到青少年作文的基本性质、基本功能的

认识，关系到青少年作文主体的认识。作文《金色的童年》具有"样本"价值，"奇文共欣赏，疑义相与析"。梳理讨论，有助于认识的深化。

文章如下：

金色的童年

上海七宝二中　马军辉

我的儿童时代是那么欢乐，那么幼稚。

记得我们村上和我同岁的孩子约有十几个，每天从幼儿园回到家就一起玩耍。

秋平是我们的"游击队长"，我们喜欢拿着一根竹竿跟在他身后"闯荡江湖"。秋平在裤袋上插了一把小木枪，穿着一身军装，威风凛凛。我们像真的战士一样，听从秋平的派遣，他叫我们干什么，我们就去干什么。

今天，我们回到家后又扛着一根竹竿来到了集合点——小河边的一块空草地上。

我们排好了队，正在这时，小强喊了起来："我要小便了。"他的话像有刺激性似的，接着大家都喊要小便，聪明的秋平灵机一动说："等一等，我们来比赛，谁撒尿尿得最高，就可以获得'金杯'。"大家一听，先是脸一红，随即就同意了。

秋平当裁判，派一个人去"望风"，看看有没有人来，之后我们就开始准备。"各就各位，预备——起。"秋平一声令下，我们就开始撒尿，大家涨得面红耳赤，都想争得"冠军"。我也为了这"冠军"把脸挣得像肺头一样，一下子红到了耳根。

比赛结束，他们都成了我手下败将。秋平和小朋友们一起用泥做了一只"金杯"，拿到我面前说："祝贺你获得了'冠军'。"我接过了"金杯"，会心地笑了，笑得是那么的甜，那么的美。然后大家用手搭了一顶轿子让我坐在上面，小伙伴们前呼后拥，在草地上兜着，玩着，笑着，笑得是那么的欢，那么的醉。

微风吹来，树叶沙沙作响，好像在说："祝贺你获得了冠军。"小河波纹涟涟，也好像在分享我们的欢乐。我始终坐在"轿"上，傍晚时在小朋友们的簇拥下、护送下，回到了村中，踏进了家门。

晚上，我躺在床上，还高兴得难以入眠，半夜，我梦见白天的事，捧着金杯……可醒来，见床上已画了一张叫人讨厌的"大地图"呢。

早上起来，挨了爸爸的一顿骂，说我"没出息，这么大了还尿床"。我心想：我没出息，怎么会拿到金杯？你有出息怎么没拿到？

那件事像树根一样牢牢地扎在我心里。过去六七年了，还记得那么清楚。每当想起，觉得当时是那么可笑，那么幼稚，想到这里脸也羞红了。

读完文章，读者诸君，能说说你们的感想吗？

我不隐瞒观点，我满心喜欢这篇作文。我喜欢它的故事，它的文字，因为它是充满孩子气的真正的少年作文。

叙事的作文总是有故事的。可是，在众多作文中，我们所见到的"故事"多是虚假的，套用的；人物"对话"生"编"硬"造"，人物外貌千人一面；作文写完连作者自己都不忍卒读。而本篇不然，这是一群活蹦乱跳的男孩子，他们自编"游击队"，扛着"竹竿"，插上"木枪""闯荡江湖"，"像真的战士一样"。"撒尿"比赛是全文的中心情节。比赛得胜后，捧着"奖杯"（泥制），坐着"轿子"（用手交叉连接），"簇拥"而归。这些情节是这个年龄段孩子所特有的，具有鲜明的年龄特征。特别是撒尿以至于比赛，梦中兴奋以至于"画地图"（尿床），更是活灵活现的孩提时代的"特产"，读后让人忍俊不禁。

文章的语言也是充满孩子气的。无论是加上引号的"游击队长""闯荡江湖""望风"等词语，表达了男孩子尚武的好胜心态，还是为争冠军"把脸挣得像肺头一样"，取胜后"前呼后拥，在草地上兜着，玩着，笑着"的得意忘形的神态，抑或是得冠后，兴奋得"尿床"，与爸爸比谁更有"出息"的自嘲和调侃："我没出息，怎么会拿到金杯？你有出息怎么没拿到？"这是孩子的语言逻辑，无理而有趣，童真童趣，跃然纸上。

再说文章的立意。这篇文章的主旨就是表现童年的"欢乐"，无忧无虑，天真无邪。欢乐是孩子的天性，也是他们的特权。这样立意符合孩子的心态，是积极向上的。批评它"格调不高"，言之失当，是把成人意志强加于孩子身上。法国教育家卢梭说："在人生的秩序中，童年有它的地位：应当把成人看作成人，把孩子看作孩子。"（《爱弥儿》）他还警告说："如果我们打乱了这个次序，我们就会造成一些早熟的果实，他们长得既不丰满也不甜美，而且很快就会腐烂……"作家郑渊洁说得好："'自由发展'的核心就是符合孩子自然天性的成长节奏……孩子是未来新世界的缔造者，如果一个国家的孩子说成人话，办成人事，那个国家的成人就会说孩子话，办孩子事。"（《勃客郑渊洁》）诚哉斯言！

对于《金色的童年》选写"撒尿"比赛一节，最有争议，所谓"立意粗俗，格调不高"当指此。其实，这样评价孩子的行为是不合情理的。因为文章交代清楚：这是在农村"小河边的一块空草地上"。起因纯属偶然，是由于一人喊"小便"，群体受"刺激"而为之，有人"望风"，于是响起"各就各位，预备——起"的口令。此举完全是顽皮孩子此时此刻的突发奇想，与"不准随地大小便"的律条无关。众所周知，比利时首都布鲁塞尔大广场设有一座蜚声全球的男孩铜像，他的最引人注目的动作就是光着浑圆的屁股，旁若无人地撒出一道弧线尿流。人们对此疼爱有加，称之为"布鲁塞尔第一公民"。以此参照，《金色的童年》中一群小男孩的"撒尿"比赛，天缘巧合，异曲同工，情出天然，何俗之有？

且不说，这群小男孩的比赛是在特定条件下进行的，即便是孩童果真出现差错，任性而为，那也不足大惊小怪，引导而已。唐代诗人白居易有一首《池上》，诗云："小娃撑小艇，偷采白莲回。不解藏踪迹，浮萍一道开。"诗中描写小娃"偷"莲的场景，尤为生动。此处的"偷"发生在幼儿身上，与成人"偷盗"之举完全不可同日而语，那是孩童天真无邪的自然行为，表现的是儿童的纯真自在。诗人饶有兴致地关注这幅稚子采莲图，"把孩子看作孩子"，显示了长者宽厚仁慈的心态。我们阅读《金色的童年》，感受孩子的天真、欢乐，难道不应该持有同样的欣慰心态吗？

回到中学生作文的本义，"情动而辞发，理正而辞畅"，表情达意，社会交际，作文与成人作品无异。而作文一旦沦为"谋分"工具，只会鹦鹉学舌，违背为文本义，学生失去写作动力，兴趣丧失殆尽，后果何其严重。诚然，中学生作文与成人作品也有不同之处。青少年处于成长阶段，偶有犯错，原在情理之中。作文需要引导，但是，这个引导必须尊重青少年的独立主体，此所谓因势利导。这个"势"，就是青少年成长之"势"。以《金色的童年》的"立意"而言，以"欢乐"立意，从游戏中寻得快乐，任性而为，百无禁忌，这就是此时此刻三尺稚童的"幸福感"。人在一生中的不同阶段有不同的追求，幼年的撒娇，童年的好奇，少年的勇敢，青年的激情，壮年的奋斗，老年的沉稳，暮年的安详，他们都给人带来"欢乐"，都在我们的生活中留下珍贵的回忆。我们切不可打乱这个"次序"，为人如此，为文如此，"把孩子看作孩子"，指导青少年作文亦复如是。

小链接

◉ 法国教育家卢梭说："在人生的秩序中，童年有它的地位：应当把成人看作成人，把孩子看作孩子。"

（卢梭《爱弥儿》上卷）

（四）感悟生活的真谛

亲密的姐妹情。"妹妹"的感悟也会引起你的联想。

生活是人生的教科书。人们从生活中获得各种认识，悟得道理，不断提升思想境界，也由此享受生活带来的无尽的情趣。青少年正处于身心发展时期，对于他们来说，生活更是一本新书，每翻开一页，他们都会感到新鲜、好奇，也会有不安的思考。青春的心灵在躁动中成长，他们在感受美好生活的同时，学习认识生活的真谛。

作文《姐姐走后》就是记录少年心灵成长的一篇佳作。珍惜亲情、珍惜拥有的人生道理来自一位稚气未脱的少女的切身体会，实属难能可贵。朴实的文字，纯真的感情，令人心动。

姐 姐 走 后

王叔瑾

经过了一个令人心惊的"黑色七月"，一张红色通知单寄到了家中，姐姐成为堂堂的大学生啦！全家为此兴奋不已，热热闹闹地庆祝了一番后，家人开始为姐姐打点行装。

临行之时，家中气氛有些悲伤，独有我，高兴地拉着姐姐说："放心走吧，你走了以后我就可以一个人睡大床，一个人吃双份水晶杏梅，还可以'单脱手'骑车，可以吃完饭就喝水……再也没有人来烦我啦！"我说着竟手舞足蹈起来。

姐姐终于走了，家中顿时冷清了许多。

早晨起床，我慢悠悠地走到水龙头边刷牙、洗脸，心里总觉得不太舒坦——以前，早晨闹钟一响，我和姐姐就争先恐后地跳下床冲到水龙头边，抢着用水。当然，常常是我占了上风，姐姐总是让着我。

上学途中，我独自骑着车，脑子里却总想着姐姐以前与我同行时常说的一句话："别在马路上玩车技，别玩什么'单脱手''双脱手'的，命可只有一条！"

放学回家，照例先拿起晚报看个够。只是少了姐姐与我对时事新闻发表的"高论"，对世上不平的愤懑，对精彩散文的拍案叫绝……我感到了一种沉重的失落感。

挑灯夜战，遇上难题只能咬牙切齿地诅咒一番，随后又心甘情愿地做"知识的奴隶"，仔细研究思考，等把问题解决了，自己夸奖自己几句："区区小题，难不倒本大人！"想起从前，我一遇上难题，就把书推到姐姐面前让她帮我解决，我心中真有几分惭愧。

晚上入睡，一个人躺在宽大的床上翻来覆去，竟找不到最舒适的睡觉姿势。唉，要是姐姐在该多好，我宁愿少睡些地方，还可以把腿搁在姐姐身上，心中充满安全感，蒙眬之间就到了苏州……

妈妈又买来了杏梅，拿起一颗放在口中，心中有些奇怪：杏梅其实也好吃不到哪儿去，为什么我以前总是与姐姐抢着吃？算了，这些杏梅还是留着等她星期天回来再吃。

几天过去了，心中的失落感愈来愈浓重。在妈妈的建议下，我提笔写信给姐姐："姐，你走的这几天，我深刻地体会到这样一句话，'失去的东西才会觉得珍贵'。自从你走以后……"

事情由"姐姐"升学离家引起。原本朝夕相处的姐妹，生活因此而改变。作为留守在家的"妹妹"，文章以第一人称"我"的身份直抒胸臆，写出"妹妹"由"高兴"到"失落"的感情变化。文章写"失落"不是就事论事，一味沉郁，而是在"失落"中回忆，在回忆中思考，回味姐姐在家时的丝丝温情，而这一切在拥有时并没有感受到，直到姐姐走后，妹妹才猛然感悟。在给姐姐的信中，妹妹写道："姐，你走的这几天，我深刻地体会到这样一句话，'失去的东西才会觉得珍贵'。"留恋和珍惜之意流溢于字里行间。

生活是多种多样的，从认识的角度说，大致可分为两类：一类是零乱的、偶然的、无序的，生活现象之间并无必然的联系，它们随着时间的流逝而消失；另一类则是看似零乱、看似偶然、看似无序，而实际上生活现象之间存在着某种必然的联系，亦如《姐姐走后》文章中所写的姐妹生活种种。姐姐的谦让、嘱咐、辅导，姐妹的"争抢"、讨论、依偎，一根亲情的红线贯穿其中。这根红线就是这些生活现象之间的联系，这种联系具有某种必然性，因为它们都表现出了姐妹情深。

这种规律性就是生活中的道理。《姐姐走后》一文揭示的正是亲情可贵、亲情应当珍惜的道理。

那么，怎样才能识别这两类生活的不同，从而找到生活中的这种必然联系呢？这就需要从感受出发，通过提炼获得认识。感觉到的东西不一定能理解它，只有理解了的东西，才能更深刻地感觉它，其中理解是关键之点。理解需要思索，或归纳，或类比，或演绎，从中找到事物现象之间的内在的联系。再看《姐姐走后》一文，妹妹从姐姐走后的强烈感受出发，由"失落"而"惭愧"，到万分留恋，最后引用了一句名言"失去的东西才会觉得珍贵"，表达了对姐妹情深的理解和珍惜，写出了如此至情至深的文字。

值得嘉许的是，《姐姐走后》一文在选材上也是下了功夫的。回忆姐妹相处的日日夜夜，集中在一天之中，由"早晨起床""上学途中""放学回家""挑灯夜战"，直到"晚上入睡"，其中有言有行，有分有合，有叙有议，前后对比，紧扣"我"（妹妹）的"失落""惭愧"来写，有条不紊，一气呵成。

本文在语言表现上也颇具特色。诸如"睡大床"，"吃双份"，"单脱手"（骑自行车），"抢着用水"，"发表高论"，"区区小题"（练习题），"把腿搁在姐姐身上"，口语入文，不惜夸张，无不显现少女的骄纵和任性。用真心去描写，从贪吃双份到省下来留着等姐姐"星期天回来再吃"，曲尽心意，憨态可掬，一个活脱脱的小女孩的动人形象跃然纸上。

由此可见，一篇优秀作文的诞生，对生活的感受和理解是第一位的，文以意为主，意在笔先固然重要，同时还要有较强的语言表现力，文质兼备，这样才能"情动于中而形于言"，收到情文并茂之效。

（五）率真之作，出语惊人

烧一顿饭也会引出许多笑话，读着读着，你会笑出声。从笑声中，你感悟到什么？

50个人一锅饭

上海向明中学　孙　未

"天啊！也不知道刘老师今天中了什么邪，竟会出这么古怪的作文题！"

"又不是考烹饪学校，烧饭有什么好写的？"

"哼！除非刘老师是围裙丈夫，否则他自己也写不出来！"

"真倒霉，这学期作文总评分算是砸了。"

刘老师刚一跨出教室门，教室里顿时发出一片叽叽喳喳的抱怨声。尤其是男生们，仿佛受到了天大的侮辱，拍桌子摔椅子地大闹了一阵以后，竟还写了一封《告全体女生书》："喂喂，女同胞们请注意：烧饭，古往今来是广大妇女的历史责任，向来不是区区在下们的'干活'。因此，兹定于明天早上7：00，全体男生一起'拷贝'女生的作文，定然感激涕零，永志不忘！附注：以后若再写《拖地板》类的说明文，女生们亦可如法炮制，'拷贝'我们男生的作文。"

据说不会烧饭的女孩儿嫁不出去。童话乎？梦话乎？抑或是从哪个博物馆的垃圾堆里掘出的古董？全班女生当即表态："心有余而力不足！"并庄严宣称："如果男同胞们家里缺人烧饭，尽管

本文标题醒目。以"50"与"一"作比，数字有联系，又有反差，引起阅读兴趣。全文记述学生一次作文的过程，由"命题""作文""讲评""反思"四部分组成。

先写"命题"。学生对作文命题反应强烈。男生有《告全体女生书》，女生则"庄严宣称"，极尽夸张之势。加之文字半文不白，故作风雅，青少年之率性可爱，情态毕现。

去觅一个进城当保姆的农村剩余劳动力。但这篇作文，敬请自谋出路！"

眼看全班 50 个人，49 个义愤填膺，慷慨陈词，颇有"罢写"趋势，唯有我一个忧心忡忡，愿上帝保佑天下太平！因为明天一早的作文依然是我这个语文课代表收的，若有谁没交，语文老师会顺理成章地向我要。而我，就只好像黄世仁那样凶巴巴地上门逼讨，真是没有淑女的风度！

谁知道第二天早上，祷告灵验了，50 份作文全部收齐，一份也不少。我的好奇心不断地膨胀，趁着去交作业本的时候，我忍不住地翻了翻，哇，男生的作文真是出人意料的"精彩"！有的区区 70 个字，只占规定字数的 1/10，倒也蛮潇洒；有的一开头就是："朋友，你知道烧饭吗？"然后从"尧舜禹"到"普罗米修斯"娓娓道来，一直到结尾就连锅子也没看见；有的干脆写起了议论文，中心论点是："人类的消化系统比起祖先已见退化趋势，因此烧饭作为对人类消化系统缺乏锻炼的内容，是完完全全不必要的！"

女生们的作文依然是稳操好分数的。洋洋洒洒一大篇，诸如"在水龙头下冲洗，翻动""适量的水""水的体积与米的体积之比是 2：3""便烧出了一锅热气腾腾、白灿灿、油亮亮的米饭"，俨然十分精通此道。通看了一遍，我不禁倒吸一口凉气，我的作文是从中专教科书《烹调技术》上抄的，虽然绞尽脑汁加上了几个"慢慢地""微微地"，但仍旧干巴巴的，跟这些出于实践的作文相比，分数肯定好不了。刘老师啊，作文讲评课上，你该不会当众出我"洋相"吧？

次写"作文"。从已成作文看，男生避难就易，"潇洒"其表，虚弱其里。虽言之"娓娓"，终难逃捉襟见肘之困。女生知难而进，循规蹈矩，尽管力不从心，尚不失淑女风范。

可怕的作文讲评课终于来了。刘老师先当众念了几篇男生的作文，让我们差点儿把下巴笑掉了。抑制不住的笑浪一阵阵哄起，惹得楼上的教导主任一溜儿小跑下来，瞪着眼睛恶狠狠地直敲我们教室的门。可是被念到作文的男生还是满不在乎的样子，居然振振有词："'大丈夫当扫天下'，安为一锅饭而折腰乎？"

接下来，刘老师又开始念女生的作文。他先念了一篇刘雅的。念完后，男生们面面相觑，女生们也忍不住交头接耳。的确，就这样一个鬼题目，竟然写出如此层次分明、用词准确、语句凝练的典范之作，恐怕叶圣陶也不是她的对手呢。

"写得好吗？"刘老师笑着问。

"好！"大家一起回答。

"真的写得好吗？"刘老师又问了一句。大家觉得提问有些怪怪的，犹豫了一下，仍嚷："好！"

"唉，"刘老师叹了口气，"你们注意过她的作文中烧饭的时候有没有放水呢？"

"嗬！爆米花喽！"不知谁喊了一句，随后又是一阵哄笑。刘雅方才脸上得意的神色顿时一扫而光，羞得不知往哪儿钻才好。然后继续读了任娟的作文。她竟写了1000多字，还介绍了如果不小心烧焦了饭，怎么去除焦味。但是她在烧饭时只用量斗量了约一升的米，加入等量的水，偏偏没有拿锅子。

接着又有许多颇有文采的作文。有的是待水烧开约5分钟后，缓缓地把米倒进去；有的用大档的煤气烧了足足一个小时；有的干脆开了煤气连火也不点；有的边烧边不停地用勺子把锅里的米调匀；有的竟耸人听闻地放了满满一锅米。至于水放多了或是放少了，小火焖的时间太长了或是太短了，锅盖究竟有没有盖上，那只是些很平常的疏忽了。

最后，刘老师拿起了我的作文。我的心不禁又"怦怦"地跳得厉害。唉，刘老师啊刘老师，看在我每天给你送作业本，当"黄世仁"的分儿上，你也不该拿我示众啊！谁知道，刘老师的脸竟露出了一丝欣慰的神色，他和蔼地说："全班50位同学，只有语文课代表一个人成功地烧出了一锅饭，真不容易啊！"

"但是，"他又笑了起来，"你烧饭前忘了淘米了。以后我到你家去吃饭，可不要让我吃满是石子的饭哦！

上帝啊！50个人一锅饭，可就连这一锅饭也是我"拷贝"来的。看来，假若有一天，世界毁灭了，只剩下我们50个人，那么即使上帝仁慈，赐予我们诺亚方舟，也须在舟中备好速食面才行，否则我们也只有坐以待毙了！

作为一个城市人，他进入了一架运转不停的大机器中，成了一个零部件，于是，他的一部分在进化着，而另一部分却在惊人地退化——这远不是达尔文的想象力所能达到的。我感到惭愧，我就是这个真实的童话中的1/50。但我要努力使其他49个人吃到一锅由1/50煮出来的真正的饭，届时请务必光临！

本文提出了一个社会命题，教育究竟要培养怎样的人才？那些成天由爸爸妈妈护着，爷爷奶奶宠着，老师拿着习题卷在后面赶着的少年学子，连"烧饭"的生存本领也没有，这难道是国家和社会需要的人才吗？1972年联合国教科文组织提出《学会生存——教育世界的今天和明天》的报告，1996年又提出《教育——财富蕴藏其中》的报告，明确指出教育"四个支柱"论，即学会认知，

（旁注） 再写"讲评"，点评作文成果。有总有分，点面结合。总写讲评，笑浪阵阵，洋相百出。重点讲评三篇作文，各有欠缺，从不同侧面暴露青少年只重书本而缺乏起码生存本领的窘相。

（旁注） 最后写"反思"，"坐以待毙"，以后果警示。由"惭愧"而自省，进而自信，决然改之，以求长善救失。

学会做事，学会共同生活，学会生存；强调的是全面发展学生个性的多样性、自主性和首创精神。这是教育共识。这篇作文发表于三十多年前，作者是1991届高中毕业生，属于"70后"一代。当年她就能率真为文，语出惊人，提出这个命题，与时代同步，可见其思想敏锐。只是可惜，一过三十多年，考察今日之学校教育，依然故我，仍然存有盲目追"考"的现象，唯"分"是从。致使学生四体不勤，五谷不分，此情此景，何以为终？重读此文，那些为学者，为师者，为父母者，教育当局，能不深长思之，警之，戒之？

本文主题深刻，紧扣学生生活，读来并无凝重之感。一个重要原因是文章语言生动活泼，每每让人忍俊不禁。行文中多有青少年特有的夸张表现。如面对不知所措的"作文题"，同学们"拍桌子摔椅子"，"仿佛受到了天大的侮辱"；"义愤填膺，慷慨陈词，颇有'罢写'趋势"。"罢写"之说，明显大词小用。这原是日常教学，怎见"侮辱"，何来"义愤"，谁能"罢写"？这些都不过是用来表达心情说说而已，特定情境，故作姿态，读者是理解的。也唯其如此，为宣泄激情，不惜言过其实，青少年喜摽"疯"劲的情态得到酣畅淋漓的表现。又比如，行文中多用文言句式，如"童话乎？梦话乎？""心有余而力不足""'大丈夫当扫天下'，安为一锅饭而折腰乎？""示众""务必光临"等等，又引经据典，从"尧舜禹"到"普罗米修斯"，从"叶圣陶"到"达尔文"，处处表现饱读诗书。尽管如此，却在生活实践中洋相百出，其中不无卖弄，也有自嘲，这也恰恰是成长中青少年特有的行为特征。青少年好时尚，喜模仿，这在本文的语言中多有表现，如"围裙丈夫""拷贝""农村剩余劳动力""淑女的风度""速食面"等，还多见语气词，"啊""哼""喂""哇""唉""嗬"之类，这些都表明青少年喜新赶潮，情感起伏的特点。

在此，对本文的语言多加褒奖，是针对当前中学生作文往往语言干瘪而言。中学生作文如果尽说套话、大话、空话，要生动也难。作文首先要有思想、有内容、有感情，本文语言鲜活生动就是以此为基础的。其次，要说自己的话，言必己出。对于中学生来说，自然就是说中学生的话。学生作文要有"学生味"，而不要"学生腔"。"学生腔"就是说空话，说别人的话，所谓"代圣贤立言，言不由衷"而偏要说。"学生味"不然，生活是学生的，思想是学生的，语言也是学生的，这才有"学生味"。

我们不妨再从文中找出一段，细细品"味"。

《告全体女生书》："喂喂，女同胞们请注意：烧饭，古往今来是广大妇女的历史责任，向来不是区区在下们的'干活'，因此，兹定于明天早上 7：00，全体男生一起'拷贝'女生的作文，定然感激涕零，永志不忘！附注：以后若再写《拖地板》类的说明文，女生们亦可如法炮制，'拷贝'我们男生的作文。"

通读一遍，一股朝气扑面而来，男生的口气，男生的词汇，粗鲁而自负，狡黠而友善。少年轻狂，故作斯文；丈夫气概，尽显文中。在读者眼里，一群男孩子，攒动人头，跃然纸上。这就是"学生味"。青少年语言既区别于儿童，也区别于成人。你还可以从文中找出类似的语段，比如表现女生的文字，种种风情"淑女风度"，巾帼不让须眉，同样会让你心有所动，回"味"无穷。读者不妨自寻段落，加以欣赏。

小链接

《50个人一锅饭》后记

孙 未

这篇文章的构思，是从一节哄笑声不断的作文讲评课开始的。这节课上，语文老师念的几篇令人啼笑皆非、漏洞百出的习作《烧饭》引起了我的深思。我觉得，这并不是作文上的问题，而是我们这些读圣贤书的学生仔从来没有烧过饭的缘故。

这篇文章写了些可笑的细节，多多少少有些自嘲的意味。说实话，为了把成绩提高，在班里有一定名次，我们这些重点中学的学生早就与烧饭、扫地什么的家务劳动"绝缘"了。有爸爸妈妈护着，有爷爷奶奶宠着，有老师拿着习题卷在后面赶着，难道还有我们围着围裙下厨的机会吗？直到写了《烧饭》这篇既简单又艰难的说明文以后，才发觉自己怎么竟连最基本的生存本领也不会！

后来才知道，语文老师出这道题正是为了让我们为自己的愚蠢大吃一惊。

老师眼中的孙未

许均浩

　　源源不断的文思还来源于她的别出心裁。孙未是一个爱思考的女孩子。宋词云："少年不识愁滋味。"孙未又不愿苟同了，她说："怎么是少年不识愁滋味呢？到老了，什么味道也尝过了，哪里还分辨得出苦滋味、甜滋味？少年时候第一次品尝的苦味才是刻骨铭心的嘛！掘墓人对死亡的恐惧不就要比别的人平淡些吗？因为麻木了啊！"正如一位采访过她的记者所说："别出心裁的念头源源不断地在她的脑袋里冒出来，这说明她在繁重的课业之外，仍在兢兢业业地思想，这是许多成年人都不愿费力去干的事。"一旦奇思妙想成熟，孙未就向稿纸倾吐，与大家共享。

（六）感恩，青少年成长的标记

　　学会感恩，这是青少年成熟的开始。你认可吗？

　　今天的中学生承受着太多的父母之爱，这或许同众多家庭只有一个孩子有关。而作为关爱的承受方孩子来说，则基本上有两种表现，一种是不加思考，总以为承受父母关爱理所当然，尽情享受即是；另一种则是心怀感激，时有反哺之心。显然，后者是青少年思想成长的标记。他们开始理解和尊重父母，学走人生路，有了探求人生、理解人生的心理需求。作文《感谢你》就是青少年这种"思想觉醒"的一个表现。

感　谢　你

上海建平世纪中学　肖波儿

　　你说，1995年那一年，你特别幸福，因为你做了一个胖墩墩女婴的爸爸。你给我看照片，我没有什么记忆，对那个有着圆圆小脸、咬着指头的女婴，我觉得不可思议。

我五岁的时候，你拉着我的手去菜市场。一路上，我最喜欢听你讲故事。你给我讲了《邯郸学步》《郑人买履》《刻舟求剑》……我听得特别认真，其实也只是似懂非懂。

我七岁的时候，你送我去上学，我坐在自行车后座上，睡眼蒙眬。自行车穿行在清冷的马路上，画着一个个不变的圆。那时，你让我背《三字经》。我喜欢听你表扬我，夸我聪明，所以总是卖力地背着："人之初，性本善。性相近，习相远……"

我十二岁的时候，你让我多看书，也经常给我买书，以至于楼上的书柜里塞得满满的。你告诉我，要我比你有出息，我懵懵懂懂。我开始喜欢阅读，喜欢你买回的每一本书里淡淡的油墨香。虽然还看不明白作者想要表达的深层内涵，只是单纯欣赏某个情节，喜欢阅读里面的故事，但日久，终成一个不可割舍的习惯。

十四岁的时候，你说我没有小时候可爱了，因为我学会了向你发脾气。其实，我向你发脾气，是因为自认为学到的知识比你丰富了，看的书比你多了。更重要的是，我认为你约束我太多。我想出去玩会儿，你常常不同意；我想看电视，你不允许我看偶像剧。你严格控制我上网的时间，我觉得我的生活没有了自由的空气，我想做的事被你一一否定。你总说我是个孩子，应该听你的话。你还说，是个学生，就应该好好读书。

我十五岁的时候，你告诉我别做白日梦，因为我口出狂言，说："什么学校我用功一下不能考进？"你刚刚陪伴我走完人生的第一个十五年，眼角就出现了细细的鱼尾纹。不知道，你还能陪我多少个十五年？

我生病住院时，你陪伴在我身边；我失意自怨自艾时，你安慰我；我为理想欢歌时，你告诫我人生之路坎坷。

蔡琴曾在歌中唱道："感谢那些事，感谢那些人，感谢那一段段奇妙的缘分。"

我也要感谢你——爸爸！

十五年，因为有了你，才有了今天的我！

（《新读写》2012年12期）

作者是一名少年学生。文章生动地叙述了她十五年的成长史。叙述有条不索，抓住五个关键年龄点，用字不多，选用了富有年龄特征的细节，活脱脱地再现了一个年龄渐长、知识渐长、性格渐成的少女形象。请看，五岁，拉着爸爸的"手"，七岁，"坐在自行车后座上"，十二岁，看书只看"情节"，十四岁，想"玩会儿"，十五岁，"口出狂言"。凡此数例，无一不是各个年龄段孩子的特有表现。在学习知识和初涉人生方面，从有口无心，"似懂非懂"，到养成读书习惯，知识渐长；从不解爸爸叮嘱，到发现爸爸眼角"出现了细细的鱼尾纹"，发出第一声感叹："不知道，你还能陪我多少个十五年？"这深情一问，表明女孩儿已经长大，懂得珍惜父母之爱，笔到细处，拳拳情意，流溢于字里行间。

本文结尾处颇见用心。在列举五个年龄段之后，文章一转笔锋，以三句排比，"我生病住院时""我失意自怨自艾时""我为理想欢歌时"，表明少女成长时时都有爸爸的守护。文字简约，意蕴丰富，这三句既是对上文年龄段生活的补充完善，也是对爸爸十五年的养育之恩的深情概括。

短句成段是这篇文章的语言特色。这在文章结尾尤有精彩的表现。末尾两句，都是一句一段。第一句"我也要感谢你——爸爸！"由蔡琴的歌词"感谢"过渡，倾情呼告，直抒胸臆，表达对爸爸的感激之情。末句"十五年，因为有了你，才有了今天的我！"自成一段，语意凝重，父女情深，爸爸不仅给了女儿"身体发肤"，还给了十五岁女儿闪光的青春。行文简练，一字不能易，情意尽在其中，铿锵有力，稳压全篇。

本文在写作上还有一点值得关注。以往多见作者写人叙事，只取一个视角。比如以第一人称"我"来写，就只写"我"的所见所闻，也就是说只用"我"一个视角去看人和事。本篇则不然。作者写"我"十五年的成长，既取"我"的视角，即"我"看，"我"坐，"我"喜欢，"我"发脾气，"我"生病，还同时取"爸爸"的视角，"我"出生时"胖墩墩"的形象，"我"是看不到的，那是"爸爸"的印象。对"我"的表扬和夸赞，那是"爸爸"的评价。要女儿有出息是"爸爸"的期盼，说女儿"没有小时候可爱""做白日梦"是"爸爸"的批评和不满。这就是说，在表现"我"的成长时，同时运用了两个视角，即"我"的视角和"爸爸"的视角。这样写人和叙事就有了不同的角度，人物就有了不同的侧面，人物形象就立体化了，更见丰满、厚实。同样，文章在表现"爸爸"的形象时，也同时运用了"我"的视角和"爸爸"自己的视角。如写"爸爸"的幸福感，"爸爸"的焦虑感，"爸爸"的期待感，不仅写了"爸爸"的自我表现，也写了"我"

眼中爸爸的表现。现代诗人卞之琳有一首题为《断章》的诗："你站在桥上看风景，看风景人在楼上看你。"表达的正是这种意境。"在桥上看"是一个视角，"在楼上看"又是一个视角。只用一个视角看风景，和同时用两个视角看风景，所见所闻会大有不同。多一个视角所见的风景自然要开阔得多，生动得多，写人写事是同样的道理。《感谢你》一文在表现"爸爸"的关爱和"我"的成长时，同时运用两个视角，不能不说是作者的聪明之举，也是成功之举。

再回到本文"感恩"的主题上。亲子之爱，对子女来说，无疑是宝贵的财富，值得珍惜。子女在承受父母关爱时，经历由感受到感悟的过程。《感谢你》一文的作者也是到了十五岁时才幡然醒悟的。希望读到这篇文章的同学，能从同龄人的感悟中受到启发，从自身出发，也来细细梳理父母无微不至的关爱。

肖波儿眼中的自己

我认为文字是一个人的第二次生命，记录着自己的想法，所以一直坚持着写日记的良好习惯。

最喜欢描写亲情的文章，平淡中最显真情，所以喜欢《背影》，喜欢朱自清。一直希望能像他一样，可以写出清雅美丽的文字。

这个世界太大，而我只能描绘一片，但这一片正是我的天地。

同学眼中的肖波儿

刘佳仪

她有一颗追求文字的心。她在她编织的世界里起舞，我们为她喝彩。

老师喜欢她的安静乖巧，其实她也很"调皮"。和她同行，总能听到她口中冒出一两句应景的诗词，也便一起感受到文字独特的魅力。相信她会一直努力下去，在这趟生命的旅途中，拿着她的笔，永不停歇地写下她的文字。

（七）科技有梦情自真

人不能没有梦。有梦，说不定哪天就实现了呢？

倡导中学生写作科技文章，其意义不仅在于开拓作文题材，更重要的是，它还关系到培养青少年一代全面发展的素质。诚然，写作生活文和写作科技文各有特点，然而为文的基本规律是相通的。大力倡导学生写作科技文章，可以纠偏正本，让学生感受写作科技文章的乐趣。这还得从文本说起。

我的汽车设计之梦

云南昆明立德初级中学　朱　俊

我的梦想是做一名汽车设计师。现在世界上每天都有很多人死于车祸，而且汽车尾气对环境造成了很大的污染，世界各国都在提倡节能减排，所以我设计的汽车就是以安全舒适为主，零排放，零污染。

ZJ汽车设计公司成立了，总设计师是ZJ，设计的汽车是ZJ牌的汽车，来看看吧！

ZJ牌汽车有三大特点：

第一是安全。ZJ汽车装配了GPS卫星定位系统，只要你在车载电脑上输入你的车架号码，卫星系统就可以锁定你的方位，让你随时知道自己身处何地，交通指挥中心也知道你的位置，若出现意外，可以第一时间实施救援。车的前、后雷达系统随时提醒你与前面的车或人之间的距离，进入危险距离将强行刹车，这样就避免了与人或车相撞。全车装配了多个安全气囊，全方位保护乘车者的安全。

第二是节能。ZJ汽车的外形看上去很威武，尾部非常饱满，没有排气管，因为这是一辆太阳能/电能双动汽车。ZJ牌汽车的车身由特殊的金属制成，只要是晴天，车身就不断地吸收太阳能并转化成电能，为汽车提供强大的动力。车上配备了8组蓄电池，这些电池既能储蓄太阳能转化的电能，也能用交流电充电，充一次电可以行驶 1000 千米，这样就保证了在阴天的时候也可以出车。ZJ 牌汽车的动力很大，最高时速可达 300 千米。

第三是人性化。ZJ 汽车可自动驾驶，也可手动驾驶。自动驾驶由车载电脑控制，你只要输入路线和目的地，尽管在车上睡觉，ZJ 汽车也可以自动行驶，将你安全、舒适地送到目的地。手动驾驶时，还可以根据路况调节驾驶模式，有草地、土石、滑面、斜坡、高速路、凹凸路等模式供你选择，车的底盘可以根据路面情况自动升降，在城市是辆跑车，在乡村是辆越野车，这样能使你的驾驶更便捷、更舒适。它的车灯非常独特，前面是 26 盏氙气灯，打开时可以射出 200 米远的淡蓝色光线。而尾灯你是看不见的，因为它夹在后玻璃中，只有灯亮时才能看见。车厢的配置高档豪华。你驾驶的时候，可以打开全景天窗，让你充分享受驾驶的乐趣。

"ZJ" 是什么意思呢？看看我的名字你就明白啦！

其实，在中学生中不乏爱好科技者。只是平时作文命题和引导时，往往忽略了这部分同学的兴趣。本文以"梦"命题，"梦"者，理想、追求之谓也。文题不设内容限制，鼓励学生各抒其志，这样就给爱好科技的同学一展身手的机会。

具备相应的科技知识是写作科技文章的必要条件。科学和技术虽有层次之分，却都是知识和经验的规律性总结。因此，运用知识和展现知识就成了科技文章的基本内容。《我的汽车设计之梦》一文围绕汽车设计，不仅展现了汽车自身的制造知识，诸如"车架""刹车""车身""动力""底盘""车灯"等，还涉及环保、交通、信息、能源、光线、色彩、气象、装饰等多方面知识。一名初中学生能有如此广泛的知识面甚是难得。尤其需要一说的是，这些堪称丰富的知识都不是来自课本，而是作者凭着兴趣自学获得的。这恰恰印证了一句名言："兴趣是最好的老师。"

思路明晰、层次清楚是科技文章的又一特点。一般文章固然也讲究思路，讲究层次，而科技文章以知识性取胜，更是含混不得。《我的汽车设计之梦》一文，以特点分类，中心句引领，配以序数词（第一、第二、第三），眉目清楚。新汽车三个特点的表述前后有序，"安全"为一，"节能"为二，"人性化"为三，不容颠倒。没有"安全"，何谈"节能"？"人性化"则是锦上添花的要求，三者互有关联，却有层次。依序而写，反映了作者思考的缜密和严谨。

生动的语言表达同样应成为科技文章的特色。科技为文，语言准确是前提。不仅所列数据必须是准确无误的，必须经得起实践检验，即使是想象的内容也是建立在合理推测的基础上的。如本文所设想的"自动驾驶"（相对于"手动驾驶"），作者写文章时还未实现的技术，运用"电脑控制""输入路线和目的地"，就能"安全、舒适地送到目的地"，如今都已成为现实。又如车灯设计，"前面是 26 盏氙气灯，打开时可以射出 200 米远的淡蓝色光线"。强烈的氙气灯光可以照射到 200 米远处。蓝色光线能调整体内平衡，可消除紧张情绪。此处选取"氙气灯""淡蓝色光线"都是有科学依据的。要求语言准确并不排斥要求语言生动。本文标题不直书"理想"，而以"梦"代之，就具有大胆追求的感情色彩。自称 ZJ 汽车设计公司、ZJ 设计师、ZJ 汽车品牌，文末解义："'ZJ'是什么意思呢？看看我的名字你就明白啦！"作者姓名"朱俊"，用拼音字母取代，难掩得意，略带调皮，平添情趣，少年笑貌，跃然纸上。

科技发展与时代同步。关注科技必然关注时代。《我的汽车设计之梦》一文写的只是汽车一项，联系的却是环境保护、节能减排、道路交通、人性关怀等重大社会命题。2009 年 12 月，在丹麦首都哥本哈根召开"联合国气候变化框架公约"第 15 次缔约方会议，有 192 个国家参加，商讨 2012 年至 2020 年全球减排协议，凝聚了全世界关注的目光。请看，一个小小"汽车梦"，紧连世界风云，其参与的意义非同寻常。

这篇习作写于 2011 年。当年他的"汽车设计之梦"，如今多成现实。这是"梦"（理想的代名词）的力量和价值。喜看今日中国，科技发展日新月异，航天工程、大模型、大数据、智能芯片、机器人等成就非凡，举世瞩目。值得称道的是，党和国家不仅关注重大科技项目的开发，还同时关注开展科普活动，诸如举办科技节，营造探究氛围。尤其对青少年一代，更是倾注心血，为他们开设宇宙课堂、访问科学家，鼓励他们敢想敢做敢为，敢于构筑梦想。据《中国青年报》（2021 年 6 月 1 日）调查统计，已有超六成受访青少年对科学研究有兴趣。"少年强，则国强。"（梁启超语）对于青少年一代，我们催梦在当下，助梦在路上，圆梦在明天。科技有"梦"情自真，倡导中学生写作科技文章，不能把它仅仅看作一项作文练习，而是助梦成长的重要一步。

（八）阳刚之气不可少

识高则量大，气盛则声宏。弘扬阳刚之气，多一点"丈夫"气概。纵观历史，放宽眼界，把握大局，开拓作文新意境。

中学生作文，较多的是花季心语，友情风波，一笑一颦，一得一失。格局不大，情意颇真，偶尔写作，聊以寄情，自然无可厚非。但是如果触目皆是"生日咏叹，青春小曲"，而置民族意识、国家兴衰于一旁，并成为一种时尚，这就应当引起注意了。

弘扬阳刚之气，多一点"丈夫"气概，巾帼情怀，纵观历史，放眼世界，树立大局意识，开拓作文意境，值得大大提倡。《从文化遗产日想到的》就是这样一篇视野较宽，起点较高，别具一格的作文。

从文化遗产日想到的

南京师范大学附属中学　涂好好

《人民日报》载，每年9月的最后一个周末是法国的文化历史遗产日。这一天，国家博物馆免费、私立博物馆减价向全国开放。于是，每年约有六百多万法国人参加这一盛会。

⋯⋯⋯⋯⋯

法国人是天生的欣赏家，法国人周末的一项固定活动就是参观博物馆。在我们看来，这种参观活动已经比逛大街、跑舞厅要有意义多了。但是法国政府敏锐地看到，除了博物馆，许多古老的房屋、教堂，乃至手工业作坊中，都凝含了法兰西历史上的闪光点。真正的文化诞生于人民之中，能与之交流的文化遗产也诞生在其中。这样的文化遗产已经不仅仅是陈列在橱窗中冷冰冰的先人遗迹，而是在一砖一瓦、一草一木中都蕴含着自豪、喜悦的文化瑰宝。当人们用感情和它们交流时，真正是把历史、现实和未来糅合在一起，在追溯过去中触摸现实，在赞叹史迹时畅想未来。

引起我们注意的是，倡导这一质朴的文化氛围的居然是由法国政府，是由戎马半生的戴高乐提出的。如果以为这一项决议是法国人在酒足饭饱之后消磨时间那就错了。二战后法国北部一片瓦砾，煤、铁矿被德国疯狂开采了六年，经济面临崩溃。但是戴高乐就职后不久就意识到只有文化精神的复兴，才能使一个民族的精神振奋起来，所以他和法国勇敢地选择了文化遗产。历史证实，文化的精神力量与民族的意志是共通的。

…………

然而四大文明古国的文化遗产哪里去了？也许我们只有权对自己的故乡谈一些看法，我实在想说离我们学校不太远的三叉河中保村，为了建设的需要，这片土地刚划属鼓楼区不久，一幢幢楼房拔地而起，新建了龙江小区。可是有谁在意，江边那一块块排列整齐的长方形水塘，曾经是我国明代大航海家郑和率领船队下西洋，交流中华文化所乘的 62 条宝船的出发地呢？五百多年过去了，今天我们站在这龙江宝船厂的遗址上，为何会无动于衷？

身为中国青年，当有大情怀。我们不能满足在狭窄的书本智慧中。如今我们应该做的，就是走出家门，到有文化遗产的地方好好地看一看。

识高则量大，气盛则声宏。一则报载消息，法国政府重视文化遗产的义举，引起作者的关注。文化遗产，蕴含着民族意志和民族精神。法国政府推出"文化遗产日活动"是为了教育人民从"文化遗产"中汲取自豪、自信、自强的民族精神，是把历史、现实和未来联系在一起，"在追溯过去中触摸现实，在赞叹史迹时畅想未来"。能从振奋民族精神的思想高度评价法国政府的举动，表明作者具有一定的文化修养和深刻的洞察力。

尤为可贵的是，作者由他国想到祖国，由戴高乐总统想到我们自己，认识到只有复兴民族文化，才能振奋民族精神。因为，"历史证实，文化的精神力量与民族的意志是共通的"。

"然而四大文明古国的文化遗产哪里去了？"这一深沉的诘问，显示作者的强烈的忧患意识和民族责任感、使命感。"我们不能满足在狭窄的书本智慧中"，而应该"走出家门，到有文化遗产的地方好好地看一看"。发扬传统，振兴中华的殷殷之意，拳拳之心，溢于言表。

腹有诗书气自华。从行文中，可以看出作者胸襟博大，见识深刻，这是和作者一定的文化修养分不开的。作者纵论古今，放眼世界，涉及历史地理，科技经济，各种知识，信手拈来，左右逢源。见识和胆略是建立在知识的基础上的，这就与无知的大话、无用的空话彻底划清了界限。

不满足"狭窄的书本智慧""走出家门"，表明新一代的中学生的眼光已不再受学校和家庭的局限。他们所关心的已不只是身边琐事，个人心境，而是"世界文明的天平"如何"倾斜"，这是可贵的民族意识新的觉醒。让人欣喜并自豪的是，今日之华夏大地，学习中华悠久文化，承继民族优秀传统，发扬红色革命精神，已成共识。本文放眼世界，纵观历史，气魄非凡，出自今日青少年之手，令人振奋。青年一代树立以天下为己任的雄心壮志，这正是我们民族的希望所在，力量所在。

"我只有一个中国啊！"

1999 年，美国联邦教育部长公布了本年度的总统学者奖候选人名单，十八岁的中国女孩王渊名列其中。按规定，获奖者必须是美国公民。有人劝她加入美国籍："中国像你这样的人才有千千万，又不少你一个王渊。"王渊明确回答："我知道中国是有千千万万像我这样的人，但是，我王渊只有一个中国！"她坚持中国国籍，毅然放弃这个美国中学生梦寐以求的荣誉。

（《中国青年》1999 年 22 期）

"不但有志气，而且要争气"

中国工程院院士、"共和国勋章"获得者钟南山在上海科技大学 2021 年毕业典礼暨学位授予仪式上对学生说："希望你们不但有理想，而且有梦想；不但有要求，而且有追求；不但有志气，而且要争气；不但有热情，而且有激情。"

（《新民晚报》2021 年 7 月 3 日）

三、灵感来自顿悟

（一）把握写作的灵感

　　写作有没有灵感？如果有，又怎样才能把握它？回答这个问题，先要破除对它的迷信。其实，灵感并不神秘。灵感就是顿悟，是指在一瞬间，对生活、对事物突然有所感悟。这是一种灵性的表现。举一个实例来说，请看湖北荆州地区东方红中学余霁月写的一篇题为《鲇鱼跑了》的习作：

　　傍晚，爸爸回来了，喜滋滋的。他买回了三条活蹦乱跳的鲇鱼，说是小贩要回家，廉价卖给他的。看见这鲜活的鱼，我似乎看见了一碗热腾腾的散发着诱人香味的鲇鱼汤，哇，真美……

　　晚上，爸爸说："鲇鱼聪明得很，它会不顾一切地设法溜掉，如果不严加防范，那鲇鱼汤可就喝不成了！"爸爸把装鱼的桶提进离卫生间很远的厨房，用一个篮子盖严桶口，再压上一块大砧板，还仔细看了看，这才放心地走出厨房。

　　第二天大清早，我就听见爸爸在厨房里大叫："鱼跑了！"我连忙从床上蹦下来，跑去看，只见篮子、砧板横躺在地上，桶里空无一鱼，两条正在挣扎的鲇鱼已经靠近卫生间，另外一条遍寻不着。大家分析它已经通过卫生间的下水道跑掉了。

　　妈妈埋怨爸爸："就是你，昨晚说的话都让鲇鱼给听见了。""哼，便宜无好货，咱们一人少吃两块鲇鱼肉！"爸爸愤愤地说。

　　我没有责怪小鲇鱼的逃脱，也不像爸爸、妈妈那么想，因为我突然感觉到：拼搏中的生命具有不可遏止的力量！

　　文章并不复杂，记叙一家人买了三条鲇鱼，唯恐鲇鱼溜掉，就严加防范，将它们放入桶中，"用一个篮子盖严桶口，再压上一块大砧板"，次日，"只见篮子、砧板横躺在地上，桶里空无一鱼"。这时，爸爸妈妈难免互相埋怨，作者却突发奇想："我没有责怪小鲇鱼的逃脱，也不像爸爸、妈妈那么想，因为我突然感觉到：拼搏中的生命具有不可遏止的力量！"这个"突然感觉到"，就是顿悟的表现，也可称"灵感"。一件日常的家庭小事，被赋予了不寻常的意义，于是就有了这篇文章的出现。仔细分析一下这个"顿悟"的过程，其实就是已有信息和新获信息"碰撞"的成果。"拼搏中的生命具有不可遏止的力量"是作者头脑中原有的信息，眼前鲇鱼破桶而出的生命迹象是新获信息。"突然感觉到"就是找到了新旧信息的某种联系，顿悟由此产生。

由此可知，灵感闪现的过程即是众多相关信息选择、组合、加工的过程，经过思考，找到了信息之间新的联系。从这个意义上说，灵感来自信息积累，来自加工信息，优化组合。这里需要思考，需要养成良好的思维习惯、思维品质。天赋是有的，但是，更重要的是后天的锻炼，多思出智慧，"行成于思"，勤于思考，才会善于思考。获取新信息可能带有某种机遇性，所谓机遇可遇而不可求。然而"机遇只垂青那些懂得怎样追求她的人"（查理·尼科尔），偶然中有必然，主观努力总是应当放在第一位的。

作家王周生对写作灵感有一个形象的表述："灵感就像闪电，很亮很亮，稍纵即逝。如果我们截住它，使它的光芒不立即消失，就会产生发光发热的作品。"（《截住闪电》）热爱生活，积累信息，勤于思考，把握顿悟的时机，就能"截住闪电"，写作时就会文思涌动，产生灵感。同学们不妨都去试试。

中国工程院院士袁隆平谈"灵感"

"我认为，所谓灵感并不神秘，它是在知识、经验和思索结合后，由外界因素诱发而形成的创造性思维。"

"你们记住，灵感从来只惠顾那些有心者。"

（2000年11月袁隆平在西南农业大学50周年校庆大会上的讲话）

作家王周生谈"灵感"

托尔斯泰说："灵感是忽然出现了的你能够做到的事。"我们生活中许多平凡的事就像聚集在天空带电荷的云，说不定什么时候就会迸发出一道闪电。灵感就像闪电，很亮很亮，稍纵即逝。如果我们截住它，使它的光芒不立即消失，就会产生发光发热的作品。

（《文汇报》1994 年 1 月 13 日）

诺贝尔奖得主丹尼尔·卡恩曼谈灵感

美国普林斯顿大学教授丹尼尔·卡恩曼（2002 年获诺贝尔经济学奖）说："人一般凭直觉判断。"

卡恩曼教授把人的认知决策过程分为两个系统，分别是"直觉系统"和"理性系统"。

"人们在多数情况下是凭直觉进行判断和决策的。只有特定情况下理性系统才参与进来。"卡恩曼这样总结了他的观点。

（《科技日报》2004 年 8 月 8 日）

（二）多一点"悟性"

"太阳从西边升起"，这显然是一个违反常识的命题。它反映在一幅画面上，"画的是一个小女孩，蹲在草地上，托着腮，仰着脸，望着天上的太阳"，这太阳正"从西边升起"。作画的是一个八岁女孩。是小女孩画错了初升太阳的方位吗？不是。小女孩是有意为之的。这里面蕴含着一个令人揪心的故事。

太阳从西边升起

上海市外国语学校预初　陶圣叶

父母对儿女的情，情深如海，而儿女对父母的爱，一样是刻骨铭心。特别是有些父母在伤了儿女的感情的时候，又能否体会到儿女们那颗滴血的心呢？

星期一，我约林晔到家里一起画中国画。十点钟左右，我家的门铃就响了，开门一看，果然是老同学，她身旁还站着一个小女孩，躲躲闪闪的。一问才知道，这个小女孩是林晔的表妹，今年读二年级，和我从前一样，也在宝山区实验小学读书。我把她们带进我的房间，为了不让她妨碍我们，我让她坐在我的写字台旁画画。我们在我的美术专用桌上画中国画。

一个小时过去了，我们画好了一幅《鱼鹰捕鱼图》。正欣赏着自己的作品时，林晔的表妹把她画的画递给我。她的作品名字叫《盼》，画的是一个小女孩，蹲在草地上，托着腮，仰着脸，望着天上的太阳。这画构图、色彩都很好，我当时看了，一阵惊喜，哇，真有创意！不禁脱口而出："好一幅'旭日东升图'！"

可是小妹听了我的夸赞，一点也高兴不起来，反而低垂睫毛轻声地说："我画的不是盼望'旭日东升'，是盼着太阳终于从西边升起来了……"

我一听，用责怪的口气说："你什么时候见太阳从西边升起来？你画好也不想想。"

她哭了，哭得很伤心。她一边用手抹眼泪，一边说："爸爸妈妈吵架了，后来妈妈离开我们到外国去了。妈妈临走时说：'想让我再登这个家门，除非太阳从西边升起！'我好想好想让太阳从西边升起，那样妈妈就可以回家了……"

原来是这么回事，我觉得心口隐隐作痛，忍不住也要落下眼泪。再看看老同学，她的脸也涨得通红。

文章表现了一个破碎家庭八岁女孩画作背后的期盼和心酸。"想让我再登这个家门，除非太阳从西边升起！"这是"妈妈"争吵中的一句气话，意在表明"回家"绝不可能，说的是反话，而在天真的女孩听来，却信以为真。于是作画，执拗地"让太阳从西边升起"。画题为《盼》，寄托了小女孩多么情真意切的期待。然而，这是一个无望的期待，生活的悲剧正在这里。文章提出了"父母分离，子女最苦"这一引人关注的社会命题。

文章作者只是十二三岁的少女。小小年纪，能理解八岁女孩思母之情，满怀同情地关注并提出这一社会问题，显示了作者良好的思想素质和颇见深刻的观察力，看得出，作者是一个有"悟性"的中学生。

"悟性"，是指对生活的感悟能力。从这篇作文看，作者对社会现象的认识就有一个从感受到理解，进而悟得的思维过程。

八岁女孩作画和哭诉，这是发生在作者家里的一幕，作者对此有了感受。

"原来是这么回事""心口隐隐作痛"，作者产生同情，并由同情而理解。

"儿女对父母的爱，一样是刻骨铭心。特别是有些父母在伤了儿女的感情的时候，又能否体会到儿女们那颗滴血的心呢？"作者由理解而悟得，提出了天下为人父母者对子女的社会责任问题。

感受的第一步是接触生活现象，这是思考的前提和基础。生活的甜酸苦辣，会给人以刺激。对于大多数同学来说，从生活中获取感受并不难，难的是理解，是懂得。这就需要思考。生活现象的出现有其偶然性，也有其必然性。这个必然性就是生活中蕴含的道理。作者见到的这位小女孩父母离异，是带有偶然性的社会现象，而给子女带来无尽的痛苦（"滴血的心"）则是必然的结果。揭示这个必然性是有社会意义的。对生活现象这一感悟，使这篇文章有了生命，有了思想，有了感染力。

就写作文而言，不少同学说"难"，抱怨"没有材料"写，"缺少内容"。其实，生活现象比比皆是，生活内容无时无刻不包围着你，而缺少的正是对生活现象的思考，对生活的"悟得"。如果本文作者仅停留在看到小女孩作画这一现象，仅仅同情她的不幸遭遇，而没有对"父母责任"的追问，这篇文章是难以成立的。

多一点"悟性"，应当成为同学们成长的自觉要求。

（三）感受—感觉—感悟

写作文，贵在立意，也难在立意。这个"意"就是文章的主旨、主题。古人说："意犹帅也。无帅之兵，谓之乌合。"（王夫之《姜斋诗话》）乌合之众，何以成阵？散乱文字，焉能成文？"理定而后辞畅。"（刘勰语）"理定"就是立意，立意成则文辞畅，可见立意是成文的关键。

那么，立意究竟是一个怎样的过程呢？作者不同，文章不同，主旨不同，其立意过程自然也不同。然而，文章立意有共同的规律可以遵循吗？如果有，这个共同规律是什么？试以《成长的感觉》一文为例，透视它的立意过程，或可举一反三，给我们一些启示。

成长的感觉

北京汇文中学　肖　铁

事情经过了就不可能更改，走回头路是不可能的，就像岁月不会回头，河水不可能逆流而行一样。"一切都可以从头再来"，只能是安徒生式的童话。

那年春天，我转学到了光明小学，一系列的挫折，使我害怕了，后悔了。我真希望当初别转学，希望回到以前的那个班。我害怕上学，害怕与别人交流。期末考试，我一下子考砸了，妈妈哭了，老师告状，我挨了打。

我不再沉浸在回忆童年美好时光里了，我仿佛懂事了。那时我想：转学时的春天已经过去了，再不会向我走来；那个令我痛苦、羞辱的夏天也已经过去了，不会再向我走来。金色的秋天来了，我就不会再让它溜走。

那个六年级的秋天，我好像变了一个人，连我自己都感到了这种变化是那样有力量，仿佛身上的每一块肌肉都在变大变壮，甚至身高都一下子高了五六厘米。

我不再考虑别人，考虑老师，考虑环境，我只考虑自己的学习。

只在一瞬间，一个人就可以长大。我觉得我的长大就在那一瞬间，就在老师告状、父亲耳光后的一瞬间。当然我应该感谢老师，感谢父亲。

如果说以前我还恨什么人的话，那时，我不恨老师、父母，不恨任何人，不恨转学。我只恨自己，当初为什么没有毅力，没有勇气，为什么不坚强！

一个人应该受点挫折，应该遍尝这人世间的辛酸苦乐，要不，这个人是残缺的。就像没有见过下雪的人，是不懂得洁白的；没有到过沙漠的人，是不懂得饥渴的；没有跌倒过的人，是不懂得站起来所需要的勇气和力量是那么重要的！

把挫折留给生命吧，

就像

把泪留给海

风留给帆！

"更容一夜抽千尺，别却池园数寸泥。"成长的感觉可能就是这样的迅猛，让自己也让大人吃惊！

文章写的是"感觉"，什么是"感觉"？感觉就是人对周边世事人情的感知，是一种由感官而引起的心理反应。感觉不同于感受。感受只是被动地接受，而感觉，除了被动接受，还有主动反应。"觉"已有辨识的意思，这种辨识是文章立意的开始，也是深化立意的基础。

人无时无刻不在接受外界的"刺激"，通过感官，获取信息。其中有些感受，经历了也就过去了，没有留下什么印痕，而有些感受则留了下来，并引发思考，挥之不去，越印越深，乃至逐渐形成一种思想认识，由"受"而"觉"，产生思想的萌芽，"意"亦在其中矣。重视"感觉"是立意的第一步。

《成长的感觉》一文是从儿时一次"转学"受挫写起的。"害怕""后悔""挨打"是最初的感受。而这个"感受"是铭记于心的。这次"挫折"逼"我"奋起，由"感受"而"感觉"，"我"仿佛懂事了，"挫折"的激励意义由此领悟。这是由懵懂到醒悟的变化。这种变化产生了巨大的动力，正如作者说："我好像变了一个人，连我自己都感到了这种变化是那样有力量"。

诚然，从认识的深度说，"感觉"仍是认识的初级阶段，带有很大的感性成分。而本文所说的"感觉"，其立意已延伸到"感悟"阶段。文章对"挫折"意义的认识不止于对儿时受挫的回忆，而是在更广泛意义上对"挫折"完善人生磨炼价值的认定。作者说："一个人应该受点挫折，应该遍尝这人世间的辛酸苦乐，要不，这个人是残缺的。"这是对挫折"意义"的理性概括，最终确立了文章主旨的高度。应该说，作者此时处青少年时期，对于"成长"的感悟尚在深化之中，文章以"感觉"题名，不无自谦之意，倒也是实话实说，如此自我评价也是恰当的。

由此，我们可以归纳："感受—感觉—感悟"正是这篇文章的立意过程。推而论之，《成长的感觉》如此，其他文章也是如此。这一立意过程具有普遍性意义。从感受出发，由"感觉"而"感悟"，这是文章立意共有的通道。

这里，需要说明的是，强调"立意"在感受过程中的关键作用，并不意味可以弱化结构和语言在文章中的作用。内容和形式两者相辅相成，语言形式不仅有表达内容的功用，而且在表达中还能生成内容，促进内容的深化，这就是形式对内容的反作用。例如，本文行文多处引用名人名言、古今诗句，恰如其分，引人联想，起着丰富并延伸文章立意的效果。引用诗句"把挫折留给生命吧，/就像/把泪留给海/风留给帆！"把"挫折"的两重性形象地展示出来（"泪"和"帆"），这与作者表达的"成长"情怀极为切合。"更容一夜抽千尺，别却池园数寸泥。"（李贺《昌谷北园新笋四首》）以新竹拔节作比，与成长中的青少年积极向上的精神风貌和气韵相通，这些精彩的引用无疑地大大充实了文章的思想内涵。

尤可称道者，文章把自己"成长的感觉"用"一瞬间"一词加以表述，用词虽有些夸张，却真实地表现出此情此景少年学子易感易变的心理特征。记得导演陈凯歌曾有文写十七岁离家的心情变化，题名就是《长大有时只是一瞬间的事》。可见小作者此时的感悟颇为深刻，他所写的"成长的感觉"已不是少年个例，而是青少年所共有的生活体悟，具有典型的意义。

"意既立，必须得句。"两者相辅，神形兼备，妙文乃成。此诚写作箴言也。

小链接

眼镜咏叹调

湖北宜昌夷陵中学　沈　玲

中午排队买饭时，我想看看小黑板上的菜谱，一摸身上的口袋，噫，我的眼镜又到哪儿去了？于是又一次大搜索，食堂—教室—寝室，就是不知眼镜丢落在何处，遍寻无着，这次可真是"雾里寻花"，不知花在何方了。

也许，这时我的眼镜正躺在某个角落里喟叹："人呐，你为什么不在拥有我的时候好好珍惜呢？"

是呀，为什么不在拥有的时候去好好珍惜呢……

（从寻找眼镜的小事，领悟到珍惜拥有的可贵，由个别事件提升到一般理念，完成的正是感悟的过程。）

悟到了什么

回到家，妈妈正在做饭。我洗了两个苹果准备美餐一顿，顺手将一个放在菜板上，拿起另一个走进卧室，边听音乐边吃苹果，好不惬意！一会儿吃完了，正准备去厨房拿另一个，只听到妈妈对爸爸说："这丫头真长大了，刚才吃苹果，还知道给我洗一个呢……"

真好像打翻了五味瓶……

至少，我已从中悟到了什么。

（妈妈的误解，照见了女儿的粗疏，凸显了亲子之爱的差距。女儿"打翻了五味瓶"的心理反应，表达了羞惭、自省和自责，完成了由感到悟的过程。）

（四）人称的选择

大凡文章记人叙事，总少不了一个叙述人。叙述人不外乎两种情况。一种是局内人，叙述人以"我"的身份出现在作品内，参与其事，交流感情，是为第一人称。一种是局外人，叙述人以旁观者的身份，客观地介绍人物，记叙事件，叙述人不进入作品，是为第三人称。而第二人称则是第一人称的变种，叙述人以"我"的身份在作品中出现，但是"我"只同某一特定对象（你）发生联系，"你""我"对称。那么，为什么不同的文章会采取不同的人称方式？而人称的选择又有哪些依据？

试先看三例：

九岁的孩子，当了班长以后的那种愉快的心情和认真态度，也许只有喜欢孩子，了解童心，理解纯真的人们才能体会到。当时，我几乎天天第一个到学校，打扫好教室卫生，迎接同学们上课；我天天放学去割草喂班级的兔子，对同学们提出的要求，也总是尽力而为。

真的，我们共处了十八年，似乎今天我才第一次懂得了你。爸爸，我将以我的努力来面对你的黑发为我而白！

等第二次从娘家回来的时候，她的心越发凉了：床上的新被子没有了，空荡荡的屋子里只剩下光秃秃的一张大床。新娘转身望去，只见新郎正怯怯地站在她的身后。她一切都明白了。

突然，她猛地扑向新郎。

"你告诉我，你告诉我，难道你也是借来的吗……"一阵嘤嘤的哭泣声，在这十八里黄土平川上空飘荡，向人们诉说着一个揪心的故事。

三个片段，各自选择一种人称表述方式。第一个片段，写一个儿童的上进心。叙述人是"我"，用儿童的语言娓娓道来，给人一种真实感和亲切感，稚朴之态可掬。如果换成客观性叙述，多了一个"叙述人"做中介，一颗童心，一份纯情就因此多了一层隔膜。第二个片段，写父子情深，事情和感情只发生在两人之间，"你""我"对举交流，抒发情感就更有针对性、集中性和互补性，这样写无疑大大增强了表达的力度。第三个片段，叙述"一个揪心的故事"。主人公有两个，既要写"新娘"，又要写"新郎"，叙述人以客观的身份写，不受"我"的见识局限，就大有从容发挥的余地。

由此看来人称选择首先决定于取材范围，如果题材集中于"我"的自身，或见闻，或心态，耳闻目睹，直抒胸臆，自有一份真切感，选用第一人称的表述方式当为适宜。如果题材集中于"你""我"之间，事件和情感都发生在特定的场景之中，运用第二人称，读者就有现场感，犹如身临其境，自然十分投入。而如果题材涉及众多人事，需要写不同的人，不同的事，从不同的角度叙述人事，那么，运用第三人称写法，叙述人就会有更多的选材自由。

其次，人称选择显然与表达的感情强度有关。呼告式的，直白式的，细诉衷肠的，坦露心迹的，以第一人称、第二人称为宜。这样能更有利于表达的顺畅，增加文章的感情强度。而感情沉稳，蕴藉，表达属多角度，多层次，选用第三人称写法，叙述人能多方调动，表情达意就会有更多的主动权。

一般地说，一篇文章，前后人称要求统一。叙述人身份时有变化，文章中的人物关系就会产生混乱，干扰读者的思路，是不可取的。但是，这样说，不是说一篇文章的人称绝对不可以有变化。在局部的范围内，在特定的场景中，如

对话环境，心灵独白，开头和结尾呼应……人称略有变化也是允许的，如上述例文第三个片段，故事叙述用的是第三人称，其中的对话则以"你""我"相称，表现了不同人称的不同表达效果。需要注意的是，必要的人称更换，在衔接处必须交代清楚，要有明显的语言标志，这样，人物关系才不会混淆，不至于唐突行事，以便于读者自然顺畅地理解文章的思路。

叙述人称

第一人称，以"我"自称。"我"是叙述者，也是故事中的一个角色。作为叙述者，表述所见所闻，给读者以亲近感。但受角色身份的限制，不能叙述"我"所不知的内容。

第二人称，以"你"为称呼标志，叙述者与接受者犹如面对面，接受者有明显的参与感。

第三人称，叙述者以旁观者身份出现，不受视觉限制，目有所见，耳有所闻，均可叙述，应用最为广泛。

（五）写出人物和事件的特点

俗话说，世上没有两片相同的树叶。一个人，一件事，之所以不同于另一个人，另一件事，是因为它们各有特点。明显的特点，比较容易把握；隐蔽的特点，则较难察觉。

那么，怎样把握人物和事件的特点呢？

感受是最基本的途径。生活中，不同的人事，一般不会混同，但要说明细委，则不那么轻而易举。这就需要对众多印象进行细细梳理，比如说，人物的外貌、动作、语言有什么特异之处，是快人快语，是慢条斯理，是风风火火，是沉着冷静，凭感觉，其表象特征还是比较容易把握的。这当是感受的第一步。

概括是把握人物和事件特点的标志。人事特点有现象特点和本质特点之分。现象特点是它的外在形式，本质特点是它的实质内涵。只有当这两者形成一个统一整体，才能说真正把握了人物和事件的特点。如果说，人事的表象特点，凭感受还能比较容易把握的话，而较深一层的性格特点、心理特点、思想特点等，则光凭感觉就不够用，还要思考分析，归纳整理，提炼概括。例如，有一位同学写《家庭趣事》，描写一家人周末晚餐的欢快气氛：

爸爸夹起一块排骨，送到我和妹妹面前，我们笑嘻嘻地都要去接，谁知排骨一转，落到了妈妈碗里。妈妈微笑着也夹了一块排骨，递给爸爸，爸爸得意地伸过碗去，谁知那排骨在他眼前一晃，掉到了我的碗里，接着妈妈又夹了一块给妹妹。爸爸装出一副无可奈何的样子，说："唉！看来，我只有自己夹了。"话音刚落，两块排骨送到了他碗里，原来是我和妹妹一人夹了一块。

文章接着又写了一段一家四口人的对话，告知爸爸入党了，妈妈研究的课题获得头奖，妹妹数学考试得了满分，"我"交了入团申请书。"'来！让我们干杯！'妹妹提议道。可哪儿有酒啊？我们急中生智，四只盛满了鱼汤的碗碰在一起……"

在作者的笔下，呈现出一幅多么风趣、欢快的家庭生活场面。写家庭生活，不少同学都认为"最难写"，因为太平常了，一般化。可是这位同学从感受出发，集中突出了家庭生活"欢乐"的特点，进而思索"欢乐"的原因，党的知识分子政策英明伟大，是幸福之源；从本质上对"欢乐"的家庭生活进行概括，文章就生动、有趣，明示特点，写出深度，别具特色。

小练笔

亲爱的读者，下面有四个作文题，请选择一个试一试，重点思考怎样把握写人叙事的特点。

❋ 快乐的三人世界

三人世界，由你和你的爸爸妈妈组成。其中乐趣，只有你知晓，说出来，让大家分享好不好？

❋ 校园又有新热点

❋ 上课时发生的小插曲

❋ 选择班上一位同学，不写姓名，只写出他（或她）的特点（或外貌，或言语，或行动……），让同学们猜猜他（或她）是谁。

（六）对比的作用

俗话说，不比不知道，一比吓一跳。通过"比较"对于认识和表现人事的特点具有重要的意义。"对比"更是比较中具有对立性的一种，因而，其显示特点的作用就更为突出。运用于写作中，对比立论，对比说明，对比描写，往往能收到强烈、显豁的表达效果。

请看对比立论一例：

碧空下，翻腾的大海，一抹白色正穿行于惊涛骇浪之间，呵，这就是冲浪！奋勇向前，在激流中体味进取的快意。"激流勇进"能催人奋发向上，这固然是一种壮举，然而说"急流勇退"就一定是消极的吗？

生活中一"进"一"退"，从现象上看，两者是对立的，但是，人生长河总是有起有伏，文章在列举当退则退的事实之后，证明：

可见，并不是只有"激流勇进"才是人生唯一的选择；急流勇退，何尝不是人生的真谛？退一步，海阔天空嘛！

这是对比立论的一例。如果文章只说"急流勇退"，没有"激流勇进"作对比，人生"退"的积极意义就很难完整地、令人信服地表达出来。以"退"为"进"，"退"是"进"的准备。如果说，"激流勇进"是方，那么"急流勇退"就是圆。方圆结合，才是人生完美的境界。

对比除了把同一事物（或同一事理）的不同方面进行比较外，常常是把两种或两种以上的事物进行比较。例如，人物对比就是一种。《陪夜》一文，写妈妈手术后"吊盐水"，女儿"我"守护在旁。深夜，"我"竟然睡着了。一觉醒来大吃一惊：

啊，床上没人！只见妈妈的被子有一半盖在我身上，盐水瓶已空了，垂下来的针头在床沿边晃动。我顿时清醒过来，连忙跑到屋外。只见长长的走廊上，一个狭长的身影扶着墙壁艰难地前进着。"妈妈！"……原来是妈妈见我睡着了，不忍心叫醒我，而自己拔掉针头上厕所。看着妈妈额头上微微渗出的汗珠，我拉着妈妈的手，泪水再也忍不住了……

女儿的粗疏、"失职"、后悔；妈妈的照顾、慈爱。人物心理、人物行动产生强烈的反差，勾勒出一幅感人肺腑的"母女怜爱"图。此情此景，万般情意，均在不言中。这就是运用对比手法产生的表达效果。

对比的事物（或事理）要注意可比性。所谓可比性是指比较的事物（或事理）的共同性和一致性。有共同性和一致性才谈得上差异性，突出特点和差异才有表达的意义，才能表述一种观点，说明一种事物，描写一个场面，抒发一种情感。对比的事物（或事理）越相关、相近、相似，揭示它们的差异和特点就越有价值，越能吸引读者的注意，引发读者的思考，给读者留下深刻的印象。上文所述人生道路上的"进"和"退"是两个紧密相关而又互有特点的阶段，母女相依更是心灵沟通的人间真情，唯其如此，"急流勇退"的观点，才发人深思，"陪夜"一幕的情愫才感人至深。

小链接

"对比"二例

◉ 天下事有难易乎？为之，则难者亦易矣；不为，则易者亦难矣。人之为学有难易乎？学之，则难者亦易矣；不为，则易者亦难矣。

（彭端淑《为学》）

◉ 双腿瘫痪后，我的脾气变得暴怒无常。望着天上北归的雁阵，我会突然把面前的玻璃砸碎；听着李谷一甜美的歌声，我会猛地把手边的东西摔向四周的墙壁。母亲就悄悄地躲出去，在我看不见的地方偷偷地听着我的动静。当一切恢复沉寂，她又悄悄地进来，眼边红红的，看着我。"听说北海的花儿都开了，我推着你去走走。"她总是这么说。母亲喜欢花，可自从我的腿瘫痪后，她侍弄的那些花都死了。"不，我不去！"我狠命地捶打这两条可恨的腿，喊着："我可活什么劲儿！"母亲扑过来抓住我的手，忍住哭声说："咱娘儿俩在一块儿，好好儿活，好好儿活……"可我却一直都不知道，她的病已经到了那步田地。后来妹妹告诉我，她常常肝疼得整宿整宿翻来覆去地睡不了觉。

（史铁生《秋天的怀念》）

（七）怎样使用资料

在文章中，引用资料（指经典言论、典型事例），或为证据，发表议论；或作诠释，说明事物；或借以明志，抒发感情。资料选用得当，文章就有吸引力，能给读者以启示和感染。

请看，一篇题为《就是要"班门弄斧"》的文章片段：

"弟子不必不如师，师不必贤于弟子"，这句千古名言就是对"班门"中"铁杆保皇派"的当头棒喝。若要验证此言，还需一番寻寻觅觅。仔细搜索，一件学生击败教授的事在大洋彼岸之美利坚不期而现。

据《读者文摘》载：在美国一次中学生数学会考中某生五十题答对四十八题，但并未以此为满足，又潜心研究其中一题；经过多次实验，求教，计算，论证，证明该题标准答案有误。考试中心接到其报告后，专门请数学教授开会论证，反反复复，最终不得不承认"我们脸红了"，并给数以十万计的学生加分。

这个片段引述了两个资料：一是韩愈《师说》的名言"弟子不必不如师，师不必贤于弟子"，使用的是摘引的方法，表述"后生可畏""后来居上"的观点，简明精当，突出要旨；一是一名中学生在会考中的杰出表现，成绩优异，富有创见，令人叹服——使用的是转述的方法，以作者的口吻（"据《读者文摘》载"），做简洁明了的介绍，验证"班门弄斧"的特殊意义。

引用资料还有详略之分。一般地说，摘引名言警句，贵在精粹，不宜长篇大论。事例引述也以简明为好。事例突出，作为重点论据，不妨简述过程如上例（一位中学生的创见），是为详写。如果列举众多事例，且都是为了突出事例的某一方面，则不妨略说，甚至一笔带过。

试看一例：

生命的价值在于对社会做出贡献。

当你阅读《涉江》时，你是否感受到了屈原的悲愤——这是屈原人生的洪波；当你用牛顿定律解答习题时，你是否体会到牛顿的伟大——这是牛顿生命的火花；当你面对化学元素周期表时，你是否看到门捷列夫智慧的光芒——这是门氏人生的延续。事实上，这样的例证无处不在——难道你没有感受到吗？

这段文字引述三个例证——屈原和《涉江》，牛顿和牛顿定律，门捷列夫和化学元素周期表——只是点出屈原的"悲愤"，牛顿的"伟大"，门捷列夫的"智慧"，而人物的生平事迹和杰出贡献的具体内容都一概略写，一气呵成，点到为止，读者心领神会，很有感染力，是为略说。

引述资料还有一种方法，叫作"引申反用"。

再看一例：

我走在那座铁桥上，只见桥面上杂草丛生，栏杆上铁锈斑斑，走上几步，便有几只青蛙"扑通"跳进河里。我望而却步了，生怕草丛里会钻出几条蛇来，只好退了回去；但心头又有一种失落的感觉。"走的人多了，也便成了路"，这个道理人人都懂，但人们能否想到，走的人少了，那是路的地方也会无法行走？

"走的人多了，也便成了路"，这是鲁迅小说《故乡》结尾的话。这里引用它，生发的却是"走的人少了，那是路的地方也会无法行走"的道理。作者以眼前的事实为依据，以鲁迅的话为反证，从事物的另一面揭示事理，使阐发的观点与所引述的资料相辅相成，共同完成一个整体认识。这种对于资料"引申反用"的方法，很富有辩证的意味。

小链接

◎ 气盛则言之短长与声之高下者皆宜。

（韩愈《答李翊书》）

◎ 凡学文，初要胆大，终要心小，由粗入细，由俗入雅，由繁入简，由豪荡入纯粹。

（谢枋得《文章轨范》）

◎ 积字成句，积句成章，积章成篇。合而读之，音节见矣；歌而咏之，神气出矣。

（刘大櫆《论文偶记》）

（八）寻找适合的表达方式

人是有感情的，有感情就要抒发。可有时就难以抒发。不是不想表达，而是一时未能找到合适的表达方式。这里，说一说残疾模范人士张海迪幼年学吹口哨的故事。她五岁患脊髓血管瘤，导致高位截瘫。同龄人在这个年龄，都是欢蹦乱跳的时候，可是她不能。她只能躺在床上，稍有活动，就会引起脊背伤口的剧痛。她痛苦，却又无奈，手不能拿玩具，只有几本翻烂了的小人书，一盆旧积木，还有一个傻乎乎的布娃娃。唯一的快乐就是听窗外小鸟唱歌。她多想和小鸟一样唱歌啊！有一天，她向妈妈提出了这个要求。妈妈说，我来教你吹口哨。从此，她学会了吹口哨：

我于是轻轻，轻轻地吹，一丝细细的风从嘴唇中牵出，一个好听的声音飘散开来，很悠长很柔和，神奇而缥缈。我反复吹着，开始是单音，后来我学会了由低音吹到高音。再后来我就会学小鸟叫，学它们啾啾地唱歌。我也吹自己会唱的歌。于是孤独中的我找到了快乐。在我的口哨声中，窗外小树的叶子绿了，又黄了。在我的口哨声中，树叶飘落了，窗外的白雪就盖满了大地。

春天来临，少女时代的我热情而活泼，在鲁西北那片绿色的田野上，我又吹起口哨，我的口哨带着弧线从这边飘向那边。村里男孩子们听见我吹口哨很惊奇地瞪大了眼睛。我又用欢快的口哨呼唤大白狗，它一听见我的口哨就会像一匹小白马，从村里热情万丈地飞跑到我身边。看着大白狗在我身旁亲热地摇头摆尾，孩子们脸上露出油然钦佩的神情。我说我们一起吹口哨吧。于是田野上空仿佛飞来了一群百灵鸟……

（张海迪《生命的追问》，作家出版社1997年版）

口哨声短促、急速、欢快，释放了她的热情、活泼和向往；口哨声轻飘、悠长、婉转，倾诉了她的孤独、忧伤和怅惘。于此，口哨声的旋律和她的感情起伏相呼应，所以，张海迪深有感触地说："我唱歌没有哭过，但我听见自己用口哨吹出的歌却不止一次地流下眼泪，也许是我喜欢那些染有忧伤色彩的歌。"忧伤暗合疾病给她带来的痛苦，这是她的心声，"口哨"让她找到了最适合自己的表达方式。

感情染有个人色彩，抒发感情的方式也自然染有个人色彩。我们在表达情感时，应该根据自己的特点和需求，寻找最适合自己的表情达意的方式。

◉ 张海迪（1955—　　），女，五岁患脊髓血管瘤，导致高位截瘫。自学完成小学、中学、大学的课程。有《轮椅上的梦》《生命的追问》《绝顶》等作品发表。人们称赞她是"80年代的雷锋""当代保尔"。

（保尔·柯察金：奥斯特洛夫斯基小说《钢铁是怎样炼成的》中的主人公，是一个自觉的、无私的革命战士。）

张海迪的话

1. 即使跌倒一百次，也要一百〇一次地站起来。

2. 每个人的生命都是一只小船，理想是小船的风帆。

3. 是颗流星，就要把光留给人间。

四、给我一双慧眼

（一）"发现"是一种能力

《生活中的发现》一文是 1999 年上海市中考的一篇优秀作文。那一年的中考作文命题就是"生活中的发现"。显然，这道作文题是由罗丹的一句名言演化而来。罗丹在评论艺术时说："美是到处都有的。对于我们的眼睛，不是缺少美，而是缺少发现。"（《罗丹艺术论》，人民美术出版社 1987 年版）艺术美，源于生活，因而无处不在；艺术美，又隐于生活，所以必经"发现"，才能显现出来。艺术如此，生活亦然。生活有美，也有弊，它们同样是源于生活，又隐于生活。只有"发现"，才能识得，才能彰显，才能或发扬之，或革除之。这道作文题意在引发和测评学生的"发现"能力，其题旨是十分明确的。

剖析《生活中的发现》一文的成功因素，举一反三，对于提高中学生的"发现"能力不无启示。

先读这篇考场作文：

生活中的发现

在这个世界上活了整整十六个春秋，不经意间，我发现我老了。你别笑，我真的老了，要不然，为什么青年人应有的红扑扑脸颊，变得如此蜡黄？要不然，为什么曾一步跃三个台阶的脚步，变得如此蹒跚？

我发现我老了。虽然眼镜片越来越厚，但黑板上的字却越来越看不清，这不是上年纪的人才有的"老眼昏花"吗？该死的历史年代，我背了一遍又一遍，但还是记不住，这不是老年人常说的"记忆力衰退"吗？我曾经喜欢打篮球、听音乐，可是现在却视而不见，充耳不闻，这不是"老化"的见证吗？

生活中的我，也发现自己"老了"。你听，妈妈说："你精神不好，过马路要小心。"爸爸说："你眼神不好，从今天起，我去倒垃圾。"奶奶呢，则坚持每晚给我泡一杯浓茶说："这东西最能提神。"爷爷则每晚亲自下厨，为我做又香又软的又最有营养的夜宵，可是人"老了"，胃口不好，每每只吃几口。

其实，我不但发现我老了，同学们也老了。杜甫诗云："少壮能几时，鬓发各已苍。"难道你没有发现，现在许多同学都长出一撮撮白发！同学们语言少了，仿佛"三缄其口"；交往少了，仿佛"老死不相往来"；真挚少了，仿佛变得"老成持重"；有人以分秒计算总复习进程，可谓"老谋深算"；有人早已把历届中考题演算一遍，可谓"老马识途"；有人如我者拼命追赶，但还是"老牛拉破车"……

刚满十六岁的我就已经老了，这不太惨了吗？太惨了，又有什么办法？为了考高中、考重点、考名牌重点高中，无奈何也，无奈何也。

但是，假设我们都考进了名牌重点高中，成了高才生，会不会像孔子的得意门生那样，尽管"闻一而知十"，却三十岁刚出头就死了；会不会像唐代诗人李贺那样，尽管被人称为才华横溢的"鬼才"，却在二十七岁就命归西天？

我知道有两样东西，只有失去时才觉得珍贵，一是青春，二是健康。居里夫人曾说过："科学的基础是健康的身体。"据说，居里夫人在最忙时，也不忘带着她的两个女儿，一起去爬山戏水。

妈妈，如果你心疼我，就陪我去爬爬山吧！老师，如果你能理解我们，就给些时间，让我们打打球吧！我们被生活中无形的压力逼迫得快要窒息了。真的，我发现我老了，同学们也老了……

临"卷"涕零，不知所云！

（1999年上海中考作文卷）

从这篇文章看，它所记叙的中学生的生活状况是大家熟悉的。"为了考高中、考重点、考名牌重点高中"，初三学生应付繁重的学业，疲于奔命，一个个脸色"蜡黄"，步履"蹒跚"，眼睛近视，记忆衰退，胃口不好，少年白发，沉默寡言……应该说，中学生的这种生存状态，在今日校园里，可谓触目皆是，司空见惯。仅仅把这些生活现象自然展示，敷衍成篇，充其量是"再现""重现"，而不是"发现"。

那么，这篇文章的作者从这些生活现象中又"发现"了什么呢？

"其实，我不但发现我老了，同学们也老了"，这里的"老"，当然不是指生理年龄，而是指心理感受。这就把初三学生此时此刻的生活状况和它必然带来的严重后果揭示出来，作者愤激地写道："刚满十六岁的我就已经老了，这不太惨了吗？"文章还列举"闻一而知十"的颜回"三十岁刚出头就死了"，"鬼才"李贺"二十七岁就命归西天"的史实，印证应试教育戕害学子无异于剥夺生命。文章正是"发现"了生活中的这种疲于应试，必伤及身心的因果联系，"蜡黄""蹒跚""衰退""白发"云云，一一成了花季少年心灵受到伤害的明证，唯其如此，这篇《生活中的发现》才让读者触目惊心，为之震撼。

由此可知，所谓"发现"，就是对生活规律的认识。所谓"发现能力"，就是对生活规律的认识能力。这里讲的规律是指事物之间的内在的必然的联系，例如，因果关系是一种联系，《生活中的发现》一文揭示的就是这种联系。条件关系又是一种联系，不同条件，产生不同结果。现象和本质又是一种联系，现象是入门的向导，一进了门，就抓住实质，也就认清了事物，凡此等等。尽管生活现象表面看去纷纷扰扰，方方面面，形形色色，而一旦找到事物的内在联系，所有的生活现象就会自动归类，分别主次，凸显本质。罗丹说"不是缺少美，而是缺少发现"，美的发现是这样，事物本质联系的发现更是这样。这是"发现"的一层意思。

"发现"的又一层意思是选择恰当的形式来表现这种联系。《生活中的发现》一文入木三分地揭示了应试教育的危害性，值得称许的是，本文作者对这种危害性的感受和表达是充分个性化的，独特的，别具一格的。"我发现我老了""同学们也老了"，以花季少年理当英姿勃发而竟至于少年老成凸现迟暮之气，年龄对比何等强烈，表现应试教育的危害深重，又是何等形象而深刻。作者为表现身陷"老境"，巧用成语，描摹细节，引用古诗，印证史实，信手拈来，无不恰到好处，可见作者娴熟的语言表现能力、丰富的文化知识和风趣幽默的良好性格。篇末点题，尤为神来之笔，由考场联想，活剥诸葛亮《出师表》"临表涕零，不知所言"的名句，"临'卷'涕零"，一字之改，紧扣应试，"涕零"之想，回味隽永。小小少年，揽古今于一时，翻名句而生辉，即兴发挥，驾轻就熟，亦可见考生平时的熟读和精思。

《生活中的发现》一文启示我们，"发现"的能力包括两个方面，一是对事物之间联系的认识，一是对认识的语言表现。没有前者，语言形式徒有其表，无用武之地；而没有后者，纵使成竹在胸，也无从表现。"发现"能力当是这两种能力的融合。中学生锻炼"发现"能力亦需从这两个方面同时努力。

（二）贵在自己"发现"

"发现"是"创造"的基础，有所"发现"，才能有所"创造"。对于中学生来说，这个"发现"的意义还不完全在于它有多大的社会价值，而主要在于它的个性化，在于它确是"自己"的"发现"。

请看一篇文章：

家庭给了我启示

上海师大二附中　蒋　湘

提起家庭，也许有的是"体育之家"，有的是"文艺之家"，甚至是"革命之家"。可我的家庭却是"数学之家"，因为经我观察与思考，发现家里存在着许多有趣的数学关系。

正比例→反比例

小时候，我特别不喜欢吃饭。所以饭桌上，我用的是最小的碗，妈妈用中碗，爸爸则是大海碗。

我在家里年龄最小，妈妈比爸爸小几岁，爸爸年龄最大。

每人的年龄与各自的饭碗大小成正比例。这似乎是一条不易的定理。

随着时间的推移，我小学毕业进了中学。在中学里，我个子蹿得老高，人也壮实了，饭量大增。

吃饭的时候，我惊异地发现，不知不觉，爸爸的大碗不见了，取而代之的是家里最小的碗，而我呢，却用起了号称"全家之最"的大碗。

多有意思啊！进中学，我年龄还是最小，却用最大的碗；爸爸年龄最大，却用最小的碗。

这个时候，我家三口人年龄与饭碗的比例成了反比例。

我不解地问妈妈，妈妈神秘地对我说：

"湘湘，你真傻，你没发现爸爸头上的白发吗？爸爸老了，以后咱们家全靠你这个后生出力了。"

啊！我终于明白了，联想起我这个名不见经传的初中生，竟然在今年华东六省一市作文竞赛中得奖，原来我长大了……

生老病死，新陈代谢，一代接一代，看来这是不可抗拒的自然规律。

循环不等式

在我的家里，妈妈可以管爸爸，我可以指挥妈妈，爸爸则可以训斥我。爸＞我，我＞妈，妈＞爸，成了一个循环不等式，到底谁管谁？

我这个学校记者团首席记者开始采访妈妈。

"您为什么要管爸爸？"

"因为你爸爸工作起来就忘了休息，读起书来就忘了吃饭，捏着钱到百货商店不知买什么好……"

爸爸管我，大概是有时我不听话。

为啥会这样，我苦思冥想。

答案终于被我找了出来：一个人生活在世界上一定会受到外来条件的制约，绝对自由是不可能的。

直线函数 $y=kx$

"又涨价啦！"妈妈一面喊，同时一大兜东西又买回来了。什么橘子，苹果，毛线，脸盆……堆了满满一桌子。每一次涨价，家里吃的用的就会随着增多一次。

这时，我的脑子里突然闪过数学老师在课堂上的讲解：直线函数 $y=kx$ 的性质是，当 $k>0$ 时，函数值 y 随自变量 x 的增加而变大。

如果设 k 为一般常数，自变量 x 为涨价次数，函数 y 是家庭财物，把它们放在一起，就出现了开头那一幕。随着一次次涨价，家里的东西也就一次次增多。但奇怪的是，银行存折上却有增无减！

家庭里竟存在着直线函数 $y=kx$！我又开始采访妈妈了。

"涨价到底可怕不可怕？"

"嗯……看来并不可怕。"妈妈嗯了好半天，终于给嗯出来了，把我和爸爸都逗乐了，妈妈也笑了起来……

这篇文章反映普通的三口之家，题材和主题都并不新奇，然而读后却给读者以新鲜感，给人以启迪。这就是因为作者从题材到主题的提炼过程是十分个性化的，是新颖的，富有创造性的，因而别具一格，引人注目。

它的成功很值得玩味。

敏于观察是独立思考的前提。这是文章给人的第一点启迪。文章作者善于从事物的变化中寻找观察点，从人与人的联系中寻找关系式，从众多事物的联系中寻找特定关系，这样的观察才是有效观察。在此基础上，才能有较为深入的思考。相比之下，有些同学也注意观察，然而是胡子眉毛一把抓，没有集中的观察点，只有泛泛的观察面，结果什么都看了，却什么也看不到，自然不可能有所"发现"。

"发现"的精髓是独特的思考。独特是个性化写作的生命。这篇作文巧妙地把生活现象和数学现象联系起来，寻出共同点，进而揭示生活的真谛，思考的方式是中学生式的，思考的过程是合理的。这种联想式的思考是文章给人的第二点启迪。德国哲学家康德说："每当理智缺乏可靠论证的思路时，类比这个方法往往能指引我们前进。"文章将生活现象和数学现象类比，一下子就将原本模糊的生活现象清晰地凸显出来，大大推进了思考的过程，顺理成章地得出了结论。

个性化写作需要必要的知识支撑，这是不言而喻的。数学关系式的联想是这篇作文创新特色的标志。它在中学生的知识范围之内，可以断言，文章作者不具备相应的数学基础，是不可能产生如此奇妙的联想的。

归结一下，是不是也可以模仿这篇文章作者的思维方式，运用数学关系式将个性化写作的规律加以归纳，那就是：

独特发现 = 有效观察 + 必要知识 + 巧妙联想

小链接

从生活中捕捉感觉，
从传统中寻找语言，
从创作实践中发现自己。

（漫画家贺友直《新民晚报》2021 年 3 月 14 日）

（三）"新意"来自一定的感情深度

> "新意＝独有的感情体验＋深刻的思考分析＋形象的语言表达"，这是具有普遍意义的作文创新公式。

俄罗斯作家托尔斯泰说："新意是一定程度的感情深度，它能使人获得不同于他人的特殊的个性。"这是作家的经验之谈，对于中学生写作也是有启发的。

感情源于生活，是生活的浓缩和升华。"感情深度"，则是生活丰富而深刻的集中反映。中国台湾凤林中学学生于立的作文《我和书》，就是一篇有一定的"感情深度"的优秀之作。本文内容来自作者独特的感情经历，写来委婉曲折，闪现出思维灵动的火花。

我　和　书

中国台湾凤林中学　于　立

一放学，我就用跑百米的速度跑回家，上气不接下气地跟妈妈说："妈！明天我要参加论文比赛！"

"好了！看你，满身大汗，去洗洗脸好吃饭了。"

我一面洗脸一面说："妈！老师叫我今天晚上洗个澡，舒畅精神。"

"好了！快洗脸吧！"

拿起筷子的时候，我又说："妈！老师叫我晚上早点睡，明天好比赛。"

"好了！快吃饭吧！"妈妈不耐烦地说。

吃了两口饭，我又说："妈！"

"干什么？"妈妈抢着问。

我小心翼翼地说："老师说，论文比赛第一名给一本《战争与和平》。"

妈听了没有表示意见，只叫我快吃饭，洗个澡，早点睡。

从小我就喜欢看书，尤其喜欢文艺方面的作品。可是自从爸爸去世之后，家境一天不如一天。妈妈是小学教员，整天在外教书，回家又要做饭，我和妹妹都上中学了，所以妈妈很辛苦，负担很重。我虽然很爱好文艺作品，但是却始终没向妈要钱买这类书。再说，凤林这地方也实在太小了，既没有图书馆，又没有大书局，一些名著都无法得到。这次，有这么个得到一本名著的好机会，所以我马上到教务处报名参加比赛。

这天晚上，我睡不着，翻来覆去，脑子里总忘不了那本又厚又可爱的书。迷迷糊糊中，我忽然看见那本书被人拿去了。我急得又哭又叫。"小立，你怎么了？"一个熟悉的声音在耳边响起。睁开眼，看见妈妈。再看钟，已经六点半了。妈妈问我到底怎么了。我便照实说出来，妈妈听了竟流下眼泪来。

不知是不是我的祷告感动了上天，比赛的结果，我居然拿到了那本我渴望多年的《战争与和平》。发奖以后，我抱着书，满怀兴奋地回到家中告诉妈妈。妈妈终于露出了很久不见的笑容。然后，她也送给我一包礼物。当我打开的时候，一看也是一本《战争与和平》，不由得怔住了。何必花这么多钱去买呢？得不到有什么关系？妈妈像明白我的心事似的对我说："我怕你得不到这本书太失望……"说着，我们两个人的眼泪都在眼眶里打转儿。我不知是辛酸还是高兴，禁不住紧紧地抱着这两本书，因为一本代表的是荣誉，一本代表的是母爱。

文章记叙一个穷苦孩子读书、爱书却买不起书的故事。为了参加论文比赛获奖取得一本托尔斯泰名著《战争与和平》，竟至于结想成梦，哭泣而醒。孩子如此沉迷，这引起母亲的忧虑。比赛结果，幸而得奖。当孩子手捧奖品、满怀兴奋地告诉妈妈，"妈妈终于露出了很久不见的笑容"，同时给了他"一包礼物"，也是一本《战争与和平》。男孩不解，只听妈妈说："我怕你得不到这本书太失望……"真是可怜天下父母心！男孩终于领悟母亲的苦心，"两个人的眼泪都在眼眶里打转儿"，又是辛酸，又是高兴，男孩"紧紧地抱着这两本书，因为一本代表的是荣誉，一本代表的是母爱"。文章尽情倾诉，结尾精确概括，字字直抵人心。

文章以情动人，在写作上也自然、细腻。同样对待参赛一事，男孩是明写，是显露的，情绪化的，大起大落，而母亲是暗写，是隐忍的，内在的。看着儿子急切、不安、梦魇，"竟流下眼泪来"，为文章最后也送出一本《战争与和平》，埋下伏笔。直到文章最后母子连心，尽诉亲情，堪称妙笔。

回到文章如何写出新意的话题，这篇文章也提供了范例。以"母爱"为主题的文章并不少见，而这篇文章能脱颖而出，就在于它写出了有深度的感情，表现了不同于他人的特殊的个性。同是写"母爱"，我又想到了作家史铁生笔下的母亲，那也是母亲的一个动作，一句话，深深地打动了读者的心灵。史铁生瘫痪后，脾气暴躁。母亲为了安慰他，推轮椅陪他外出走走，还有意引出他对儿时的回忆："还记得那回我带你去北海吗？你偏说那杨树花是毛毛虫，跑着，一脚踩扁一个……"作家写道："她忽然不说了。对于'跑'和'踩'一类的字眼儿，她比我还敏感。"（史铁生《秋天的怀念》）也就是母亲的这几句话，加上一个动作，母爱之真，之深，之切，读后让人心颤。写作实践证明，文章有真情在，有深度在，就有个性在，就有新意在，史铁生《秋天的怀念》里母亲的一言一行如是，学生作文《我和书》里母亲的一言一行也如是。

母亲为梁晓声买《红旗谱》

为了要买《红旗谱》，梁晓声头一回到母亲工作的街道小厂，目睹环境之恶劣："母亲的头发上衣服上落满了毡绒，母亲整个人都变成了毛茸茸的褐色……缝纫机板上水淋淋的，是母亲滴满的汗。母亲的眼疾常年不愈，红红的眼睑夹着黑白混浊的眼睛，目光呆滞地望着我……"虽然从母亲手中拿到了买书的两元钱，但看到母亲凄惨的模样，实在不忍心买《红旗谱》。他用那两元钱，给母亲买了一听山楂罐头，剩下的钱分文未动，为此遭到母亲的斥责，梁晓声也不再提及购买《红旗谱》这件事。可母亲却并没有忘记，她偷偷给晓声哥哥塞了几块钱，嘱咐他给弟弟买书，梁晓声这才如愿以偿拥有一套《红旗谱》。

（《那一束光》，《新民晚报》2022 年 10 月 10 日）

（相似的情节，同样的亲情，可怜天下母亲心。）

（四）作文力求写出"思想"

> 作文力求写出"思想"。若问作文的"思想"怎样得来？《乡音》的经验告诉我们：关注社会，真切体验，广泛阅读。这些话听来老生常谈，但能认真去实践的话就会有明显效果。

作文是用来表情达意的，情动于中而形于言。写作文自然不能没有"情"，但是，有"情"还必须有"意"。表"情"是为达"意"。"意"是"情"的动力，是文章的核心，也即平常所说的中心思想。失去了"真意"的"情"就成了虚情假意。综观时下不少学生作文，粗看起来也不乏内容，似乎也有中心，可再一细读就是缺少"意"，缺少"思想"。通篇的形容和比拟，就是没有感悟，更谈不上独立见解，"代人立言"，鹦鹉学舌，说一番虚假话，发一番空议论。这是需要警示的一种不好的写作倾向。

而作文《乡音》不同，它写于比赛现场，虽属应题之作，作者却能调动平时的生活积累，有感而发，一抒胸臆。尽管立言也有不尽周全之处，但是这些认识来自作者对生活的独立思考，是自己观察、体验而悟得的"思想"。因而下笔是有感情的，也是有说服力的，显示了作者不同寻常的文化眼光。

乡　音

江苏木渎中学　李沁涓

据说女娲造人是一批一批的。何以见得呢？乡音便是最初的烙印。女娲希望用同一种悦耳声调讲话的人能永远相亲相爱。

最初的乡音是浓烈的、纯粹的，她渗入每一个村落的每一丝空气中，暖烘烘地将人们包围。老人在冬日温暖的墙角边，用地道的乡音完成对儿孙辈的熏陶。于是，乡音得以延续，在牙牙学语的孩童口中，在轻轻哼唱哄宝宝入睡的妈妈口中，在抡起锄头的爸爸口中，甚至是一只猫，一只狗，在同村人听来，它们的叫声也似乎夹杂着几缕"乡音"。

出门在外时，任何催化剂都比不上乡音联结两颗心的天赋。她是自然的，毫不矫揉造作的。像一位老母亲，轻轻掸落儿女满身的疲惫与防备，亲热地拉起了儿女的手，将一只覆在另一只上。于是，两颗原本陌生的心一下子近了，从南极的冰天雪地，一下子到了江南的小桥流水，在肌肤与肌肤接触的瞬间，在热量与热量相感知的瞬间。乡音愉快地从一方口中飘出，温柔地落进对方的耳中，轻轻地回旋一阵之后，又从其口中飘出，以相同的方式回应着。他们谈家乡的桑葚，谈家乡的油菜花，谈儿时的风筝，谈暮色中的炊烟……乡音被淋漓尽致地宣泄了出来，好久没有这么酣畅了，上一次的惬意是什么时候呢？三个月前？一年前？还是……好多年前？于是，不论天涯海角，不论世事变迁，人们都像蜗牛一样背着这份足以让人热泪盈眶的感动，在暴风雨的晚上，用心中的那团火裹紧黑暗，咬着牙前行着，步履蹒跚却不失坚定……

可是，没人注意到乡音正在逐渐迷失，就像儿女没有注意到母亲正在日渐衰老。当世界越变越小，当国门越开越大，当原来的村庄被拆除，被高楼大厦取而代之时，乡音便随着村庄的死亡化成了一缕孤魂。城市的面孔那么多，哪张才是她的儿女呢？她在城市上空徘徊，忍受着摇滚乐的刺耳。她在心痛，她在担心淳朴的儿女们忍受不了。于是，她坚持着，她要找到他们，带他们回家。

可是，她茫然了——她的子女，将秀美的黑发染成了金色，尽管眉毛依旧乌黑，开口闭口的外文却凝固了乡音满怀热忱的心。她试探地扣了扣他们的心扉——没有响应，眼前的人不认识她。

乡音哭了，她的泪滴到我心头，我便跟着一起心痛。我张开双手，却不知如何挽救。21世纪的我清楚，有两个偷渡者正在悄悄地取代她的位置。普通话，站在高处，挥斥方遒；外语更是叱咤风云，一呼百应。每一方都站在了时代的巨浪上，打个呵欠便是一场风雨。乡音被排斥着，像无家可归的老母亲，孕育了子女却遭遗弃，只能眼睁睁地望着膝下儿女亲热地喊别人——"妈"。

她缩在了城市最古老的一角，在满脸皱纹的儿女那里寻求安慰。可是，一张张鲜嫩的小脸却在用乡音极为陌生的话喊着"奶奶"。

我担心，是否有一天，乡音就像那远古的图腾，被另一种文明征服，被另一种声音征服，就像六国被秦始皇收服，中原被忽必烈统一。图腾尚有记载，埋藏千年也终有重见天日的一天，而我——我为之辛酸的母亲，你那一缕孤魂是否会灰飞烟灭？

可是，我们不该忘记的啊，女娲说，她希望用同一种悦耳声调讲话的人能永远相亲相爱。

文章中写到的"乡音"是人人熟知的，它无时不在，也无处不在。你听，在"老人"口中，在"爸妈"口中，在"孩童"口中，"最初的乡音是浓烈的、纯粹的，她渗入每一个村落的每一丝空气中，暖烘烘地将人们包围"。此后，人们出门在外，各奔东西，一旦"老乡遇老乡"，则"乡音无改"，它"愉快地从一方口中飘出，温柔地落进对方的耳中，轻轻地回旋一阵之后，又从其口中飘出，以相同的方式回应着"。这就是"乡音"的神奇的魔力。

文章同时还写到全国都号召说普通话，特别是几乎全民的"学外语热"，这又是当今社会的一道奇异的风景："21 世纪的我清楚，有两个偷渡者正在悄悄地取代她的位置"，以至于"乡音被排斥着，像无家可归的老母亲……"

"乡音"的社会存在和时代文化，是人人都能见到的，却未必人人都会往深处想。《乡音》的作者敏于思考，不止于"见"，还在于"思"，她（从作者姓名看，可能是一位女同学）以饱满的激情思考着"乡音"的现在和未来，进而"担心"方言有一天会失去。作者说："乡音哭了，她的泪滴到我心头，我便跟着一起心痛。""可是，我们不该忘记的啊，女娲说，她希望用同一种悦耳声调讲话的人能永远相亲相爱。"作者对"乡音"的深深眷恋，不仅仅是对一种"悦耳声调"的偏爱，更是呼吁人与人之间"相亲相爱"的感情不能丢弃。这是本文的立意，也是作者的"思想"所在。难得的是，少年学子就有如此关爱人生的情怀，心忧天下的境界。全文正是由于有此真意在，字里行间充溢的感情才真切动人，发人深省。

作文要力求写出"思想"。若问作文的"思想"怎样才能得来？《乡音》一文的成功经验告诉我们：一是关注社会；二是真切体验；三是广泛阅读。这些话听起来是老生常谈，但能认真去实践的话就会有明显的效果。不妨仍以《乡音》为例。

时代飞速发展，社会日新月异，这是客观事实。身处时代浪潮中，应该有关注的热情。热爱生活，留意社会变化，这是青少年应有的积极心态。目有所及，心有所感，青少年还应投身生活，亲身体验社会变化带来的情感涟漪。生活体验至为重要，它是由生活现象到思想凝结的必经路径。分析提炼生活体验，就能捕捉到思想的闪光点。《乡音》作者对缕缕"乡音"怀有特别亲切的感受，从中体验到温馨、愉快、热忱的情愫，进而认识"乡音"之所以为人依恋，是因为它是人们"相亲相爱"的载体，留住"乡音"的呼唤是对"人能永远相亲相爱"的期待和向往。

从"体验"到"思想"，这一提炼过程并不要求完美无缺。以《乡音》为例，作者看到"普通话"一统天下的形势，"外语更是叱咤风云，一呼百应"，这是时代潮流，势不可当，"乡音被排斥着"，因而担心"乡音"连带"相亲相爱"一并失去。其实，这是不会的。因为"乡音"和"普通话"乃至"外语"既有相对立的一面，还有相融合的一面。语言现象也是社会生活的反映。在相当长的年代里，世界之大不可能消除国别，一国之内不可能消除省份，一省之内不可能没有乡里差别，"乡音"自有它的生命力，自有它存在的需要和土壤。什么场合说什么语言，"普通话"如此，"外语"如此，"乡音"亦复如此。作者关注到它们对立的一面，却忽视了它们相融的一面。这是认识上的偏颇。"外语"不是"偷渡者"，而是文化使者；"普通话"更不是"偷渡者"，而是国家法定的现代汉民族共同语。感情不能淹没理智。失去法律准绳，那就不仅是"为赋新词强说愁"，而是近乎胡言乱语了。青少年敏于思考，勇于表现，这是难能可贵的。但他们又往往同时表现出某种不成熟性，这又是需要我们细加呵护的。我们肯定《乡音》"永远相亲相爱"主题的纯正和高尚，同时指出它认识上的偏颇和不足。"倒掉脏水，护住孩子"，正是我们应有的态度。

还有一点需要提及，那就是广泛而深入的阅读会大大提高青少年的思考能力。《乡音》的作者得益于此。《乡音》思路开阔，文笔流畅，语言准确，在中学生中属佼佼者。就拿对"乡音"的感受来说，以作者的年龄和阅历，"老乡遇老乡，两眼泪汪汪"（"泪"有悲有喜）的感受显然主要来自阅读。"家乡的桑葚""儿时的风筝""暮色中的炊烟"，"从南极的冰天雪地"到"江南的小桥流水"，"不论天涯海角，不论世事变迁"，"乡音"给人以温暖，给人以力量，给人以坚定。从这些描述看，没有广泛而深入的阅读，作者对"乡音"的感受不可能这样丰厚，这样深刻。

同样，从作者流畅而生动的语言看，也是广泛而深入的阅读造就了她的文化底蕴和语言功底。对"乡音"的眷顾，作者称之为"母亲"，称之为"一缕孤魂"，真是一往情深。担心"乡音"迷失，以拟人手法，写"乡音"一如"母亲正在日渐衰老"，写她的"心痛""茫然""泪滴""寻求"，情真意切，栩栩如生。

对生活有感悟，有见识，还需要有能力运用恰当的语言加以表现。

生活＋体验＋思想＋语言，融于一体，才能写出如《乡音》这样的优秀作文。

作文不能没有"思想"。

感　想

李沁涓

我之所以偏爱"乡音"，或许是冥冥之中的安排——我从小生长在镇旁的一个小村子，又从小喜欢赖在外婆家，被老人家最为地道的乡音熏陶着。可是出外求学进一步锻炼了我的普通话，家乡话竟然有些不"顺"。有一次与母亲聊天，许多语句我只有用普通话才能表达出来。母亲不由开玩笑地说："要是你以后出国，回来满口外文，我怎么办呢？"那次我印象很深，但也感到深深的无奈。"入乡随俗"，有时不得不"亏待"一下家乡话了。

（五）多一点理解

中学时期的男女同学交往，一直是个敏感的话题。家长防范，教师留意，而学生则怀着一种渴望。请听，这是一位女中学生的心声：

十六岁，我想要个男朋友

四川师范大学附属中学　林　夕

童年的梦幻早已随断线的风筝飘远了。风筝时代的和谐与友爱，也随着风一去不返。日子一天天消逝，不知不觉中，我走到了十六岁的路上。激烈的竞争中，前途未卜；不断地奋斗，拼搏，心似乎变得机械、麻木。然而毕竟，毕竟十六岁了，十六岁，十五岁的我所热切盼望的十六岁，多少人羡慕的十六岁，难道有的仅是书包的沉重，道路的泥泞？这样的年龄，本该拥有几多美丽的梦啊！

十六岁，我想要个男朋友。

　　雨季的路，太泥太滑。当我跌倒时，我希望前方伸来温暖有力的手；当我迷失时，我希望有人为我举起引路的灯；当我艰难前进时，我希望耳边响起鼓励支持的话语，给我信心，给我力量；当我达到一个目标时，我希望获得共享成功的愉快，得到真诚的祝贺与提醒。

　　十六岁的日子，缤纷迷离。在我苦闷时，我希望心事找到可靠的读者，久闭的心扉从此开启，飘进悠悠的牧歌，荡出阵阵清新的芳馨；在我困惑彷徨的时候，我希望有人替我指点迷津，使我头脑清醒，明辨是非；在我孤独忧伤的时候，我希望有人对我说："走自己的路！"一句简单的话，一道深沉的目光，给我振奋，给我慰藉；在我犯了错误的时候，我希望有一道目光毫不留情地折射出我灵魂的丑陋，迫使我洗去心中的污秽。

　　十六岁，我想要个男朋友，我想在茫茫人海中寻一叶与我同行的帆，我想拥有一个完美的梦境。在十六岁的雨夜，我用笔记下了一个女孩子十六岁的梦，记下这遗落在雨夜的缥缈的梦，也寻找一颗失落的心。

　　乍一听，人们会说，什么？十六岁的姑娘，"想要个男朋友"？真是想入非非。这不是"早恋"吗？中学生不宜谈恋爱，道理是人所共知的，怎么能允许呢？然而，且慢！请细细地读这篇文章吧，那流露于字里行间的一片纯真的感情，说它是"早恋"，不是有些武断而显得粗暴吗？

　　青少年是人生的一个特定的年龄段。"大人腔"和"小人气"同时存在于他们身上。一方面，独立意识明显增强，一方面又缺乏生活经验。他们急于面对日新月异的生活，同时又缺少思想准备和应对能力。正是这个特定的成长期形成他们心理上的独有的"孤独感"，伴之以隐隐的不安、迷惘和躁动，这是很自然的心理反应。青少年需要帮助，渴望友谊，希冀交际。由于与师长一辈年龄差异大，他们更期待同龄人之间的交流。这种强烈的要求，表现在青少年的行动上，"当我跌倒时""当我迷失时""当我艰难前进时""当我达到一个目标时"，需要"温暖""引路""鼓励""祝贺与提醒"。更表现在他们的心理上，"在我苦闷时""在我困惑彷徨的时候""在我孤独忧伤的时候""在我犯了错误的时候"，需要"芳馨""指点迷津""振奋"和"慰藉"。"嘤其鸣矣，求其友声"，追寻友谊，这本是人的生活的一种需要，对处于"突变"中的青少年，更是迫不及待，近似渴求的慰藉。

　　自然，对于一个少女来说，问题还是出在一个"男"字上。朋友可以有，问题是"男朋友"能不能有？其实，问题也不难回答。异性朋友交际和谈情说爱毕竟是两回事。友情的范围自然要宽广得多。志趣、交往有助于人的个性全面而和谐地发展。十六岁少女"想要个男朋友"，抑或十六岁少男"想要个女朋友"，以求"拥有一个完美的梦境"，这原是无可厚非的。

话虽如此，然而一当少男少女真的需要异性朋友时，不少人还是感到惊讶。"男女授受不亲"的思想和习惯势力总时不时地左右着一些人的思想和行动。正是在这个意义上，这篇写于 20 世纪 80 年代中期的学生作文《十六岁，我想要个男朋友》有一定的代表性——它敢于冲破世俗偏见，直面告白，喊出寻求异性友谊的第一声，开拓了中学生写作题材的新领域。作者的真诚和勇气，应该得到肯定。

不过，话又说回来，少男少女结交异性朋友，在肯定它的正当性的同时，也不能忽视放任它的危险性。友谊和爱情是既有区别又有联系的两种情感。它们有本质上的差异，又不是不可逾越的。青少年正处于长身体、长知识的金色年华，理当引导青少年珍惜时间，珍惜友谊，认识到追求爱情是长成为青年人以后的事。要告诉青少年，即使成人之后，世间男女除了爱情，而更大范围的交往仍是友情。在青少年时期，对于异性友谊，应珍惜而不沉迷，热情而不失态，坦诚而不鲁莽，做到合情合理合度。一个奋发上进的中学生，头脑是明白的，在正当的异性交往中，他们会找到适当的方法取得心理的平衡。在这里，家长、教师倾听他们的心里话，信任、理解和支持他们，至为重要。

小链接

不仅仅是梦幻曲

杨 晖

《十六岁，我想要个男朋友》真实地给我们描绘出一支寻寻觅觅的梦幻曲。然而，它不仅仅是一支梦幻曲，它有渴望，也有追求，还有开拓。

在激烈的竞争、不断的奋斗中，我即将跌倒：为了获得温暖，获得力量，于是发自内心地喊出了"十六岁，我想要个男朋友"。这是坚强的一声，也是痛苦的一声；为了这一声，要忍受多少世俗的鄙夷啊！然而，作者并不怕这一切。她想要个男朋友，不是为躲避空虚，而是为得到慰藉，少些彷徨和失落，让她拥有一个完美的梦境。

这是一颗真实心灵的写照，也是我们同龄人共同的写照。

家长的支持

王流秀

看得出，这是孩子们对友谊发自内心的呐喊，也是对世俗偏见的一种挑战。男朋友是同龄人，同龄人的心是相通的，他们之间的语言相互都能够接受。作为家长，我们无权扼杀这种友谊，因为它是纯真的，而且会成为他们前进的一种动力。

（六）意识流——一种特殊的表现方法

下面的这篇文章是一位初三学生课外写的"小练笔"：

一切为了考试

上海市向明中学　史晓峰

记不清是哪天晚上，我做了一个奇怪的梦：

四面楚歌，十面埋伏，真是莫名惊诧。

一元二次方程的判别式是什么？

茅盾原名？教科书上写着：沈雁冰——老师说是沈德鸿，无所适从。

烈日当空。氢氧化铝分子式。蚊子叮在脖子上，啪！电视节目是《血的锁链》，父亲不让看电视。春眠不觉晓，多困啊！又是可恶的二元二次方程，监考老师严峻的脸。一张五十三分的数学试卷。我吓得大哭……

氢原子只有一个电子。我只有一个脑子，怎么塞得下这么多的化学方程式。宪法为什么是国家的根本大法？一切为了考试。

寒气逼人。十年寒窗，一举成名。范进在卖鸡。砰——窗没关好。草稿纸满屋子飞。白色的蝴蝶，我是蝴蝶就好了。为什么非得金榜题名？我姓金？不！我不姓金。

我爱看电影——动词不定式。

我爱看小说——酸的通性。

我爱逛公园——欧姆定律！

我爱……

啊！救苦救难的闹钟，五点半到了，东方吐出鱼肚白，噩梦醒来是早晨。一年之计在于春，一日之计在于晨。又是紧张的一天。孙悟空会分身术，如果我也会……可唐僧念起紧箍咒，悟空照样痛得满地滚。同是天涯沦落人。爸爸要揪耳朵，快起来！

实在不愿起来。

文章细致而形象地再现了一个中学生的梦境。粗粗一看，这篇文章颠三倒四、似乎思路混乱。然而细细一读，读者的心灵会受到猛烈的撞击，从而对临考前的中学生负有沉重的精神压力给予深深的同情。

这是为什么？因为在纷乱的梦境中，文章跃动着一股冲动的感情流——一个中学生筋疲力尽的呼喊。

文章运用了意识流的表现方法。这种表现方法在描述人物复杂的心理活动方面有特殊的魅力。思维的错综性和跳跃性是它的基本特征。或颠倒时序，或转换空间，或运用幻觉、错觉，或追求象征意味，以及行动、对话与内心独白的错综交叉等等，以表现人物不定多变的心理活动。文中一会儿写数学，一会儿写化学，一会儿写英语，一会儿写物理；一会儿写"烈日当空"，一会儿写"寒气逼人"；一会儿写父亲，一会儿写老师；一会儿写蚊子，一会儿写蝴蝶；一会儿写范进，一会儿写孙悟空、唐僧。凡此种种，假托"梦境"的形式，就使内容有了生活基础，有了逻辑的合理性，传神地表现了一个初三学生临考前慌乱惊恐的心理状态。

这篇文章的创新价值在于作者能不囿于一般的叙述、描写、抒情、议论的写作方法来表现毕业班学生紧张、慌乱、无奈的处境，而是从内容表达的需要出发，选择了难度较高、比较独特的写法。

值得赞赏的是，文章作者没有表面化地模仿意识流外在的纷乱的表现形式，而是充分地表现其内在的感情上的自然流动。请看，文章由入梦始，出梦

终，其间由困惑发出疑问，由恐惧而"吓得大哭"，由愤懑而呼喊："为什么非得金榜题名？"也有"我爱……"的呼唤，最后无可奈何地叹息"实在不愿起来"。作者丰富而强烈的感情奔涌而来，将错综复杂的思绪连成一片生命的整体。这说明作者运用意识流手法不是好高骛远，而是着意追求表现的形式与内容尽可能地匹配。

《一切为了考试》表现形式上的探索还表明：创新需要知识基础。这篇文章语言流畅，设问、排比等修辞手法交替运用，特别是采用短句式、多段落的表现手法，完全适合感情起伏的表达需要，表明作者选择意识流写法是相机应变的表现方法的突破。强调创新需要知识基础，可以避免初学者猎奇，从根本上明白写作形式为表达内容服务的道理。离开内容需要，任何"新"形式都会失去意义，意识流写法也不例外。

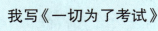

我写《一切为了考试》

史晓峰

毕业考试临近，对我们这些毕业班学生来说，已经是到了"最后关头"。早上五点半就得起床背英语单词，晚上要到十一点多才睡，有时竟会趴在桌子上睡着了。家长也在为我操心，妈妈为了给我增加营养，很早就去买菜了，爸爸晚上陪我复习一直到深夜。老师们更是如此。为了我们考出好成绩，一个接一个地对我们展开了"车轮大战"，各种各样的复习题像雪片似的"撒"向我们，我们的脑子里塞满了符号、数字、公式、定理……晚上睡觉时，就做噩梦，搞得筋疲力尽。

考试是检验学生学习效果的一种手段，老师、家长为此花费了不少心思，这种心情是可以理解的，但是那种"填鸭式"的教学方法，突击性的复习，考试前的死记硬背到底能取得多大的效果，我感到怀疑。

现在，正在进行教学改革，改革不合理的教学方法，难道像"一分定终身"这种制度就不值得探讨吗？当时，正好语文老师布置了90个作文参考题，其中一个是"一切为了……"，于是就写了一篇《一切为了考试》，想通过对梦境的描写反映学生临考前紧张、疲惫的状况，想不到在同学们中间引起了共鸣。

编 辑 手 记

大约是 20 世纪 80 年代初，当时我在《语文学习》编辑部任编辑。为约稿，我去上海向明中学看望许君颐老师。在教师办公桌上放着学生的练笔本。我随手翻看，这是字写得颇大的一个短篇，稀疏的文字，不凡的文笔吸引我的注意。我请许老师复印一份给我，并约请该同学写一篇后记，说明当时的写作情况。

毕业前夕，为迎中考，学生"车轮大战"，作业繁重，夜做噩梦，筋疲力尽。学生对那种"填鸭式"的教学深恶痛绝，提出质疑，适逢作文命题"一切为了……"，于是写成此篇。

写成作文，这些习以为常的生活状况就显得触目惊心，尤其是对学生的身心戕害，简直到了不能容忍的地步。不想，三十年前的惊心一幕，仍是当前残酷的"现实"。学生可能并不知晓这样写就叫"意识流"，可见"意识流"的荒诞原是有生活基础的，教育的不幸竟让文学的荒诞变成了学习的荒诞，且三十年没有改变。

范守纲　2010 年 3 月 19 日补记

又是十多年过去。当下教育正进入深层次全面改革阶段，学生学业负担过重、身心受到束缚的局面已有改观。教育改革是全民关心的大事，希望我们的中小学生有更好的成长环境。

2022 年 10 月再记

（七）想象的魅力

想象是一种智慧。由于它的独立性、新颖性和创造性，使人在想象中充分享受思维自由的惬意和追求成功的快感。青少年尤其喜爱想象，从想象中获得

自主、自立、自得的快乐，适合他们成长的心理需求。《我九百亿岁那年》就是一位初中生的想象之作。文章构思奇特而又合情合理，引人关注。且看文章：

我九百亿岁那年

上海市闵行中学　陆　伟

我曾当过上帝，是我创造了人类；我曾是个狂人，想主宰人类。我曾拥有过许多，也曾失去过不少。我曾高兴过，也曾暴躁过……但，这一切都已经过去——我确确实实已经老了，从几百亿年前那瞬间的爆炸创造了我以来，我很清楚——我终究是会老的，哪怕是几亿年，甚至是几百亿年。

我，就是太阳。

自从我诞生后，惨淡经营，年复一年，使我的家族不断充实，强大。我拥有九大金刚和无数卫士，我整天发号施令，唯我独尊。终于有那么一天，我感到了寂寞，我需要生命的陪伴，在这种情况下，我创造了人类。

我喜爱人类，这样渺小的生命，竟是那样地令人不可思议。他们拥有智慧，拥有勇气，拥有信心，拥有力量。

我得到了人类的信仰，我从来没有这样幸福过。多少年来，人类对我的图腾崇拜，一直没有间断过。我把更多的光和热给予人类，我爱他们。用人类的语言说，我这么做叫奉献。

多少年来，我就那么快乐地生活着。可有一天……现在想起来，我是多么愚蠢，多么自私。我竟然动了个多么可怕的念头。我意识到，人类的发展太快了，这样下去，将来……我不敢再往下想，自私自利的念头使我觉得，应该立刻用我的力量，去主宰人类，让他们成为我的傀儡。

我以为，风雨雷电、自然灾害就能镇压住人类，但我错了。人类的思想是和他们的技术一起走向成熟的，他们懂得了与我抗争。尽管我们仍彼此相爱，但我们都有一个共同的愿望：征服对方！

终于，我最不希望的一天来了。那年，我正值九百亿岁。多么可怕的噩耗：人类驾驶的飞行器成功地突破了太阳系！这将意味着人类不再受到我的束缚。我终于发怒了。多少年来，我看着人类生生不息，难道等待的竟是他们的背叛？我痛苦，一种比人类失去儿女还要痛苦的感情折磨着我，我变得暴躁，消沉，沉默寡言……

我在痛苦和绝望中默默地打发着我的岁月，终于，我老了。

可能是老了，与世无争了。还可能是漫长的岁月磨碎了我的记忆吧，我的痛苦感渐渐消失了。我终于感到可能是我错了，我不该那么专横，那么独断，宇宙中没有任何人拥有至高无上的权力，我也不能。唉，我怎样才能给人类道歉呢？愁苦之余，我突然想，人类一定比我大方吧！我也没有几年好活了，就把这最后的光和热都给人类吧，只要他们不忘曾有过我这样一个朋友，我就心满意足了……

哦，记忆中的九百亿岁！

这是一篇现场命题作文。比赛提供四道作文题，作者选择了"我_____岁的时候"这道题。"九百亿岁那年"，一下子将时间推向渺茫遥远的年代，为全文的想象提供了自由驰骋的天地。"我，就是太阳。"文章将"太阳"拟人化，凭借"太阳"的视角，观察人类的发展进程；观察人类与自然既对立又统一的关系，形象鲜明、生动，思考也有一定的深度。

构思奇异是本文的一大特点。文中的"太阳"，原是天体中一颗恒星，在作者笔下却成了有情有义地活了"九百亿年"的长者。通过想象，"太阳"和"人类"成了"朋友"。多少年来的坎坎坷坷、起起伏伏，引发出"太阳"一连串喜怒哀乐的感情涟漪。

请看，"太阳"有"寂寞"的时候，它需要人类"陪伴"，有"幸福"的时候，因为有人类"图腾崇拜"，又有"发怒""痛苦""暴躁"的时候，那是因为"人类不再受到我的束缚"。对于人类，"太阳"热爱之深时，则极尽赞美之辞："我喜爱人类，这样渺小的生命，竟是那样地令人不可思议。他们拥有智慧，拥有勇气，拥有信心，拥有力量。"痛恨之切时，则怒不可遏地责问："多少年来，我看着人类生生不息，难道等待的竟是他们的背叛？"感情强烈，脉络清晰，栩栩如生，呼之欲出，显示了作者丰富的想象力，展现了想象的奇幻的艺术魅力。

想象奇特而又合情合理，这是本文的又一优点，合乎情理是想象的真实性所在。想象不是胡思乱想，现实生活和科学道理是它的基础。在文中，"太阳"和人类成为"朋友"，以及"太阳"的种种感情表现都是有现实依据的。"太阳"是恒星，地球是围绕太阳旋转的行星，人类生活在地球上。"太阳"和人类休戚相关，在太阳系中实为一体，比为"朋友"是不为过的。再说，"太阳"的喜怒哀乐感情表现，无不与人类开发自然的甜酸苦辣紧密相连，人类对大自然（"太阳"是其代表）由敬畏到"崇拜"，到"抗争"，到"征服"，直到珍惜、保护的发展历程，正是"太阳"从"喜爱"，到"怨怒"转而"痛苦"的原因。这说明"想象不过是扩大的或复合的记忆"（维柯《新科学》），"记忆"指的就是现实生活。同时说明"想象不是任意乱跑的，在前后相接的各个观念之间，仍然有一种联系"（休谟《人类理解研究》）。这个"联系"就是科学规律、科学道理。

难能可贵的是，作者以"太阳"自述的形式，在表现自然和人类关系时，不仅写出两者对立的一面，还同时突出展示两者相融的一面。即使在表现大自然试图以"风雨雷电、自然灾害""镇压住人类"时，仍不忘两者"彼此相爱"。作者借"太阳"的形象反思和自省："宇宙中没有任何人拥有至高无上的权力"，这"任何人"包括"太阳"，也包括人类。"太阳"最后的愿望是同人类做"朋友"。文章这样写显然是一语双关的，应该说，这是"太阳"的反思、自省和愿望，也是人类应有的反思、自省和愿望。认定人类利用自然，改造自然，同时要珍惜自然，保护自然，这就跨越了旧有的"人定胜天"的思想局限，一定程度上表现了"天人合一"的思想境界。

（八）荒诞，也是一种创造

社会上有荒诞戏剧，荒诞小说，中学生中也有荒诞作文。一般说，荒诞与情理总是相悖的。然而，在特定条件下，虽荒诞而不失情理，却是一种特殊的表现方法，有着意想不到的表达效果。请看这样一篇荒诞作文，这是江苏特级教师洪宗礼先生提供给我的。

一个当过女孩子的男孩的故事

江苏　任先宁

这个故事发生在"男孩女孩合众国"。要问这个国家在哪儿，这可是个秘密。反正它就在太阳底下，只要你留心一定能找到。

这个国家里，有男孩，也有女孩；可女孩子总被男孩子欺负。你看，就连他们国家的名字也是男孩在前面。男孩子中有个叫欺欺的，他和同伴们结成一伙，他是头儿。他们在合众国里到处欺负女孩子。女孩子一见他们扭头就走，可男孩子个个竖起大拇指夸他们有本事。欺欺既是头儿，当然起着领导作用。他不仅指使别人追打女孩子，还出了不少坏点子，比如说，用墨汁把女孩的裙子涂黑，用弹弓打女孩的脸，用剪刀剪女孩的小辫子……哎呀，他出的坏点子你就是说上三天三夜也说不完。男孩子们都把他看作心中的偶像，在街头常常可以看见穿着印有欺欺头像衣服的男孩子，欺欺因此特别得意。

可是有一天，欺欺碰上了一件万万想不到的怪事。这天，他来到一所女孩子住的房前，拿出笔想在墙上画一幅丑化女孩的画。在他看来，这像吃冰淇淋一样平常、惬意。可是，当他的笔刚碰到墙，忽然起了一阵凉风，令他打个哆嗦。这时，有两个女孩子向他迎面走来，大模大样的。欺欺不禁吃了一惊。要知道，女孩子向来都躲着他，可今天竟然……他想：一定得给她们点颜色瞧瞧。于是，他捏紧拳头走过去，可那两个女孩看也不看他一眼，说笑着走远了。欺欺简直气疯了。他跑回住宅，想召集伙伴们去狠狠教训那两个大胆的女孩。然而，他刚走进大门，两个男孩就冲过来，把他推下台阶，还说："臭丫头，快滚，今天就不和你计较了。"欺欺这时竟无还手之力。他心想：难道我变成了一个女孩子不成？他奔到一条小河边，想看看自己究竟成了个什么样子。尽管他不相信，可在水平如镜的河面上，他看到的确实是一个女孩子，一个扎着蝴蝶结的女孩子。千真万确，我们的欺欺变成一个女孩子了。

欺欺坐在河边，呆了。忽然，他被什么人踢了一脚，"扑通"一声掉进了河里。他湿淋淋地站在齐腰深的水中，只见一个男孩叉着腰，正在岸上哈哈大笑呢！欺欺想骂他，可发出来的却是一阵哭声。过去，欺欺最讨厌女孩子哭了，可今天，他自己也哭了，哭得还挺带劲呢！

天色暗了，上哪儿去过夜呢？他想到自己已是一个女孩子了，就来到女孩的住所前。"吱"，一间屋门开了，一个女孩走了出来，见他呆呆地站在那儿，就热情地请他进去，说："你怎么站在外面，出什么事了？一定是房子被欺欺他们一伙人弄坏了吧！不要紧，你就和我们在一起吧！我叫朵朵，还有个美美，一会儿就回来。"就这样，欺欺和两个好客的女孩做了伴。第二天，欺欺想到街上转转。他刚走出大门，突然脑后一阵疼痛，他哭叫起来，原来是两个男孩揪了他的辫子。厄运从此开始：他走在路上，不是头上被打了一个大包，就是浑身被涂满墨汁。一天，他还被一个男孩推进了一个大坑，要不是从那儿经过的朵朵救起他，还不知要在大坑里待多长时间呢！

欺欺实在受不了了。他想想女孩子们热情善良，又想想男孩子们的蛮横无理，真后悔自己过去所做的一切。他下决心要痛改前非，做个好男孩。

他还能变成男孩子吗？他真能做一个好男孩吗？这是大家所关注的问题。

欲知后事如何，请看《欺欺还形记》。

真是荒诞！你看，明明是一个男孩子，"起了一阵凉风""打个哆嗦"，就"变成一个女孩子了"。这在现实生活中是不可能的事。但是通过奇特的想象，在作文中却成了分明存在的"事实"，想象力发挥了创造性的作用。荒诞，成了它鲜明的特征。

有趣的是，分明是荒诞不经的情节，读者却感到很真实。这是因为，第一，作文中的人物是真实的。"欺欺"是个淘气的男孩子，"追打女孩子""用墨汁""用弹弓""用剪刀"，动作行为富有青少年的个性色彩。而且人物感情的发展也是符合逻辑的。"欺欺"从"得意"，到痛苦，到"后悔"，心理活动随着环境的变化而变化，客观环境决定主观感情，有根有据，合情合理。这些都给读者以真实感。第二，作文的结构是严谨的，前后照应，过渡自然。这篇文章叙述"欺欺"性别的转换能做到跌宕而不突兀。由男孩变成女孩，文章连用五个转折性词语（"可是有一天""可是，当他……""可今天竟然……""可那两个女孩……""可在水平如镜的河面上……"），细致地表现了"欺欺"性别第一次改变的心理过程。荒诞其外，情理其中，是这篇作文的优点。

这里需要辨识的是荒诞而不是荒谬。其区别在于想象是否合乎情理。想象的内容合乎情理，荒诞就是一种假设，一种手段，一种凭借。如果想象不合情理，违背生活现实，荒诞就失去生命，就是无中生有，想入非非，那就是不可取的。文中"欺欺"由男变女，又由女变男，实际是换个角度、设身处地去感受别样的遭遇和心理压力，巧作荒诞之想。《一个当过女孩子的男孩的故事》一文巧思妙想，是少年学子的聪慧表现，荒诞表现真实，不失为一种创造。

（九）《赤兔之死》带来的启示

2001年，一篇高考作文《赤兔之死》，经媒体披露后，广为流传。据说，当年书店"经典名著"热销，这篇作文就起了添薪升温的作用。（《中华读书报》

2001 年 8 月 1 日）应试作文年年有，而能产生如此轰动性社会影响的并不多见。其间影响既有积极的方面，也有消极的方面。多年之后，影响仍在，故有作反思和辨析之必要。

赤兔之死

南京第十三中学　蒋昕捷

建安二十六年，公元 221 年，关羽走麦城，兵败遭擒，拒降，为孙权所害。其坐骑赤兔马为孙权赐予马忠。

一日，马忠上表，赤兔马绝食数日，不久将亡。孙权大惊，急访江东名士伯喜。此人乃伯乐之后，人言其精通马语。

马忠引伯喜回府，至槽间，但见赤兔马伏于地，哀嘶不止。众人不解，惟伯喜知之。伯喜遣散诸人，抚其背叹道："昔日曹操做《龟虽寿》，'老骥伏枥，志在千里。烈士暮年，壮心不已'。吾深知君念关将军之恩义，欲从之于地下。然当日吕奉先白门楼殒命，亦未见君如此相依，为何今日这等轻生，岂不负君千里之志哉？"

赤兔马哀嘶一声，叹道："予尝闻，'鸟之将死，其鸣也哀；人之将死，其言也善'。今幸遇先生，吾可将肺腑之言相告。吾生于西凉，后为董卓所获，此人飞扬跋扈，杀少帝，卧龙床，实为汉贼，吾深恨之。"

伯喜点头，曰："后闻李儒献计，将君赠予吕布，吕布乃天下第一勇将，众皆言：'人中吕布，马中赤兔。'想来当不负君之志也。"

赤兔马叹曰："公言差矣。吕布此人最是无信，为荣华而杀丁原，为美色而刺董卓，投刘备而夺其徐州，结袁术而斩其婚使。'人无信不立'，与此等无诚信之人齐名，实为吾平生之大耻！后吾归于曹操，其手下虽猛将如云，却无人可称英雄。吾恐今生只辱于奴隶人之手，骈死于槽枥之间。后曹操将吾赠予关将军；吾曾于虎牢关前见其勇武，白门楼上见其恩义，仰慕已久。关将军见吾亦大喜，拜谢曹操。操问何故如此，关将军答曰：'吾知此马日行千里，今幸得之，他日若知兄长下落，可一日而得见矣。'其人诚信如此。常言道：'鸟随鸾凤飞腾远，人伴贤良品质高。'吾敢不以死相报乎？"

伯喜闻之，叹曰："人皆言关将军乃诚信之士，今日所闻，果真如此。"

赤兔马泣曰："吾尝慕不食周粟之伯夷、叔齐之高义。玉可碎而不可损其白，竹可破而不可毁其节。士为知已而死，人因诚信而存，吾安肯食吴粟而苟活于世间？"言罢，伏地而亡。

伯喜放声痛哭，曰："物犹如此，人何以堪！"后奏于孙权。权闻之亦泣："吾不知云长诚信如此，今此忠义之士为吾所害，吾有何面目见天下苍生？"

后孙权传旨，将关羽父子并赤兔马厚葬。

这确是一篇引人瞩目的试场作文。它主题鲜明，结构完整，想象丰富，文笔老到，作者应题发挥，出此佳作，殊为难得。这一年的高考作文题是以"诚信"为话题写一篇文章。题目提示，可以写自身的经历、体验、感受、看法和信念，也可以编写故事、寓言等，只是所写内容须在"诚信"范围之内。本文写的正是一个"赤兔之死"的寓言。作者熟稔"三国故事"，虚拟"人马对话"，构思"殉情"情节，行文自如，言之有据，充分展现了作者腹有诗书、意气纵横的才情。

广征博引、涉笔成趣是这篇文章的引人之处。全文不足千字，引文就有11处。依次为：

（1）引"伯乐"。文中"赤兔"有言（设计为"马语"）："吾恐今生只辱于奴隶人之手，骈死于槽枥之间。"加点词为韩愈《杂说（"世有伯乐"）》中语句。

（2）引曹操诗。《龟虽寿》系《步出夏门行（其二）》之别名。因诗首句"神龟虽寿"得名。"老骥伏枥，志在千里。烈士暮年，壮心不已"为诗中诗句。

（3）引"鸟之将死，其鸣也哀；人之将死，其言也善"。此为曾子原话，语出《论语·泰伯》。

（4）引"人中吕布，马中赤兔"。此为《三国演义》第5回文中语句。

（5）引"人无信不立"。语出《论语·颜渊》："自古皆有死，民无信不立。"

（6）引"吾知此马日行千里，今幸得之，他日若知兄长下落，可一日而得见矣"。语出《三国演义》第25回："吾知此马日行千里，今幸得之，若知兄长下落，可一日而见面矣。"

（7）引"鸟随鸾凤飞腾远，人伴贤良品质高"。作者自谓此对句乃听艺人袁阔成"三国"评书所得。

（8）引"伯夷、叔齐"。两人为商末义士。周武王灭商，他们隐居首阳山，不食周粟而死。

（9）引"士为知己而死"。语出《战国策·赵策一》："士为知己者死，女为悦已者容。吾其报知氏之雠矣。"

（10）引"玉可碎而不可损其白，竹可破而不可毁其节"。语出《三国演义》第76回关羽兵败麦城时说的话："玉可碎而不可改其白，竹可焚而不可毁其节。"

（11）引"物犹如此，人何以堪"。语出《世说新语·言语第二·五十五》："木犹如此，人何以堪！"

可贵在于，此11处引文，据笔者查核，均有所本，它们自然融于人物对话之中，切合身份，切合语境，丝毫不露穿凿痕迹，可见作者读书之勤，且有纯熟的语言表达能力。

赤兔马以千里称，故伯喜以曹操诗"老骥伏枥，志在千里"相激。当赤兔马以死相告时，言出肺腑，故有"人之将死，其言也善"之说。吕布为无信之徒，关羽乃诚信之士，故赤兔对前者嗤之以鼻，羞于为伍，引"人无信不立"怒斥之，而对后者则引民谚"鸟随鸾凤飞腾远，人伴贤良品质高"以自勉，"吾敢不以死相报乎"，问答相互对应，语意前后紧接，严丝密缝，一气呵成。

正由于作者掌握如此丰富的材料，且用语纯熟，这才能运笔从容，时翻新意，陡增情趣。如文章写赤兔马有感于关羽之死，决心以身殉情一段：

赤兔马泣曰："吾尝慕不食周粟之伯夷、叔齐之高义。玉可碎而不可损其白，竹可破而不可毁其节。士为知己而死，人因诚信而存，吾安肯食吴粟而苟活于世间？"言罢，伏地而亡。

这段话有三处引言，先引"伯夷、叔齐之高义"，作者用一句话概述他们的事迹。次引"竹""玉"之比照（此对句在《三国演义》中原为关羽兵败麦城所言），此处巧妙移用，表意正同。三引"士为知己者死"，句式略加变化，加上"人因诚信而存"，形成对句。最后以反问表示决心，"不食吴粟"，决不"苟活于世间"。

文章层层铺垫，环环相扣，语言流畅，字字犹如金石，赤兔忠义形象跃然于纸上，其拳拳之情流溢于字里行间。

想象丰富、联想合理是这篇文章又一可赞之处。"赤兔之死"在《三国演义》中确有记载，却语焉不详，字仅数行：

关公既殁，坐下赤兔马被马忠所获，献与孙权。权即赐马忠骑坐。其马数日不食草料而死。（见《三国演义》第77回）

作者凭借"其马数日不食草料而死"一句，应题而想，虚构了懂"马语"的人物"伯喜"，并将"赤兔"拟人化，遂有"三问三答"的故事情节。寓言《赤兔之死》是作者想象的产物。

想象是创造的动力。没有想象，何谈创造？想象力也是人的创造力的标志。敢于想象，又善于想象是现代人才的必备条件。《赤兔之死》所展示的丰富的想象力让我们看到青少年一代至为可贵的创造潜质。

难能可贵的是，作者丰富的想象是建立在合理联想的基础之上的。其合理性就是它的知识联系和逻辑联系。《赤兔之死》中所述内容言必有据。赤兔马评董卓"杀少帝，卧龙床，实为汉贼"，评吕布"为荣华而杀丁原，为美色而刺董卓，投刘备而夺其徐州，结袁术而斩其婚使"，评曹操"其手下虽猛将如云，却无人可称英雄"，评关羽"虎牢关前见其勇武，白门楼上见其恩义"无不都能在《三国演义》中找到依据，作者能撮其要而炼其语，高度概括。这固然显示作者不凡的语言功力，而更能表现的是他的扎实的知识储备。唯其如此，他才能驰骋想象，意到笔随，得心应手。

再从逻辑联系看，"伯喜"是作者虚构的人物。他的取名别有深意。他是"伯乐"的后人，一"喜"一"乐"，"伯乐"识千里马，"伯喜"识赤兔马。且"伯喜"精通"马语"，这才使故事中的"人马对话"成为可能。严密的逻辑联系，使《赤兔之死》所描述的故事顺理成章。诚然，想象是超现实的，比如"人马对话"在现实中是不可能的，但在想象中它成为事实。而想象又总是依存于现实的，不是"伯乐"之后，"伯喜"焉能识得"赤兔"？不通"马语"，又如何能"人马对话"？由此可知，想象的知识性和逻辑性既是"合理想象"的基础，也是与"胡思乱想"的区别所在。

现在回到本文的题目:《赤兔之死》带来什么启示？就这篇作文而言，无论是广征博引、涉笔成趣，还是想象丰富、联想合理，其根本点都是源于作者读书之勤，积累之广。作者蒋昕捷说，古人说"读书破万卷，下笔如有神"，信然。最重要的是要留心平时的积累，要博览群书，尤其是中外名著。光靠书本上的几篇文章是远远不够的。另外，不只是书籍，日常生活中多看多听多记，也能有所收获。比如"物犹如此，人何以堪"的句子就是作者考试前一天听央视一位主持人评论某部电影所用之语。他记住了，并于第二天写作文时恰当用上。如此读书，博闻强记，值得嘉许，从中可见"读书破万卷"中"破"字的内涵和魅力。这正是《赤兔之死》给我们的最重要的启示。

毋庸讳言，这篇作文的影响还有另外一面。这篇文章是用古白话文写的，这有偶然性，有作者个人喜好的因素。有些媒体和个人不恰当地夸大了这些个人特点，错误地认为用文言文写作是《赤兔之死》成功的原因，甚至以为这是作文"夺分"的"秘籍"。影响所及，一时文言文写作之风盛起，高考作文中运用文言文写作明显增多，这是不正常的现象。文言文固然有语言精练的特点，但它毕竟是古代语言，其语境、语汇、语法都与现代语言有很大差别，而且运用文言文写作，就绝大多数中学生来说是难以做到的。今天重读《赤兔之死》，希望能引起中学生注意，千万不要盲目跟"风"，以仿古为时尚，须知唯有认真读书，认真实践，这才是学习之正道。

（十）现代意识犹如一束阳光

什么是"现代意识"？它是指现代人具有的观念。例如创新意识、竞争意识、生存意识、环保意识、群体意识、责任意识、科技意识、历史意识等等，这是时代经济高速发展，物质文明高度发达在人们头脑中的必然反映。文章取材于现代社会生活，只有运用现代意识观察、审视生活，才能认识生活的真谛，才能认识现代生活的时代特点和表现价值，从而有可能通过文章把它们展示出来。

有一类题材，直接表现时代的新生事物。生活中的新生事物层出不穷，尤其当今社会发展日新月异，一大批前所未有的事物纷纷涌现，简直令人眼花缭乱，目不暇接。这类题材的时代感最强，时代特点最鲜明，运用现代意识去观察、审视它们，就能产生强烈的共鸣，就能对新生事物有比较深切的理解，有助于开发题材的主题意义。

请看一段"太空授课"实录：

宇航员王亚平老师拿出纸花，把水慢慢滴进一个铁制的圆圈里。因为没有重力，所以水滴不会下落，也不会流出，而是均匀地铺在铁圈中，形成水膜。然后，王老师把纸花轻轻地放在水膜表面上，神奇的一幕发生了，纸花竟然自己旋转起来。

奇妙的"太空实验"，引起了亿万少年的好奇心，激发了他们的想象力，增

强了他们的使命感,这是重要的一课,是祖国的感召,也是时代的赐予!

另一类题材,表现的是一般生活事件。这类题材,各个年代都有出现。但是,运用现代意识去重新审视它,就能获得全新的认识,从而使一般题材同样闪现出夺目的时代光彩。

例如,有一篇题为《给黄浦江的礼物》的文章,记叙的就不是一般意义上的"好人好事":

一个星期天的下午,恰巧学校放假。我和几位班干部,捧着54位同学的心意,买了10只淡蓝色的果皮箱,送到了陆家嘴轮渡船,每条船上放2只。陆家嘴轮渡的站长拉住了我们的手,高兴地说:"谢谢,谢谢红领巾!你们为轮渡的清洁卫生做了一件好事!""不,不仅仅是为了轮渡。"我说,"而是为上海的母亲河——黄浦江做了一件小小的事。"接着,同学们把准备好的字条拿了出来,给每只塑料果皮箱贴上了一条标语:

"爱护我们的母亲河——请把废物扔在箱内!"

文章提出了"环境保护"的重要命题,这是人类生存意识的觉醒。征服自然的口号标志着一个时代,保护自然的口号同样标志着一个时代。从现代环保意识的高度审视"果皮箱",题材意义的开掘就有了深度和时代感,文章的主题从一般的好人好事升华到一个新的认识层次。

自然,还有一类表现所谓"永恒主题"的题材,例如歌颂母爱、同情弱者、助人为乐、刻苦认真、艰苦奋斗等等。就其主题意义说,不同年代未必有多大不同,但是,它同样带有时代的印记。传统意识与现代意识不仅有对立的一面,还有统一的一面。意识、观念是有继承性的。运用现代意识去审视"永恒题材",是对传统意识精华的确认,从这一认识高度去表现"永恒题材",表现的是传统意识和现代意识交叉又重合的部分,因此表现的是传统意识,同时也是现代意识。

小练笔

时代发展,意识更新。传统意识落后于时代,需要革新;传统意识适应于时代,需要继承。试运用现代意识讨论以下命题:

❋ 有感于广告满天飞

* 我班也有公害（如噪音、烟尘、污染……）

* 致"追风族"的一封信

* 有人认为，世界上最痛苦的人有两种：一种是走在最前面的人，一种是走在最后面的人。你同意这个观点吗？

* "神"而不"秘"的异性友谊

* 未来的教室设计

* 有人说，那个"大我"霸气、"小我"卑微的年代一去不返。如今"小我"的张扬促进"大我"的强盛，"大我"的壮大有利于实现"小我"的价值。请以"'小我'与'大我'"为题，说说你的看法。

（十一）同题异作，各显其长——介绍两篇同题作文

① 模仿是创造的第一步

上海市 2006 年高考（秋季）作文题是"我想握住你的手"。在众多的应试作文中，有一篇引起我的关注和思考。见下文：

我想握住你的手

——给一个女孩

烈日。

这里是残奥会女子马拉松比赛的终点，几乎所有运动员都已跑完了全程，可还有一个黑人女孩在孤独地奔跑着。

她叫孟·玛卡，今年才十五岁，比赛前她告诉所有人："我一定要跑完马拉松！"

现在，女孩离这个目标越来越近。

时间一分一秒地过去，静候的人们已是满头大汗。传回的电视画面很模糊，却清晰地看到女孩跑得跌跌撞撞。公路两旁的沙漠不时被狂风卷起滚滚浓

尘，似乎要将女孩吞没……

"啊呀！"观众一声惊呼，女孩跌倒了。没有任何犹豫，女孩马上爬了起来，连汗都没有擦一下，又坚定地向前奔跑。

女孩，我想握住你的手，给你一条毛巾擦汗，牵着你跑完这剩下的路程。但我想，你一定不愿意吧？你要自己跑完这漫漫长途。

镜头给了女孩一个特写，我惊讶地发现女孩竟然满脸通红！主持人解释道："孟·玛卡昨天还发着39度的高烧，但今天仍坚持比赛。"看着女孩痛苦的表情，众人都发出了深深的同情与叹息。

女孩，我想握住你的手，把你带到路边的树荫，递给你冰水、药片，让你好好休息。但我想，你一定不愿意吧？你要坚持跑完这漫漫长途。

毒辣辣的太阳炙烤着大地，女孩步履蹒跚起来，不时还一脸痛苦地弯下腰，她真的不行了。有医护人员劝她放弃，女孩却异常坚毅地摇摇头。

女孩，我想握住你的手，劝你不要把生命做赌注，劝你放弃这次比赛——你还年轻，还会有机遇的。但我想，你一定不愿意吧？你会坚定地告诉我："这次，就是这次，纵有千辛万苦，我一定要跑完这漫漫长途，到达目标！"

忽然，远处传来了加油声。近了，近了，震耳欲聋的呼喊在为女孩鼓励，近了，更近了……终于，欢呼、喝彩汇成了海洋，满天礼花飞扬，纷纷落下……

人们在迎接一个真正的英雄。

我穿过人群向你走去，女孩，我想握住你的手，传达我深深的钦佩。不仅仅是对你，更是对你这一路上洒下的汗水和你播在每个人心中的那坚持的信息。

终于，我来到了你的身边，但我却惊呆了。

女孩没有手。

这是一篇立意深刻、构思新颖、语言简练的好作文。考生写于现场，限题限时，能有这样的发挥，实属不易。

立意好。文章记述一位黑人少女以顽强毅力"跑完马拉松"的奇迹。通过"我想握住你的手"的联想，作者倾诉了对黑人女孩发自内心的关切、援助和钦佩之情。题材带有些许传奇色彩，表彰"坚毅"的精神品格，主题是具有挑战性的。

再说构思。写黑人少女长跑途中屡受考验，可谓一波三折。先是"跌倒"，观众"惊呼",而女孩却"马上爬了起来"。再是"发烧",众人"同情与叹息",女孩仍"坚持比赛"。三是"太阳炙烤",医护人员劝阻,而女孩还是"坚毅地"前行。终于,女孩坚持跑完了全程。群众"喝彩","我穿过人群"走向女孩。原是三番五次"我想握住你的手",此刻面对面,真正有机会"握住你的手"时,却不能握手,原来"女孩没有手"。这是一位身残志坚、顽强挑战生命意志的少女。结局出人意料,细想顺理成章,极富戏剧性,又极具合理性,这种"欧·亨利式"的构思艺术在这篇高考作文中得到生动的展现。

值得称许的是,这篇考场作文的语言也简练纯熟,介绍故事背景明快简洁。如写气候环境仅两句。一句"烈日",仅两字,自成一段。一句"毒辣辣的太阳炙烤着大地",点明气候条件给女孩长跑带来的艰苦性。人物描写突出女孩的行动和表情,尽管道路两旁的风沙"似乎要将女孩吞没",尽管前一天还高烧39度的她"满脸通红",尽管炎热难熬使她一脸痛苦,然而倔强的黑人女孩以默默无言的坚毅行动,成就了"一个真正的英雄"的形象。故事脉络清晰,好几处仅一个短句就成一段,去除枝蔓的叙述,显示简练的特点。末尾一句,短短五个字:"女孩没有手。"叙述至此,戛然而止,赫然定格,留给读者隽永的回味。

以上简略地概括这篇高考作文的优点。思考不止于此,从全文的立意和构思看,似乎存有明显的模仿痕迹。也就是说,这篇作文的"立意深刻""构思新颖"是考生真实水平的反映吗?

从题材看,这个有"黑人女孩"参加的马拉松长跑的情景考生不大可能亲身经历,"残奥会""公路两旁的沙漠""黑人女孩""我穿过人群向你走去",以考生的年龄身份和所在城市等条件似乎均难以有这样的机遇。且文章中提到女孩"跌倒""主持人解释""医护人员劝她放弃""满天礼花飞扬"等等,均不无夸张,显然是想象的内容。再说女孩长跑途中,"我"有三次"想握住你的手"的心理活动,此情此景,如此"紧扣考题",如此吻合题意,看得出是作者"曲意逢迎",着意为之。由此推想,这篇文章的题材、立意有可能是由若干新闻报道的信息引起的。那么,该篇作文的立意有多少成分是"参考"的,有多少成分是"虚构"的,实在不得而知。此其一。

再从文章构思看,我自然想起另一篇小说《鞋》(初中语文课本第二册课文,人民教育出版社1992年版)。小说仅249字,兹录如下:

鞋

王 伟

一天，两天，一个多月过去了，每当日落西山的时候，小鞋匠都忍不住要向路口张望，希望能从落日的余晖中看到那个高大的身影出现。但是，他没有看到。

又是一个傍晚，一位瘦瘦的军人来到修鞋摊旁边："一个多月前，是不是有位大个子军人来这儿修过一双皮鞋？"

"啊……对呀。"

"要付多少钱？"

小鞋匠略一沉思，说："修鞋费一块五，外加一个月的保管费五角，你给两块钱得了。"

军人把两块钱递给他，小鞋匠收好钱后，问："怎么大个子没有来？"

"他……上前线去了。"说完，军人转身要走。"哎，"小鞋匠提起那只鞋，赶忙喊道，"鞋子，鞋！"

军人止住脚步，用低沉的声音对小鞋匠说："用不着了，他的双腿，已经在前线医院里……他特意来信嘱咐我把钱送给你，谢谢你了！"说完，军人迈着大步走了。

综观《鞋》和《我想握住你的手》两篇文章，构思的精彩都在结尾。一篇无"脚"，一篇无"手"。有"鞋"而无"脚"，表现了军人的奉献；握手而无"手"，表现了残障人士的坚毅。《鞋》作为课文，它的影响面是广的，考生有可能受其启发，但即使如此，《我想握住你的手》一文也是自有特点，同《鞋》有异曲同工之妙。

由此，我想到中学生的模仿话题。

"模仿是人的天性。"（亚里士多德《诗学》）模仿就是仿照一定榜样做出类似动作和行为的过程。习作模仿，借助范文，仿效佳作，自觉地汲取他人经验作为学习的基础，这是无可厚非的。据此，模仿不仅不应指责，反而应该鼓励。这是学生初学必经的阶段。著名语言学家吕叔湘说："语文的使用是一种技能，一种习惯，只有通过正确的模仿和反复的实践才能养成。"（《关于语文教学的两点基本认识》，《文字改革》1963年4月）自觉地模仿名人名作，是许多初学者都有过的经历。文章大家张中行也说，写好作文要靠多读多写。"一种意思，可用的表达方式（词语及其组织）不止一种，但不管其中的哪一种，都是由前人可用的框架描画或脱化而来。……多读，熟了，笔未着纸，可用的多种表达方式早已蜂拥而至，你自然可以随手拈来，不费思索而顺理成章。这是多读作用的初步，固而笔能达意。进一步，多读，熟悉各种表达方式，领会不同笔调的短长轻重，融会贯通，还可以推陈出新，把意思表达得更圆通，更生动。"（《作文杂谈》，人民教育出版社 1985 年版）所以，在中学作文教学中，"范文引路"一直是教学中的"金科玉律"。

模仿不同于抄袭。抄袭是窃取别人的文章成果，从立意到构思、从情节到语言，均照抄无误，这是抄袭，是必须反对的，也是容易识别的。

模仿也不是套用。套用是不考虑内容适合与否，生搬硬套，袭用前人现成的形式。写出的文章非驴非马，不伦不类。文不对题，硬将一个熟背的故事塞进规定题目的文章中。这种套用的弊病在应试作文中屡屡可以见到。明明是弊端，可是在应试中"套作"，往往能掩人耳目，蒙混过关。作家王周生说，"为了帮助儿子考上一所好学校，也为了减轻他考试前的沉重负担"，帮助他修改出十几篇作文，"叮嘱"他"灵活应用"，结果还真奏效。她调侃说："如果专门成立一个作文炮制公司，对付如今的作文考试，对学生和家长无疑是个福音。"自然，她说："背作文的做法并不能体现真正的作文水平。"

这是一个真实的例子，也是中学作文教学面临的严肃话题。应试作文受时间限制，教师不熟悉学生，阅卷时间又"火烧眉毛"，粗略之中，许多非常情况都会出现。套用、伪作有可能"奏效"。这是需要通过考试改革加以避免的。

需要辨析的是，套用、伪作不是模仿，不能由此坏了模仿的名声。套用、伪作，死记硬背，僵化思维，投机取巧，对青少年学生的成长危害极其深重；而模仿不同，它是取法乎上，是一定阶段的学习手段，两者不能相提并论。

这里，识别的尺度是，模仿要有自己的生活体验，自己的思想提炼，自己的语言表现。从自身生活出发，自身认识出发，认同范文的思想高度，欣赏范文的表现形式，从而自觉地吸收范文的成功经验，扩大自己的经验，作为进一步发挥创造的基础。模仿不能失去"自我"，这是一个"标尺"，也是一条"底线"，模仿的实质是一定意义上的借鉴。

由此，回到《我想握住你的手》这篇高考作文。马拉松赛场的氛围，运动员赛场上的表现，为落后运动员加油助威，在终点观看比赛结果，这些都是考生熟悉的生活。行文至此，真实情景再现，自然是可信的。特别是对黑人女孩的顽强表现，作者有三段"我想握住你的手"的抒情，援助之情，敬佩之情，流溢于字里行间，写的是真情实感。结尾处，奇峰陡起，预设伏笔，精心构思，以"女孩没有手"，呼应题目《我想握住你的手》，给人以震撼的力量。只要生活、感情、语言出自"自我"，如《我想握住你的手》，有了"自我"，这样"模仿"就不是邯郸学步，不是东施效颦，学有榜样，学中有创，那是值得肯定的。本文不失为一篇难得的考场作文。

诚然，这篇作文也有明显的不足。取材的局限性（毕竟不是亲身经历），虚构中难免露出破绽，例如，女孩长跑途中的种种表现，"我"是难以一一了然的。女孩的面部表情（"连汗都没有擦一下""痛苦"）、"摇头"动作写得细致入微，看似真切，实为假想，反而影响了描述的真实性。

茅盾先生说："'模仿'可以说是创造的第一步，'模仿'又是学习的最初形式。但我们拥护'模仿'，只能到此为止。过此一步，则本为向上的垫脚石，就转而变成绊脚石了。"（《大题小解》，《茅盾文集》第10卷，人民文学出版社1961年版）这些话把模仿的意义和局限说得一清二楚。以《我想握住你的手》一文为例，既肯定考生"仿中有创"的写作态度和较好成果，又指出其处于学习初级阶段的稚嫩和不足，举一反三，迁移到平时的写作教学中，认识模仿的积极意义，帮助学生走过"习作模仿"的必经阶段，这是我关注这篇作文的初衷。

我想握住你的手

上海七宝中学　朱亚娟

男孩，你使我从迷乱走向清醒，我想握住你的手，道一声谢谢。

男孩是转学到我们班来的，很快，他就以狂野而早熟的性格和超群的学习成绩引起我的注意。作为班长，看到成绩总列全班第一的我有了对手，反倒觉得是件好事。男孩，我想握住你的手，说声，让我们成为友好的竞争伙伴吧。

可是，才几个回合，我便败下阵来，对于他的实力，我不得不甘拜下风。时间稍长，我便发现自己的内心有了微妙的变化：和他擦肩而过，我会脸红；和他讨论问题，我会语无伦次；老师批评他，我会难受……

我告诫自己，振作起来，全力追赶，重新夺回第一的宝座，但是青春的心灵悸动是无法掌控的，连看书时我的眼前都会掠过他的身影。慢慢地，他那投篮的姿势、沉思的表情、幽默的话语和爽朗的笑声成为我每天都要反复回味的东西。男孩，我真想握住你的手，说一声"我是真的喜欢你"。

终于，有一天我鼓起勇气约他去学校对面的公园散步。不料他爽快答应，这反倒使我生了一丝不安。一路上，他兴致勃勃地讲着刚举行过的数学考试的事，而我只是随声附和。到后来，他的话也少了，我暗想：这样可不行。再过十秒，是的，再过十秒，我一定要对他说句"我很喜欢你"。

第一秒，我松开了紧握的拳头；第二秒，我竟然听到自己的心跳；第三秒，听到风吹树叶，那沙沙声宛如我烦乱不堪的心绪；第四秒，我偷窥了他一眼——紧锁双眉，难道和我一样紧张吗？第五秒，是不是不要讲了？第六秒，让我再过十秒吧；第七秒，不行，一定得说；第八秒，我的心提到嗓子眼了；第九秒，我用力擦了一下衣角，仿佛要擦去所有的不安；第十秒，我已经准备好了。

"我说，你能不能不要再难受了。这次数学考试虽然重要，但偶尔的失误和成绩的暂时下降都属正常，你还是要相信自己的实力，老师和同学也都对你抱有很高的期待，切记自己的目标啊！"他忽然语调铿锵地说。

刚才还魂不守舍的我，一下子愣住了，吃惊地看着他，一句话也说不出来。原来，他一直关心着我的成绩，原来他以为我今天的情绪反常是由于成绩的下降……我一下清醒了，觉得自己好渺小，好可笑，在自己的远大目标面前，我的自作多情又有什么意义？我一下子清醒了。

男孩，你以一席良言让我猛醒，让我变得理智起来。我想握住你的手，真诚地道一声谢谢。我想，凭你的聪明，也许你早就察觉到了我对你的那份感情，但你却有意误读，你简直是一个善于处理棘手问题的高手；如果你真的没有看出我的心思，那你可以说是一个专心读书而心无旁骛的可爱的书呆子。

不管怎么样，都要谢谢你。我想握住你的手，道一声珍重，祝你前程似锦，人生美好。

这篇文章写的是少男少女的一段感情经历。"我想握住你的手"，出于一名女生的愿望。"你"，是一名男生。两人同班，都是品学兼优的学生。"我"对这名男生由关注到爱慕，进而产生接近的愿望。感情真挚热切，表达委婉细腻。尤其"约见"一节，女生吐露心迹前"十秒钟"的心理活动，一秒一秒地细写，"握拳""心跳""烦乱""偷窥""锁眉"，以至退缩、下决心、焦虑，直至准备好了表白，女生欲言又止，欲止不能，勇敢与胆怯并行，甜蜜与苦涩共有，少女情怀流露于字里行间，令读者心动。

我认为青春少女对优秀异性产生爱慕情感并勇敢表达，这是很正常的，也是很美好的，应该予以肯定和赞美。而男生沉稳、大气、明理，胸怀"目标"，不负"期待"，友善地回应女生的表白，是青少年健康成长、走向成熟的标志，更是值得肯定和赞扬的。

回到题目"我想握住你的手"，此时此刻，经历感情的波澜，理智不仅控制情感，还升华了情感。"我想握住你的手"，心愿依然，一前一后却不尽相同，看似一样，境界不同。一代有志的中学生用他们的智慧报告他们心灵的成长。

这篇文章触及中学生青春期心理躁动的敏感话题。两名当事的青少年正确地处理了他们之间的感情纠葛，起到了正面的促进作用。这篇文章告诉社会，告诉家长、老师，对于成长中的青少年应予以足够的信任、尊重，以情动人，通情达理，相信他们在良好的社会环境里，会主动、健康、幸福地成长。

当然，青少年是各有个性的，成长环境也不尽相同，他们还在走向成熟的路上，或有偏差，偶有过激，适时提醒，善意引导不可或缺。这就需要我们悉心扶持，加以引导。如上所述，赞美在前，信任在前，引导在前，我想恰当引例，现身说法，自我教育当是有效方法之一。推荐《我想握住你的手》一文作为样本，其用意之一，当在于此。

（十二）巧作"仿拟"，别生情趣

"仿拟"，是刻意模仿的意思。这是一种特殊的表现方法，亦称"活剥"。做法是选取某名篇（多为经典作品），保留它的富有特色的词语、句式、韵脚等语言形式，填补新的内容，以求得形式相似而意趣迥异的表达效果。其作用是借助名篇的影响力，吸引读者对新写内容的关注，多用于讽刺性的主题。

中学生仿拟《木兰诗》就是一例：

拟《木兰诗》

上海洋泾中学南校　浦亚男

嘀嘀复嘀嘀，亚男握手机。
不闻按键声，唯闻女叹息。

问女何所思，问女何所忆？
女亦无所思，女亦无所忆。
昨夜查考分，心中有凉意。
先问分多少，科科不满意。
英语无长进，化学见粗心。
愿为改前非，从此少后悔。

同学问成绩，老师来关心。
亲属常提起，父母苦操心。
旦起无所事，暮宿无精神。
不闻爷娘怨女声，但闻独自哭泣声呜呜。
旦起查消息，暮至发短信。
不闻爷娘怨女声，但闻他人成功喜盈盈。

九年苦奋斗，关山度若飞。
朔气扑面上，寒光照书堆。
习题千回做，只为考题对。
又恐伤语文，坐立不能安。
来回万步走，心绪千层绕。
父母来相问，亚男不敢拨电话。
迟疑问同学，忐忑比自己。

爷娘忙慰安，娇女眼泪擦。
父母代查询，被女拦阻下。

103

拨通一号码，嘟声无空暇。

续拨终有果，眼泪哗哗下。

铃声又响起，同窗来电话。

惊奇大发现，同学不如她。

心情豁开朗，湿巾成白花。

生活十六年，不知悲喜变化大。

分数本扑朔，运气也迷离；

两者傍一起，安能辨我是悲喜？

《木兰诗》是我国南北朝时流传于北方的一首经典民歌。诗中主人公木兰是家喻户晓的一位女英雄。她女扮男装，替父从军，屡建战功。胜利后，不慕虚荣，回归故里。其人其事其诗传诵千古。拟诗的作者对木兰的形象是熟悉的，她选择《木兰诗》为"仿拟"对象，虽不无调侃之意，却也透露了对《木兰诗》和木兰本人的仰慕和喜爱之情。

《木兰诗》为五言古诗，62句，偶用长句。《拟〈木兰诗〉》也是五言，62句，语气转折处，以长句对应长句，与原诗句式保持一致，还尽量保留原诗的词语，而内容则是全新的。《拟〈木兰诗〉》演绎的是一名女学生的故事。"亚男"是故事的当事人。她与"木兰"同为女性，因时代不同、环境有别而志趣迥异。一为国家，一为自身；一为大义凛然，一为倾吐怨气，两者立意高下，品位悬殊，本不可同日而语。然而，当下学生为"考分"纠结，悲喜无常却是生活的真实。作者明知两者有巨大反差，却有意为之，类似"戏说"，表现了作者面对学业重压疲于应付而又无可奈何的精神叛逆。

拟诗对原诗的模拟是十分用心的。原诗叙述"木兰"的故事，按情节起伏，可分六个部分。拟诗一一对应。原诗第一部分4句，以"机杼声""唧唧复唧唧"引出"木兰"的"叹息"。拟诗同样以"声"引"叹"。只是引出"亚男""叹息"的是"按键声"（"嘀嘀复嘀嘀"）。以"手机"代替"织机"，显示了时代的变化。

第二部分，原诗写"木兰"代父从军，"木兰无长兄""从此替爷征"。这一部分12句。拟诗写"亚男"所思所忆，乃为"夜查考分"，患得患失。原诗第三部分又12句，写"木兰"征战"黄河""燕山"，沙场突出女性在男装掩饰下思念"爷娘"的女儿心态。拟诗同样12句。原诗中有4句长句，"不闻爷娘唤女声，但闻黄河流水鸣溅溅……不闻爷娘唤女声，但闻燕山胡骑鸣啾啾"，拟诗对应的是"不闻爷娘怨女声，但闻独自哭泣声呜呜……不闻爷娘怨女声，但闻他人成功喜盈盈"。一"唤"一"怨"，适应不同的情境，折射出"木兰"和"亚男"不同的心态。"独自哭泣声呜呜"和"他人成功喜盈盈"，则和盘托出"亚男"作为小女生为考分纠结悲喜无常的痛苦心情。

第四部分原诗 14 句，写"木兰"身经百战，胜利荣归，辞去封赏，"愿驰千里足，送儿还故乡"。拟诗与之对应，"亚男"面对的是书山题海，也是历经"关山"，苦苦"奋斗"。"木兰"是"将军百战死，壮士十年归"，而"亚男"是"习题千回做，只为考题对"。"木兰"辞官不就（"木兰不用尚书郎"），"亚男""志忐"不安（"亚男不敢拨电话"），惶然之情，溢于言表。

第五部分又 16 句，原诗生动地再现木兰还家的喜悦之情，"当户理红妆""著我旧时裳""对镜帖花黄"，恢复女装，面对战友，感受亲情，"同行十二年，不知木兰是女郎"，故事的传奇色彩令读者惊呼奇迹，敬仰之情油然而生。拟诗以"电话"为纽带，"查询"被"拦阻"，"拨通"又无果（"嘟声无空暇"），"续拨"带来"眼泪"，"铃声又响起，同窗来电话""同学不如她""心情豁开朗"，忽悲忽喜，为"分"纠结，态度可怜之至，又心胸狭小之至，应试教育里的中学生神情恍惚以至于此。

第六部分，也是最后一部分 4 句，原诗以"雌兔"自比，以"雄兔"陪衬，"双兔傍地走，安能辨我是雄雌？"喻指木兰女扮男装，代父从军，取得成功。拟诗借原诗"扑朔""迷离"之词（"分数本扑朔，运气也迷离"），以同样句式书写"亚男"无所适从、悲喜无常的情怀。

拟作和原作形式相同而内容不同，这是"仿拟"的标志。内容不同而有意义，"仿拟"才有价值。《拟〈木兰诗〉》与《木兰诗》形式相同，而意义各异。《拟〈木兰诗〉》反映应试教育对中学生的祸害，也是有意义的，但与《木兰诗》的爱国主义情怀相比，高下有别，相去甚远。从习作的角度说，一名初中生能试作"仿拟"，实属不易。但对"仿拟"的内容要求不可轻视，这是需要强调指出的。

借助名篇，运用"仿拟"的修辞方法，常见于名人名作。书载毛泽东 1958 年有《试仿陆放翁〈示儿〉》七绝："人类今娴上太空，但悲不见五洲同。愚公尽扫饕（tāo，贪食）蚊日，公祭无忘告马（马克思）翁。"（载《建国以来毛泽东文稿》，中央文献出版社 1992 年版。陆游，号放翁。其《示儿》诗："死去元知万事空，但悲不见九州同。王师北定中原日，家祭无忘告乃翁。"）鲁迅 1925 年作《七步诗》："煮豆燃豆萁，萁在釜下泣：我烬（jìn，灰烬）你熟了，正好办教席。"（曹植《七步诗》："煮豆燃豆萁，豆在釜中泣。本是同根生，相煎何太急！"此诗一作："煮豆持作羹，漉菽以为汁。萁在釜下燃，豆在釜中泣。本自同根生，相煎何太急！"）这是当年鲁迅先生揭露女师大校长杨荫瑜等镇压学生运动所写的一首诗。鲁迅解释说："据考据家说，这曹子建的《七步诗》是假的。但也没有什么大相干，姑且利用它来活剥一首。""教席"是指当时杨荫瑜等在北京西安饭店宴请众人，商议开除游行学生之事。鲁迅指出，"活剥"《七步诗》是用来"替豆萁（指学生）伸冤"的。（见《华盖集·咬文嚼字（三）》）

"仿拟"名篇，要注意保留其基本语言形式（看得出脱胎于某一名篇）。由于内容有变，"仿拟"的语言形式也允许作某种变化。例如，著名语言学家周有光在 2005 年一百岁时曾戏作《陋室铭》。铭曰："山不在高，只要有葱郁的树林。水不在深，只要有洄游的鱼群。这是陋室，只要我唯物主义地快乐自寻。房间阴暗，更显得窗子明亮。书桌不平，更怪我伏案太勤。门槛破烂，偏多不速之客。地板跳舞，欢迎老友来临。卧室就是厨房，饮食方便。书橱兼作菜橱，菜有书香。喜听邻居的收音机送来音乐。爱看素不相识的朋友寄来文章……"对应刘禹锡《陋室铭》："山不在高，有仙则名。水不在深，有龙则灵。斯是陋室，惟吾德馨。苔痕上阶绿，草色入帘青。谈笑有鸿儒，往来无白丁……"暗相呼应，翻新内容，老人达观心境，情趣风生，洋溢于字里行间。"仿拟"的成功全在于内容的重大和深邃。如果内容浅薄，止于玩笑，"仿拟"就会失去意义。例如，有学生戏作："日照香炉生紫烟，李白来到烤鸭店。口水流下三千尺，摸摸口袋没带钱。"又有人作："穿别人的鞋，走别人的路，既让别人没鞋可穿，也让别人无路可走。"前者"活剥"李白著名的《望庐山瀑布》诗："日照香炉生紫烟，遥看瀑布挂前川。飞流直下三千尺，疑是银河落九天。"纯粹是无聊的玩笑。后者由但丁名句"走自己的路，让别人说去吧"翻造而来，意义消极，反映的是极端利己主义思想。两者均不可取，当引以为戒。

"仿拟"的表现方法虽略带调侃的意味，却是积极的修辞手段。《拟〈木兰诗〉》是一次尝试。对于唯分数论有所不满，但格局终嫌小。唯有提升主题意义，充分发挥"仿拟"幽默、讽刺的表达功能，增加文字情味，这才是正道。

（十三）"故事"如何"新编"

　　"故事新编"是中学生喜闻乐见的写作样式。所谓"故事新编"是指将原有"故事"在赋予新意后重组情节，写成新的故事。新老两个"故事"中的主要人物应是同一的，人物性格和活动场景也有某种承继关系。但是两个"故事"的主旨却必须是不同的，人物活动、人物性格也必须有重大发展或重要变化。"新编"不同于"改编"。"改编"保留原有故事的基本情节，而新编故事是以原有故事为起点的合乎逻辑发展的新的故事写作。

　　《上苍的宠儿——东施新传》改编自成语"东施效颦"的故事。成语中的丑女"东施"盲目学美。美女西施"皱眉"，东施不知此乃病态所致，也仿作"皱眉"状，以此授人笑柄。而在新故事《东施新传》中，"东施"以崭新的面貌出现，她不甘沉沦，通过申说、反省，一改旧有的形象，由自信而自强、自立，成为"上苍的宠儿""新时代女性的代表"。

　　"故事"如此"新编"，能否称为成功？请读文章：

上苍的宠儿

——东施新传

上海复旦初级中学　赵　茜

　　我，东施也，以丑名垂青史。千百年来，我一直过得很郁闷，很不爽呀！

　　话说自从那年那月，我学习邻家美眉西施皱眉捧心、病歪歪的样子后，被时人嘲笑了一番，还原创了一条成语"东施效颦"送给我。于是，我足不出户，整天以泪洗面。（但是，尽管我茶不思、饭不想的，倒也没见消瘦下去。）我就不明白，西施病成那样，男人们倒是我见犹怜，大发慈悲，表现出一副男子汉的英雄情怀。我呢，只不过稍微学习、模仿了一下，为何引发众多的不满和讽刺呢？我知道，因为我生了一张丑陋的脸，郁闷至极！我不禁要责怪父母的粗心、责怪上苍的不公了，上苍在创造我的时候一定是走了神，不然我的五官为何这样粗糙和错位！

　　我一定要找上苍算账！强烈的求美思想占据了我的心，我决定不惜一切代价去找上苍评评理，找回我失去的一切！

等待了千百年，我终于乘坐"神舟十号"载人飞船飞向太空，飞到上苍的"安乐宫"去。上苍的家园可不是一般的美丽，难以用笔墨形容！我虽然妒忌美慕，可也无心留恋，直奔"极乐殿"去。咦，那个坐在花园中闭目养神的老头儿是谁呀？啊，就是上苍！于是，我整整衣衫，走上前去，咳了一声，说："上苍老爷，你倒也悠闲自在呀！怎么不去民间体察疾苦呢？我，东施，因为你的疏忽，长成这副模样，受尽了人们的白眼和嘲笑，你要为我做主呀！"说着，不禁悲从中来，眼泪沾湿了我的衣襟。上苍老爷睁开了双眼，微笑着看我，倾听着我的诉说。等到我一吐为快后，他才慢慢地开口说道："我可怜的孩子呀，这么多年来，你都生活在众人的眼光里，你失去了自我，同时又编织自我束缚的牢笼，你从来没有发现自己的优点和闪光点呀！"接着，上苍又缓缓说道："万物生于世间，自有它的价值。你看，这花园中，小草没有鲜花美丽，可是要是没有了小草，鲜花的美丽就凸显不出来。你呢，不要模仿别人，不要美慕别人，赶快走出这个自我小天地，找找你的特长和优点，帮助他人，为世人服务，你会收获到人们对你的喜爱和尊敬的！"说完，上苍挥挥衣袖，又闭目养神去了。

我听了上苍的一番话后，愣在了那儿……

从上苍那儿回来后，我反省了自己，审视了自己。我，拥有健壮的身体，有的是力气，于是干完了自家田里的活儿，还可以帮助邻居李奶奶家一把；我，拥有婉转的歌喉，唱歌的时候，既愉悦了自己，还给劳动的人们以快乐的享受，啊，我还走上了星光大道的舞台；我，拥有明亮的眼睛，我做的女红，绣出的花朵可以吸引蝴蝶飞舞，入围国际大赛……哈哈，我笑口常开，我走出了自我小天地，受到了各家媒体的采访，我不再是丑女的代名词，我是个性的化身，新时代女性的代表。

这天，我收到了来自天庭的贺卡："你是我的宠儿——聪明的东施，祝贺你！"

"东施效颦"故事原是一则寓言，语出《庄子·天运》篇："故西施病心而矉（pín，同"颦"，皱眉）其里，其里之丑人见之而美之，归亦捧心而矉其里……彼知矉美而不知矉之所以美。"原文有"丑人"之称，并无"东施"之名。庄子，战国时代思想家，距今两千余年。历代沿衍，好事者为"丑人"取名，因与"西施"相邻，遂有"东施"之说。《东施新传》第一段自报家门："我，东施也，以丑名垂青史。"承前启后，一个"丑"字链接新老两个故事。"千百年来，我一直过得很郁闷，很不爽呀！"语势陡转，一股不平之气扑面而来，由此顺理成章，为下文新故事拉开了序幕。

《新传》以东施"受屈→算账→申说→受教→反省→如愿"为线索展开故事，情节颇有跌宕之势。"受教"和"反省"是故事的高潮，也是文章立意所在。"上苍"开导东施："万物生于世间，自有它的价值。"东施受教后反省：人各有志，亦各有所能。一个人只要自强不息，且能惠及他人，就能"走上星光大道""入围国际大赛"。东施，即新故事中的"东施"，已"不再是丑女的代名词"，而是"新时代女性的代表"。人物表现从以貌取人提升到以德立人。外貌美丑属于表面，品位高下才是根本。新老东施，虽为同名，追求各异，判若两人。新编故事成在立意，立意出新是故事新编成功的标志。

立意出新是相对原故事的立意而言的。新编故事立意求新，大致有两条可行的思路：一为反向立意，一为侧向立意。

反向立意较为常见，是指新编故事的主旨与原有故事的主旨意义相对，或正或反，或美或丑，一如智和愚，真和假，得和失，成和败，巧和拙，苦和甜，优和劣，悲和喜，褒和贬，等等，不一而足。例如，本篇《东施新传》即是一例。东施"变身"，由遭人嘲笑的反面形象转而成为受人尊敬的正面形象，有其变化的内外因的条件。这里须注意，不是所有的反面形象都能"翻案"的，比如"狐假虎威"中的"狐狸"，"滥竽充数"中的"南郭"就不能翻案。这是因为他们作为一类人物的形象代表，其道德本质是丑陋的。现象可以百变，本质归于一宗。奸刁的"狡猾"绝不是聪明，曲意的"蒙混"也不是"机敏"。新编不能为恶人张目，为文要分清是非。显然，东施不属恶人之列，其"效颦"之举固然可笑，但爱美之心，本无可厚非，她只是学法不当，本质不坏，一经点拨，或可清醒。《东施新传》新编的成功启示我们，人物"转身"要有思想基础，性格变化也要符合内在发展逻辑。

另一思路为侧向立意。这是说原故事主旨表明的只是在一定条件下成立的道理。而转换视角，改变条件，同样故事还能揭示新的道理。例如，成语"近朱者赤，近墨者黑"讲的是客体对主体的影响，外部条件会影响事物发展。从强调外因影响来说，这样说有警世的意义。而近朱者"未必"赤，近墨者"未必"黑，也是有道理的，宋人周敦颐就有"出淤泥而不染，濯清涟而不妖"（《爱莲说》)之句,从强调影响事物发展众多因素来说,内因比外因更重要,要求洁身自好,守身如玉同样给人以激励。"近墨者黑"和"近墨者不黑",两说并存,相对而不相悖,各立其意,各得其理。

时代发展,社会进步,人的认识和理念也随之变化和提高。比如,此时此地,这样的理念、这样的认识是对的,有其积极意义,而到了彼时彼地,修正甚至改变这样的认识和理念,同样是对的,同样具有积极的意义。例如,"后羿射日""夸父追日""精卫填海""人定胜天""与天奋斗,其乐无穷;与地奋斗,其乐无穷;与人奋斗,其乐无穷""为富不仁""无商不奸""与狼共舞""作茧自缚""螳螂捕蝉,黄雀在后"等等,按照环境保护的理念、天人合一的理念、合作共赢的理念、社会主义市场经济的理念、珍爱生命的理念等,老故事都可能有新的解读,一部分的神话故事、寓言故事、成语故事推陈出新,为"故事新编"提供了丰富的题材资源。

新编故事由原有故事而来。而原故事一般都是耳熟能详的具有典型意义的优秀作品。历史也好,神话也好,成语也好,有不少还直接来自传统经典名作,因此新编故事必须熟悉相关文化知识,了解相应历史背景,这样才有可能与原故事合理对接,并有合乎逻辑的推演,形成新的故事。本篇《上苍的宠儿——东施新传》作者熟谙原故事"东施效颦"的主旨和情节,遣词造句能做到符合人物心理,符合时代特点,别出新意,真实可信。比如,说东施"以丑名垂青史",时隔千年,被人嘲笑等情节都暗合《庄子·天运》篇原意。写今日"东施"学习"邻家妹妹西施","乘坐'神舟十号'载人飞船",大胆"走上了星光大道","入围国际大赛",收到"贺卡"等,用词时尚,事发当今,表现出鲜明的时代特色。以东施乘坐"神舟十号"为例,我国于2013年发射了"神舟十号"。新编故事称乘坐"神舟十号"飞往天庭(向上苍申诉)是言之有据。寻访"上苍",自是幻想,而"飞天"却是现实,增加了新编故事的知识含量。这表明掌握必要的文化知识也是写作"故事新编"的基本条件。

《上苍的宠儿——东施新传》一文语言风趣而富有变化。多用短语,多用对话,易于讲述,显现"故事"说白的语言特点。比如东施拜见上苍一节:

啊,就是上苍!于是,我整整衣衫,走上前去,咳了一声,说:"上苍老爷,你倒也悠闲自在呀!怎么不去民间体察疾苦呢?我,东施,因为你的疏忽,长成这副模样……你要为我做主呀!"

按说话的语气行文,有呼告,有反问,有辩解,直面相问,声犹在耳,如在眼前。语言口语化又不单一化。句式呈现多样性,如"我,东施也,以丑名垂青史"是文言句式,成语乃千年相传,古风犹存,语气正合。为了表达东施反省有悟,与现代语气接轨,连用排比语段:"我,拥有健壮的身体……我,拥有婉转的歌喉……我,拥有明亮的眼睛……"历数优势,以示自信自强,理直气壮。有时还用语幽默,如"责怪"上苍不公:"上苍在创造我的时候一定是走了神,不然我的五官为何这样粗糙和错位!"不无调侃,情趣风生。有时直面呼告:"上苍老爷……你要为我做主呀!"娇嗔之态跃然纸上,直至豁然开朗,禁不住"哈哈"一笑,尽显童真童趣。与其他作文一样,语言生动正是"故事新编"作者的一项基本功。

既为"故事",当然以情节取胜。故事的主旨也应从故事的情节开展中自然呈现。比如,原故事"东施效颦"的主旨就是通过"效颦"这一人物行为展现的,合乎常理,具有说服力。而《东施新传》的主旨则是靠上苍的一番开导来揭示的,情节比较简单平直,"说教"的味儿浓了些,生动性和感染力就受到了影响。再举一例:

龟兔赛跑新传

黑龙江鹤岗逸夫小学　周广皓

乌龟和兔子比赛跑步中,因为兔子中途睡了一觉,输给了乌龟,兔子的肠子都悔青了。它想:我一定要再找乌龟比赛一次。

可是,它又一想:大家都知道我跑得快,乌龟跑得慢。即使赢了也不稀奇。怎么办呢?兔子灵机一动:我找小狗比赛吧。人们都知道,狗比我们兔子跑得快。

一天,它找到小狗。兔子说:"我来找你比赛。""我平常老是追你,你为什么还来找我比赛呀?"小狗问道。兔子向小狗坦白了一切。小狗觉得它很诚恳,就决定成全兔子。它们来到跑道上,小狗大声喊道:"三、二、一,开始!"

一开始,小狗和兔子的速度差不多,可是赛程到了一半,兔子开始占据上风。兔子看见气喘吁吁的小狗,心想:小狗来与我比赛属于给我帮忙,如果我赢了小狗,那么,小狗岂不是在大家面前也会丢面子?名次真的那么重要吗?

想到这里，兔子放慢了脚步。"小狗，对不起，今天我真的不该来找你比赛。"等小狗赶上来了，兔子抱歉地对小狗道。"哦……咋回事啊？你不是要挽回名声吗？"小狗与兔子肩并肩，慢步小跑着。

"我不想与你比赛了……"兔子停下脚步，拉住了小狗，把自己刚才的想法告诉了小狗。小狗听了兔子的话，拍拍兔子的肩膀，说："兔子，你说得对，其实没必要在乎名次，上一次你输给乌龟是因为你骄傲，改了就好。改过自新，要比争强好胜更受大家的欢迎……"

"嗯，谢谢你，小狗。"兔子抓住小狗的手，感激地说道。

由"龟兔赛跑"到"狗兔赛跑"既承原寓言的意脉，又别出新意，从原来突出"竞争"，到现在强调"友善"，主旨有了新的拓展、深化，这也是一种创新。

（十四）试写"寓言"

寓言故事是青少年喜闻乐见的文学样式。它篇幅短小，故事性强，寓意深刻。不少同学不仅爱读，也尝试着写。由仿到创，中学生写作寓言兴趣盎然，一篇篇思维活跃、构思精巧的寓言故事栩栩如生，映入读者的眼帘：

鲜花与核桃

有个风华正茂的青年，平时看不起饱经风霜的老人。

一天，青年在园林中遇到了一位老人，两人边走边谈。青年看到一丛鲜艳的花，就说："青春，就像这花一样鲜艳。"他又看了一下落叶说："衰老，就像这落叶一样可悲。"老人听罢说："你的比喻既对又不对。见到过核桃吗？"青年不屑地说："当然见过。"老人微笑着说："如果你是鲜花，我就是那干枯的核桃。鲜花的价值没有核桃的价值大。"年轻人不服气："要是没有鲜花，哪来的果实呢？"老人幽幽地说："是啊！所有的果实都曾经是鲜花，然而不是所有的鲜花都会成为果实。"

青年哑然。

写寓言要掌握寓意、故事、人物（包括拟人化的物品）三个要素。"寓"意于"言"，意在笔先。立意是寓言的根本。寓言立意，旨在深刻，力求揭示生活规律，含有哲理意味。这就不同于一般文章的反映生活，诸如表现社会繁荣、家庭亲情、同学相助等，而是别有深意，表现的是对生活规律性的认识。在寓言《鲜花与核桃》中，作者用"鲜花"和"核桃"来比作人生两个阶段。"鲜花"可爱，一如"青年"；"核桃"可贵，一如"老年"；由"鲜花"到"核桃"，一如由"青年"到"老年"。它们各有特点，两相对应。故事的寓意在于告诫青年人，珍惜青春，不负韶华，同时尊重老人，尊重未来，尊重人的自然发展规律。言简意深，对于青年一代尤有教育意义。

寓言离不开故事，离不开人、事、物。寓言的故事和人、事、物也不同于一般文章。它们是为阐说道理而设计的。就情节而言，寓言故事不求曲折多变，明理即可。就人、事、物而言，不求复杂多样，也只是为了表明事理。仍以《鲜花与核桃》为例，它记叙园林中两个人物的对话，"边走边谈"，故事简单。故事以物作喻，设计两段辩白，表现两代人的思想交锋。一个是"风华正茂的青年"，一个是"饱经风霜的老人"，重在表现人物的思想特征，重在哲理概括。寓言中的人物，有语言、有神态以及心理活动，那是为了行文形象可感，引起读者兴趣。

"寓"是寄托的意思。深刻的立意寄托于生动形象的人物故事。寓言中的人物有广阔的选择余地。它可以是生活中的人，也可以是拟人化的物。有生命的物，如动物、植物；无生命的物，如器具物品。一经点染，音容笑貌，喜怒哀乐，皆可呼之欲出，跃然纸上。例如：

瓜　子

一天，一个中国人发现了瓜子，于是瓜子被作为一种高雅的消闲食品，很快在中国流行开来。可嗑瓜子是很有技巧的，成了中国的"国技"。瓜子在中国可谓家喻户晓，为此，瓜子高兴得不得了。渐渐地，瓜子就想冲出亚洲，走向世界。

瓜子终于来到一个它叫不出名字的国家。一个叫迈克的男孩看见了它，好奇地问："你是谁？""我是瓜子，从中国来。我的风味独特，久吃不腻。不信？你尝尝。"瓜子豪气十足地做自我介绍。听了瓜子的介绍，迈克拿起瓜子就放进嘴里。但是，他不会嗑，一咬全咬碎了，费了很长时间都没能吃到瓜子仁。"什么东西？吃你简直是浪费时间。"随手便把瓜子扔进了垃圾箱。瓜子躺在垃圾箱里，满肚子的委屈……

故事中的"瓜子",有思想,会说话,有时"高兴得不得了",有时则有"满肚子的委屈",俨然是一个"人物",这是拟人化手法在寓言中的运用。

寓言故事是虚拟的,青少年为了阐释道理的需要,想象不受拘束,动物能说话,植物会思考,物品有喜怒,兴之所至,任凭调遣,何等惬意。这样说不是说写作寓言、构思故事可以毫无根据,它同样要求生活的真实性。也就是说,虚拟故事要合情合理,符合生活逻辑。"鲜花"和"核桃",是生活中实有的。开花在先,结果在后,由花而果,符合植物的生长规律。以它们作比,与人生"青年"与"老年"两个年龄段相应合,两者有相似点,有可比性,说明的道理才令人信服。"瓜子"风波亦然。同是"瓜子",国情有别,条件各异,命运自然不同。在中国,"瓜子"由"流行"而得宠,在国外,它却因陌生而遭弃。在这里,国情差异、盛衰不一均是生活真实。由此虚拟"瓜子"的命运故事才有合理性,为读者认同。与此相悖,不顾生活逻辑的合理性,随心所欲,设想荒诞,无中生有,胡编乱造,读者就会产生排斥心理,那就达不到以小喻大、以此喻彼的目的。

青少年正值成长时期,思维认识由浅显走向深刻,符合他们的心理发展规律。对日新月异的生活,他们不断有新的理解,新的发现,及时地表达这种理解和发现,成了迫切的愿望。寓言写作提供了这种表达形式,寓深意于浅言,是青少年钟情寓言的心理动力。而寓言人物故事的开放性,充分发挥聪明才智,更使青少年充溢创造的乐趣。寓言写作于中学生锻炼思想、推动想象、训练语言大有裨益,何乐而不为?

五、少年情怀，直抒胸臆

（一）睹物思人，情意深深

"怀念"，思念深切的意思。以"怀念"为题写人，多是对已故亲友的思念，言辞朴实，情意真切，读来每每感动人心。眼下就有一篇怀念爷爷的好文章。它出自中学生之手，倾诉的是孙女对逝去爷爷的依依深情，稚子童心，拳拳之意，流溢于字里行间。展读如下：

怀 念 爷 爷

上海南洋模范中学　郑姗姗

电视里播放着纪念爷爷郑拾风的专辑。荧屏中，爷爷笑貌依旧，一口令人倍感亲切的四川乡音韵味十足。我不由得悲从中来，深深地思念起已然故去的亲人。

还是那间充满书卷气的房间，被磨得油光锃亮的老藤椅依然斜放着，书桌上摞着一摞书，上头还搁着爷爷的老花镜，仿佛只是爷爷有事儿刚离开一会儿而已。

我轻轻地抚摸桌面，追忆着往日爷爷在这儿埋头写作的情景。爷爷是高产作家，多年来，他对笔下的作品呕心沥血。每有杂文精品和昆曲佳作诞生，总饮誉海内外。今年初，当爷爷半年多的辛勤劳作终换得昆曲《夕鹤》载誉东瀛之际，自己却因病住进了华东医院，此去再没有回到伴他几十年的书桌旁。病榻的三个月，我眼见着爷爷面庞的红润渐渐褪去，默默祈祷，却最终被迫接受这个冷酷无情的现实。短短三个月啊，转眼人去楼空！

我游目四周，看见一旁架上有几枚纪念信封——那是追悼会上用来赠送亲友的，每枚信封里都有一方手帕，手帕上印着爷爷生前亲笔所书的"今日无话可说"六个大字。这是中国近代史上最短小而富有力度的杂文，是1946年"下关事件"发生后，爷爷悲愤地向制造惨案的国民党反动派掷去的锋利"投枪"，是爷爷为正义而战的勋章，是他一生的骄傲和自豪。我拿起一枚信封，上面印有爷爷的肖像。相片中，老人深邃、睿智的双眼凝望着远方。他看见了什么？是看见未来了吗？未来那个充满真善美的世界，那个爷爷为之奋斗了一生的梦想？是的，定是这样，否则爷爷的表情为何如此安详，甚至当他因自己文笔犀利的杂文而收到恐吓信时，这份执着也从未消失过。

我不由得为之神往，每每念及爷爷的风骨，总会觉得有种力量令我心潮起伏。我小心翼翼地收拾起信封，把它插入书橱里。

这个书橱，在我心中，是童年最为流连的地方，不仅是因为那一本本书间有我的梦想与憧憬，更因为在那儿，我能强烈地感受到爷爷对我的关怀与爱。记得每次我去爷爷房里看书，伏案写作的爷爷总会停下手中的笔，转过身来，耐心地为我解释书中的疑难处，抑或和我讨论某个新观点。那一刻，爷爷简直就是智慧的化身。他论古道今、滔滔不绝时，给人感觉仿佛书中的精华早已成为他思想的一部分。爷爷有个习惯，他喜欢在说话时一只手做捏毛笔的姿势，并时不时随语气顿一下，颇有点儿指点江山的味道。而每当他结束一番话后，那只大手就会展开，伴着一声"小姗姗，懂吗？"轻轻地抚摸我的头。忘不了同样那只温暖的大手，在医院中最后的日子里变得枯槁，但却依然温柔地拉住我，歉然地说："姗姗，对不起，你的问题爷爷来不及答完了。"

橱内的书少了爷爷的翻阅和搬动，已蒙上了一层薄薄的灰，我小心地将书一本本地拿出来，擦干净，再放回去。忽然想起曾有一次，爷爷对我开玩笑，说有朝一日等我将橱里的书读完了，他就传我衣钵。思之不禁黯然，爷爷终究还是没能等到他孙女出息的那一天。想起过去，爷爷是那么喜欢读我的练笔，他一向乐于去了解孙女心中究竟是怎样个世界，并且，以文人职业的敏锐，为我揭示出浮光掠影的小事下隐藏的内涵，可我却曾不经意地将老人的心意置之一隅，想来十分惭愧、懊悔。

不知不觉中，夕阳射了进来，为房里的一切抹上层黄昏的色调，令它们看上去像一帧古黄的相片。我蓦然转身，在晚霞的余晖中，依稀又看到一位白发苍苍的老人，正安详地背对窗子、坐在书桌前，他一手捧书，一手打着那熟悉的手势，用浑厚的四川话对他的孙女——那个依偎在他身旁、满脸虔诚的小姑娘细细叮嘱："好好读书，好好做人！"

文中记的"爷爷"是著名记者、作家郑拾风先生。拾风先生是一位有影响力的社会人士。他的一生联系着许多重大社会事件，其中，最为突出的是1946年他参与了震惊中外的"下关事件"。"下关"是当时南京火车站所在地。是年6月23日，各地"反对内战"的请愿群众汇集"下关"，遭到国民党政府残酷镇压。郑拾风先生时任《南京人报》总编辑，他积极组织报道，撰写社论，声援请愿行动。国民党政府疯狂镇压，不准发表，致使当天报纸洞开"天窗"。郑拾风先生毫无惧色，为示抗议，在同年6月24日报纸空白处挥毫写下"今日无话可说"六个大字，针锋相对，正义凛然。怀念这位公众人物，可写的事迹是很多的。作者作为孙女，她从自己的视角，观察爷爷，怀念爷爷，文章字字含情，再现了作为作家、又作为爷爷的郑拾风先生的生动形象。郑先生逝世后，他的学生、同事、朋友以及读者都有追悼文章，这些文章分别从学生角度、同事角度、朋友角度怀念这位有社会影响的新闻工作者。怀念者从自我认识出发，形成视角各异、内容有别，而又同样真实感人的至情文字。孙女郑姗姗的《怀念爷爷》，也列其中，全方位地再现了郑拾风先生的高尚人品和完满人生。

《怀念爷爷》的作者选择书房作为抒情载体，看似信手拈来，却是自然而得体的。在书房里，作者写到了"老藤椅""老花镜""书桌""信封""书橱"等，笔触所到之处，无不生动地展现了爷爷平时读书、写作、谈话的生活细节。不愧"高产作家"，不愧铮铮"风骨"，祖孙隔代情深，郑先生身为作家，身为爷爷，亲切而高大的形象宛然在目。

睹物思人是这篇文章主要的写作特点。"人去楼空"，物是人非最容易触发人的感伤之情，物品与人的生活紧密相连，由物忆事是自然的衔接。

文章写道："我轻轻地抚摸桌面，追忆着往日爷爷在这儿埋头写作的情景。"由物及事，爷爷"呕心沥血"，"佳作诞生"，直至"因病住院"，往事历历，"短短三个月啊，转眼人去楼空"。接着，又由"纪念信封"而忆及"下关事件"，忆及"今日无话可说"六个大字，这类似"匕首""投枪"的"中国近代史上最短小而富有力度的杂文"，"是爷爷为正义而战的勋章"。

触物生情是又一种自然衔接、情感衔接。孙女对爷爷的深深怀念之情就是由"书橱"而引起的。正是在这书橱边，爷爷为孙女释疑解难，爷爷说话时捏笔的姿势，爷爷轻抚孙女的头，爷爷最后"歉然地说：'姗姗，对不起，你的问题爷爷来不及答完了。'"舐犊情深，爷爷以歉意告别，从此温情不再，生死两隔，怎不叫孙女肝肠寸断。爷爷已逝，孙女小心地将书本上的存灰一一擦拭，触物伤情，留下的是孙女内心深深的隐痛。

睹物思人的表现方法在"怀念"一类文章中是常常被运用到的。这在古今名篇中也不乏其例。例如，明人归有光有《项脊轩志》。"项脊轩"原是"室仅方丈"的旧屋。而就是这样一座老屋却连及一家人的至爱亲情。由"屋"及"人"，其间母子、兄妹、夫妻，关爱体贴，情意深笃。文末有充满感情的一段描述："庭有枇杷树，吾妻死之年所手植也，今已亭亭如盖矣。"岁月留痕，物在人去，树木有情，人何以堪！中学生作文《怀念爷爷》，作者以稚嫩之手，假"书房"以言事，借实物以寄情，表达对爷爷的深情缅怀，如泣如诉，实属难能可贵。

此外，《怀念爷爷》一文，在篇章结构上也用功独到。首段以电视节目"郑拾风专辑"起笔，显现爷爷的音容笑貌，然后倒叙爷爷在世时往事种种，以创作昆曲《夕鹤》享誉东瀛表现写作成就，以"最短杂文"与参与"下关事件"表现风骨卓然，英雄气节。此后写祖孙情深，为文章又一重点内容。最后一段写夕阳晚照，再现爷爷安详读书的情景，"书房"依然，"手势"依然，"音容"依然，"祖孙相偎"依然，终成"古黄的相片"，赫然定格，留下永远的纪念。

再回读全文，其中亲情何深，怅然何深！

（二）竖起一尊壮丽的雕像

赞颂老师，永恒的主题。众口传扬，佳作如林。

同是写老师，能别具一格，脱去平庸，谈何容易。而眼前的这一篇，虽说是习作，却令人刮目相看。它以独特的视角，深情的语言，简练的线条，勾勒出一幅壮丽感人的老师雕像，使读者过目不忘。

老师，您一生都这样站着

李禄文

老师，我们坐着，您站着。您站着的时候，我们看见一棵好大好高的树。您挥起修长的手臂，摇落满树的果实。

这是一个迷人的秋天，老师，您站着，站成一尊最壮丽的雕像，挺立在丰收的季节里。

老师，您说您找到了自己的位置。其实，偌大一个教室，整整齐齐排列的只是学生的座位。您的位置在哪儿？在我们心里。

您一生都这样站着。

前面是三尺高的讲台，后面是一丈宽的黑板。面对学生的座位，老师，您40分钟站了十几年，几十年，也许很累，老师。

毕竟，我们坐着比您站着好受得多，老师。您想坐，但您却没有坐下。您说："只要我坐下，世界上便会少几个站起来的人。"

风刮来，浪涌来，老师您岿然不动。

春雨落，冬雪飘，老师您巍如泰山。

您站得很稳，很稳，或许，脚下这土地便是您心中永不沉没的大陆。

谁还比您站得更高，看得更远呢，老师？

站得久了，腰酸背痛脚麻头晕，头上黑发变白发，额头皱纹渐渐深，已不知是多少个季节了。您说。

您说话时微笑着。微笑中，我分明看见一个春天向您走来……

您还是这样站着，老师。您像北国昂首挺立的青松，您像雪中傲然凌寒的冬梅，您像迎接朝阳的哨兵，您像掌握航向的舵手。

也许，有那么一天，当您再也不能站着而坐下来，我们都已经站了起来，站成一排排绿树，世界因此而青春更浓。

谁在我们坐着的时候站着，谁又在我们站着的时候坐下？只有您，老师。

只有您，老师，一生都这样站着。站在我们面前，站在我们心里。

文章动人之处在于选准"老师"一个典型的形体动作：在教室里站立的形象。

"老师，我们坐着，您站着。"

"面对学生的座位，老师，您40分钟站了十几年，几十年……"

犹如一个特写镜头，这一昂然直立的教师形象，赫然定格，映现在读者面前。作者选取这一富有教师特征的直观形象可谓独具匠心。

第一，它是生活的真实。三尺讲台，背靠黑板，面对学生，"老师，您站着"。这是千千万万教师平常工作中最真切的剪影。凡当过学生的人都会对此留有深刻的印象，并有深情的回忆。

第二，它又是亲切自然的，来自学生的视角，融入拳拳的尊师之情。对于辛勤耕耘的老师，最有感触的是学生。只有学生最能感受到老师"很累"，感受到"我们坐着比您站着好受得多"，感受到老师的无私奉献和历史功绩。这样，从学生口中表达的对"老师"的感念和称颂才是最亲切自然的，最有说服力的。老师，"您像北国昂首挺立的青松，您像雪中傲然凌寒的冬梅，您像迎接朝阳的哨兵，您像掌握航向的舵手"。字字句句，发自肺腑，感人至深。

第三，这一形象还蕴含着丰富而深刻的思想内涵。教师挺拔伟岸的直观形象是高尚人格的象征。不辞辛劳、不畏艰难、坚韧不拔、忠诚无私、热情自信等多种精神因素，均包含其中。富有特征的直观性和具有普遍意义的概括性使这一形象产生撼动人心的感染力。

这些丰富而深刻的内涵，文章是通过师生间的亲切交流表达的。文章有三处写到"老师"吐露的心声："您说您找到了自己的位置。""您说：'只要我坐下，世界上便会少几个站起来的人。'""站得久了，腰酸背痛脚麻头晕。"言语朴素而意蕴深长，默默无闻而无怨无悔，不求浮名而利在学生、功在千秋。

这就是老师正直的为人。

这就是老师崇高的价值。

这就是"站在我们面前"，也"站在我们心里"的老师的伟岸形象。

本文通过特定的具体形象来暗示较为普遍的意义，成功地运用了象征这一艺术手法。说到象征，一种是传统意义上的，人所共知，如鸽子寄意和平，青松展现崇高，绿色预示生命等。而另一种则是从个人感受出发，带有更多的自创色彩。如朱自清写"背影"感念父爱（《背影》），赵树理写"手茧"刻画艰辛（《套不住的手》），魏巍写"教鞭"怀念师恩（《我的老师》），巴金写"灯光"向往光明（《灯》），融注独特的生活经历，呈现明显的个人风格。本文运用象征手法属后一种。比如，同是选择"站"这一直观形象，由于生活经验不同，写作背景有异，"宁愿站着死，不求跪着生"写的是威武不屈、宁折不弯的精神，而本文"您一生都这样站着"则是表达了对老师的爱戴和崇敬。这也表明，用好象征手法，同样有赖于深切的生活体验、独到的艺术构思。

雪

余桂华

　　教室外的雪，飘飘扬扬，寒冷而美丽；讲台前的"雪"——洁白的粉笔末，飘飘洒洒，温暖而奇特。

　　无声的瑞雪，轻轻地落下来，带着柔和而甜蜜的祝福，慢慢地消融，滋润着嫩绿的幼苗，孕育着丰收的希望。

　　讲台前的"雪"，不分严冬酷暑，纷纷扬扬地飘下，带着赤诚而热切的期望，一天天染白老师的鬓发，培育祖国的花朵茁壮成长。

　　自然界的雪，给人带来寒冷的冬季，讲台上的"雪"，奉献给祖国一个永恒的春天……

　　（以"粉笔末"展示老师的教学，以"染白鬓发"突出老师的付出，以"滋润幼苗"表彰老师的贡献，巧设比喻，妙用借代，本文为深情赞美老师展现了又一条行文思路。）

（三）千金难买"孩子气"

　　这是一篇饶有情趣的作文。文章围绕"弟弟的家庭作业"展开。"家庭作业"共有四道题，"弟弟"都做了答案。只是"我"（哥哥或姐姐）对这些答案并不满意，也有不理解的。借助文章，作者又把这些题目和答案呈现在读者面前，让做老师的，做父母的，包括所有做长辈的，都受到考问。对于同样的问题，少年儿童同成年人往往有不同的答案，是是非非，孰对孰错，值得每个人深入思考，并从中受到启发。

　　且看文章是这样写的：

弟弟的家庭作业

天津树人中学　任翀怡

弟弟在作业本里写道："如果有人打我一拳，我就要还他一拳。"这是弟弟用"如果……就……"造的一句话，被老师打了一个大大的惊叹号。

我拿起作业本，望着字迹工整的造句说："弟弟，你处世尚浅，很多道理你不懂。"

他却托起下巴反驳我："我怎么不懂。学校里做过天平实验，右边添上几个砝码，左边也得添上几个砝码。别人打我，我就还手！"

我一时无言以对，因为我感到有所触动，以至于不想把那些世故的道理灌进这颗纯洁的童心，只能呆望着他。

自此以后，每当我看到街上有人大打出手，我就会想起弟弟的造句，不禁哑然失笑。

弟弟的"组词造句"里有这样一道题——写一句话，其中必须提到窗。我指导他说："眼睛是心灵之窗。"

他立刻反对："眼睛怎么能是心灵的窗户，心里有话，眼睛能表达吗？我觉得嘴巴才是心灵之窗，心里有话就能讲出来。"

我哑口无言了。弟弟写道："嘴巴是心灵之窗。"

弟弟太小，尚不懂得措辞之美，但他却能用嘴巴大胆地说出心里话。

弟弟的学校让每个学生都谈各自的理想。弟弟为这犯了愁，跑来问我。

我对他说："长大后，你想不想当科学家、文学家、艺术家或者做博士，戴博士帽？"

弟弟坚决地回答："不想，博士帽不好看，还不如我的太阳帽呢！"我发觉问下去也没什么意思，难道在孩子们心中，代表学识的博士帽真就不如一顶普通的太阳帽？难怪很多成年人喜欢回忆童年，回忆那段没有任何功利色彩的岁月，那片成年人无法介入的乐土。

也许，弟弟只想做个快乐的人。

或者，弟弟更想做个能让别人快乐的人。

弟弟匆忙跑到我跟前，让我帮他检查作业。

原来是组量词训练，弟弟写道："一（位）蚂蚁，一（名）甲虫"。

望着这些搭配不当的词语，我严肃地质问他为何这样写。

弟弟什么也不说了，拿着本子回到了自己的房间，样子有点委屈。我真后悔刚才的话过重了。

无聊间，我打开电视。呀！竟是久违的动画片，我饶有兴趣地看着，什么

"熊先生""狼外婆"，让我有重拾童心的感觉。

我顿时明白了，弟弟写得一点也没错，蚂蚁确实可以论"位"，甲虫也确实可以论"名"。

说到这，我不禁想起了西西。西西是一位童心未泯的香港女作家，今年刚好六十岁，她写了一首非常有趣的诗叫《可不可以说》。在诗中，她大胆发问："可不可以说／一枚白菜／一块鸡蛋／一只葱／一个胡椒粉？／可不可以说／一架飞鸟／一管柳子树／一顶太阳／一巴斗骤雨？／可不可以说／一株柠檬茶／一双大力水手／一顿雪糕苏打／一亩阿华田？／可不可以说／一朵雨伞／一束雪花／一瓶银河／一葫芦宇宙？／可不可以说／一头训导主任／一只七省巡按／一匹将军／一尾皇帝？／可不可以说／龙眼吉祥／龙须糖万岁万岁万万岁？"

亲爱的弟弟，你说可不可以呢？

"弟弟的家庭作业"自然远不止文章所列。其所选四题，有一个共同点，那就是"弟弟"（少年儿童的代表）和"我"（成年人的代表），各自的答案是不同的。以第一题为例，用关联词"如果……就……"造句，"弟弟"的答案是"如果有人打我一拳，我就要还他一拳"。就语法意义而言，这是假设条件句，"弟弟"这样造句是不错的。然而，对这样的"答案"，"老师"并不认同（"被老师打了一个大大的惊叹号"），作为哥哥（或姐姐）的"我"也不认同（"弟弟，你处世尚浅，很多道理你不懂"）。"弟弟"不服，根据"天平"两边对等的原理加以"反驳"。显然，这里争执的焦点不在句子的形式，而在于句子的内容，其中涉及处世为人的"道理"。那么，争执双方究竟谁是有理方呢？说起来双方都振振有词。

以下三题也大致如此，"弟弟"和"我"答案不同，又各自成"理"。客观地说，两者比较，"我"的答案比"弟弟"的答案要准确一些，深刻一些，全面一些。然而，"弟弟"的"不足"是出乎天然的，合乎儿童年龄段的，因而是不可能超越的。恰恰是这些"不足"闪现出"弟弟"纯真、率直和勇敢的童心童趣。而成人的"成熟"则往往带有伪饰、世故和功利的色彩。"弟弟"敢于直言"别人打我，我就还手"，成人对此表示不能理解，或以为不合"世故道理"，但是在街面上就看到"有人大打出手"，言行不一的情形屡有发生。"弟弟"敢于批评"博士帽不好看，还不如我的太阳帽呢"，追求的是快乐的直觉。而成人在追求"做博士，戴博士帽"的时候，却难掩"功利色彩"，其中含有多少苦涩和无奈。文章对"弟弟"的"孩子气"疼爱有加，通过对"家庭作业"四道题的演绎，赞美"纯洁的童心"，"大胆地说出心里话"，指出这是一片"成年人无法介入的乐土"。

是孩子就应该有"孩子气"。法国教育家卢梭说："把孩子看作孩子。"（《爱弥儿》）对待"孩子气"应该从两个方面看，一方面从成人角度看，从教育者角度看，"哥哥"（或"姐姐"）也罢，老师也罢，所有年长的人都应该认识并尊重孩子的天性，遵循孩子成长的规律。对于少年儿童，既不能拔苗助长，也不能越俎代庖，更不能横加打压，而只能顺其自然，因势利导。在这方面，文章作者（"我"）的态度是正确的。"我"对于"弟弟"的据理力争，"反驳"也好，"反对"也罢，没有施威加压，而是设法去理解他的思维过程（"有所触动""呆望着他""不禁哑然失笑"）。"弟弟"即使认识有误（"尚不懂得措辞之美"），也能看到他率直的一面（"大胆地说出心里话"）。特别是从"弟弟"的"委屈"中，"我"能自省言辞过重，是自己缺少"童心"，错怪了他。"我"对"弟弟"的自省自责态度，不禁让人联想到鲁迅先生的散文名篇《风筝》。那篇文章说的也是一个哥哥和弟弟的故事。十岁的"弟弟"喜欢"风筝"，偷偷地制作，却被不以为然的"哥哥"粗暴地将风筝翅骨折断、踏扁。多少年后，"哥哥"认识到"玩具是儿童的天使"，深深自责当年行为的不端，由此心情沉重，愧疚不已。庆幸的是，时代不同，今天的"哥哥"（或"姐姐"）对"弟弟的家庭作业"所表现的宽容、理解和支持，已非昔日可比。文章末尾一句深情的呼唤："亲爱的弟弟，你说可不可以呢？"循循善诱，关爱之情，溢于言表。

对待"孩子气"，自然还有另外一面，即孩子如何对待自身。少年儿童正处于成长期，从幼稚走向成熟是人生必经阶段。在这一时期，有两点是需要注意的，一是独立性，二是可接受性。从独立性说，少年儿童要敢于发表意见，坦诚、率直。从可接受性说，又要知道受知识局限，阅历局限，或有不周全之处，甚至失误。少年儿童要善于听取批评和指导，以求取得进步和完善，这其中最关键的是遇事讲"理"。在文章中"弟弟"的表现是可圈可点的。在完成"家庭作业"的答案时，他循理而为，据理力争，绝不无理取闹。有了这个"理"字，就将"独立"和"偏执"、"骄纵"和"谦让"、"自私"和"利他"、"放任"和"规范"、"极端"和"宽容"等等区别开来，或有失误，也能纠正。对于当下青少年中普遍存在的"独生子女"综合征，"弟弟"的表现可谓对"症"下药。你看，在"弟弟"受到批评时，尽管"委屈"（事实证明，他没有错），也能容忍（"弟弟什么也不说了"），期待正确的结论。这正是儿童"理"性的可贵表现。

《弟弟的家庭作业》一文立意高远，且有现实教育意义，已如上述。选材精当，新鲜活泼也是特色。"家庭作业"在不计其数中仅是四题，全是少年儿童成长的话题，"以少少许胜多多许"（郑板桥语），充分表现了它选材的典型价值。文章最后一段引用香港作家西西的一首诗《可不可以说》，说的也是量词运用，与"家庭作业"中的"量词训练"无缝对接，恰到好处。这首诗是儿童文学精品。诗中妙语连篇："可不可以说 / 一头训导主任 / 一只七省巡按 / 一匹将军 / 一尾皇帝？ / 可不可以说 / 龙眼吉祥 / 龙须糖万岁万岁万万岁？"尽显童趣，令人忍俊不禁。引在此处，不仅有力地呼应了文章作者的观点，还开阔了读者的阅读视野，行文的同时，为读者贡献了一份精美的精神食粮。文章作者年仅十四岁，下笔从容，见识非凡，能有此阅读与写作的功力，实为难得。

（四）平凡小事见真情

> 小事不小，由小见大。这是写作的一条规律。

常听同学说，写作文难，难就难在无内容可写。在他们看来，似乎只有重大题材，曲折情节，才可写进作文。而平凡小事，一般情节，是很难成为作文题材的。

其实，这是一种偏见，至少是一种误解。殊不知，在生活中真正能称得上重大事件的，并不多见。一般生活，不可能有多么复杂的情节。重大事件，可遇而不可求，偶有相遇，自当及时抓住，下笔为文。而日常生活，千姿百态，千变万化，则是作文的基本内容。只要我们对这些平常生活能有所"感"，又有所"悟"，就一样能由小见大，表现丰富的情感，揭示深刻的意义。

且看《一件小得不得了的事》一文。"不得了"，是夸张之词，此处一语双关，既形容其"小"，微乎其微，又表示其"大"，意义非同寻常，是"不得了"的一件小事。

一件小得不得了的事

我家与所有的三口之家一样普通。每个人都有事情要忙，一天里找不到可以坐下来好好聊聊的时间，只有吃晚饭时，才算是真正的"三聚头"，但没有任何人能彼此了解得犹如我们之间那样深。

我不善于与父母谈自己的想法，以至于偶尔冒出几句话，会使父亲惊诧于我的成熟，然后开心得不得了。尽管父母并不十分了解我的想法，但对于我的感受，父母能有一种近乎直觉的了解和体会。我并不是一个把感情摆在脸上的人。但我情绪的好坏，他们本能地感受得到，准确无误。其实，我又何尝不能感觉到他们的开心与否呢？于是，我时常惊诧血缘的神奇。

大厅里"哎哟"然后"扑通"一声。我心头一紧，把笔一扔，鞋也不穿飞奔出去。到门口，发现母亲与我以同一速度到达。一瞧，父亲跌倒在地，我们紧张得手心出汗，把他扶起来。原来，父亲为了不弄脏刚拖好的大理石地板，赤脚走路，滑倒了。见他没事却狼狈的样子，才想起，刚才他跌倒的样子很像狗熊。于是一家人"哈哈"都笑了，父亲边笑边想揉屁股，才发现大小两只手已占了"东西半球"没他的份了。

回到房间，才感到眼睛有点湿。一件小得不得了的事，把感情毫无保留地表露出来。

我感动于这种可爱的默契和本能，感动于自己的幸福。

事情果然是"小"，"原来，父亲为了不弄脏刚拖好的大理石地板，赤脚走路，滑倒了"。"我"（儿子，抑或女儿）与母亲"以同一速度到达"现场，"父亲边笑边想揉屁股，才发现大小两只手已占了'东西半球'没他的份了"。这是家庭生活中偶发的一幕情景，要说"小"，那也真是小事一桩。

可是在作者的笔下，那样真切、生动、有趣、自然，酿造了一家三口相濡以沫的关切和温馨之情。

"小"事情能写得言短意深，关键在于作者对小事的感悟和阐发。

行动来自思想，举止出于感情。父亲不慎"跌倒"，引发"我心头一紧，把笔一扔，鞋也不穿飞奔出去"，一连串急促的动作，把"我"心急慌忙、不顾一切奔向父亲的心态表现了出来，而此刻"母亲与我以同一速度到达"。"我"是明写，详写，"母亲"是暗写，略写。尤为生动的是，"父亲边笑边想揉屁股，才发现大小两只手已占了'东西半球'没他的份了"，亲人之间的关切爱护、默契配合写得出神入化，令人忍俊不禁。

作者之所以能写出这件小事，是因为他感悟到这件小事把一家人的"感情毫无保留地表露出来"。"我"感动于此，也理解于此，因此，要把它写出来，借以表达亲人之间"这种可爱的默契和本能"，享受亲人之间心心相印的"幸福"。有感于此，作者在描写父亲"跌倒"时，才有对家庭平时生活的回顾。尽管日常彼此交流不多，"但没有任何人能彼此了解得犹如我们之间那样深"，亲人间一个眼神，一个动作，一句话，就能心领神会。这是一种"本能"，让人"惊诧血缘的神奇"。

试想，如果作者对于父亲"跌倒"一事，没有感悟，而是就事论事，那么，这件小事也只是生活中一个小插曲，发生了，也就过去了。慨叹作文无内容可写的同学，如果这件事发生在你的身边，你会如此感受吗？你能写出这样的文章吗？

由小事情写成大文章的，在文学作品中也屡见不鲜。鲁迅先生写过一篇小说《一件小事》，写旧时代一人力车夫拉车时路见一"跌倒"的老妇人，停下来救助、送医，作者借人物"我"之口说出："独有这一件小事，却总是浮在我眼前，有时反更分明，教我惭愧，催我自新，并且增长我的勇气和希望。"朱自清先生一篇《背影》表现父亲之爱，感动了几代人，写的也只是一件小事，父亲为儿子送行，攀过月台去买几个橘子留下的"背影"，作者感动落泪，"在晶莹的泪光中，又看见那肥胖的、青布棉袍黑布马褂的背影"。俄国作家契诃夫的著名小说《小公务员之死》，写一个公务员在看戏时不慎打了一个喷嚏，而前排就座的正是上司官员，也就是这么一件小事，竟使这个奴性十足的小吏惶惶不可终日，反映了沙皇时代官僚等级制度的严酷和罪恶。

小事不小，关键是由小见大。事出有因，写小事，见思想，见意义，见主旨。没有感受，没有思想，没有意义，没有主旨，那么，小事就真的成了琐碎、琐屑，也就失去了表现的价值。

小事不小，由小见大，这正是写作的一条规律。

（五）写不尽的"校园情结"

校园生活是中学生写作的常见题材。同窗友谊，师生情分，琅琅书声，青春情怀，留下多少纯真动人的篇章。

校园题材能常写常新，原因有二：

1. 有鲜明的年龄特征。青少年正处于身心发育时期，知识日积月累，生活丰富多彩，思想趋向成熟，生理和心理的发展和变化都呈现明显的阶段性。因此，同是校园生活，出自不同年龄的学生之手，其取材、立意、表现技巧都各不相同。

请看下面两篇文章的片段：

十一岁的女孩，可以尽情在阳光下奔跑，可以忘形地在草地上打滚，可以和一帮与你一般年纪的女孩子叽叽喳喳笑闹打逗，而不管别人叫你什么"疯丫头"。

十八岁没有星期天没有节假日，同缤纷的世界失去了一切联系。十八岁靠着屈光五百度的玻璃片，朝夕游弋在数理化文史地的书林里。十八岁生活在双目紧闭、嘴中念念有词的氛围里。老师说，教室——宿舍——厕所是最可贵的轨迹，尤其是十八岁这个年纪。

这两个片段写的都是少女生活。"尽情奔跑""草地打滚""笑闹打逗"，一副天真烂漫的稚态。这是十一岁女孩独有的情怀。而"双目紧闭""念念有词"，把"教室——宿舍——厕所"视为"最可贵的轨迹"，则表现一个临考学生枯燥无味的生活和万般无奈的心态。"屈光五百度""游弋书林""轨迹"之说，反映一定的知识层次，这又是十八岁少女才能具有的。年龄的反差，使同是描写校园生活的两段文字各具特点，同样引人入胜。年轻，是一种流动的美，信然。

2. 有突出的时代特点。时代在发展，社会在进步，校园生活自然与社会大环境息息相通，时时闪现出绚丽多彩的现代色彩。

再请看下面一篇文章的片段：

"丁零零"，上课的铃声响了，……政治老师出现了。顿时，所有的目光都集中到了他的头上。哇，往日的"雀巢"不见了，取而代之的是时下男青年正流行的发式……"哈，老师终于赶上潮流了！""哎，不知道有没有喷过'摩丝'噢？"

此时我真想说一声，老师，我们喜欢你的发型。也想再问一声，老师，你什么时候能穿一套最时髦、最适合你的衣服走进教室呢？虽然，衣着漂亮的人不一定有内涵，但每一个有内涵的人也并不都是不修边幅的啊！真的，希望有一天站在我们面前的是一个内外都很充实而现代派的老师。

摄取校园生活中"政治老师""发式"的一个镜头，生动地写出新时期亲切自然的师生关系。从学生的视角，对教师的仪表提出"现代派"的要求，反映时代的进步。文章中"雀巢""摩丝"的用词，也具有现代生活的印记。这样，同是写师生关系，写对教师仪表着装的希冀，从观点到材料就给读者以新鲜感、亲切感、时代感。

把握"年龄特征"和"时代特点"，写好校园题材，关键还在于作者真切的感受。应该说，"年龄特征"和"时代特点"不是生活的附加成分，不需要刻意追求，而是蕴含在生活中的。只要从生活感受出发，是真实生活的记录，写出真情，文章就有青春气息，就能连通时代的脉搏。

校园生活说到底，写的是同学情、师生情。少年心事，归根结底是一个"情"字。毋庸讳言，中学生处于成长时期，他们的思想感情有时难免脆弱甚至迷茫，这都不足为奇，这正需要被引导。例如，近年来反映"性别意识"的中学生作文明显增多(《女中来了男教师》《女孩寄来一封信》《假如我是一个男生》《我班的男子汉》等)，这正是"年龄特征"和"时代特点"在校园题材中的一个反映。对此，应视为正常，要因势利导，不断开阔中学生的眼界，提高知识层次，丰富生活内容，正确引导少男少女的感情激流。

小练笔

以下作文题，不妨一试：

＊ 十四岁，我在想……

＊ 我最喜欢的季节

＊ 书包减肥梦

＊ 课文人物断想

❋ 我长高了，因为我脚下垫着书

❋ 一个十七岁的中学生慨叹："没有人告诉我十七岁的彷徨，十七岁的不解，十七岁的渴望，十七岁的天真幼稚梦想。"今年我也十七岁，我要写一篇《我说十七岁》。

（六）中学生笔下的"家庭生活"

现代家庭大多是三口之家。爸爸、妈妈、女儿（或儿子）三点连线，就勾画出一个特定的三角区。在这个温馨的小区内，爸爸"现身说教"，妈妈"百般疼爱"，少年"自说自话"，厨房、卧室、客厅、电视、书籍、琴棋，演绎出一个又一个平凡而动人的小故事。

据调查，中学生的"烦恼排行榜"中"与父母冲突"一项继"学习""社交""早恋"后，列"烦恼"第四位。这是一个不容忽视的问题。两代人的"冲突"，在中学生作文中多有表现：

"你没有权利看我的日记。"

"我是你爸爸，难道父亲连看女儿日记的权利也没有吗？"

"对，就是没权利，日记是写给我自己看的。"

"你还嘴硬！""啪——"他一扬手，我的脸上起了"五指山"……为此我不知流过多少眼泪。

这是家庭生活中的一幕。两代人的"矛盾"多种多样，饮食起居，生活习惯，待人接物，学业负担，兴趣爱好，等等，父母与子女在认识上都会有"落差"，都会有"争论"。有思想内涵，能反映一定的观念差异的"冲突"是有表现价值的题材。如"偷看日记"的权利之争，这里不是一般的管教方法优劣的比较，而实质上是对"家长制教育"的冲击，是人权意识的一种觉醒。文章在众多的家庭矛盾中表现这样的"冲突"，就具有典型意义和现实意义。描写家庭生活，选择"冲突"，至为重要。

中学生描写两代人的冲突，要紧的是写出自己的理解。"可怜天下父母心"，几乎可以说，"爱"是青少年笔下"爸爸妈妈"所有言行的概括。请读下面一段文字。一位少女羞于"妈妈"没有文化，在废品回收站工作，抬不起头。就在女儿生日这一天，"妈妈"送来一张贺卡和一封信。文章写道：

望着这些歪歪扭扭极不工整的字，我仿佛看到妈妈吃力而认真地一笔一画地写着……我再也忍不住了，捧着信，我哭了，在心底里喊："不，妈妈，是我错了！你能原谅我吗？"

理解是心灵的沟通。中学生对父母爱心的理解，往往有一个过程。这篇文章中，"女儿"的世俗观念和麻木心态就是在母爱的行动中受感化而有所醒悟的。写出理解的过程，特别是写出两代人的心理感应，体现理解的深刻性，是这段文字的感人之处，也是写作同类文章取得成功的关键。

突出细节，能增加文章的真实感和生动性。一般文章如此，写家庭生活尤其显示出细节的魅力。家庭生活大多平凡和琐碎。选取有特点的、富有表现力的细节，"爸爸妈妈"的形象就有立体感，就会栩栩如生。

"日记"事件中，"爸爸"的一记耳光（"一扬手"），凸显了一位"爱女心切"却又缺乏"法制意识"的父亲的形象。"生日"事件中，"妈妈"的"一张贺卡"和"一封信"，"歪歪扭扭极不工整的字"，显示"妈妈"痛楚、谅解、疼爱女儿的眷眷之心，读来令人心酸。没有"一扬手"的粗暴动作，没有浸满爱意的"一张贺卡"和"一封信"，两代人的"冲突"和"理解"，就不可能表现得那样突出和深刻。

揭示"冲突"的思想内涵（而不是就事论事描述现象），写出"理解"的心理过程（而不是一笔带过只写结论），突出细节的真实性（而不是口号式地空发一通感想），倘能如此，以家庭生活为题材的文章就有可能再上一个台阶。

小练笔

有兴趣的话，从以下题目中选一题作文。

✳ 爸爸（或妈妈）的一句口头禅
✳ 从一幅漫画想到了我

要求：写一篇夹叙夹议的文章。

提示：看了《妈妈，水开啦！》这幅画，你有什么感想？你会做家务吗？你愿意做家务吗？希望写出你的真切感受来。

《妈妈，水开啦！》穆迅

* 我喜欢吃的一道家常菜
* 这一天，我当家

小链接

写给母亲的一句话（10例）

《人民日报》曾经举办过征集"献给母亲的一句话"活动。评委会从 1.5 万件来稿中评出 30 件公开发表。现选录其中 10 条，如下：

1. 母亲是月台，儿子是那挂长长的列车。

2. 母亲，我是一根向往高空的藤，离开了你的支撑，只能在地上匍匐。

3. 推动摇篮的手就是推动世界的手。

4. 母亲小心翼翼地把母爱沏入儿女们的茶壶里，使原本平淡如水的人生变成了酽酽的香茗。

5. 慈母手中那根为游子缝补过衣衫的线，是世界上最长的线。

6. 您怀抱我时总怕我啼哭，我搀扶您时常盼您微笑。

7. 已沐春晖久，长望夕阳红。

8. 家有贫母，子女之辱；国无贫妇，民族之幸。

9. 母爱，崇高一如大山，深沉一如大海，纯洁一如白雪，无私一如田地。

10. 多大要有个家，多志要有个妈。

（七）展现丰富的"内心世界"

心理活动是人物活动的重要组成部分。在表达人物思想感情的时候，展现丰富的内心世界，或直抒胸臆，畅叙心志；或借景抒情，寓情于景；或依托梦幻，表白心迹，激情盈怀，一吐为快，文章自有坦诚、真切的魅力。

这是一篇中学生的"生日独白"：

儿童节来了。每年儿童节第二天，便是我的生日。在整齐的队鼓声中，我迎来又一个长大的年纪。

长大了一岁，我便去一分幼稚，增一分成熟，但纯真还在；长大了一岁，便该少一点空想，多一点真实，但幻想还在；长大了一岁，便该丢一些浮躁，添一些深沉，但开朗还在。

在生日这一天，朋友最真诚的问候，家人最亲切的祝福都为我献出。在这一天，我总是带着开心的笑容对自己说："世界真好，长大真好。"

通篇是心理活动的展示。文章以排比句式，有层次地抒写特定时刻的心理感受，幼稚和成熟，幻想和真实，浮躁和深沉，心理内容可谓丰富，作者将这些纷杂的感受归为三类：成长的喜悦，青春的敏感，人生的领悟，表述就有分寸感，且有层次性，表明作者思维的清晰和深刻，而这正是心理描写成功的关键。

再看一例：

雨像一位豆蔻年华的少女。毛毛细雨，是她的哀愁；狂风暴雨，是她的愤怒；雨后彩虹，是她的欢喜。在寒冬里，她犹如纯白的雪，这是她的纯洁。

明是写雨，实是写人。作者借雨形变化写出少女躁动的情怀。愁情，冲动，欣喜，纯真，概括少女起伏的情绪和热烈的追求。此处有比喻，有拟人。比喻和拟人是借景抒情常用的修辞手法。以景写情，重要的是准确地把握住情、景的相似点，唯其相似，联想合理，移情趋于自然，抒情才能逼真。

心理活动表现于文章中，通篇直抒胸臆是一种，而更多的安排是适时地穿插于记人叙事之中。

请看下面三个片段：

我在心里说：爸爸妈妈呀，难道你们就这样看待自己的孩子？难道我真有那么坏吗？我知道，再做任何辩解都是徒劳的，我也不愿再多说，因而只能把满腔的委屈、苦恼都发泄在被子、枕头上……

有时我还会梦见自己成为一米八〇的大个子，……一些个子比较矮的同学嚷着要我告诉他们怎么长得这么高，有什么灵丹妙药。这时，我好不得意，像喝醉酒一样晕乎乎的。但醒来仍是一米六〇的个头。

中午吃饭时，妈妈惋惜地说："哎，那个会弹吉他的男孩死了，白血病，才十七岁……"我只觉得眼前一黑，什么也看不见了。只是在头脑中反反复复浮现出邻居少年一张苍白的面孔，一双亮亮的黑眸。

人物的言行固然也能反映心理活动，但是，毕竟有它的间接性。有时候，为了把所思所想表现得全面、集中、强烈、深刻，在人物言行之间穿插直接的心理描写，更具有撼动人心的力量。例如，女儿深受委屈，急于呼告，却又不能面陈父母，于是有"我在心里说"一段。渴望长高，结想成梦，梦醒之后，又不能不面对"矮个"的现实，失望之情溢于言表。"眼前一黑"，身影浮现，失落之态难以掩饰。三个片段或"心想"，或"梦见"，或"幻影"，这些心理活动适时地穿插展现，有力地表现了作者此时此景特定的感情。

人的心理活动，说到底是社会生活的反映。作为记人叙事一类文章的有机组成部分，心理活动是富有表现力的素材。有层次地、准确地、适时地展现人物的心理活动，是增强文章表达效果的重要手段。

小练笔

选作一题，试一试，如何？

＊ 女孩子的世界，三分浪漫，七分幻想，有不少的诗意；男孩子的天地，三分冒险，七分顽皮，会生出许多的新鲜事儿。那么，就让女孩子说说女孩子，男孩子写写男孩子吧。

＊ 雨啊，让我怎么说你

＊ 曾在我心头的一闪念

＊ 我想说，又不想说

（八）触目惊心的一幕

《鸭的悲剧》一文记录的是以活物引逗野生动物的惊心一幕。事情发生在公园内，园方以此揽客，游人以此助兴，此情此景，被视为平常。此时，作者也在游人之列，他从这一围堵现象中分明看到一种对生命的冷漠，这是需要引起人们警觉的，于是写成《鸭的悲剧》一文：

鸭 的 悲 剧

华中师范大学第一附属中学　贺　草

东湖梨园内开了个鳄鱼馆，在湖边的台榭间围了一圈圈铁丝网。鳄鱼池里有几块沙洲，水里岸上，总共有一百多条鳄鱼。这些家伙个头儿都不太大，差不多一米长，嘴巴细细的，与我想象的"血盆大口"颇有些差距。鳄鱼似乎都在睡觉，眼睛半睁半闭，有的趴在沙滩上，有的漂在水里，更有的竟如溺死一般斜插在水中。

游人中有的耐不住了，十几元的门票看几条"蜡像"终是划不来的。当下几人便往东边的亭中走去，那里有卖活鸭子的，给游客逗鳄鱼用。听到"嘎嘎"的叫声，游人们有些兴奋，甚至飘飘然起来。

只见回来的游人手中都捏着个小鸭娃，是那种才几个月大、尚未长翎羽的小鸭娃。淡黄的绒毛，如初生婴儿的短发，稀稀疏疏的，两条小腿比牙签儿粗不了多少，从买鸭者紧握着的指缝间支出来，直愣愣地僵在那儿。小鸭没染过色，不是用来给小朋友玩耍的，因为它的"工作"并不需要好看的毛色。

人群中一阵轰动，满园的游人都拥了过去，等待着那鳄鱼吃小鸭的"精彩"表演。

买鸭的人走到栏杆边了，眼里含着笑，他确乎感到自己是舞台聚光灯下的明星了。被"巨掌"捏着的小鸭娃吱吱地叫着，漆黑的眼珠中流露的分明是茫然。

"丢吧！"围观的人们叫道。

买鸭者登上护栏，几分踌躇，几分得意。他的手伸过了栏杆。

"丢吧！"围观的人们叫道。

一道漂亮的弧线，一团黄色的小绒球摔到了沙洲上。陡地，一条正在"酣睡"的鳄鱼睁开了眼睛，转身扑了过去。太快了！小鸭娃似乎尚未动起逃走的念头，就已被鳄鱼一口咬住……在人们的惊呼声中，分明夹杂着小生命最后的挣扎声。

小鸭娃的整个身子消失在鳄鱼的口中了，只剩一颗小脑袋从那大嘴的牙缝间伸出来。它的脖子也慢慢地软了下来，下垂，下垂，终于挂在了鳄鱼的嘴角，不动了。毕竟它太小。我突然发现，鳄鱼的嘴巴比我想象的大得多。饱餐者的喉咙滑动几下，一切又平静下来。

猛然间一阵叫嚷，又一只小鸭娃被抛了下去！黄色的小球落在绿波之上，没激起一点水花，如一堆羽毛，一摊泡沫。

敏感的鳄鱼发现了，岸上一条青黑色的家伙向水下爬去。它的举动无疑是种提醒，另一条鳄鱼也发现了猎物。它们同时潜入了水中。

围栏外的游人激动坏了，这回是"两虎夺食"，而且是在水下！

小鸭娃漂在水面上，也不游动，只是随着微波起伏。

人们静默着等待。

猛然间一个浪打过来，水下张开一张大嘴，对准小鸭咬去。那小鸭随着波浪的冲撞，整个身体被抛了起来。它稚嫩的翅膀抖动着，它瘦弱的双脚乱挥乱划，它本无力在湍急的浪头上挣扎，然而恐惧迫使它竭尽最后一点微薄的力量。小鸭娃是茫然的，它不知这种恐惧来自何处，也不知为什么要来。

鳄鱼的嘴巴在小绒球的身下合拢，没有咬中。

人群中发出一阵欢叫，如古罗马斗兽场上的观众。

然而第二条鳄鱼出现了，似乎是从水底冒出的一团黑影，黄色的小生命即刻消失在黑影中，如一丝微弱的星光被乌云吞噬。一瞬间，两条"大嘴兽"又沉入了水下——那幽绿幽绿的水下。

两只小鸭娃消失了，游客们的议论声响了起来，中间还站着个我……

文章揭示的是一幕弱肉强食的"悲剧"。为了突出它的悲剧性，作者以强烈对比的手法，展现鳄鱼的强悍和鸭娃的孱弱。从数量说，鳄鱼有"一百多条"，而鸭娃只有两只。从形体说，鳄鱼有"一米长，嘴巴细细的"，而鸭娃"才几个月大""两条小腿比牙签儿粗不了多少"。两者大小强弱悬殊如此！

尤其令人目不忍视的是，文章详细地描述了鳄鱼吞食鸭娃的全过程。在生死搏斗中，动物的一躲一扑，一叫一咬，一退一进，尽显鳄鱼的凶残和鸭娃的无辜。

且看，第一只鸭娃是怎样被吞食的：

小鸭娃的整个身子消失在鳄鱼的口中了，只剩一颗小脑袋从那大嘴的牙缝间伸出来。它的脖子也慢慢地软了下来，下垂，下垂，终于挂在了鳄鱼的嘴角，不动了。

"整个身子消失"，这是吞噬。"小脑袋"从"牙缝间伸出来"，这是咀嚼。终于小鸭"挂在了鳄鱼的嘴角，不动了"，一条鲜活的生命葬身于鳄鱼之口。

再看，第二只鸭娃被吞食的情景：

一条鳄鱼在"水下张开一张大嘴，对准小鸭咬去"，没有咬住。第二条鳄鱼扑上去，"似乎是从水底冒出的一团黑影，黄色的小生命即刻消失在黑影中"。"两虎夺食"，顷刻之间，小鸭连挣扎的身影都未出现，就被鳄鱼吞噬。

文章不遗余墨地一次又一次展现两个弱小生命被残害的过程，令人扼腕，也令人愤慨。"悲剧将人生的有价值的东西毁灭给人看"（鲁迅语），鸭娃无辜丧生，这是"鸭的悲剧"的第一层含义。

"鸭的悲剧"意义不止于此。因为这场悲剧是人为的，其中不仅卖鸭者和买鸭者是这场悲剧的制造者，他们自然不能辞其咎，就连那些前呼后拥的"看客"，围观呐喊，也应该被指认是"鸭的悲剧"的推波助澜者。游人们对生命的漠视，足见他们精神的麻木和空虚。由鸭的生命悲剧折射出人的精神悲剧，这才是文章的寓意所在，才是文章的真正主旨。

作者对这些精神麻木的游客是持批判态度的，这从文字叙述中对他们的揶揄和嘲讽可以看出来。在作者笔下，游人"兴奋""飘飘然""如古罗马斗兽场上的观众"，写他们满足于感官，迷恋于眼前，落后于时代，是可笑，也是可悲的。把他们不良的行为定格在"鸭的悲剧"场景中，足以自警警人。

诚然，"游人"中也不乏头脑清醒者，作者即是。敬畏生命、珍爱生命是一种高尚的思想境界。动物也是生命体，它们是人类的朋友，动物的生命理应受到尊重和保护。在大自然中，在现实生活中，也有动物相食的事例，人类也有吃肉、吃鱼、吃虾的经历，这是自然界生存繁衍的食物链，它与尊重生命、珍爱生命是两个范畴的话题。研究表明，虐杀动物会增加人类犯罪的概率。英国教育家约翰·洛克说："虐待动物与杀戮动物的习气使儿童对于人类的心肠逐渐变硬。凡是以虐待和摧残弱小动物为乐的人，他们对于同类不会十分同情和仁爱。"

《鸭的悲剧》一文不仅以思想价值取胜，还以灵动的文笔再现"悲剧"的场景，使读者如临其境，深受震撼。

鳄鱼无食时佯装"睡觉"的模样，"竟如溺死一般斜插在水中"。而一当活物在前，立即"睁开了眼睛，转身扑了过去""一口咬住"，如凶神恶煞一般，使观者惊恐不已。

又如，展现小鸭被抛了出去，"黄色的小球落在绿波之上，没激起一点水花，如一堆羽毛，一摊泡沫"。如"小球"，无"一点水花"，仅剩"一堆羽毛""一摊泡沫"，小鸭连形体都不见，可见其弱小。"一点""一堆""一摊"用语形象，明快，简洁。

全篇文章几乎没有议论的语言，而作者的感情倾向却十分鲜明，善恶褒贬全流露于字里行间，寓议于叙，是本文写作的特点。鳄鱼"滑动"见其凶恶，鸭娃"挣扎"见其无辜，游人"得意"见其麻木。"游客们的议论声响了起来，中间还站着个我……"一个"响了起来"，一个"中间还站着个我……"正义的呼声隐于其间，真是此时无声胜有声，万千语言尽在其中，为读者留下想象的空间；意在不言，寥寥几笔，平添了文章的力度和深度。

（九）不为情所困

文以情动人。感情作为文章的重要内容一直为人们所重视。那么，能不能说凡是有感情的文章都是值得称道的呢？且读一篇文章：

逮 老 鼠

湖北江陵县郢都中学　李煜晖

老鼠，真可谓十恶不赦，天下有哪一家没尝过它的苦头？我家住的是平房，那就更不用说了。袜子经常不翼而飞，书本被啃得残缺不全，买回的鱼肉糕点几乎都被它们光顾过。提起老鼠，家里人都咬牙切齿。

今年寒假，我弄到了两只老鼠夹，准备好好地惩治它们。

那天晚上，我在厨房里放好老鼠夹，便回到房里看电视。刚看了一会儿，就听到厨房里传来一阵"吱——吱——"的叫声，我忙拉开电灯，只见一只小老鼠被夹住了，同时，一只大老鼠一闪，窜进了煤堆。嗬，这只老鼠可真不小。我想：要是能夹到它就好了！于是，我躲在暗处观察动静。

被夹住的小老鼠只有半个拳头大，两颗黑豆似的眼睛充满绝望，"胡须"也颤抖着，嘴已经张到了最大限度，露出几颗小小的牙齿，并不住地叫着。它被夹住的身体已经悬空了，前腿向前扑着，后腿来回地直蹬，那尖尖的爪子不时碰到鼠夹的铁板上，发出"嚓嚓"的响声，尾巴把铁板上的米扫出老远。

这时，刚才那只跑进煤堆里的大老鼠又钻了出来。它拖着一条又粗又长的尾巴，竖直了耳朵，左右张望，嘴里发出一阵阵叫声，像是在安慰小老鼠。它的眼里露出焦灼的神情，不用说，这小老鼠一定是它的孩子。

它很快靠近了小老鼠。小老鼠看见它，也减弱了号叫声。只见大老鼠用尖利的牙齿咬住夹子上的铁丝，左右摇动，仿佛要将这个怪物咬碎，立刻救出自己的孩子。它咬了半天，怎么也咬不动，于是又去咬拴在桌腿上的布带。我想，糟了，布带一断，它会把小老鼠连同鼠夹一起弄走。

忽然，"啪"的一声，接着从桌子下面传来一声惨叫，大老鼠被桌子下面的另一只夹子夹住了。它挣扎着，带着铁夹在桌下拼命翻滚。"吱——吱——"，这声音仿佛在向苍天诉说，诉说它孩子和它的命运；又仿佛在诅咒，诅咒那锁住它们的铁夹。

打死它们吗？看到这情景，我踌躇了。

恰在这时，弟弟看完电影回来了。他看见两只被逮住的老鼠，欣喜地摇着我的肩膀："哥，你逮的？""嗯。"我点了点头，可并没有他那样高兴，而且，心里有股说不出的滋味。

弟弟拎着两只老鼠夹走出了厨房，接着便听到了两声惨叫……

这篇文章的感情是强烈的，也是有起伏的。"咬牙切齿"是写对老鼠"恶行"的恨。捉住老鼠后的"踌躇"是写面对老鼠的挣扎和"惨叫"产生的犹豫。怜悯，同情，夹杂着痛恨，作者心里涌现一股"说不出的滋味"。

对于这篇文章，有的同学很赞赏，认为作者的感情真诚，心地善良。捕杀老鼠过程写得清楚，细节也动人，因此，热情肯定这篇文章的成功。

但是，也有的同学对作者所表现的"感情"，不以为然。他们认为，作者的感情虽然是真实的，却是错误的。老鼠为害甚烈，"十恶不赦"，心慈手软，只会养痈遗患，实不足取。

这里，需要讨论的是，究竟应当怎样看待这篇文章所表现的"感情"？

文章不是无情物。没有真情实感的文章绝不是好文章。这篇文章的作者感情细腻，观察老鼠的挣扎之状，特别是大小老鼠的"亲子之情"（实际上是动物的一种生理本能），由此而产生的"恻隐之心"，矛盾心情是自然的，无须苛求。

需要讨论的是，写文章要有感情，还要有理智。因为感情不是空冷的，是有内涵的，说到底，它是社会实践的产物。社会实践有是有非，反映在情感上自然也就有是和非的区别。老鼠是有害于社会的动物，"天下有哪一家没尝过它的苦头"，"老鼠过街，人人喊打"。老鼠的社会恶行决定了人们对它的憎恨态度。"不承认'恶'这本身就是'恶'，它使我们成为站在破坏一边的帮凶。"（美国罗洛·梅语）这是一个严峻的现实，对"恶行"的态度正是对一个人品行的鉴别标准之一。明乎此，如果我们不以理智来控制感情，而是任凭感情的潮水奔涌，最终是会冲决道德的堤坝的。而《逮老鼠》的作者没有放纵感情，虽然行动"踌躇"，"心里有股说不出的滋味"，但是他没有阻止"弟弟"果决的行动，老鼠最终受到了严厉的处置，这正是作者的理智战胜感情的表示。

如果换一种设想，文章作者最后是由"踌躇"而决定放走两只老鼠，让老鼠再继续去危害人类，那就完全是另一种情形。那是感情淹没了理智，这是十分危险的。"感情会毁坏聪明才智。"（法国巴尔扎克语）由此，我们联想到写作的真情实感问题。当前，中学生写作强调真情实感已成为共识，这对于纠正一度盛行的虚假矫情的文风起到针砭的作用。《逮老鼠》一文在同学中引起争议就把问题提到一个新的层次，写作不仅要有情，还要有义，情是外表，义是内核。有感而发，情意并至，既不为感情所累，又充溢青春朝气，中学生写作必将出现一个崭新的局面。

小链接

关于《逮老鼠》一文的讨论
缘　由

1985年，湖北省江陵县郢都中学杨先武老师向《语文学习》杂志推荐学生作文《逮老鼠》。在信中，杨老师说："对于这篇习作有两种不同看法。有的认为它构思巧妙，立意新颖，以细腻的笔触，生动的描写告诉读者：母爱，绝非人类所独有。作者在仔细的观察中获得与众不同的感受，并倾诸笔端。文章意旨含蓄，留有余味，不失为一篇佳作。也有的认为，本文格调太低，作者对十恶不赦的老鼠表露出不应有的恻隐之心。在表达上虽有可取之处，但思想性较差。为深入讨论这篇习作的得失，特将原作寄给贵刊，以祈赐教。"

讨　论

2000 年《语文学习》刊发了这篇作文并组织讨论。参加讨论的有教师、教授、编辑等多人。在讨论中各抒己见。

在生命面前，人和动物是平等的

新疆实验中学任金璧说："文中'我'对老鼠的观察，是对生命的关注。生命是美丽的，在生命面前，人和动物是平等的。"

作家王周生说："可以说，李煜辉的文章表现了'鼠道'主义，但是，对于大自然每一类个体的珍惜和热爱正是人类博爱的精髓，也是文学要表现的主题。这，就是《逮老鼠》一文的价值所在。"

浙江师范大学王尚文教授说："作者着力描写大老鼠对小老鼠的亲情，以及对这种亲情感同身受的体验真切自然地洋溢于他的笔端，使人不禁为之动容。我看不出小作者有任何'鼠道'主义的倾向，触动他心灵并非成为人类之害的老鼠本身，而是动物与人类相通的母爱。对这种母爱的发现、感应是人之为人大仁大善的自然流露。"

北京大学钱理群教授说："不论是鼠道还是人道，不论是对生命本身的感叹还是有感于鼠类的亲情，我想读者会无一例外地为小作者的丰富的心灵感动。对生命的珍视尤其对弱小生命的珍视，是难能可贵的，维护弱者才更能体现强者的风范。"

写作不仅要有情，还要有义

作家秦文君说："从情感浅层来看，两只老鼠挺令人同情，但我们不能用人类的伦理标准去衡量动物的本能性，更何况，老鼠是有害之物，属该打之列，岂有不杀之理？若将习作的立意落在'我'的理智最终战胜情感、不得已而杀之，那么，习作会更富有情感的力度和人性的深邃，也更感人。"

编审范守纲说："写文章要有感情，还要有理智。因为感情不是空冷的，是有内涵的，说到底，它是社会实践的产物。社会实践有是有

非，反映在情感上自然也有是和非的区别。老鼠是有害于社会的动物，它的社会恶行决定了人们对它的憎恨态度。《逮老鼠》的作者没有放纵情感，虽然行动'踌躇'，但他没有阻止'弟弟'果决的行动，老鼠最终受到了严厉的处置，这正是作者的理智战胜感情的表示。"

应该鼓励学生写这样的文章

上海复旦附中黄玉峰老师说："这是一篇非'主题先行'的作文，是心灵的自然流露。我们应该鼓励学生写这样的文章，不要管老师会怎么说。即使认识上不够全面，有些偏颇，也不必害怕——因为这说的是真话。"

四川成都石室中学李镇西老师说："如果在阅卷场上，这篇作文会有怎样的'遭遇'？按照传统的作文标准，这篇文章当然只能打低分——首先作者思想感情就不健康……但是假如由我来判分，我将予以这篇作文积极的评价，且不说文章语言朴实流畅，描写细腻生动，也不说作文所表达出来的珍视一切生命（特别是弱小生命）的可贵品质，但就同情老鼠这一点，我就看到了作者的个性，作者的真情实感，作者那自由飞翔的心灵。"

还有一种声音

有这样一个著名的故事，海龟每年都会在沙滩上产卵。小海龟出生后便回归大海。然而，小海龟下海的声音常常会吸引一种海鸟来捕捉它们。有人试着帮助小海龟们下水，却适得其反，弄出了更大的声响，引来了更多的海鸟。

人是情感动物，理性是人自视优于其他生物的根本。社会需要一定的法则。但是我想，总有一些东西是可以超越这些准则的。如果再要追问的话，却是"此间有真意，欲辨已忘言"。

（选自马苣骊《作文〈逮老鼠〉引起的话题》，载《语文学习》2000年第一期）

（十）一堂生物课引发的感想

《感悟生命》写的是由一堂生物解剖课引发的感想。学生解剖的是一条条活蹦乱跳的鱼。解剖中，只见鱼"扑腾扑腾"地跳着，及至"内脏全被掏出"，"眼睛还睁得大大的，流露出一种异样的神采"。鱼的垂死挣扎，使作者深受震撼，由此而"感悟"到生命的顽强，并进而体悟："生命的精髓在于躯体中的灵魂，而不在没有灵魂的躯体；躯体消逝，灵魂仍在，这就是生命。"

这篇文章的"感悟"，合不合逻辑？合不合情理？从思维过程来说，我以为是有得有失的。那么，究竟"得"在哪里？"失"又在何处？

感 悟 生 命

江苏海门东洲中学　张　旺

教室里一阵喧哗。同学们在课桌上铺上厚厚的报纸，接着提起塑料袋，"叭、叭、叭"，一条条鱼连着滴滴水珠一股脑儿被摔在报纸上。

鱼似乎已觉察到厄运将临，拼命地扭动身子，腮帮一鼓一鼓的，像在抗议什么，它"扑腾扑腾"地跳着，渐渐扭向课桌的边缘，仿佛看见前景灿烂，它扭动得更快了……

"啪！"它终于挣扎出了报纸，却未料到掉入了"深渊"。我一惊：八成摔死了，即使不死，也会奄奄一息。

有同学气狠狠地拎起它，又狠狠地往桌上一掼——唉！这倔强的家伙！它还是不停地扭动身子，甩着尾巴，眼睛睁得大大的，像在憋着全身的劲。

同学用报纸将它里三层外三层地包了起来，还在一边摆上了一把锃亮的菜刀，像是在警告鱼：安分点！

终于看不见它的躯体了。我突然想起了窒息，它会窒息吗？包裹得这样严严实实，它还能挣扎吗？

继续上课，听着老师的话，很快就忘记了那个不安分的小生命。

不知过了多久，"呀！"同学叫了一声，我一看，顿时目瞪口呆：同学煞费苦心折叠好的报纸，已被那小精灵顶开，它的尾巴已甩了出来！

143

正惊叹间,老师已要求大家动手杀鱼。掀开报纸,天!它还在一上一下地跳,腮帮鼓得更急促了,像在大口喘气。此时,同学已把锃亮的菜刀架在了它的脖子上。仿佛是出于一种求生的本能,蓦地,它急剧地挣扎起来,甩得尾巴"叭叭"直响,同学近乎无可奈何于它了。

它挣扎得太久了,着实累了,只能瞪大愤怒的眼睛,喘着粗气,任身上的鳞甲一片一片被刀刮去。

它不再挣扎,也无力挣扎。

等到内脏全被掏出,它只剩下一具躯壳了,眼睛还睁得大大的,流露出一种异样的神采,就在那一瞬间,我清楚地看见,它用尽最后的力量,扭动空空落落的躯壳,尾巴摆了一下。

多么鲜活的生命!多么顽强的斗志!

生命的精髓在于躯体中的灵魂,而不在没有灵魂的躯体;躯体消逝,灵魂仍在,这就是生命。

文章写鱼临死"挣扎"的情状,可谓有声有色。从"叭、叭、叭",鱼被"摔"到解剖桌上,"拼命地扭动身子",到跳到地上,再被狠狠地"掼"到桌上,顶破"里三层外三层"的报纸。鱼从"扭动"到"一上一下地跳",甚至"内脏全被掏出",它那"空空落落的躯壳"还在"扭动"。"多么鲜活的生命!多么顽强的斗志!"鱼在解剖桌上的挣扎和顽强给作者也给读者留下了难忘的印象。不错,鱼是有生命的,求生的本能使鱼"急剧地挣扎",就鱼论鱼,惊叹于生命力的顽强,有感而发,无论就情(同情生命,珍惜生命),还是就理(由感性而理性),都是值得称许的,这是本文的"得"。

需要讨论的是,文章作者的"感悟"不仅止于此,而是进一步由鱼论人,谈的是"躯体"和"灵魂"的关系。作者说:"生命的精髓在于躯体中的灵魂,而不在没有灵魂的躯体;躯体消逝,灵魂仍在,这就是生命。"这句话的意思当然是指人来说的,灵魂即人的精神。人的价值在于人有灵魂(精神),灵魂是生命的意义所在。问题是由"论鱼"到"论人",两种"生命的意义"缺少必要的勾连。

诚然,就鱼论鱼和就鱼论人是两个不同的质的思维飞跃。前者是就鱼的生物本能而言,赞颂生命力是从生物的意义上说的,赞颂的是鱼的生命。后者是就人生存的意义而言,赞颂生命是从社会意义上说的,赞颂的是人的生命。不同质的思维活动不能混为一谈。《感悟生命》的作者显然没有认识到这个区别。

鱼的"内脏全被掏出"，"只剩下一具躯壳了，眼睛还睁得大大的，流露出一种异样的神采"，这是生物意义上的"生命"，由此就得出"躯体消逝，灵魂仍在，这就是生命"，两者缺少过渡。与"灵魂"相结合的"生命"已经是社会意义上的"生命"。（就生命的生物意义上来说是无灵魂可言的）两种"生命"不可同日而语。

混淆两种不同生命意义的原则区别，按照作者的思路，我们不禁要问：鱼的生命力是值得称许的，那么，学生解剖鱼的行动又该如何评价呢？生物课成了残杀生命的屠场，解剖者成了扼杀生命的"屠夫"，这恐怕是连作者也不能同意的观点。对待同一生活现象，既是"感悟生命"，又是"扼杀生命"，这样的"感悟"能说是言而由衷吗？这自然不是作者的原意，思维不严密是这篇文章的"失"。

由鱼论鱼，到由鱼论人，也不是不可以，而要加上必要的过渡，点出两者质的差异，然后自然衔接。这样，由鱼的"生命"，联想到人的"生命"，就顺理成章了。

小练笔

看到关在笼子里等着被开膛破肚的猴子或猫狗，动物保护主义者总是义愤填膺；而另一方是科学家用论文与法律，阐述动物实验对于人类探索疑难病症的必要性与贡献——这是人们在思考动物实验这个问题时所面临的良心考验。

是这个理吗？请说说你对动物实验的看法。

（十一）偶有"轻狂"应自律

本篇介绍的是一篇特殊作文。它来自考场，发表于报端，推荐者说它是"我手写我心，我心传我情"的佳作。细读之后，我认为这样评价有误。文章存在较大缺陷，它着意渲染了青少年生活"轻狂"的一面，而且是以欣赏的态度表现这一切的，这就成了"问题"。如何评价和引导这类"问题作文"事关青少年健康成长大局，直接关系到作文教学的指导思想，因此有必要提出来加以讨论。

先看原文：

我们是初升的太阳

十五岁，活力四射的年龄。"风华正茂""生机勃勃""热情奔放"这些词都一直被用来形容我们。我们就像那初升的太阳，永远闪耀着活力的光芒，散发着青春的气息，只要有我们在，就会有一片生机。

初三了，毕业了，也同样意味着同窗四年的同学要分别了，大家都很舍不得，大家都想为初三留下点纪念。

在写同学录时，小K的"狗吠猫散图"以其搞笑的风格，简单明了的构图，传遍"大江南北"，好评不断。这就像我们的生活，多姿多彩，活泼开朗。

尽管写了同学录，但我们却觉得还少了些什么，大概是热血沸腾、活力四射的感觉吧。

于是我们决定举行一场"S校初三友谊比赛"。

尽管美其名曰是友谊赛，但大家都虎视眈眈地把目标锁定为冠军奖杯。大家都想为初三再添一笔灿烂。

比赛时，队员们抱着只要进球不要命的宗旨，拼了命地把足球往对方半场"踹"，年少轻狂，年轻气盛啊。在场边，大家也没有闲着，在那儿比试"吼功"。夫战，勇气也。我们女生扯着嗓子直喊"加油"，真希望自己练过"狮吼功"呀！

热闹的还在后面呢。无论裁判有多公正，只要一做出对我们不利的判罚，无论裁判与我们交情有多深，我们立马翻脸不认人，一律开"骂"。你可以感觉得到整个操场都弥漫着青春的味道。

其实，青春就是该有这样的冲劲和冲动才名副其实。

十五岁，活力四射的年龄，可以轻狂的岁月。十五岁的我们闪烁着智慧的光芒，青春的光芒，活力的光芒。在我们的身上可以找到活力与热情，活泼与开朗，只要青春有的，我们都有。

红日初升，其道大光，十五岁的我们就像初升的太阳，永远闪耀着活力的光芒，散发着青春的气息，前程一片光明，我们给世界带来了光明，带来了希望。

我们是谁？我们是初升的太阳。

文章重点记述了一批初三学生毕业前的一场足球比赛。从赛前"大家都虎视眈眈地把目标锁定为冠军奖杯"，到比赛时，队员们"只要进球不要命"，观战者则大比"狮吼功"。特别是这样一段描写："无论裁判有多公正，只要一做出对我们不利的判罚，无论裁判与我们交情有多深，我们立马翻脸不认人，一律开'骂'。你可以感觉得到整个操场都弥漫着青春的味道。其实，青春就是该有这样的冲劲和冲动才名副其实。"比赛现场的描写被推向高潮。

应该说，青少年在比赛现场会出现这样那样的激动表现，原不足怪。从这个意义上说，这场比赛的描写是真实的，也毋庸置疑。但是，问题是，凡是真实的，就都值得赞赏吗？显然不能这样说。因为真实毕竟是一个复杂的存在，其中有的是有价值的，有的是无价值的，还有呈负面价值的。作文要求真实，当然是指有价值的真实。以情为文。意，犹帅也。传意是文章的根本。传意不正，文章也就失去了价值。这是为文的基本道理。

这样说，学生为文一定要立"高、大、全"的主题吗？不是。生活是平凡的，意义也是自然的。我们不要求学生"虚构"生活，曲意"拔高"，那不符合学生的生活实际，是"虚假"，是伪造。但是，生活中有美有丑，有良有莠，有正有误，有思想、道德、情感价值观的底线，这也是客观事实，学生为文不能越过这一底线，否则那就是良莠莫辨，是非不分了。

这样说，学生在比赛现场"虎视眈眈地把目标锁定为冠军奖杯"，不惜偏护偏袒，甚至"翻脸不认人，一律开'骂'"等犯规行为就不可以写了吗？当然也不是，"把孩子看成孩子"（卢梭语），须知孩子的任何行动都有它的天然性，不能求全责备，"一律封杀"。但是也不能对孩子的表现熟视无睹，一切听其自然，甚至盲目吹捧，说这就是"青春的味道"，"青春就是该有这样的冲劲和冲动"，这才与青春"名副其实"。我们不禁要问，难道"无论裁判有多公正"，只要不利于我方，就"立马翻脸不认人，一律开'骂'"，这种行为是文明的吗？这样蛮不讲理，无限制地放任自我，是个人主义和自私心理的一种表现。在学生这些思想和行为初露端倪时，明辨是非，不仅必要，也需及时。本文的问题就在于，作者渲染青少年这种过火举止，还自恃有理，口口声声说，这是"风华正茂""生机勃勃""热情奔放"，甚至说这就是"智慧"，这就是"青春"，这就是"活力"，采取的完全是一种欣赏的态度，沉湎于认识的误区而不自知。更有甚者，这些明显存在于文章中的缺陷，阅卷者、报刊编者却大为赏识，竟堂而皇之推荐发表，并不惜点评称赞，说它是"我手写我心，我心传我情"的典型范例，还把文章"轻狂"的语言（作者自称"年少轻狂"）赞为本文的一个"亮点"，这是需要警觉的。

本文提出这一篇"优秀作文"示例，目的不是纠一篇之"偏"，而是针对当前作文教学的一种值得关注的现状。这几乎已成为一种倾向，学生作文中有一味搞笑的，有感情消沉的，也有故作朦胧的，这已形成一种不健康的文风。

类似的"问题作文"在我们的学生作文中已屡见不鲜，特别是网上"作文"更是奇文迭出。在学生中出现这类作文亦无须大惊小怪，循循善诱即是。值得警觉的是，在教学中，在报刊上，我们指导者切不可稀里糊涂，或漠然处之，或错误引路。学生依样画葫芦，不明就里，盲目跟"风"，以"问题作文"为时尚，那后果就十分严重了。

小练笔

以下是某报纸在选登这篇作文时写的评语：

初中作文一直提倡的就是"我手写我心，我心传我情"，用我的笔记录我的生活我的感受，这篇考场作文就是这样的一个典型示例。十五岁的我们年少轻狂，十五岁的我们青春飞扬，十五岁的我们就像初升的太阳，给世界带来光明与希望。这青春的宣言让正处于青春期的学子充满向往，而文中着力描绘的初三分别前的片段更是让这一情感的抒发有了坚实的基础。本文的另一亮点是语言的活泼生动，与全文的感情基调融为一体。不足之处是有些语句略显重复，还有待进一步凝练。

你认同评语的观点吗？

六、取法乎上，用心于笔

（一）把握叙事技巧

记人叙事是记叙文的基本内容。记叙文或重于写人或偏于记事，写人也是通过记事来表现的，所以，把握叙事的技巧，对于写好记叙文是至关重要的。再从学生作文实际来看，确立主旨似乎还不是最难，难就难在通过叙事表现主旨。怎样合情合理地叙事，借鉴优秀作文成功的表现方法，或可获得有益的启示。

下面介绍两篇例文。一是《厕所的门》：

厕 所 的 门

山东莱钢十中　金明春

这是发生在一家商场里的故事。

厕所的门坏了，是被人踢坏的。

也许是厕所的门有点儿脏，也许是有人有这样的习惯，不是用手开，而是用脚踢门，你一脚，我一脚，今天一脚，明天一脚。当然了，再结实的门也会被踢坏的。

商场每隔一段时间，就需要更换一次厕所门。

有人提出不能再这样下去了，必须采取一定的措施加以制止。

于是，有人在门的下面钉上钉子，钉尖朝外。这下确实很少有人用脚踢门了，但仍然有旧习惯不改的，几百元的皮鞋扎了一个洞，有的甚至受到了皮肉之苦。还有几次刮伤了行动不方便的老人和小孩。这引起了顾客对商场的不满，于是，有人开始故意或报复性地破坏厕所门。

改成铁制的！

149

门口设专人看护！

……

所有的方案都被否决了。

经理说：安上一道最坚固的门。

第二天，厕所换上一个新门。

这是一个很别致的新门。门的上部，画的是蓝天白云。下面画的是青青的草地和一些活泼可爱的小动物。

奇迹发生了！再也没有人用脚踢门了。不仅如此，人们推门的动作也变得轻轻的。面对如此美丽的风景，谁还忍心虐待这样可爱的门呢？

从此以后，这个门再也没有坏过。

仇视，会互相伤害。

爱，收获美好。

文章叙述一家商场"厕所门"的故事。故事有头有尾，开头交代事由（"门"被"踢坏"），中间写几经修复、防护，直至"奇迹"出现，"门再也没有坏过"，完整地写出了"厕所门"事件的全过程。写一件事，叙述完整是一个基本要求。

突出重点，这是对叙事的第二个要求，也是更重要的要求。记叙中突出厕所门上添加"白云"和"活泼可爱的小动物"图案，情况即有改观。这是故事的转折处，作者以四段文字展开，其中有关于新门的描写，有对于人物行动变化的抒情和议论。至此，人们不仅不再"踢门"，连"推门的动作也变得轻轻的"，如见其人，如临其境，凸显了"爱，收获美好"的主题。

叙事还要注意前后连贯。同是写"换门"，文章开头写"换门"是被动应对，最后写"换门"却是情感交流，两者不能平均用力，要善于抓住重点。重点何在？叙事的重点往往就在故事的转折处。文势如水势，顺流而下，遇有转弯，就会水流激越，浪花飞溅。作文叙事亦复如是，一当出现转折，就要给予特别关注，乃至不惜笔墨，写出精彩。《厕所的门》一文，写"门"屡换屡坏，严加防范也无济于事。而人性化处理后，换上的"新门"画有"蓝天"相对照，又前后关联，起到比照和强化的作用。中间还呈现波澜，"换门"无用，"护门"无用，几乎到了无计可施的地步，一个逆转，换上画有大自然和小动物图案的"新门"，奇迹终于出现，故事有了圆满的结局。层层铺垫，直至高潮，突出而不显

"突兀"，一波三折，终至水到渠成。

再看《对策》一文。

对　策

上海中学　陆费成晨

"此处不准停放自行车！"一块牌子端正地立在人行道上。

牌子左侧整整齐齐地排着一行行自行车，右边也展开一行，雁翅排开，好不威风！

（一周后）

"此处不准停放自行车，请大家养成良好的社会公德。"牌子依然挺立着，只是上面多了一行字。

这次，牌子左右又各多出一排自行车，一辆辆昂首挺胸，望着"社会公德"四个字哈哈笑。

（一周后）

"此处不准停放自行车，违者予以重罚。"牌子傲然直立在自行车群中。

一辆辆自行车手拉着手，用白眼珠看着"予以重罚"四字，不时地撇撇嘴，大有"团结一致，夺取胜利"之雄风。

（一周后）

"此处为自行车停放处，每辆停车收费一角。"牌子笔挺立着，不久旁边多了个收钱的老人。

牌子左右干干净净，一车皆无。马路对面人行道上，一片自行车肩靠肩地站着，一边嬉笑地望着牌子，一边为自己的游击战术而自豪。

（一周后）

牌子没了，老人没了，只有一辆辆精神高昂的自行车在微笑。

这是一则讽刺小品文。文章由五个街头特景连缀而成。围绕一块"告示牌"（"此处不准停放自行车"）的变化，展示染有陋习者的众生相。本文题为"对策"，含义是多重的。从表层看，"对策"是指那些违规停车人的行动变化。一开始对于"此处不准停放自行车！"这块告示牌，他们不予理睬。当"告示牌"两次变换语句，先加一句"请大家养成良好的社会公德"以要求，停车人不仅没有收敛，反而变本加厉；再换上一句"违者予以重罚"以警示，停车人心怀抗拒，依然故我。直到"告示牌"第三次变化，换成"此处为自行车停放处，每辆停车收费一角"，停车人似有所动，将自行车转移到"马路对面人行道上"，以应对收费。从深层看，"对策"是指管理者的被动表现，是讽刺管理者就事论事、不了了之、敷衍塞责、软弱无能的工作作风。文章没有出现违规者和管理者的形象，而是以物代人，"告示牌"的木然、冷然、颓然与"自行车"的跃然、欣然、傲然形成鲜明对照，由此，无能的管理者的形象和失德的停车人的形象均跃然于字里行间。如此借代手法，笔墨简省，留有极大的想象空间。再者，本文以时间分段，五个场景均以"（一周后）"的文字相隔，结构明晰。语言句式，同中有变。场景之间，既相联系，又相区别，层层深入，一气呵成，构思独特，引人入胜，由此及彼，发人深省。有人把这篇文章的主旨归结为制订规章制度应当合情合理合法，需要智慧，需要沟通。你同意吗？

这里要着重说一说叙事中的转折和结尾的处理。这个转折点和结尾处往往就是叙事表现主旨的集中点。《厕所的门》叙述使用者由"踢门"到"爱门"的转变，是"爱，收获美好"，正是结尾处。《对策》叙述停车人的任性和管理者的无能，也是写在结尾处。"一辆辆精神高昂的自行车在微笑"，"笑"什么，令人玩味。卒章显志，道理自在其中。

（二）"叙""议"结合，各显其长

叙述和议论是两种不同的表达方式。叙述用于叙事、记人、状物，带有感性的特点。而议论则通过条分缕析，用以揭示事物的内在联系和蕴含的意义。这些"联系"和"意义"虽然隐而不见，却是可以悟得的。议论带有理性的特点。人们认识事物不外乎由感性到理性，因此，在表现事物时，就会既有叙述，又有议论。叙述示以形象，议论生发思想。"叙""议"结合，各显其能，各扬其长，就有助于生动而深刻地展示生活的真谛和人物特有的精神风貌。

作文《感动生命的两个故事》以叙议结合见长，运用自如，表达恰当，相得益彰，对于初学写作者，颇具示范的意义。现以该文为例，尝试解读掌握叙述和议论方法的要领。且读文章：

感动生命的两个故事

我偶然从书上读到这样一则故事：

胡风先生从 20 世纪 50 年代中期至 70 年代末，曾经坐过相当长时间的监狱。在孤独寂寞的牢里，他每天都要利用放风的机会接触一下难得的自然景物。然而在那样的环境里，哪怕最平常的花花草草也是难得一见的。有一次放风时，他无意之中在地上的砖缝里面发现了一棵已经被太阳晒得蔫蔫的、有些发黄发干的小草。见到这样一棵虽孱弱却还有生命的小草，胡风先生喜出望外，激动不已，决心无论如何要保住小草临危的生命。然而要解决这个看似简单的问题在当时的恶劣条件下，其实并不容易。经过一番思索，胡风先生想出一个办法：每天在嘴里含上一口水，放风时喷洒在小草身上。天天如此，坚持了很长一段时间，这棵长在砖缝里的小草就这样被救活了，并且越长越高，越长越壮。

一棵小草，可以倔强地从砖缝之间发芽生长，可以借微不足道的一口水活得生机勃勃，这就是生命的力量啊！胡风先生身处逆境，在自己生命都处于极端危险的情况下，却对一棵卑微的小草关爱有加，想方设法保其生命，这种生命对生命的关怀怎不叫人闻之动容？

于是我想起另一个故事：

沈从文先生当年被批斗的时候，处境十分恶劣。在常人眼里，沦落到如此地步对于一个敏感的文学大师而言，该是一件令人痛心疾首的事了吧？然而，令人吃惊的是，当一位朋友前来拜访他的时候，他竟开心地对朋友说："池塘的荷花开了，很美！"

生命是短暂的，更是尊贵的。正因为短暂而尊贵，所以以什么样的心态生活是一种大智慧。宠辱不惊的优雅，笑对沉浮的豁达，都是对生命最好的呵护和尊重。那一株小草无疑是幸运的，因为有胡风先生这样的知己做伴；那满塘荷花也是幸运的，因为有沈从文先生这样的知音为友。

两位先生同样身处逆境，却有一样的对生命极度尊重的虔诚的情怀，有一样的大悲悯之心。在呵护花草的生命的同时，谁又能说他们不是在以诗意的方式诠释生命深刻而隽永的含义呢？

生命对生命的呵护，也许是尘世间最令人动容的一道风景。

文章叙述了两个不同寻常的"故事"，用的是简叙的方法。叙述可分两种：一为简叙；一为详叙。详叙兼及描写，有生动的情节展现，内容比较丰满，如常见的人物传记和通讯报道。而本文重在叙议结合，叙述为议论提供基础和依据，因此，选用的是简叙的方法。运用叙述方法需掌握两个要点：一是记叙完整；二是详略得当。虽说是简叙，叙述故事的时间、地点、人物、事件则应俱全。该故事写胡风先生身处逆境，呵护"小草"的生命，使"小草"由"孱弱"而成活，过程是完整的。故事的中心主题是"生命对生命的关怀"，所以胡风先生的处境和"小草"成活的过程都是详写。其他交代的内容则取略写，整个叙述过程是简明扼要的。

这里，着重说一说叙述语言的写法。叙述语言也有两种表述方式。一种可称为概括性叙述，顾名思义，这是指对一段时间、一段生活内容的概括，如文中"胡风先生从 20 世纪 50 年代中期至 70 年代末"一句，就概括了二十年的时间。"在孤独寂寞的牢里"一句，就概括了二十年间胡风先生居住的环境和孤寂的心情。概括的语言容量大而笔墨省，略写的时候常常要用到这种句式。叙述语言的另一种表现形式称为具体性叙述。具体性叙述的表述对象明确，如"有一次放风时"，胡风"见到这样一棵虽孱弱却还有生命的小草"，"每天在嘴里含上一口水，放风时喷洒在小草身上"。叙述中，时、地、人、事均确有所指，内容真切而具体。在写人的时候，间有"喜出望外，激动不已"的神态描绘；在写小草的时候，夹有病态"蔫蔫的"和生机"越长越壮"的形容，直述的语言不乏细腻，感情表达也可称激烈。

该文叙述的第二个故事是关于沈从文先生的，相比前一个故事，它的文字更短，而叙述完整和有详有略则要求不变。当然，它选用的也是简叙的方法。从叙述语言说，它同样运用了概述和直述两种语言形式。如写沈先生"处境十分恶劣"，这是概述句，写出沈先生当年较长时期的政治窘境。在写沈先生见朋友来访时，则运用直述句。文章写沈先生"竟开心地"说："池塘的荷花开了，很美！"情态何其欣欣然，完全忘却身处逆境的痛苦，沈先生热爱生命之情洋溢于字里行间。

以下说"议论"的写法。该文议论的特点是与叙述紧密结合，议论是针对叙述的内容而言的，这就要求叙议内容的高度一致性。议论有两个要素：一是观点；一是理由。

文章的第一层议论是针对第一个故事的。在叙述故事后，文章紧接有两赞，一赞"小草"生长于"砖缝"，仅凭"一口水"就能存活，且能"勃勃"生长，"这就是生命的力量啊！"这是一句肯定判断句，观点是鲜明的。二赞"胡风先生"，身处囹圄而对卑微的"小草"关爱有加，这是"生命对生命的关怀"，"怎不叫人闻之动容？"以反问句式表达肯定的判断。观点同样鲜明而感情强烈。"小草"的"倔强"则有力地表现了胡风先生关怀生命的价值。

文章的第二层议论是由胡风先生联想到沈从文先生。两个故事有共同点，这是"生命对生命的呵护"。"小草"是幸运的，它遇到了胡风先生，"荷花"也是幸运的，它遇到了沈从文先生。"两位先生同样身处逆境，却有一样的对生命极度尊重的虔诚的情怀，有一样的大悲悯之心。"这是由归纳而得出的结论，这也是两位文学大家共性的揭示。两个故事连成一体，说明这就不是个例，而是珍爱生命者规律性的呈现。文章以胡、沈两位先生为代表，指出他们之所以能有如此超凡脱俗的品性，那是因为他们热爱生命、深谙生命的价值。他们以自觉的行动"诠释生命深刻而隽永的含义"，从而对后人、对读者产生巨大的心灵冲击。"生命对生命的呵护"，这是全文中心的概括，回应文章标题"感动生命的两个故事"，融叙述和议论于一体，它表明"两个故事"所显示的意义已超越故事本身，它将"感动"每一个"生命"，这是本文"叙述"的价值所在，也是本文"议论"的价值所在。文章叙议的完美结合造就了"尘世间最令人动容的一道风景"！"议"因"叙"而成立，"叙"因"议"而深化，叙议结合就能产生如此撼动人心的表达效果。

（三）传神的细节

在写人叙事中，写好细节至关重要。有时候，一句话，一个动作，一幅场景，一件物品由于精心制作，表现人物个性就突出鲜明，叙述事物发展就脉络清晰，这就是细节的功用。

何为细节？细节是指人物的某些有深刻意义的细小动作、事物的细小特征、生活中的细枝末节。真实、深刻、形象是它的特点。

真实，这是细节的第一要素。唯有真，才可信。有真，才有善，才有美。求真务实，自然之理。

深刻，这是细节的生命。唯有意义深刻，细节才能以小见大，感人至深。

形象，鲜明，突出，让人过目不忘。

试举一例：

一九九二年五月，张兆和率领全家送沈从文回湘西凤凰故乡。沈先生的骨灰由儿子和孙女从小船上撒入绿色的沱江，伴随骨灰的，是张兆和积攒了四年的花瓣。张兆和站在虹桥上，目送小船顺沱江而下，船身后漂起一道美丽花带，从水门口漂到南华山脚下。

（张新颖《花的收藏》）

沈从文夫人张兆和"积攒花瓣"，长达四年。这是从沈从文去世算起的。她还给花草起了名字，用的是沈从文书里那些可爱的女孩子的名字。"积攒了四年的花瓣"，就是一个细节，其中蕴含了夫人张兆和对丈夫多么深长的情意。望着随水漂流的"花带"，沈从文先生全家借以寄托哀思，读者也借以表达了对一代文学大家深切的怀念。小小"花瓣"，满满情意，留给读者无尽的回味。

由此，我还想到鲁迅小说《祝福》中的祥林嫂。她遭遇丧夫丧子之痛，"捐门槛"赎罪又哀告无望，最后心灵麻木，鲁迅写她此时的眼睛："仿佛是木刻似的，只有那眼珠间或一轮，还可以表示她是一个活物。"一个眼神的细节，读后让人心颤。真是笔如刀刻！祥林嫂麻木如此，尽现人物无比悲惨的命运。一个眼神写活一个人物。这就是细节的力量。

细节描写是表现人物、叙述事件的重要手段。大家名著固然是我们学习的样本。学习细节描写还可从学生自身的生活出发，留心人物的表现，留心事件的过程，从而发现一些自具特色的生动细节。

有位同学写《童年趣事》，选取的就有生动的生活细节。文章写了"盼下雨""拍地球""种小鸟""做美梦"四个镜头。"盼下雨"，是因为下雨才能买新靴，为了得到新雨靴，于是"盼呀盼呀，盼下雨"，强烈地表现了稚童的欲求心理。"拍地球"，是儿童间相互夸耀，从拍皮球到拍篮球，拍乒乓球，直到拍地球，"我不管，爸爸，我要嘛，我就要拍地球……"明明是不可能的事，却偏要，活现了儿童的稚气和天真。"种小鸟"，希望死去的鸟种在土里会像庄稼一样再生，真是异想天开，从儿童逻辑来说，却又顺理成章。"做美梦"，"我变成了一朵小小的浪花"，是童心童趣的纯真反映。这篇文章从众多的细节中选取了幼儿的一种心理，一句言谈，一个动作，一场梦境，不言而喻，这是比较若干生活细节后做出的选择。

善于辨析，是确认人物细节的依据。如前所述，细节不仅要真实，要生动，要形象，还要有深刻、丰富的内涵。光有生动性，有个性，而缺少思想内涵，细节的深度、力度就不够。"盼下雨""拍地球""种小鸟""做美梦"，都是从各自的侧面，共同表现一种儿童的幸福感、温馨感，是对时代的歌颂。这些虽然都是儿戏，小动作，却都具有时代意义，使这些细节有了生命力，文章因此有了活泼的生活气息和时代气息。

由此，可以得出：真实，形象，深刻，是对细节描写的要求；感受，比较，辨析，是提取细节的途径。

小链接

作家说细节

历史是石头，细节是石头的纹理；历史是河流，细节是河流的浪花；历史是天空，细节是天空飞翔的老鹰；历史是老人，细节是老人的胡须。

（张之路《写作的细节与角度》，载《语文学习》2017年第8期）

一部文学作品，不管用什么样的结构组成骨架，总是要在上面覆盖筋肉的，否则空空一具骨架是没有生命力的，是细节赋予了它最为鲜活的生命。

（简平《细节的力量》，载《语文学习》2018年第5期）

没有细节就不可能有艺术作品。真实的细节描写是塑造人物，达到典型化的重要手段。

（李准于2019年6月17日讲话）

（四）借助"意象"写作文

"意象"，属表象的一种。在写作中，"意象"是作者对生活表象进行加工生发，从而在文章中呈现的形象。作文《日历上的点滴幸福》中的"日历"就是作者选取的别有新意的一个"意象"。作者借助这个"意象"，深情款款地叙述了儿时的两段生活经历，表达了对母亲悉心呵护和言传身教的由衷的感激之情。

日历上的点滴幸福

一页复一页，生命的日历翻过，有心酸悲伤的眼泪，有灿烂明天的憧憬，也有母爱点点滴滴堆砌而成的幸福。

翻到幼儿时的一页，记载着的是粗重的喘息。幼时的我，身体不好，常生病，去医院便成了我的家常便饭。那时父亲在外地工作，于是每天放学后带我去挂点滴变成了母亲最重要的任务。上坡的时候，自行车粗重的喘息声与母亲的喘息声相互交错，像重锤打在我的心头，一颤一颤。但是，我知道我是幸福的，因为坐在自行车上，抓着妈妈的衣角，我知道我抓住了一个温暖的依靠。

翻到少年时的一页，记载着的是诚信的教诲。十一二岁的时候，一时兴起，我向母亲承诺之后每天都要写一篇日记，母亲笑着告诉我说绝对不能食言，有空的时候，她会检查。但是，那个时期正是贪玩的年龄，不到一个星期，写日记这件事儿就被抛到九霄云外去了。那天下午，当我有些哆嗦地把日记上交给母亲时，原以为母亲会狠狠地责备我，可是她只是深深地深深地看了我一眼，那种夹杂着一丝悲伤与些许愤怒的眼神，让我觉得自己是个十足的坏学生。眼泪不争气地赶趟儿似的涌了出来。这时母亲的手环过来，轻轻地抱住了我，她轻风似的话语滑过耳边："以后，讲话一定要算数。"我拼了命似的点头……现在一想，我那时是幸福的，是母亲浇灌了我内心诚信的种子。

翻到今天，傍晚回家时，听到母亲轻轻地唤着我的小名，便是一种最本质、最香醇的幸福。如今的日历记载着的是我与母亲跨过心灵的桥梁之后所展现的最纯洁的微笑。

日历还将一页页翻过，幸福也将一次又一次地传递。

"意象"是一种表象，表象不一定能成为"意象"。只有形象鲜明、特点明显、含义深刻的表象才可能成为文章中的"意象"。比如"日历"，它的外表特征和内部结构特征都是鲜明的。常见日历为长方形，厚厚一叠，装订成册。日历一日一页，一页撕去，新的一页出现。一年365天度过，一本日历也就完成了它的历史使命。形象鲜明，特点突出，这样的表象能给读者留下深刻的印象。自然，仅有表象特点还不够，选作"意象"，还需要写出表象含有的意蕴。如果蕴涵的意义平俗，那么，纵使表象形象鲜明，读者也会过目即忘，并不能打动读者的心灵。而"日历"不然，它形象鲜明，特点突出，更重要的是，它的自身还有深刻的内涵。一页日历，或一本日历翻过，意味岁月流逝，它蕴涵的生命故事就非同寻常。《日历上的点滴幸福》一文记叙了"日历"上的"三页"故事。其中三页中的"一页"是在"幼儿时"，记的是母亲"带我去挂点滴"的往事。文章写道："上坡的时候，自行车粗重的喘息声与母亲的喘息声相互交错，像重锤打在我的心头，一颤一颤。"字里行间，其意也眷眷，其情也拳拳，母子情深，感人肺腑。另一页是在"少年时"，记的是母亲的一次教诲。"我向母亲承诺之后每天都要写一篇日记。"然而"贪玩"的"我"没有兑现"承诺"。母亲"只是深深地深深地看了我一眼"，"轻轻地抱住了我"说："以后，讲话一定要算数。"两个"深深地"，一个"轻轻地"，教之严，爱之深，全在这一"看"一"抱"之中。

借助"意象"，托物言志，借物抒情，缘物叙事，"意象"的表现功能就在于引发合理的联想。如梅花吐香，陆游的《咏梅》以梅花自喻，寄开花无主之慨，孤芳自赏，洁身自好；毛泽东的《咏梅》，同样以梅自况，而是笑对悬崖百丈冰，报春于人间，隐身于花丛，展现革命家"先天下之忧而忧，后天下之乐而乐"的博大情怀。同是写景，则有伤春、惜春、喜春之别，景虽相似，而情感迥异，这是借物抒情。再说由物叙事。一如《日历上的点滴幸福》，由日历的一页一页翻转，"幼儿时""少年时"的往事借以展现，历历在目。"意象"既为联想，则务求自然。何谓自然？要点是充分显示"意象"的特点，让读者产生类比的联想。日历是一页一页翻转的，每一页是一天，这是时间，也是空间。有空间就有人的活动，就有"故事"。随着日历一页一页地转换，有关人的故事也就自然而然地前后衔接，"一页"是"幼儿时"的故事，一页是"少年时"的故事，随着岁月更替，顺理成章，故事的连续就有了内在的逻辑性。

《日历上的点滴幸福》原是一篇应试作文。2008年杭州中考作文题为："日历是生活忠实的记录，我们的每一天都生活在这一页一页的日历上，日历具有生命感，当你翻过一页时，你是否已将难忘的昨日珍藏于你的生命史？当你翻过一页时，你是否明白鲜活的今日需要你去填补？当你翻过一页时，你是否意识到美好的明日等待着你去创造？让我们伴随'日历'，将人生岁月谱写成永存的诗篇。请以'日历'为话题，写一篇600字至800字的文章，文体自选，题目自拟。"

这篇作文就是紧扣题目中"日历具有生命感,当你翻过一页时,你是否已将难忘的昨日珍藏于你的生命史"的要求而写的。日历—时间—生命史—"幼年时""少年时"的往事,顺着这样的思路,这位考生在考场上顺利地完成了这篇作文。

其实,命题者出这道作文题可能是受到作家冯骥才散文《日历》的启发。在《日历》中,作家写道:"厚厚一本日历是整整一年的日子。""生命的定义就是拥有明天。""你每扯去一天用过的日历时,是不是觉得有点像扯掉一个生命的页码?""生活就是创造每一天。""我们今天为之努力的,都是为了明天的回忆。"

作家在这篇文章中,还借助"日历",记下了令他永远难忘的一天:

别忘了,我们的每一天都曾经生活在这一页一页的日历上。

记得 1976 年唐山大地震那天,我住在长沙路思治里 12 号那个顶层上的亭子间被彻底摇散,震毁。我一家三口像老鼠那样找一个洞爬了出来。当我双腿血淋淋地站在洞外,那感觉真像从死神的指缝里侥幸地逃脱出来。转过两天,我向朋友借了一架方形铁盒子般的海鸥牌相机,爬上我那座狼咬狗啃废墟般的破楼,钻进我的房间——实际上已经没有屋顶。我将自己命运所遭遇的惨状拍摄下来,我要记下这一切。我清楚地知道这是我个人独有的经历。这时,突然发现一堵残墙上居然还挂着日历——那蒙满灰土的日历的日子正是地震那一天:1976 年 7 月 28 日,星期三,丙辰年七月初二。我伸手把它小心地扯下来。如今,它和我当时拍下的照片,已经成了我个人生命史刻骨铭心的珍藏了。

由此,我懂得了日历的意义。它原是我们生命忠实的记录。从"隐形写作"的含义上说,日历是一本日记。它无形地记载我每一天遭遇的、面临的、经受的,以及我本人应对的与所作所为的,还有改变我的和被我改变的。

这里之所以大段摘引作家的文字是希望给同学们一个对照,看看作家是怎样认识"日历"的,又是怎样联系"日历"叙事的,从中看到作家作文和学生作文的"共同点",也看到两者的差距。

冯骥才在这篇文章的最后,还有一段话写得特别好,他说:"正像保存葡萄最好的方式是把葡萄变为酒,保存岁月最好的方式是致力于把岁月变为永存的诗篇或画卷。"记忆中有许多美好的东西,那是原生态的东西,经过我们的笔,把它们提炼成"诗篇或画卷"，"把葡萄变为酒"那该是多么有趣且有意义的事情。把"岁月"变为"诗篇或画卷"，选取"意象"，是一个巧妙的表现方法。南朝梁刘勰《文心雕龙·神思》篇云："使玄解之宰，寻声律而定墨；独照之匠，窥意象而运斤；此盖驭文之首术，谋篇之大端。""窥意象而运斤"，"运斤"，挥动斧头，指匠人雕琢石器，喻文人运笔，即用心写作，这是"驭文之首术，谋篇之大端"，"意象"一法，不可不知。

（五）拟人写物，栩栩如生

介绍物品时，为了方便应用，文字大都简明，如医药功用介绍、家电使用须知等。但是，在说明物品性质、功用和演变时，为了吸引读者关注，也可以用形象化的表现方法。《牙刷自述》属于这一类。"牙刷"本为普通生活用品，人人熟悉，如果平白道来，纵然有新的知识内容，也容易被忽略，不能引起读者的阅读兴趣。所以，《牙刷自述》一改程式化的说明方法，运用拟人手段，设计由"牙刷自述"，将需要说明的知识融汇在一篇娓娓动听的"演说辞"中，有声有色，有起有伏，"牙刷"的种类、功用、演变等知识就在读者的会心一笑中顺势托出。

牙刷自述

上海师范大学附属中学　刘孚瑛

姓名：牙刷

年龄：两个月零七天

民族：方头直柄族

职业：牙齿美容师

失业原因：刷毛弯曲

联系地址：床下杂物箱

大家好！我是牙刷。以上是我的简历，拜托大家替我找一份工作。或许有人会问：牙刷这一行干得不是挺好的，怎么会下岗？唉，一言难尽啊！

想当初，刚得到那份工作时，是何等风光：家住干净宽敞的漱口杯，每天只需工作二三次，空闲时便和牙膏侃大山；如遇主人出差，虽说宾馆里有洗漱用

具，但主人每次还是带我去，把牙膏独自留在家里。每次回来我都自豪地向牙膏讲述着外面的世界。就这样干了两个月，不幸降临了。

那天，主人一到家就叫我出来，我以为要"加班"，于是我伸了个懒腰，无精打采地爬出了漱口杯。却不料主人从口袋里拿出了一把新的牙刷，说是让我跟他公平地竞争，由我先发言。当时，我吃惊得连弯曲的刷毛都一根根地竖了起来，偷偷地瞥了他一眼——虽然花哨，但小小年纪就驼着背，小圆头上"头发"长得参差不齐，看上去就不正。于是我定了定神，挺直腰板，理直气壮地说："干我们这一行有铁饭碗之称，每次接替工作总要等到前任寿终正寝——刷毛脱落时才能接任，所以我认为他要接任还为时过早。"我信心十足地甩了甩头发，静等他的挑战。

"我可不是一般的牙刷：圆拱形刷头可探入难刷部位，刷毛呈波浪形，更紧贴牙齿，曲柄设计是根据……"没想到他一开口就滔滔不绝，头头是道，别说是主人，就连我也被他的"广告词"所吸引。结果不言而喻——我下岗了。

我被迫迁入新居——杂物箱。起先几天，不是睡觉，就是与老虎钳、螺丝帽闲聊，倒也悠闲自在。可这几天，整天坐立不安，总觉得缺些什么，浑身不自在。于是到处托朋友拉关系，试着找工作，争取有个好着落。这不，准备了一打简历，或许有用，但直到今天也没动静。嘘……主人回来了，穿着一双沾满泥浆的鞋，好像冲不干净……嘿！有了。大家稍等，或许我将有工作了，这次机会一定要抓住，我去去就来！

我使劲顶开箱盖，挤出箱子，看看主人似乎不耐烦了，便用尽全力地滚到主人脚边，晃晃摇摇地向主人示意。主人起先还是摇了摇头，皱了皱眉。我不依不饶地挤动着主人的脚，主动地磕碰着他脚上的泥……主人终于舒展了双眉，俯身拿起了我。我的身上重新又感受到了熟悉的暖流……

哎哟！终于刷完了，累得我好一阵腰酸背痛，还弄了一身的污泥。可话又说回来了，虽然累一些，脏一些，也总比下岗要好。我要为自己重新上岗好好庆祝一番。看来这些简历也可以扔了，"再就业工程"还得靠自己。大家说，对不对？

本文以拟人手法写物。所谓拟人就是把物当作"人"来写，赋予物以"人"的思想感情和言行举止，目的是生动、形象地展现物的种种特征。

既为拟人，那就得写物像"人"。所以，在《牙刷自述》中，牙刷的名称就成为"姓名"，使用期就成为"年龄"，种类就成了"民族"，功用就成了"职业"。不仅如此，牙刷还如"人"一样，既能说会道，又情感起伏。文章写牙刷为"下岗"而忧虑，为"出差"而"自豪"，为"迁居"而"不安"，为"再就业"而"庆祝"，真是一波三折，曲尽心机，人情世态，跃然纸上。也就在牙刷这一颦一笑之中，有关牙刷的方方面面的知识深深印在读者心中。这就是拟人写物带来的风趣横生的表达效果。

但是，拟人毕竟只是表现手段，而写物才是写作目的。所以，拟的是"人"，写的是物。拟人写物，关键在于找准"人"和"物"的对应点。也就是说，拟人时要处处紧扣物的特点。比如，物是有使用期的，比之以人的"年龄"，使用期一过，比之以"下岗"。又如，物是有置放处的，比之以"家"。物与物是配合使用的，于是有牙刷和牙膏的"侃大山"。牙刷"下岗"后可以"洗鞋"，这才有"再就业"之说。拟人写物，找准了对应点，读者才会看到"牙刷"的种种"人"的表现，原来都是物的特征的展示。

在对应点的照应下，作者尽可发挥拟人化的表现功能。在《牙刷自述》中，有两处描写夺人眼球。一处是牙刷"竞争"。旧牙刷面对新牙刷"吃惊得连弯曲的刷毛都一根根地竖了起来"，还"偷偷地瞥了他一眼"，同时"信心十足地甩了甩头发"，虚怯中而又不少自负的心态毕现，真是到了惟妙惟肖、纤细如发的地步。另一处是旧牙刷"再就业"。由"悠闲"而"不安"，再到"抓住机会"，"不依不饶地挤动着主人的脚，主动地磕碰着他脚上的泥……"曲尽妙笔，声情并茂，拟人写物也算写到了极致。

还有一点值得一说。说明文也有立意的要求。说明物品，自然要把物品说明清楚。但是，物品是为人所用的，写物就不能不融入人的思想感情和价值取向。比如，《牙刷自述》在说明牙刷的相关内容中，就自然渗透作者的主观意识。在事物发展进程中，新陈代谢是必然的，变废为宝也是可能的，自强不息是永远需要的。《牙刷自述》通过现身说法，介绍了物品，也颂扬了精神，使读者既获得了美的感受，也获得了思想的启迪。

拟人写物是青少年喜闻乐见的表现方法。曾见有《书包里的争论》《苍蝇受审记》《从橡皮到修正液》等等，一篇篇生动活泼的作文，对于中学生准确地捕捉事物的特征、丰富想象力、增加写作兴趣都大有裨益。拟人写物，正可一试。

（六）详写和略写

从表达主题的需要出发，作者对写作素材加以选择，精心剪裁，哪些材料详写，哪些材料略写，哪些材料删除，处理得当，一篇好文章就能顺利产生。

那么，哪些材料该详写呢？一般地说，能集中、突出、深刻地表现主题的材料应该详写，表现于文章中浓墨重彩（勾勒一个场面），精雕细刻（描绘一个细节），使它们在读者心目中留下难忘的印象。

请看一个雨天早晨，父亲骑车送儿子上学的场面：

坐在自行车的横档上，我把头钻进了雨衣，钻进了爸爸的怀里。爸爸把我和雨隔开了。听着雨点在头上的噼啪声，我心中突然有了一种奇异的感觉，漾起了儿时的记忆：多少次在雨夜，爸爸总是这样骑车带我……

文章突出的是"雨中送行"的场面，写父子情深，事虽平凡，意却真切。作者再由这个场面抽绎延伸，联想到爸爸平时对自己的种种关心：

每当我偷懒不肯整理自己的房间，爸爸总是悄悄地帮我打扫干净；每当我深夜做作业忙到很晚，爸爸总是坐在书桌边陪着我……就这样，我一天天地长大，爸爸的白发却一天天多起来，皱纹一天天深起来。当我终于成为一个小伙子时，爸爸已经人到中年了。

这是一段略写，概括了父子相处十几年的生活，父亲眷眷，儿子拳拳，为"雨中送行"这一动人的场面提供了广阔而深厚的家庭生活背景，起到了补充说明的积极作用。

详略相配在议论文中同样有例可循。请看一篇题为《"忌妒之心"不可无》的文章，在论述"忌妒心"的特定内涵（"这是一种竞争的心态，当看到别人超过自己时产生的一种强烈的不平衡的心态"）后，列举事实，详写了生物学家沙利和吉尔曼你追我赶，激烈竞争，终于同获诺贝尔奖的经过。随后，文章写道：

由此看来，对于科学家，"忌妒心"能成为奋发向上、勇攀高峰的动力；对于企业家，"忌妒心"是在激烈的商品竞争中立于不败之地的保障；对于学生，"忌妒心"同样是学业进步，获取成功的必要条件。

由此及彼，由点及面，"忌妒心"，作为一种竞争意识，它的积极意义是有普遍性的，"科学家""企业家""学生"，这是多么广阔的层面，而且还可由此延伸到更广远的范围。这就是略写的概括性。

突出细节，则是详写常用的方法。

试看一例：

妈妈看到心心的鼻尖长了一个红红的小斑，吓得一下子捂住嘴，正在炒菜的锅铲"咣"一声掉下来，捧着心心雪白的小脸看了又看，嘴里喃喃地说："危险三角区！"

这是一个生动的细节。它传神地写出独生子女在家庭中的特殊地位。文章由此演绎出一场虚惊。"危险三角区"是医学家给人们的鼻子周围画的一块三角形的区域。作者意识到独生子女的家，"爸爸妈妈和她是三点，她的全部生活就像三条线似的"，这正是生活中的一个"危险三角区"，联想自然，寓意深刻，从而提出了有关独生子女健康成长的重大社会主题。生动而有深意的细节，犹如一颗璀璨的明珠，使全篇文章熠熠生辉，它的思想辐射意义是不可低估的。细节描写和场面描写，都是详写的重要手段。

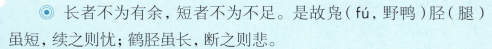

小链接

⊙ 长者不为有余，短者不为不足。是故凫（fú，野鸭）胫（腿）虽短，续之则忧；鹤胫虽长，断之则悲。

（《庄子·骈拇》）

⊙ 传者久则论略，近则论详。略则举大，详则举小。愚者闻其略而不知其详，闻其细而不知其大也。

（《荀子·非相》）

⊙ 文以辨洁为能，不以繁缛为巧。

（刘勰《文心雕龙·议对》）

⊙ 文章烦简，非因字句多寡，篇幅长短。若庸絮懈蔓，一句亦谓之烦；切到精详，连篇亦谓之简。

（魏际瑞《伯子论文》）

⊙ 敢云少少许，胜人多多许？

（郑板桥《一枝竹十五片叶呈七太守》）

（七）选材的性别差异

稍加留意，就不难发现少男少女在作文题材选择和表现重点等方面存在着一些差异。常见的是，少女作文多表现独处之思，装饰之美，反映身边生活的变化。而少男作文则比较洒脱，社会热点、重大新闻、竞技球赛时有表现，多的是对人事的理性思考，也勇于回答生活中提出的话题。

下面是两则作文片段，写的都是收到异性同学的第一封来信的情景，作者为一男一女，以此来辨析这种差异。

其一，男学生是这样写的：

我急不可待地撕开信封，拆开后才觉得撕成这副鬼模样有点对不住女孩子写来的第一封信。我铺开叠得整整齐齐的信笺，她的信写得美丽而富有诗意。……我很快就给她回信。我和她大谈夏洛蒂·勃朗特的《简·爱》，谈简·爱艰难曲折的人生道路，谈她不屈不挠的斗争精神，并说愿我们以后经常讨论书籍和生活，共同认识人和社会。

其二，女学生是这样写的：

头一回用剪刀细心地把信封剪开个缺口，却又不忍打开信。再次注视着那个信封，心中猜测他会写些什么内容。否定了自己千百次后，终于抽出了信纸。信写得很平淡。……于是把信搁在桌上一个显眼的地方，再开明的父母对我们这种芳龄二八的少女的信，也会比较敏感。……我有些得意地想听听他们的感想。爸爸说："这男生信写得蛮好。"妈妈说："这男生字写得蛮好。"

哈，他们对这封信评价居然很高。回到房里开了灯，忍不住自己再看一遍，又极耐心地数了数字，一共5行，127个字。

处于青春期的少男少女在接到异性同学第一封来信时的激动与不安同样奔涌于两段文章的字里行间。区别是：从选材角度说，男生选的是快捷反应立即回信，在信中述说读书体会，表明对社会和人生的兴趣的关注。而女生则情意缠绵，顾虑父母的反应，放不下的是"男孩写来一封信"引起的不安情愫。选材角度和表现重点都表现出各自的特点。

少男少女在生理上有差别，心理反应也不一样，表现于选材角度不同，突出重点各异，这原不足为怪。而且男生勇于发问，敏于思考，女生观察细致，多情善感，这也正是各自拥有的优势。这里，提出题材的性别意识，把原本存在于作文中的客观现象提到自觉认识的高度，正是为了各扬其长，各避其短。

问题在于怎样补短。

引人注意的是，有些男生由于大而化之的毛病，往往在表现题材的时候，重结论而轻过程，重整体而轻局部。文章气势有余，而细节不足，失去题材的丰富性和生动性。所以，注意事物发展的过程，有利于培养思维的严密性。有了过程，就有了事物发展的逻辑性，从而增加文章的深度和力度。

对于女生来说，重感情却又不能沉湎于感情，不能被感情的圈子套住，满足于"心有千千结"，而应该议人事，论世情，"问苍茫大地"，唱"大江东去"，一显巾帼风采。

愿女生作文多一点阳刚之气，男生作文添几分阴柔之美，刚柔相济以追求一种更高层次的和谐，这是提出题材"性别意识"的目的。应该说明的是，目前提出男女生"选材的性别差异"，认识还停在感觉层面。研究还须深入。在现实生活中常见不少女孩子大方稳重，行文也大有非我莫属之气概。讨论男女生写作的性别差异不能一概而论，切忌概念化、固定化。在写作中对男女生因材施教，以争取更好的教育效果。

小练笔

❋ 有人说，男孩要"绅士"，女孩要"淑女"，你同意这样说吗？这样说有没有片面性？

❋ 有的男孩表现出"娘娘腔"，引人反感；有的女孩像"假小子"，有人看不顺眼。这是为什么？请写出你的感想。

（八）文章结构二题

1 文章结构的清晰美

一篇文章是一个整体。作者独特的见识，涌动的思绪，表现于字里行间。映入读者眼帘的"第一印象"是文章的总体结构。如果布局谋篇脉络清晰，读者一目了然，就显现出结构的清晰美。

条理清楚，层次分明，是文章结构清晰的基础。条理清楚，是指标题与正文，以及正文的各部分之间，上下连贯，彼此沟通，具有严密的逻辑联系。古人以"作文须要血脉贯穿"作比，形象地揭示了这种逻辑联系的自然性和重要性。层次分明是指正文的各部分（层次）具有相对的独立性。一篇文章总是被分成若干层次，各个层次既相对独立又相互依存，以划分段落的形式，运用相应的提示语或关联词以揭示这种"独立"和"依存"的关系，有助于读者深刻地认识和理解文章的整体。

从结构方式说，文章各层次的关系一般有递进式、并列式、总分式（总说和分说结合）、倒叙式等类型。例如习作《愿1=1》呼吁："让男女真正平等，不仅在法律上而且在思想上！"文章列举事实，从家庭、升学、招工等不同的生活侧面，证实生活中确有男女不平等的现象。

不信，我就让你瞧瞧生活中 $1 \neq 1$ 吧！

…………

瞧，这不是 $1 \neq 1$ 吗？

…………

这不又有了一个 $1 \neq 1$！

…………

啊，又一个 $1 \neq 1$！

一个事实为一个自然段落，并列而出，全篇文章层次井然，一气呵成，给读者留下清晰难忘的印象。

语言标志是文章结构清晰的重要条件。语言标志分为两级。第一级是章节之间，或用小标题，或用序数词，或以空行表示，以表明章节的起落。

第二级的语言标志多用中心句，或用呼应词、过渡词、关联词、词语反复等形式，以求环环相扣、层层相连的表达效果。如有篇题为《假如重新开始初中生活》的文章，全文6段，其中5个自然段首句均以"假如能够重新开始初中生活"起始，谈学习，谈待人，谈思想，谈锻炼，强烈而感人地流露出一个中学生反思追悔的心绪，积极进取的愿望。又如有的文章以"一方面……另一方面""况且……同样……与此相反……由此可见""首先……其次……最后""早晨……午后……晚间"等明示层次之间的区分和联系，使文章结构严整，有条不紊。

文章结构是作者思路的形式表现。结构清晰是以思路清晰为前提的。叶圣陶先生说："语言要说得正确，有条有理，其实就是头脑里要想得正确，有条有理。因此语言训练与思维训练要同时并举。"（《致范守纲信》）这道出了写作的真谛。思路清晰，再加以准确的语言揭示，文章结构的清晰美就能得以体现。

② 文章结构的联结方式

文章的结构是解决文章整体组织问题的。结构的各部分之间，应在主题的统领下，前后呼应，左右连接，分合有度，整散相依，全篇浑然一体。结构的衔接和呼应，对于形成文章的整体性，有着至为重要的作用。

衔接和呼应的基本形式大致可见以下三种：

其一是顺序衔接。大凡记人叙事，多按时间延伸顺应起落。说明事物，则分门别类，有条不紊。议论事理，就要条分缕析，顺理成章。这种将结构的各部分依照一定的逻辑顺序，或以时间为序，或以空间为序，或以类别为序，合理组合，自然顺畅。

例如，一篇题为《恋"痘"情结》的文章，写青少年为脸上的"青春痘"而不胜烦恼，于是"先去皮肤病防治所"，"太平没几日，又听说某医院治痤疮有特效，又绕着关系找到了那家医院的皮肤科主任"，"为了响应'Natural Beauty'（自然美）的号召，这几天又玩起一种天然美容——芦荟，像仙人掌似的厚厚一块"。诊治"青春痘"的过程，生动地再现了青少年"只要'青春'不要'痘'"的爱美心理和青少年特有的自豪感。诊治的进程和时间的延续相一致，前后衔接也就显得十分妥帖。

其二是语言衔接。这种衔接方式的特点是，结构各部分之间都有明显的语言标志。这些语言标志有的体现在相同或相似的句式上。例如，一篇题为《因为我姓石》的文章，三个段落的起句分别是"也许是我姓石的原因，总想实实在在地学知识""也许是因为我姓的是普普通通的'石'的原因，总不如水晶那样晶莹剔透，而显得笨拙加糊涂""也许是因为我姓的是自然石的原因，虽有形而无形，然无形加匠心，又为有形"。相类似的句式排比而出，有层次地揭示了"我"的个性特征。语言标志还体现在过渡词语的选用上。这又可分三种情形，一是统领性词语，如"分述如下""由此可见"等，主要用于引出下文。一是综合性词语，如"总之""概而言之""综上所述"等，主要用于总结上文。一是用于横向联系的词语，如"一方面，又一方面""进一步说""反之""首先，其次，最后"等，这些明示各部分之间关系的词语，前后左右，相互勾连，紧密配合，共同为表达文章的主题服务。

其三是艺术衔接。诸如"伏笔"的写法，"呼应"的写法，"蒙太奇"的写法，"意识流"的写法等，均是要使文章上下勾连，形成一个富有艺术活力的整体。例如，有一篇题为《一切为了考试》的文章，写一个临考学生慌乱的心理，一会儿想物理，一会儿想语文；一会儿见烈日当空，一会儿感到寒气逼人；一会儿说到父亲，一会儿说到老师；一会儿写蚊子，一会儿写蝴蝶；一会儿议论范进，一会儿想念孙悟空；凡此种种，杂沓纷至，空间转换，时序颠倒，幻觉和错觉交叉。从现象看，确是纷乱不堪，而从思想感情看，却又一脉相承，是人物内在感情的自然流动。这是运用意识流的写法，传神地表现了一个中学生毕业临考时的失态，有力地揭示了现行考试制度压制青少年个性发展、有害于青少年身心健康的种种弊端。从表达效果上看，艺术衔接就不仅仅限于一般意义上的结构关联，而是在更高层次上的心灵沟通、艺术组合，深刻而形象地表现主题，使作品产生强烈的艺术感染力。

小链接

写文章要讲逻辑。就是要注意整篇文章、整篇说话的结构，开头、中间、尾巴要有一种关系，要有一种内部的联系，不要互相冲突。

（毛泽东《农业合作化的一场辩论和当前的阶级斗争》）

形式逻辑是讲思维形式的，讲前后不相矛盾的。它是一门专门学科，任何著作都要用形式逻辑。

（1965年12月毛泽东在杭州的谈话）

（九）何谓"凤头"

古人谈文章的结构艺术，曾有"凤头，猪肚，豹尾"之说。所谓"凤头"，就是以凤凰的头形作比，喻指文章的开头应具有形象美和灵动美，引人注目。

比喻起句，是常见的一种"凤头"：

像蜂蝶飞过花丛，像清泉流过山谷，每当忆及少年时代，我心头就自然涌起甜美的感情。少年时代的学习生活，恰似流光溢彩的画面，也似一阕跳跃着欢快音符的乐章。

文章开篇连用比喻，以"蜂蝶"写少年的活泼，以"清泉"写少年的清纯，以"画面"和"乐章"写少年时代学习生活的绚丽多彩和富有成效，真可谓有声有色，动静相间，形象生动，跃然纸上，吸引读者饶有兴趣地与作者一起去追寻那逝去的美好的岁月。

对比入题，是又一种"凤头"：

"熟能生巧，勤能补拙"这句格言，在中国应用的频率较高，众学子更将其作为求学上进的座右铭，一头扎进书山题海之中，苦苦作战。他们以为，只要做到"勤"与"熟"，就会由"拙"变"巧"了。

情况果然如此吗？我看不尽然。

对于常见的成语格言提出异议，一反读者的思维定式。这新说是否真有道理？一正一反，孰是孰非，读者探求之心会油然而生，因此倍加留意，引起刨根问底的阅读兴趣。

巧设悬念，又是一种"凤头"：

我，珍藏着一张小小的奖状。它用大红的缎带扎着，上面写着这样几个字：杨波同学在德、智、体方面表现突出，特发此奖，以资鼓励。这是我读小学一年级时得到的。十年了，它一直被我带在身边。每当我打开它，就拉开了记忆的帷幕，从里面流泻出童年的欢乐和悲伤。

明明是一张奖状，"从里面流泻出"的除了欢乐，竟还有"悲伤"，这是怎么回事？"奖状"和"悲伤"的强烈反差，而且时隔十年，记忆犹新，可见"悲伤"又是何等的刻骨铭心。这个"悬念"，激起读者急切地想了解其意的阅读愿望。

又如，奇句夺目，一鸣惊人，使读者刮目相看：

"李政道博士来我校讲学啦！"惊喜、激动使整个校园一下子沸腾起来。

文人墨客羞于谈"钱"。说到"钱"，常和"铜臭""污源"什么的连在一起。其实，大可不必。宋代文人苏辙可谓名流，却也直言过钱："钱者，为国之命而万事之本也。"苏氏的这句话还是比较实在的。

前者以名人来校开篇——李政道，世界知名的大科学家，"诺贝尔奖"的获得者，自然特别引人注意。后者以苏辙的名言支撑，作为唐宋八大家之一的大学问家苏辙，他的"钱"论一反文人墨客的常规，惊世骇俗，令读者不能不深长思之。

又如：

上海的女孩极具风姿，尤其是她们的发辫。

再如：

让别人保住面子，比送一件礼物还珍贵。

描写上海的少女，抓住"发辫"，确实典型，女孩心态，都市风情，尽在其中，概括准确简洁，又有新意。"让别人保住面子"，从心理学的角度，写人际关系，显示一定的深度。精警的起句使读者一目了然，过目不忘，能留下深刻的印象。

还有一种开头，起句即直奔主旨，不加修饰，收文字简练之美，有开门见山之效。如：

要读书，就应该拿起书来，一字一句地认真读下去，为什么会有空喊的呢？

（马南邨《不要空喊读书》）

自然，一篇文章的开头，写得美，写得响，写得有吸引力是至关重要的。清人唐彪说："一篇机局扼要全在起比，或单提，乃文之发源处也。此处若能得势，则后诸比皆有力。……通篇之纲领在首，一曰首段得势，则通篇皆佳。"（《读书作文谱》）但是，文章的开头毕竟只是文章的一个组成部分。整篇文章是一个有生命的整体。全篇"活"，开头才能"活"得起来，那种不顾整体表达需要，只在局部"刻意求美"，为开头而开头的做法是不可取的。"凤头"，是一个形象的说法。文章开头的写法多种多样，应该说，凡是真实的，生动的，形象的，引发全篇的，有生命力的"开头"，都属于"凤头"之列。

⊙ 好的开始是成功的一半。

⊙ 万事开头难。

⊙ 首句标其目，卒章显其志，《诗》三百之义也。

（［唐］白居易《新乐府序》）

⊙ 破题：或对景兴起，或比起，或引事起，或就题起。要突兀高远，如狂风卷浪，势欲滔天。

（［元］杨载《诗法家数》）

⊙ 凡起句当如爆竹，骤响易彻；结句当如撞钟，清音有余。

（［明］谢榛《四溟诗话》）

⊙ 开卷之初，当以奇句夺目，使之一见而惊。

（［清］李渔《闲情偶寄》）

（十）逆转的艺术

文似看山不喜平。平铺直叙，一览无余，读者还有什么阅读兴味！如能峰回路转，巧于变化，读者"或先惊而后喜，或始疑而终信，或喜极、信极而反致惊疑"（李渔语），文章的可读性就大大增加。"逆转"，是指在记叙过程中情节突变，引起文章结构相应变化的一种表现形式。

运用"逆转"艺术，须注意三个环节。

第一，写好顺叙过程。既谓"逆转"，必得先有一个合情合理的顺叙过程，这样，"逆转"才有前提。

习作《心的苍老》记叙一位纯情少女接通"热线电话"前后的情绪反应。先是"激励"，而后"窘迫"，再由"宽慰"，而后"感激"，写出少女对"热线电话"的倾心渴望和一往情深。请听，"热线电话"的另一方，声音是何等的"娓娓

动听":

"喂——"那边传来一声娓娓的女中音。

⋯⋯⋯⋯⋯

"对,你有什么事吗?"那声音依旧亲切动听。

⋯⋯⋯⋯⋯

"可以!当然可以。"——那声音听上去总是那么热情、欢快,没有一丝厌烦。

⋯⋯⋯⋯⋯

那声音始终亲切可人,对她的话或赞同,或安慰。

⋯⋯⋯⋯⋯

"我也很高兴。"那声音说。

文章接着写少女的感受:

她是多么的满足和欣慰!最后轻轻地说了声"谢谢",挂下了电话,脸上还带着经久不去的微笑。

行文至此,是文章的顺叙部分,自然妥帖,顺理成章,完全合乎生活逻辑。可是,就在这一刻,情节突起变化,所谓"逆转":

可电话机还在响着,原来扬声器还没关,她正想去按下键钮,突然她又听到了女中音,她一定没挂断,于是十七岁的少女清清楚楚地听到那声音正在对别人说:"刚才那个小姑娘烦死了,讲那些奇怪得要命的东西,谁要听!⋯⋯"

这一"逆转"反差巨大。"那声音"前后判若两人。读者和女主人公一同蒙受着欺骗和戏弄,因而也一同产生对"女中音"强烈的愤懑和谴责。反差大是"逆转"时机成熟的标志。抓住"逆转"时机,这正是运用"逆转"艺术的关键环节。

"逆转"同样要有扎实的生活基础。"女中音"的前后变化自然令读者感到震惊和意外,但是,细想起来,在现实生活中,个别电话接线员应付工作、心口不一,不失为"两面人"的情况又是实有的。文章还明确交代"原来扬声器还没关""她一定没挂断"。正因为电话没有挂断,才有可能"电话机还在响着",也才有可能充分暴露那个"女中音"人前背后迥然不同的表现。"逆转"真实可信,情节跌宕,感情起伏明显,才能重重地撞击读者的心灵。

最后,揭示"逆转"的意义。这是"逆转"的圆合部分。《心的苍老》在"逆转"之后写道：

　　她一下子怔住了。一时间她有再拿起电话的冲动，但最后，她什么也没说，只静静地按下键钮，年轻的身体重重地倒在床上；那颗心在她倒下的一瞬间，苍老了许多。

　　"心的苍老"，这是多么沉重的语言。青春之心，片刻"苍老"，可见打击之深，揭露了世间一种虚伪的卑劣、欺骗的可耻。"苍老"一词，从某种意义上说，它又是少女趋于成熟的写照。对于少女来说，认识生活中"两面人"现象，认识生活的复杂性和多面性，应该说，是一种难得的收获。这一"逆转"显示众多而深刻的意义，产生巨大的思想力量。

小链接

　　◉ 山重水复疑无路，柳暗花明又一村。

（〔宋〕陆游《游山西村》）

　　◉ 水穷山尽之处，偏宜突起波澜，或先惊而后喜，或始疑而终信，或喜极、信极而反致惊疑……

（〔清〕李渔《闲情偶寄》）

（十一）文章须有好结尾

　　文章的结尾是一篇文章的终结。虽说它也是一个片段，却不同于文章的其他部分，对于全篇来说，它具有使全篇完整起来的意义。如果掩卷思考，从"读"到"思"，结尾又是自然的"过渡"，它应该凝聚着丰富的启示性。因此，精彩的结尾总是在收束与启示这两方面给读者以余音缭绕的美感。

　　卒章显志，是常见的结尾形式。请看一篇题为《怎样做人》的文章结尾：

　　怎样做人，这虽然是一个复杂的问题，但生活已经给了我们一个最好的答案。我认为做人应该：自谦而不自卑，坚强而不执拗，自信而不自傲，勇敢而不莽撞。

　　文章行文洋洋洒洒，从自谦、自强、自信、自立等诸方面一一道来，阐述为人的准则，至此，收束全文，犹如捕鱼拉网，玉珠落盘，三军统领，前后呼应，于结尾一段结穴点睛，集中、突出、完整地表述全文的观点。此类总结式结尾多概括言之，直陈心志，或引用名言警句，升华思想，能给读者留下深刻的印象。

留有余韵，是又一种常见的结尾形式。文章任其长短，内容总是有限的。使文章言有尽而意无穷，吸引读者参与，留给读者广阔的思考余地是有效的方法。

且看下面两篇文章的结尾：

诚实与谎言，人人都知道它们相互矛盾、不可调和。那么，能否在矛盾中寻求和谐呢？

自然界的雪，给人带来寒冷的冬季，讲台上的"雪"，奉献给祖国一个永恒的春天……

前例文章题为《撒谎者》，行文列举生活中另一种"谎言"，它们出现在特定的生活情景中，有的出于无奈，有的为压抑所致，有的代人受过，有的示以爱心。这里所谓的"谎言"，已不是原有意义上品质卑劣的代名词。文章由此明示假象与真相的不同，现象与本质的区别，于是有结尾这一段发人深思的一问。这一带有哲学意义的命题，启示读者的自然不仅止于生活中关于"谎言"的思考。

后一例以"自然界的雪"映衬"讲台上的'雪'"（飘洒的粉笔灰），再现教师的工作环境，赞颂了教师的高尚情怀和重大贡献，发人联想，意在不言中，激起读者的崇敬之情。此类启示性结尾多运用修辞手段，或设问，或比喻，或对比；写景可以，联想可以，象征也可以，但都须力求意蕴丰富，清音有余。

结尾是文章的自然归结。文章的内容千变万化，结尾的形式也自然千姿百态，"卒章显志"也好，"留有余韵"也好，或者"前后呼应""首尾圆合""篇终出人意表""如奔马收缰""临场秋波那一转"等等，总之，"收束之笔不具一格"。

值得提醒的是，有些初学者于结尾处常常故作惊人之笔，感情虚泛，突喊口号；有的语意重复，拖泥带水，没有实质内容，却饶舌不休。文章的结尾"大略如行云流水，初无定质，但常行于所当行，常止于所不可不止，文理自然，姿态横生"（苏轼语），而节外生枝，画蛇添足，无病呻吟等当切切戒之。

欧·亨利式结尾

欧·亨利（1862—1910），美国短篇小说家。他的小说以出人意料的结尾著称于世。例如《麦琪的礼物》，故事女主人公黛拉忍痛卖掉美丽长发，为给丈夫买一条金表链。同样丈夫杰姆卖掉祖传金表，为给妻子买一把漂亮的发梳。当两人于圣诞节交换礼物时，爱意固然感人，拼尽全力购来的礼物却成了无用之物。故事结局凄婉而深情。出人意料，又情在理中。"出其不意"的结尾，给读者以新鲜感，回味隽永，深化了爱的主题。此是一例。

（十二）写好"小作文"

"小作文"，又称微型作文，袖珍作文。所谓"小"，是言其篇幅短小，三五百字，一二百字，即是一篇。虽说"小"，但是它是完整的一篇，文有中心，体有结构，俨然是一个整体。

"完整"是小作文的第一要素。俗语说，麻雀虽小，五脏俱全。这里的完整不仅指结构完整，更指意思完整。

例文一：

苹果为什么会变色

张嘉伟

今天早上，妈妈帮我削了一只苹果，把苹果放到保鲜袋里，袋口没有打好结，就直接放到书包里去了。妈妈吩咐我中午吃。

到了中午，我一直在玩，没有顾上吃苹果。放学了，想起苹果，拿出来一看，呀，怎么变成茶色了？正巧，妈妈来接我了，我就问妈妈这是怎么回事，妈妈一下子也说不出来，就说："回家看一看《十万个为什么》。"一到家，我拿出《十万个为什么》看了起来。原来苹果切开以后，接触到空气，果肉的酶和空气中的氧发生了氧化反应，生成了一种叫氧化酶的物质，使苹果变成了茶色。苹果变成茶色以后，所含的维生素 C 会减少，影响营养价值。为了防止切开后的苹果变成茶色，可以不让它和空气接触，只要把它盖好就行了。最好的办法是把苹果泡在盐水里，多长时间也不会变色。

今天我又学到了一个小知识。

这是一篇生活说明文。作者叙述"苹果变色"的过程，揭示"苹果变色"的原因，介绍防止"苹果变色"的措施。一个普通的生活现象，人所共见，然而道理却未必人所共知。小作文娓娓道来，虽说是"小知识"，倒也引人注目。设想，如果只是记录生活现象，而没有现象因果联系的揭示，那么，文章意思不完整，文章也就没有意义了。

"突出"，是小作文的又一要素。篇幅既"小"，而又要表达完整，自然要求内容相对集中，只有内容集中方能主旨突出。无论记叙、说明或议论，都要集中一点，突出一点。一幅画面，一种特色，一个观点，要有"镜头"感、"标语"感，一看即知，过目不忘。

例文二：

捕　鼠　记

姜念欣

地理老师正在讲课。

一只惊慌失措的小老鼠从墙角钻出来，有的同学吓得大叫不止，还有的上了桌子。地理老师费了好大劲才把纪律整顿好。

下课以后……

我们班"海拔"最低的同学吴成本，一个箭步冲到了讲桌下，按住了那只小老鼠，吓得周围的同学四散而逃。吱吱叫的小老鼠禁不住吴成本的重摔，在一阵呻吟后死去……

回班后，没人敢接近他，尽管他一再说："我洗了三次手。"

一只淘气的老鼠窜进教室，吓得同学"大叫不止"。下课后，一位吴姓同学勇敢捕鼠，由"冲"而"按"而"摔"，连续三个强烈动作，终置老鼠于死地。此情此景，有声有色，犹如富有动感的"镜头"，在读者眼前闪现，凸显了这位捕鼠同学勇于除害的精神。

"精彩"，是对"小作文"的整体要求，也是"小作文"成功的标志。"精彩"，主要表现在立意和用语两个方面。立意要有深度，要有独特的感受，要耐人寻味，语言要上口，整齐对应，能出语惊人，让读者过目不忘。

例文三：

淘 书 乐

陈 一

旧书店是一道即将消失的风景，年轻的我们已很少光顾它了。然而在旧书店淘书真的是一种乐趣。虽然旧书看似舍弃品，但只要你有耐心，在细细的寻觅之中，就会发现一些老版本的好书。有一次我居然发现了一本比爸爸年纪还大的《简·爱》，真是爱不释手。在旧书店中淘书还有一大好处——价廉物美，不必花多少钱，那一本本数度易主、饱经风霜的书便可在你的手上再一次烙上痕迹。

"淘书乐"，是文章的题目，也是文章的主旨。全文仅一段，取两例，主题突出，简明扼要。得旧版《简·爱》是一乐，取旧书"价廉"是又一乐。中学生乐于跑旧书店，"淘书真的是一种乐趣"。

场面集中，内容突出，主旨显豁。"小作文"文字短少，表现的内容忌庞杂，忌含糊。流露情感以直抒胸臆为宜。

例文四：

少 年 的 心

王艳萍

少年的心，是纷纷扬扬的雪花，纯洁而明净；是草原上奔驰的骏马，自由而奔放；是七弦琴上弹出的旋律，委婉动听。

少年的心，已越飞越高，飞出了父母的双翼，飞出了心灵的冬季；年轻的心弹响了生命的琴弦，年轻的脚步也越走越轻盈。

少年的心，已渐渐刚强。当童年的风筝渐渐远去，青春的风帆慢慢升起，年轻的心，从此便站到了人生的又一起点，勇敢地迎接未来的风风雨雨。

少年情绪是躁动不安的，起伏变化的。文章以《少年的心》为题，可写的内容丰富而多彩。本文巧妙地运用一连串比喻，诸如"雪花""骏马""七弦琴""风筝""风风雨雨"等，展现青春少年骚动的情感生活，引人遐想，发人深思。文章表达的情感内容多而不乱，隐而不晦。三段文章各有侧重。第一段突出"纯"，涵盖"奔放"和"委婉"的气质。第二段强调"飞"，显现少年气盛的生命力。第三段明示"强"，表现少年的独立性和使命感。每段内容相对集中，且以排比出之，有明显的语言标志，形成层次，共同组成一个整体。

"小作文"文字不多，在语言方面就更要字斟句酌，惜墨如金。其要领有三：

写好关键句。关键句指点题句和描写句。点题句要简练，对全文主旨明白揭示，要言不烦。如《淘书乐》中"淘书真的是一种乐趣"一句，对全文有提纲挈领的作用，这就是点题句。点题句要清楚明白，不能拖泥带水。描写句在记叙中起着铺陈强调的作用，"文中有画"，要注意动词、形容词的贴切运用。成语不仅言简意丰，而且音节和谐，在文章中能恰当引用，意境美和韵律美可以一举两得。

要写自己的话。《捕鼠记》中，写捕鼠的同学是"我们班'海拔'最低的同学"，不言人矮，而说"'海拔'最低"，友善而风趣。捉鼠的"手"尽管"洗了三次"，也"没人敢接近他"，活灵活现地写出少年同学畏惧胆怯的"憨"态。

注意语句的整齐和变化，或对举，或排比，或长短相间，显现文章语言的节奏感和错综美。作家沙叶新的名片是这样介绍自己的："我，沙叶新。上海人民艺术剧院院长，暂时的；剧作家，永久的；某某理事、某某教授、某某顾问、某某副主席，都是挂名的。"这张名片的文字就是一篇精彩的短文，语言平实，形成排比，言简意深，耐人寻味。

"小作文"的写作越来越引人注意，这不仅由于每年高考、中考试题中屡有出现，是得分的重要项目，还因为它在社会交际中极有实用价值，应聘作文、产品介绍、书信往来，常常是文字不长，却要明白晓畅，准确无误，令人信服。另外，练习"小作文"又因其比较省时而在教学中备受青睐。掌握作文的"微缩"技巧，练好"小作文"已成为广大中学生的强烈需要。

（十三）情透纸背的"应用文"

> 应用文为人所写，又为人所用，就不能不讲"人情味"。自然熨帖而又恰到好处地传情会意，能有效地提高"应用"功能。

说"文以情动人"，几乎是不包括应用文在内的。应用文，无非"通知""书信""报告"之类，说清事项，不漏内容，不生歧义，款式正确即可。"情"和"谊"似乎是附加的，甚至是多余的。近日读几则应用文，却让我大开眼界。

一份是哈佛大学的"录取通知书"：

亲爱的刘小姐：

我很高兴地通知你，哈佛大学招生与经济资助委员会已经投票，赞成在2003年级为你提供一个名额。对你的这一杰出成就，请接受我个人的祝贺。

今年，有18000名以上的学生申请我校的1650个名额。面对众多富有才华、素质极高的申请者和相对较少的名额，哈佛招生委员会极为仔细地选择了那些表现出非凡的学业、课外活动和个人的实力的候选人。委员会相信，由于你不寻常的优秀素质和综合能力，你将会在就读哈佛期间和毕业后做出重要贡献。

我极其希望，你能到剑桥（注：哈佛大学所在地为美国波士顿都市区剑桥市）加入到我们之中。

真诚的威廉·R.菲茨西蒙斯　招生与经济资助办公室主任

这是哈佛的"录取通知书"，以书信的形式通知录取者——十八岁中国成都女孩刘亦婷。情真意切，读之让人心动。录取方是名重全球的高等学府，出面的是学校领导，是师长，而被录取一方是一名普通的中国中学生。字里行间不见"师道尊严"，洋溢办学者求才若渴的真诚。对被录取者，则不惜以"杰出""非凡"盛词称之，爱才之心，真情可感。至于校方，淡淡一笔，自言做了"提供一个名额"的工作，无居高临下之意，有殷殷期待之情。一纸短笺，透视出校方唯贤是举的人才观。应用文以情感人，此是一例。

另一则也是一份"入学通知书"。中国访问学者子女在美国一所小学借读，中国的小女孩名叫舒雨，就读小学三年级。美国佐治亚州首府亚特兰大城多尔顿小镇的布鲁克伍德小学班主任桑德斯夫人发出一则通知：

亲爱的舒雨：

欢迎你到布鲁克伍德学校来上学。这学期你的班主任是桑德斯夫人。我们将开始一个激动人心的学年。希望你在这一年里能成为活跃分子。我们期待周一早上9点至10点与你见面，周二起全天上课。有你在我班上，真让我喜出望外。

爱你的桑德斯夫人

"激动人心""活跃分子"这些滚烫的话语，多么富有感染力，三年级的孩子能不心往神驰？"喜出望外"更是母爱流露，一下子拉近双方的感情距离，犹如一位慈爱的母亲接待远方归来的孩子，情不自禁地搂抱，温馨体贴，让孩子心醉。这哪里只是一份平常的入学通知书，分明是教师的爱的呼唤。

再看一则新加坡1999年1月3日的"天气预报"：

雨！雨！雨！看到马来半岛东北季风吹袭，处处"汪洋一片"，我们这里也无法幸免，雨会间间断断下到傍晚。今天最高气温不超过28摄氏度，最好多加几件衣。小朋友们别赖床，赶紧理个发，整理好书包，准备明天上学啰！

天气预报是最程式化的，不测风云，阴晴雨雪，似乎是不需要人情味的。但是，新加坡的天气预报却别开生面，风趣幽默，满溢关爱之意，是社会文明的生动体现。

应用文也有"情"和"谊"。诚然，应用文以把握内容重点，强调意思完整，准确无误地传达信息（包括标点）为要。然而，应用文既为人所写，又为人所用，就决不能排除人情味，自然熨帖、恰到好处地抒情会意，会提高"应用"的功能。对上述各例的"应用文模式"，情透纸背，扣人心扉，青少年读者当刮目相看。

（十四）是"改写"，还是"改作"

《春水》是作家冰心的一本诗集的名字。这本诗集收短诗182首，按数字排序，《墙角的花》列第33首。全诗三句："墙角的花！你孤芳自赏时，天地便小了。"学生习作题为《〈春水〉改写》。

指导教师说："这朵墙角的花只能写成孤芳自赏或井底之蛙之类。""改写"的同学不同意，她要"按自己的意思"，"改写"这首诗。

《春水》改写

上海市朱泾中学　陈　琳

墙角的花，你是一朵墙角的花，享受着简单俭朴的生活。

清晨，你在微风中把自己打扮得靓靓的；傍晚，你又在余晖中自我沉醉。你沐浴着金色的阳光，生活很是美好；偶尔也会遇上雨天，但你知道天气虽不可预测，自己的心情却可以把握，于是，在雨中，听到你甜美的歌。杂草想要占领你的地盘，你并不为此烦恼，因为你知道只有不断进取，才能享受自由，于是你努力使自己的根长得长一点，扎得深一点，终于击退了杂草的侵扰。

我羡慕你，墙角的花，你有完善的自我，生活简单却不枯燥；我羡慕你，墙角的花，你固守自己纯洁的一方领土，孤芳自重，卓然独立，而不理会身边杂草的滋生蔓延，对四周的污泥浊秽更是不屑一顾。于是，你的天地便小了。

"改写"是一种常见的写作形式。它要求变换文体或表达方式，允许增删内容，却不能改变原作主旨。冰心原作《墙角的花》主旨是"孤芳自赏"招致目光短浅（"天地便小了"），以花喻人，揭示的是一种自命清高的心理状态。而陈琳同学在文章中，一厢情愿地将"孤芳自重"与"卓然独立"并列，改"天地便小了"为独善其身，展现的是"墙角的花""独立"的形象，显然这是难以自圆其说的。改变原诗的立意，那不是"改写"，而是"改作"了。

请看一篇《墙角的花》改写：

墙角的花，挨着墙角独自立着。

在这一片没有色彩的方寸里，她是唯一的色彩。灰蒙的墙，她是不屑一顾的，这哪比得上她亮丽的红色花瓣。白秃秃的地，她是从不低头望的，她那柔嫩的绿叶是不需要底色的。于是她高高地昂起头，在微风里摆动，张望，欲在湛蓝的天空中映出她的倩影。

然而墙的那边却是一个姹紫嫣红的花园，这些，墙角的花是不知道的。因为她属于墙角，墙角是她的天地，她那简单的骄傲与自豪使她无暇去翘望墙外的世界，更无暇去追求墙外的色彩。她的天地中只有她的骄傲，她将一生在这一方天地中只面对自己，欣赏自己。最后，她便成了无人理睬的墙角的小花。

墙角的花是可叹的，把偌大的世界置之于不顾；墙角的花是可怜的，从不懂得什么是争奇斗妍；墙角的花更是可悲的，她的生命，只属于自己。

（徐　斐）

这篇"改写"首句点题，自成一段。以"墙角"的逼仄，衬托"花"的孤寂，指明这是一株"墙角的花"。

第二段，突出"色彩"对比，写出"花"的孤傲。周边"没有色彩"，而"花"独有色彩。"墙"是"灰蒙的"，而"花"有"红色花瓣"；"地"是"白秃秃的"，而"花"有"柔嫩的绿叶"。"色彩"对比又引起心态对比，对"墙""不屑一顾"，对"地""从不低头"，显示"花"高傲地鄙视一切的态度。而对自身，则"高高地昂起头"，"欲在湛蓝的天空中映出她的倩影"，显示"花"的自我欣赏、自命清高的矜持。色彩和心态的两重对比，形象地再现了原诗"孤芳自赏"的主旨。

第三段，是对原诗句"天地便小了"的诠释。墙内墙外是两个天地。墙外是"姹紫嫣红的花园"，墙内只有局促的一角。

孤芳自赏是她终成"无人理睬的墙角的小花"的原因。

第四段是议论。"可叹"，写"墙角的花"的盲目；"可怜"，写"墙角的花"的无知；"可悲"，写"墙角的花"的结局，至此，完成了对"孤芳自赏"病态心理的全面批判。

这篇"改写"是比较成功的。它的成功就在于变换了原诗的文体和表达方式，而内容不变，主旨不变，语言形象，把握较准，符合"改写"的基本要求。

写到这里，有必要对陈琳同学的"改写"再说几句。陈琳按自己的意思，写"墙角的花"无可厚非，只是她所写的不是"改写"，而是"改作"。旧作翻新，反其意是具有积极意义的思维方式。认识事物不限于一个方面、一种表现，"人云"而不"云"，独抒机杼，别有寄托，不仅允许，而且应当鼓励。试举一例，如毛泽东著名的《卜算子·咏梅》词。宋人陆游写"咏梅"词，上阕写梅花的生存环境："断桥""寂寞""黄昏""风""雨"，一派凄苦情景，而"梅花"能洁身自守；下阕写"无意苦争春，一任群芳妒。零落成泥碾作尘，只有香如故"，表明"梅花"冰清玉洁的操守，写的是"孤芳自赏"。毛泽东"读陆游咏梅词，反其意而用之"，再写"梅花"。环境同是艰险，同是面对"风雨"，且有"飞雪""悬崖"，结冰"百丈"，然而毛泽东笔下的"梅花"却是"犹有花枝俏"，笑迎春天，生意盎然。"俏也不争春，只把春来报。待到山花烂漫时，她在丛中笑"，同是"不争春"，表现的是坚定乐观的情怀，抒写的是无产阶级解放全人类的博大胸襟。两首"咏梅词"，两株"梅花"，两相对照，境界迥异。毛泽东写梅虽然源发于陆游词，却不是"改写"，而是"改作"，是全新的创作。

再看陈琳同学写"墙角的花"，既然"按自己的意思写"，针对原诗"孤芳自赏"，改写"卓然独立"，不写"天地便小了"，而写别有天地，这属于"改作"，写得好，这一株全新的"墙角的花"也或可成为习作园中耀眼的一枝。

"改写"是"课程标准"规定学生必须掌握的一种写作能力。学会"改写"是必要的，如果立意需要，对"原作"进行改造，重新创作，既会"改写"，又能"改作"，那么，两全其美，岂不更好？

（十五）名人从这里走来

这两篇作文，与一般少年作文并无二致。引人注目的是，两位作者后来都成为名人，一位是政治家，一位是名作家。从小看大，他们真真切切是从这里起步的。

先看两篇作文。第一篇：

我们的位育

邹嘉骅

我自从呱呱坠地以后，慢慢地受到父母的教养直到五岁，才被送到海星小学去读书。读到三年级时，听得人家说，位育是怎样怎样的好，我心里非常美慕，拼命地同母亲吵闹，母亲才答应了我的要求，那时我是何等的快活。

我到了位育小学以后，碰到了很多很有礼貌的小朋友和循循善诱的老师，同时看到了很多新书，这时我真形容不出我心头的快活。现在我已在五年级读书了。我们的位育，因课程的充实，教学有方，所以学校的名誉一天好似一天，许多小朋友，都从远处搬到我们学校的附近来，进我们的学校。每逢学期开始，许多小朋友争先恐后地来报名，结果因教室狭小，不能尽量地容纳，只好败兴而回。近年来学校当局，有鉴于此，特由校董会决议在拉都路（现襄阳南路）、西爱咸斯路（现永嘉路）口，决定再建造新校舍一所。现在已开始动工建筑了，闻下学期即可迁入，诸位同学，你们听到了这个消息，将如何快慰啊！

1937.6

第二篇：

一 件 小 事

当！当！下课钟响了，我们怀着愉快的心情，飞速跑向总务处门口，地上整齐地摆满了锄头，扁担，十字镐……叫人一看就知道，我们正准备去掘防空壕。

我们踏着轻松的脚步，背着锄头。走上海坦山。这时许多事情在我的脑子里打转——林校长的报告，小组会里宣读个人计划，等等，我决心以在掘防空沟中努力劳动来表示自己的实际行动。心在想时，前面的队伍忽然停下了，原来我们已站在高三高二同学用血汗挖成的防空沟上。

工作开始了，我拿着锄头用力地挖，抹一把汗挖一下，许多锄头在跳舞，我们连吃奶的力也用出来了，终于战胜了硬硬的地面。由于上部的土比较松，大家一下猛干，把它掘得太阔了。于是大家开始动脑筋找窍门，终于想出了用石头一块块垒成墙，使上面的泥不再往下溜，于是许多丢在地上无用的石头，被几十双劳动的手垒成了墙，我们用智慧和劳动结合起来战胜了困难。

干着，干着，腰酸了，手也没力了。这时我想起在朝鲜的志愿军叔叔们，他们曾经为了消灭侵略者，为了使祖国人民和朝鲜人民能过幸福的生活，他们缺乏工具就用手拿着红红的铁打成工具，建成了横亘东西的坑道工事。这样，我增加了力气，继续挖着，防空沟的两边逐渐在我的身边升起，我们越挖越深了。

当我正要休息的时候，我向第一组的地方看看，忽然发现有几个解放军也和他们一起起劲地挖，我想解放军叔叔也来帮助我们，我们应该更加起劲地挖。于是我再也不肯休息，继续干下去，一直到下工。

下工后，我觉得很累，拖着沉重的脚步走下山，这时红色的夕阳正在山头，我回头看着那防空沟，它比以前更深了，我觉得这次的劳动仅仅是一件小事，但它的意义却非常重大……

应该说，这两篇作文都是写得比较好的。它们有一个共同的优点，感情真挚，语言明白。

第一篇写的是对母校的热爱。小学生先写由"羡慕"到转校成功的"快活"，表达向往之情。再写在校学习的"快活"，有"小朋友"，有"老师"，有"新书"，尽享读书快乐，不无感恩之情。三写学校发展新建校舍，小作者为母校发展感到"快慰"，表示祝愿之情。以上三层，一向往、二感恩、三祝愿，寄寓了小学生对母校的拳拳之意。作者毕竟年小，尽管热情满怀，但在表达上难免有不尽如人意处，比如"何等的快活""形容不出我心头的快活""如何快慰啊"，从遣词造句看，有力不从心之感。唯其如此，想尽情而不能，这才是孩子能有的语言能力，也是孩子的生活真实。

第二篇写挖防空壕劳动。文章按时间顺序，一步步写来，从"准备"，到"开工"，"干着，干着"，直到"下工"，记叙完整。在记叙过程中，作者写了自己的思想活动，写了面临的技术困难（土"松"，沟面"掘得太阔"），体力不支（"腰酸""手也没力"），在榜样力量的鼓舞下顺利完成任务。文章有头有尾，有起有伏，"一件小事"写得真实而具体。上工时"踏着轻松的脚步"来到工地，下工时"拖着沉重的脚步走下山"，语言前后呼应，朴实真切。文章中还有描写，如"许多锄头在跳舞，我们连吃奶的力也用出来了"，下工后回望工地，"这时红色的夕阳正在山头"，景中含情。这些描写出自一位少年之手，虽然稚嫩，但真实可信，就像看一幅小时候吮着手指的照片。须知，这"吮着手指"的动作是孩子们特有的，因而更显得憨态可掬。

简述了上述两篇少年作文之后，现在该说一说它们的"特殊性"了。如果从文章看，这两篇作文的内容和形式虽有上述优点，但与一般的少年作文相比并无"特殊"之处。它们的特殊性在于两篇作文的作者成年后都成了社会名人。《我们的位育》作者是邹家华（嘉骅），他是中国著名记者、政治家、出版家邹韬奋的公子，曾任中华人民共和国国务院副总理。《一件小事》的作者叶永烈，是当代著名作家。那么，因为作者是名人，所以他们少年时的作文也就"特殊"了吗？不是的。我们今天重读这两篇作文，正是想说明做作文就应该像《我们的位育》《一件小事》那样，运用的是朴实明白的语言，表达的是真情实感，孩子的文章就是那个特定年代的文字记录。作文不能矫情，不能做作，不要卖弄，不要"拔高"，求的是真言、真情、真意。这是做作文的真谛。

所举这两篇作文，其实与一般少年作文并无二致，今天的少年作文一样能达到这样的水平。而两位作者后来成为名人，一位是政治家，一位是作家，却又真真切切是从这里起步的。由此可知，坚持这样的作文方向是对的，它是人生发展的坚实的基础。有了这样的基础，人就可能有好的发展，由此出发，就有可能获得可观的成就，或者其中的一些人将来就能成为"名人"（贡献大的人）。

至此，笔者的意图已明。推荐这两篇作文，为的是倡导一种优良的文风（作文之风），真情实意，朴实无华，这是为文为人的基础。笔者反对故弄玄虚，华而不实，以为虚情假意、堆砌辞藻就能成就"好作文"，那是假象。

重提这两篇小学生作文，还有一个目的，那就是鼓励现时中小学生的你们，他们行，你们也行。名人从这里起步，有志少年也应当从这里起步。

（十六）勤写"随笔"

"随笔"是散文的一种。因其取材广泛，不拘一格，而又意味深长，多为作者青睐。鲁迅以"杂感"惊世，巴金留"随想录"传代，朱自清有"欧游杂记"可读。凡此种种，"杂感""随想""杂记"均属"随笔"。可见，"随笔"一体，格局虽不大，功用却不能小觑。倘能精取善用，寸长尺短，足可成就。"随笔"之用，于作家如是，于学生亦然。

勤写"随笔"，益处多多。随笔写作，可以自拟题目，自主立意，自定长短，适应青少年自由倾诉、主动交流的心理需求。学生写这类文字，不受拘束，目有所见，心有所感，率性而作，无"应试"之苦，有倾吐之乐，于是学生"随笔"之风，应运而生。随手翻读学生"随笔"，其中就有一篇《冬日》映入眼帘，摘录如下：

我试图将整个脸埋进高高竖起的领子里，风拼命地吹着，好像不把我吹走，它便不罢休——这是一个冬日。

一阵凄楚的二胡声随着风势若隐若现地飘入我的耳际。循声望去，一位衣衫褴褛的盲人在专心地拉着二胡——他挑的很不是地方，这里只有三两个匆匆赶路的行人，包括我。或许他想借助二胡来幽幽诉说自己的故事，只说给自己听，真的好可怜。

突然，一位裹着厚厚白围巾的大男孩在他跟前站住了，静静地听，一曲听完，从兜里掏出两枚硬币，放入盲人脚边的大碗，默默地走了。

这不是施舍，这是对劳动的报偿。

于是，我也认真地做了一回听众。当我把硬币丢入那口大碗时，我并未感到这位卖艺人是生活的弱者。

这是一幕街头小景。盲人卖艺，是街头的景象，并不能算作大事，可小作者对此却深有感触，在字里行间留下的是一分同情，二分理解，七分尊重。即为"随笔"，一抒胸臆，此乃"情动于中而形于言"也。

随笔的篇幅可长可短，长的可达几千字，而有的学生写"随笔"不过三言两语，却也情味隽永，读之让人心动：

当我的左脚踩住右脚的鞋带，我的身体就倾斜了，原来，自己也能把自己绊倒。(《偶感》)

写的看似琐碎的生活画面，抒的却是真切的感情。立片言以居要，透深情于纸背，小中见"大"，浅中见"深"，意在笔中，神于言外。

对于中学生，写"随笔"还有练笔的一层意义。写作能力是语文能力的综合体现，提高写作能力离不开写作实践。

巴金说："只有写，才会写。"勤写"随笔"，不仅能满足学生表达的心理需要，也是增加写作能力实践的教学措施，一举而两得。同时，唯有抒写真切的感受，才能做到上文所说的"情动于中而形于言"。这样的写作，才是真正意义上的写作，才有写作能力的提高，才有写作兴趣的产生。

写作是一项艰苦的脑力劳动。我曾多次说过，写作是一种"痛快"，必经"痛"才有"快"。这个"痛"，就是炼意、炼句、炼字。"随笔"写作不是"随便"写作，对生活中有所"感"的内容，要由"感"而"动"，这个"动"指心动，也即思考，要由感性向理性升华。此外，"随笔"的练笔意义还在于积累，这里包括生活积累、思想积累、语言积累。而思想积累是纽带，是重心，是最活跃的因素，因而也是最重要的积累。思想积累包含两个层次：感受的积累是第一层次，它来自五彩缤纷的生活；观点的积累是第二个层次，形成观点是理性思考的结果，是对生活内在联系的揭示。从这个意义上说，每写作一篇"随笔"，都是一次思想历练、思想积累。

多年前，作家峻青对我说过一段话："你问我对中学生写作有什么建议，我觉得写作要练习基本功，散文就是基本功。我希望中学生能够从写散文入手。"峻青先生的话，说得很有道理，很切合中学生写作训练的实际，我希望中学生写作从散文入手，写散文则从写"随笔"入手。

形散神不散

散文是指与诗歌、小说、戏剧并称的一种文章体裁。"形散而神不散"是散文的特点。"形散"主要指散文取材广泛，不受时间和空间的限制；表现手法不拘一格，可叙述，可议论，可抒情，可描写，作者可以根据内容需要自由调整。"神不散"主要是指散文的立意明确而集中，无论散文的内容多么广泛，表现手法多么灵活，都要为表现主题服务。

作家秦牧说散文

作家秦牧在与笔者的谈话中说过："散文在文学作品中的地位，同素描、速写在绘画中的地位一样。散文，一般写的是真人真事，作者夹叙夹议，抒发自己的感情，运用多种的艺术表现手法，并且它的篇幅也比较短小。因此，写好散文，是写好其他体裁文章的基础。现在，在中学语文课本中，散文占有相当的比例，这很好。学生在教师的指导下多读一些散文，多写一些散文，对于他们写作能力的提高是大有裨益的。"此说与作家峻青持相同的观点，谨录以备读。

七、学会辩证说理

（一）重在提升判断能力

中学生写议论文，常有畏难情绪。究其难处，多在于说理不清。"说理不清"，看起来是表达的问题，实则仍是认识的问题。古人有言："理郁者苦贫""理定而后辞畅"。（《文心雕龙》）"理"既"贫""郁"，焉能不"苦"？"理"不能"定"，怎有"辞畅"？

那么，如何识"理"？又如何"辞畅"？试以例说之。

重拾自信，回归传统
——从频繁改名谈起

上海市北中学　李凝祺

西山改名"金庭"，为的是财源广进；思茅易名"普洱"，为的是以茶富市。改名之风刮起时，大学们、里弄们"闻风而动"，纷纷为自己饰以更为国际化、更为响亮的名字。且抛开"经济利益"四字不论，频繁更名的背后，我们看到，在经济全球化的今天，对于我们的传统，我们似乎显得越来越底气不足，而我们一直引以为傲的文化印迹，也似乎正随之逐渐淡出我们的视野。

走在街上，撞入眼帘的巨型广告上，竟都是诸如"东方曼哈顿""城市威尼斯"等鼎鼎"洋"名；"必胜客""星巴克"成了人们聚会的首选，寻常巷陌中的纳凉与闲聊已默默让位。我们中国成功举办了奥运会，修建了绵延千里的青藏铁路，为世界各地提供着生活必需的"中国制造"，然而为何有时我们仍显得像是被推搡进喧闹大观园的刘姥姥，美慕的目光背后是自信的缺乏。我们消费着外来的制度、思想乃至意识形态，殊不知，当我们因盲目模仿与追风而丧失了传统，我们的发展与进步的潮流，便会像无源之水，"其涸也，可立而待也"。

191

纵观历史，历史上没有一个大国的崛起是可以离开文化的衣钵的。诸如美、英等国，在经济迅速发展的同时，他们无不向世界注入了新的制度与意识形态。"文化搭台，经济唱戏"，若没有了文化与传统构建的平台，这戏怕是真成了"空城"吧。因此，重拾自信、回归传统似乎应是在发展经济的同时，同样值得关注的命题。

重拾自信，并不仅仅意味着对自我价值的重新发掘与关照，更包括坦然地承认：在社会形态的转型期，哪些林林总总的生动表情本身是具有意义的，哪些曲曲折折踩下的脚印本身是具有价值的。拥有了这份坦然，我们才更容易处在一个"体外"的立场，客观地评价我们的发展，理性地处理是否"拿来"的问题，因而不至于由于自我价值的迷失而丧失自信。

传统的回归，需要结合民间的力量。离开民间滋养的文化绝不可能是"活"的文化、有生命力的文化；远离民心的传统更是随时有丧失的可能。从《百家讲坛》的兴起到传统节假日的重提，人们在奔小康、追求精神生活的时候，有机遇、有能力也有心境与传统重新邂逅、深入交流。人们正逐渐意识到：一个丧失传统的民族，就如同无根之木、流水浮萍，失去了养料的供给，何谈常绿常青？

是的，我们更改着那些看似突起的名字，我们搬进了"城市威尼斯"，我们消费着"必胜客"，但我们仍流淌着华夏民族的血液，我们仍感受着自己的感受，悲伤着自己的悲伤。我们的内心应该有些东西是一成不变的。我总相信，外面的世界越是"乱花渐欲迷人眼"，我们的灵魂就越应该有一份"过尽千帆皆不是"的坚守与执着。

而我们自信的重拾所依赖的正是这份执着，我们传统的回归所需要的正是这份定力，我们文化的集成与发扬所呼唤的正是这份坚守。忽地想起陈寅恪那在战火中著书的坚实背影，真希望这个时代能够多一些像他那样抱一守中的灵魂。

这是一篇评论社会"频繁改名"现象的作文。本来，地区、建筑、门店、商品命名，从个体行为看，命名者各有所好，可以自行其是，无须别人多说。然而，一旦"改名"形成社会"风"气，且呈现某种"风向"时，这就成了值得关注的社会现象。

从"频繁改名"的社会现象中，人们能看出些什么呢？作者写道："频繁更名的背后，我们看到，在经济全球化的今天，对于我们的传统，我们似乎显得越来越底气不足，而我们一直引以为傲的文化印迹，也似乎正随之逐渐淡出我们的视野。"这是作者对眼前事物的认识和判断。有无这一判断至关重要。可以说，没有这个判断，也就没有全文的立论。"重拾自信，回归传统"的观点是由"底气不足"、文化"淡出"的判断引起的推理。论说由推理起，推理由判断起，毋庸置疑，判断是说理的起始，也是进一步说理的基础。

什么是判断？判断是对事物具有某种属性或特点的认定。从思维过程说，它是思维的形式，也是思维的结论。其语言形式则是表达肯定或否定语意的语句。中学生写作议论文，第一步就是要对事物做出明确的判断。如本文，针对"频繁改名"的现象认定它表现了某些人"底气不足"，"淡出"传统的不良思想倾向，这就是判断，进而由它形成了全文的立论。

中学生或许会说，我们缺少的正是这种判断能力。对此，应从两个方面看。一方面，中学生是有基本判断力的，对于这一点，要有自信，不能妄自菲薄。中学生有一定的思想水平、生活阅历和文化知识，对于事物，已具备初步的识别和判断能力。以本文而言，如对"频繁改名"的社会现象，什么"曼哈顿""威尼斯"，更有甚者，什么"法租界新店"（见《新民晚报》2012年2月26日），等等，中学生看不出其表露的崇洋媚外思潮和丧失民族自尊的阴暗心理吗？中学生是有这个基本判断力的，也就是说，中学生是具备这个议论能力的。另一方面，中学生的判断能力也是需要提升的。提高认识，增加阅历，丰富文化，这既是中学生思想成长的需要，也为进一步提高中学生议论能力创造了必要条件。明乎此，中学生在写作议论文时，要勇于判断，善于判断，不断提升判断力，既要增强自信，也要增强自觉。

有了判断，还需要合理论证，这是中学生写作议论文的又一难点。对中学生而言，为了论证观点，他们往往能找到众多材料，其中有历史的，有现实的；有中国的，有外国的；有点上的，有面上的；有理论的，有实际的；有事实的，有数据的，等等。这就需要用心选择，发挥优势，克服难点，以增加说服的力量。

其一，选择论述角度。论述切忌笼而统之，大而不当。切分角度，有助于深化论述的内容。《重拾自信，回归传统》一文，在论述时就选择了历史和发展两个角度。先从历史说，文章说："纵观历史，历史上没有一个大国的崛起是可以离开文化的衣钵的。"接着以美、英为例，论证"重拾自信，回归传统"不可忽视。再从发展说，"重拾自信"不影响理性地"拿来"（借鉴的代名词），"传统的回归，需要结合民间的力量"，"离开民间滋养的文化绝不可能是'活'的文化"。这里，既有历史见证，又有现实活水，使论证既显厚重，又充满活力。

其二，显示论述支点。文章在论述观点时，无论是分角度也好，分层次也好，论述内容如何切分，因需制宜。而对所分层次、所分角度分别用概括简练的语言加以表述，以形成一个一个论述的理论支点，这是非常有必要的。它可以帮助作者理清思路，也可以让读者认清作者的思路。每个论述支点实际上是全文总论点的理论支撑点，是总论点的深入表述，也是总论点深刻化的标志。在这篇文章中，它所列出的论述支点"纵观历史"云，"重拾自信"云，"传统的回归"云，均位列于每段的首句，这是一种表示法，犹如领兵将士的排阵，醒目突出。当然也可有其他的表示法，位于段落之中，或段落之末，均无不可，但能独立成句，语意明确简练，起着深化论述内容的作用，则是一样的。

最后，我要说一说这篇文章的论述语言。论述语言要求简洁明快，不能拖泥带水，这自然是最基本的要求。但论述语言也一样要求生动活泼。简练不是呆板，明快不是淡而无味。议论语言的生动有趣，有时更能增添以理服人的力量。正如这篇文章的命题是重大而严肃的，语言却是生动流畅的。说到严重处，作者不惜引用古语。"丧失传统"，何谈发展？又如无源之水，"其涸也，可立而待也"。说到"坚守""执着"，文章又写道："我们仍流淌着华夏民族的血液，我们仍感受着自己的感受，悲伤着自己的悲伤。"自然融流行歌词于行文中，表现出中学生的语言特色，引人会心一笑。文章最后凸显著名学者陈寅恪的形象。"忽地想起陈寅恪那在战火中著书的坚实背影，真希望这个时代能够多一些像他那样抱一守中的灵魂。"紧扣论述中心，情意厚重，切合时代，形象感人，振聋发聩，撼人心魄。优秀的议论文习作，自然要在论述深度上下功夫，同样也要在论述语言上下功夫，此是一例。

（二）怎样说道理

提出观点，发表看法，少不了要摆事实和讲道理。不少中学生说，摆事实还不难，难的是讲道理。肚子里有许多道理，一到下笔时就不知道该怎么说。

怎样说道理？有没有方法可供借鉴？让我们先看一段议论的实例：

曲线为什么比直线美？就因为它不是简单的，就因为它是有转折的，就因为它富有流动的韵味，就因为它能"引导眼睛作变化无穷的追逐"，因而能引起多元的思考。无论缺还是圆，月亮从不用直线勾勒自己的形象，假如月亮像一把尺子，望月的人就会急剧减少。如果人生像一根直线，那么往事还值得回首吗？

这段文字说的是人生有些曲折不是坏事，它能丰富经历，磨炼意志。为了证明这个观点，作者是怎样说道理的呢？

打比方，这是说道理常用的方法。文章以"曲线美"作比，让读者体验曲线的美感，从而联想生活道路的曲折美，深刻的道理形象化，广阔的想象空间，让读者自由增补自己的理解和认识，因人而异，各自领受生活的启迪。这是比喻说理的好处。

"曲线美"是总的论题。然而，美在何处，为什么美，却需要论证。文章以四个"就因为"的句式排比而出，从曲线的复杂性、曲折性、流动性、变异性四个角度突出曲线的变化多姿，写出"曲线美"的道理来。这一写法给我们"说道理"以有益的启示。一个论题往往包含丰富的内容，论证时，不妨先将它合理分解，或按方面，或按层次，分别寻找道理的支撑点，亦称分论点，使论述深入一个层次。分论点的道理说清楚了，总论点的道理也就自然而明。作家刘心武称之为分岔思维。寻找和架设理论的支撑点能有助拓展议论的深度。

对比也是常见的一种说理方法。有比较才有鉴别。事物都具有相对性。有黑才显现白，有丑才突出美。这段文字论述曲线美就是与直线的单一性相比较后而得出的。文章还以月亮为例，说明曲比直美。月有阴晴圆缺，才引起人的悲欢离合的联想。"假如月亮像一把尺子，望月的人就会急剧减少"，一曲一直，在对比中以曲为美。对比能使事物的特征更为鲜明，事理亦然，对比能使要说的道理更为明白。

事实是具体的，可感的，而道理是抽象的，理性的。事实蕴含有道理。把事实蕴含的道理揭示出来，这就是讲道理。"揭示"，是说理的又一重要标志。

请读下面一段文字：

疑是思之始，学之端。科学上的重大突破，理论上的重大创造，技术上的重大发明，往往就是从"疑"开始的。"苹果为什么落在地上？"这个"疑"，对于探索"万有引力"的牛顿曾有极大的启示;"水开了,茶壶盖为什么跳出来?"这个"疑",使瓦特发现了蒸汽的力量;"挂灯摇摆幅度不论大小,为什么时间都是一样?"这个"疑",使伽利略发现了等时性原理。这些自然现象,皆是人们生活中惯常所见,然而,寻常人熟视无睹,唯有具探求精神的人对此产生"疑",努力探求,以致有所发现,有所发明,有所创造。宋朝思想家张载说得好:"于不疑处有疑,方是进矣!"

这段文章列举牛顿、瓦特、伽利略三个事例,这些都是事实。用来证明"科学上的重大突破,理论上的重大创造,技术上的重大发明,往往都是从'疑'开始"的论点,自然是可信的,这是"摆事实"。但文章不止于此,还写了一段文字:"这些自然现象,皆是人们生活中惯常所见……""唯有具探求精神的人对此产生'疑',努力探求,以致有所发现,有所发明,有所创造",说出"探求精神"是这些事例成功的原因所在。这一原因原来蕴含在事例中,现在把它提取出来,这就是"揭示",就是讲道理。

要学会写"揭示"的语言。对"事实"要作分析,现象是什么,本质是什么,事物与事物之间有哪些共同点,有没有因果关系等,然后用简洁的语言把它表述清楚。这就是讲道理。

揭示的方法除了上文介绍的直述法,还有引述法。同是上文,紧接着引出:"宋朝思想家张载说得好:'于不疑处有疑,方是进矣!'"引用名人名言、格言警句,使道理说得更充分,增加权威性,具有普遍意义。

揭示的语言可以写在事例之前,也可以写在事例之后,或者夹在事例的叙述之中。

有一篇题为《模仿,最深的爱慕》的文章,列举大科学家富兰克林善于"模仿"的例证:

富兰克林把模仿作为自己练习写作的有效方法。他看到《旁观者报》上的文章写得非常好,就下决心模仿它。他把自己认为好的文章找来,做一个大意摘要,几天以后,他不再看原文,而是用自己想到的词语,根据摘要中的大意重新写成文章。之后,再把原文与自己写的对照比较,发现写得不对的地方,立即改正。

"把模仿作为自己练习写作的有效方法",就是这一事例内涵的"揭示",表明"模仿"的作用,这一作用就是事例蕴含的"道理"。与前例不同的是,揭示语不是写在事例的后面而是写在事例的前面。

小练笔

下面是以"教师印象"为内容的四首小诗，你认为哪一首表现教师形象较为准确（或不够准确）？试申述理由。

蒲 公 英	施 肥
那是小雏菊 簇拥着一株蒲公英 你站在 教室门前 孩子们围着你	课桌是你的 田畴 一行一行 不放过一棵 弱苗
藕	作 曲
甘愿满身污泥 一生就这样埋没了吗 不 亭亭玉立的荷花 不就像孩子们的笑靥	一个个 独立的音符 是你用爱 将它们 串联在一起

（三）重视思想方法的指导

有人向我推荐作文《寻找真实》，那是一本学生自办刊物的卷首语。文章气势不凡，观点尖锐，语言洗练，透出青年学子的虎虎生气。细读之余，虽不无赞赏之情，但也有话要说，问题不在文字，而在于作者思考问题的方法。

见文章：

寻 找 真 实

也许是历史的尘封太厚，也许是已习惯于被瞒被骗，也许早已失去了独立思考的头脑，人们被童话中的魔镜遮住了双眼。

但，我们不愿！因为，我们还是翩翩少年！

我们不愿被蒙蔽，我们不愿被禁锢，我们不愿被麻醉。为了不沉沦，我们渴望精神的独立，思想的自由。

我们要挣脱束缚个性发展的桎梏。

我们要发自内心地歌唱，唱出对新生活的向往。

于是我们开始寻寻觅觅。

我们问历史，历史轻抚岁月的胡须；我们问哲学，哲学用深邃的双眸凝视远方；我们问艺术，艺术撩动她宛如瀑布的长发；我们问蓝天，蓝天用白云作答；我们问大地，大地借绿茵倾诉……我们问上苍，上苍笑语盈盈，谈起了伊甸园的故事。

我们"上天入地求之遍"——

我们又把目光移到自身，一个"小精灵"在抽泣，她是谁？

啊，是真实——猛然间，我们终于领悟了。

多年来，真实被太多太多的虚假掩盖；人世间中她被雕琢，受了伤的她只好躲在角落里自舔伤口。

于是，

我们再度走进书海，走进自然，用自己的眼睛观察，用自己的心体验。

一颗颗捡来，一朵朵栽培，一片片收集，一次次忏悔。

敢言敢想，敢爱敢恨，敢大笑，敢大哭，我们提起了真实之笔，我们写下自己的感悟，更愿这份真实不仅属于我们。

我们明白了，读书作文是为了学做真人，而做一个真的人，首先要寻到真实，面对真实。

"寻找真实"，命题无疑是正确的，也是重要的。真善美是人生的美好追求。求真是求善、求美的基础和前提。特别是，当真实被"虚假掩盖"，在生活中被"雕琢"时，旗帜鲜明地提出"寻找真实"的呼吁，就有其针对性，足以振聋发聩，表现出青年人的敏感和敢于提出异议的勇气。这种正义感和学术勇气应该得到肯定和保护。在这一点上，我同意推荐者对这篇文章的赞扬。

须知，在现实社会中，确有不真实的东西，在有些场合，有些时候，欺骗和虚假还一手遮天，为害甚烈。不揭露假恶丑，就不能维护真善美，这自然是颠扑不破的真理。但是，同时也应该看到，这种虚假和丑恶毕竟只是生活的一个方面，是社会的阴暗面。生活中同时还有光明的一面，维护真善美的一面，这一面也是客观存在的。以事实为证，包括文章作者在内的"翩翩少年"一群，他们敢于直面虚假，并旗帜鲜明地与之对阵，拥有这样宽容的语言环境，正是社会光明的一面，且是占主导地位的明证。

从社会的两面观来看这篇文章，我们不能不指出作者认识上的偏颇之处，那就是以社会的"偏"，来概括社会的"全"。在作者的笔下，不真实的一面似乎"太多太多"，在人世间，"真实"只好躲在角落里自舔伤口，似乎已经没有了"真实"，这就有夸大其词之嫌。立论要有依据和针对性，"寻找真实"，是针对社会存在的虚假和丑恶的阴暗面而发的。如果不是有的放矢，那么针对性就会失控。激情有余，缺少分析，以偏概全是这篇文章的不足。观察问题，分析问题，要讲辩证法。

这篇文章的得和失具有一定的普遍性意义。青年人有热情，思想敏锐，敢于发表意见，有独立思考的精神，这是难能可贵的。要鼓励他们各抒己见，支持他们除旧布新的行动，细心呵护，珍惜有加。而对他们认识上的偏颇，感情强于理智，矫枉过正之处，则要亲切指点，同他们商议，以理服人，让他们比较辨析，"用自己的眼睛观察，用自己的心体验"，千万不要把他人的观点强加在青年人身上。有些观点，有些分析，如果他们一时不能理解，不能接受，那么，不妨予以保留。他们还年轻，生活的实践机会还多，相信他们在有了一定的阅历后，读书和社会实践会使他们走向成熟，走向正确的。

矫枉无须过正，不能以偏概全，要全面地认识生活，这是对青年一代的希望。在指导学生，特别是指导有激情、有创意的学生时同样需要细心把握，重视思想方法的指导，一样不能操之过急，矫枉过正，以偏概全。

（四）辩证法是"解剖刀"

近年来，培养中学生的思辨能力的问题，已引起广泛重视。通读中学生的议论文，发现有几个通病：有的说不出多少道理；有的即使说了一些道理，也含糊不清，令人费解。究其原因，主要是缺乏分析，或者不善于分析，常常问题是提出了，但还不能解决，就是因为还没有暴露事物的内部联系，就是因为还没有经过这种系统的周密的分析过程，因而问题的面貌还不明晰，等等。所以，如何进一步提高中学生分析问题的能力，如何进一步提高中学生议论文的写作质量，是摆在我们面前的一个重要课题。

议论文最主要的特点在于说理。而说理首先必须有理。俗话说得好："有理说得山倒。"这虽然有点夸张，但是突出了有理的重要性。"理"是客观事物的本质，是事物之间内在的必然联系，只有把事物、现象或概念加以"条分缕析"，剖析成若干组成部分，找出各部分的本质属性及彼此之间的联系，这样才能找到所谓"理"。因此，帮助中学生掌握分析的方法，养成分析的习惯，提高分析的能力，对于提高中学生议论说理的能力，具有十分重要的作用。

在教学实践中，我体会到以下几点做法会有助于培养学生的分析能力。

首先，引进思想矛盾，激发学生思考问题的兴趣和积极性，促使他们的思维活跃起来。例如，写"谈教育公平"这一类内容的作文，教师当然可以出"谈教育公平"这样的作文题，要求学生就这个题目写一篇议论文。另一种做法是向学生提供一对思想矛盾，然后要求学生就这个问题，写一篇议论文，题目自拟：

从小学到初中，国家实行义务教育制度。现在出现不少民办"贵族"学校，各有标榜，学费高昂。这与"九年义务教育"精神一致吗？与教育"公平、公正、公开"精神一致吗？说说你的观点。

应该说，这两种命题法在议论的中心内容上，要求基本上是一致的。但是，不难看出，后一种做法，由于引进了思想矛盾，提供了比较形象具体的现实材料，如同一根点燃的火柴，"蓬"一下，引起活跃思想的连锁反应，使他们一看到这个题目，思想立即进入"竞技"状态，拿起笔来，跃跃欲试；同时，由于这些思想矛盾来自生活实际，学生感到亲切、新鲜。这也有助于提高学生独立思考的积极性。这样写出来的文章议论内容实在、集中，矛盾的焦点也比较突出。

对比之下，"谈教育公平"这个题目，就显得大而空，议论的内容比较抽象，虽然学生知道"教育公平"的含义，但一时不知从何处着手，颇有"老虎吃天，无处下口"的苦衷，心里不免感到茫然。议论的积极性就调动不起来。于是，为了交卷，他们往往不经过深入思考，就会将人云亦云的论点填塞进去。然后再七拼八凑地寻找一些论据，缝制成一篇"百家衣"式的文章。遗憾的是，"文章最忌百家衣"，其质量便可想而知了。

某年上海市中学生议论文竞赛共出四十七个题目。其中有的题目有思想矛盾，有的题目没有思想矛盾。从得奖的作品来看，大多数选写的题目是有思想矛盾的，这绝不是偶然的。理论和实践证明：引进思想矛盾，是有助于活跃学生思维的。激起学生思维的积极性正是培养学生分析能力的前提和基础。

第二，有计划地进行启发性练习，培养和训练学生正确的思想方法。这是提高学生分析能力的重要环节。"分析的方法就是辩证的方法。所谓分析，就是分析事物的矛盾。""鲁迅后期的杂文最深刻有力，并没有片面性，就是因为这时候他学会了辩证法。"毛泽东同志的这些话是发人深思的。他告诉我们，学会辩证法，掌握正确的思想方法，对于提高分析能力具有重要的意义。

诚然，正确的思想方法不等于正确的分析和认识，但是正确的思想方法却是正确的分析和认识必须具备的条件。譬如，透过现象认清本质就是重要的思想方法之一。因为任何事物都有现象和本质两个方面，任何事物的本质都要通过一定的现象表现出来，任何现象又都是从某一特定的方面表现出事物的本质。在议论文写作教学中，常常要求学生从分析现象出发，得出对该事物的本质的认识。要做到这一点，使学生能不为五花八门的现象所迷惑，不是轻而易举的，而是需要认真加以训练的。为了达到这个训练的目的，我们必须精心设计一套具有启发性的练习。比如介绍"滥竽充数"的故事，要求学生分析一下，为什么在一段时间里"滥竽"能够"充数"，而最终还是暴露出来？然后联系某种类似的社会现象，自拟题目，把这个道理写出来。这样，学生通过练习，对事物有现象和本质两个方面，以及假象也是一种现象，也是本质的一个表现，有了一定程度上的认识。在这则寓言故事里，"南郭先生会吹竽"就是假象，"南郭先生是滥竽"才是实质。这一类的练习，可以用寓言、成语、警句、谚语、格言作为材料。比如："色厉内荏""口蜜腹剑""打肿脸充胖子""敌人同你握手，你要警惕他的暗算"，等等。让学生分析"厉"和"荏"的关系，"蜜"和"剑"的关系，"胖"和"肿"的关系，"握手"和"暗算"的关系，从而使学生体会到事物的现象和本质的辩证关系。

例如，有同学对成语"华而不实""色厉内荏""口蜜腹剑"做出这样的分析，你认为这样的分析合理吗？

"华而不实"，"华"是好的，"不实"是不好的。一件物品，一桩事情，外表华美，布置精致，有什么不好呢？只要不是"不实"。"色厉内荏"，"色厉"是好的，对敌人就是要声色俱厉，而"内荏"是不好的。"口蜜腹剑"，"口蜜"是好的，话说得中听，听来觉得亲切，又有什么不好？只是"腹剑"是不好的。

这样的分析，显然是没有理解这些成语的原意，而将现象和本质割裂开来看问题。这位同学不懂得任何事物都有现象和本质两个方面，任何事物的本质都要通过一定的现象表现出来；任何现象又都是从某一特定的方面表现出事物的本质。没有孤立的离开本质的现象，也没有脱离现象而只剩下孤立的本质。如果这位同学掌握有关现象和本质的辩证法知识，他是不会犯这样的分析错误的。

又如，从量变看质变，这也是极为重要的一种思想方法。要让学生掌握事物质量互变的规律，同样需要认真训练。我们可以要求学生试着去分析一些生活现象和社会现象。试拟这么一道题：

一根筷子很容易折断，如果是一把筷子就不容易折断。为什么同是筷子，它们的硬度竟然大不相同？试运用量变引起质变的规律解释这一生活现象，并由此联系一些社会现象，发表议论，写一篇议论文，题目自拟。

通过这样的练习，让学生掌握由量变到质变的思想方法，不是很好吗？类似的例子可以举出很多，什么"水滴石穿"啦，"防微杜渐"啦，"千里之行，始于足下"啦，"千里之堤，溃于蚁穴"啦，等等，讲的都是同样一个道理。必要的时候，多多引进生活中的实例，效果会十分显著。学生会由此及彼，举一反三，养成对生活认真分析的习惯。

以上仅仅是举例说明，其他如从原因看结果、从片面看全面、从内容看形式等等思想方法，假若都能通过一系列的练习对学生加以训练，那么，学生看问题将减少盲目性、片面性，增加科学性、全面性，分析能力得到很大提高。

第三，介绍必要的辩证法知识、形式逻辑知识，提供分析的武器，"明快的解剖刀"。这是促使学生分析能力提高的重要条件。一般来说，有计划、有目的地对学生进行思想方法的训练，这主要是试图从个别认识一般，从一次次的思维活动中揭示思想方法的规律性。必须指明的是，这里介绍有关辩证法知识和形式逻辑知识，目的不在于系统地学习哲学常识和逻辑常识，而是为中学生在分析问题时的实际需要提供武器。例如，事物存在的条件性，事物之间存在的多种联系形式，事物发展的内因和外因，事物的主要矛盾和矛盾的主要方面，矛盾在一定条件下转化，量变会引起质变，透过现象看本质，内容决定形式，形式为内容服务，偶然性和**必然性**，可能性和现实性，片面性和全面性，感性认识和理性认识，等等；形式逻辑知识如归纳推理、演绎推理、类比推理、反证法、归谬法，等等；都是分析问题时不可缺少的"解剖刀"。

毫无疑问，提高学生分析能力的方法和途径，是多种多样的。这里仅仅提供几条思路，及经过实践证明行之有效的几点做法。还应强调说明的是，分析能力的提高，因素不只局限于一个人的思想方法，它跟学生的觉悟程度、生活经验，也有着密切的关系，所以，提高学生分析能力是一个综合性很强的话题。

小链接

辩证思考举例

增与减	美与丑	智与愚	正与反	进与退
大与小	雅与俗	黑与白	放与收	明与暗
真与假	前与后	开与合	重与轻	表与里
好与坏	古与今	快与慢	虚与实	得与失
曲与直	平与奇	繁与简	死与活	粗与细
点与面	偏与全	成与败	浓与淡	庄与谐
众与寡	抑与扬	巧与拙	尊与卑	详与略
来与去	动与静	内与外	优与劣	悲与喜
苦与甜	上与下			

（五）立论与辩证说理

当你提出一个论点，需要加以证明的时候，你一定很想把道理说得全面而透彻。那么如何做到这一点呢？看来，运用唯物辩证法来认识、分析和说理，是非常重要的。因为辩证法是认识事物的科学方法，只有熟练地操起这把明快的"解剖刀"来分析事物，才能令人信服。

《进与退》一文，对我国国民经济宏观调控方针发表见解，分析是很辩证的。它从"退"的措施中，看到了"进"的因素，指出"在一定的条件下，以'退'保'进'，以'退'促'进'，'退'的后面，将有一个很大的转折，那就是'进'。"文章分析了事物的矛盾在一定条件下可以相互转化。这就是辩证说理，把我国经济调整方针的积极意义阐发出来了。试想，如果不用辩证法这把"解剖刀"加以分析，而是就事论事，就"退"论"退"，那么只会引出说理不透、目光短浅的议论。

有些初学者以为辩证说理"莫测高深"，人为地给它涂上一层神秘的色彩。其实，辩证说理也很平常，很实在，在日常生活中也是常常用到的。比如，《"给"与"拿"及其他》一文，作者在分析"给"与"拿"的辩证关系时，首先指出"给"的实质，"是人类社会发展、进步的一种必不可少的策动力"，然后指出一味地"拿"，"坐享其成"，则必落得个"坐吃山空"的下场。文章既有透过现象看清本质的分析，又有事物之间因果联系的解剖。这些都是辩证说理的具体运用。

下面说说辩证说理时应该注意的两个问题。

第一，要注意抓重点。对待事物的矛盾的双方，我们在分析说理时，不能一半对一半，平均使用力量，而应该抓重点，突出着重论述的部分。在《进与退》一文中，"进"应该是重点论述的部分；在《"给"与"拿"及其他》一文中，"给"应该是重点论述的部分。这两篇文章在确定论述重点方面都做得比较好。

确定事物矛盾的双方哪一方面为论述重点，不是固定不变的。论点是确定论述重点的依据。例如"给"和"拿"两个方面，鲁迅为了阐述批判地继承文化遗产，写了《拿来主义》，以"拿"为重点；而《"给"与"拿"及其他》的作者，为了阐明为人民多做贡献的意义，则选择"给"为重点。

当然，确定事物矛盾的一个方面为论述重点，对于矛盾的另一个方面的论述绝不是可有可无。重点和非重点是相对而言的，在辩证说理时，如果失去了矛的一方，盾的一方也不复存在。

第二，要注意具体问题具体分析。辩证说理常常要用到"对立统一"的观点，对事物之间的辩证关联进行概括。可是，假若离开对具体问题的具体分析，这些概括就会变得不可捉摸，含糊其辞。

有的同学常犯这样的毛病，说到事物之间的辩证关系时，先说一通哲学理论，与具体问题不相关联；而谈到具体问题时，又就事论事，不去揭示事物之间的辩证关系，造成了油水相离的状况。

就拿《进与退》一文为例，作为一个初学辩证原理的中学生的习作，不失为一篇好文章。可是，在辩证分析时，也有对具体问题缺乏分析的毛病。文章前九个自然段，是讲哲学观点和军事上的进和退，几乎只字不提"国民经济宏观调控"这个论述对象，只是在文章的最后两段提到国民经济调整的问题，而结论又简单化："这样的'退'，用不上几年，国民经济就会大规模前进"，其间缺乏细致的有说服力的分析。如果针对国民经济宏观调控这个问题，指出这样的"退"（"调控"）是在一定条件下进行的，是退掉那些"过多的基本建设"，"超出原料供应的一些加工工业"和"不正当的开支"；"退"去这些，国民经济自然会在调整以后，"用不上几年，取得大规模前进"。这样分析，就比较具体，比较辩证，说理也比较透彻。

辩证说理并非高不可攀，关键是在认真观察生活，真正了解事物的矛盾并熟谙事理，同时，认真学习和掌握辩证法的观点，比如透过现象看本质，全面地看问题，懂得量变和质变、原因和结果、偶然和必然之间的关系等，我们就能较好地驾驭辩证说理这匹"烈马"。

小练笔

✻ 下列成语、俗语是褒义、中性，还是贬义？（答案填在括号内）

见风使舵（   ）　　　　　反其道而行之（   ）

各人自扫门前雪（   ）　　　人穷志短（   ）

强中更有强中手（   ）　　　勤能补拙（   ）

✻ 找出下列成语中的因果联系并各举一例。

（1）近朱者赤，近墨者黑

（2）因祸得福

（3）城门失火，殃及池鱼

（4）种瓜得瓜，种豆得豆

（5）当局者迷，旁观者清

（6）满招损，谦受益

（7）鹬蚌相争，渔翁得利

* 下列各组语言说得都有道理吗？

（1）多多益善——以少胜多

（2）攻其一点，不及其余——伤其十指，不如断其一指

（3）盲人摸象——窥豹一斑

（4）五十步笑百步——千里之行，始于足下

* 你同意下列观点吗？试选择一二项简要说说理由。

（1）美是一种负担

（2）学会"遗忘"

（3）应该欢迎"出格"

（4）没有"异想"，哪来"天开"？

（六）透过现象，认清本质

社会现象纷纭复杂。观察事物，如果只看现象，不看本质，就会被表象所迷惑，以至晕头转向，失去了辨别是非的标准。

不妨提倡一下"葛朗台精神"

在学校里剩饭残菜倒得满地都是，某些同学吃不了，随即一转身，"刷"的一下就撒在地上，这样做，似乎也不算坏事：一则显得潇洒，派头十足；二则显得大度。这不免使人想起巴尔扎克笔下的守财名家——老葛朗台。

葛朗台集贪婪、吝啬、狡诈于一身，又毫无人情味，其丑恶的本质，卑鄙的灵魂，确令人深恶痛绝。但另一方面，他精于聚财理财。在我们国家还不很富裕，正处于过紧日子的时候，不妨提倡一下"葛朗台精神"。

"二战"后，日本的经济受到了沉重的打击，但是日本人能清醒地意识到民族危机，于是就集体卖血来发展自己的经济。三十年后，日本经济终于重新崛起，屹立于世界。而我们却缺乏这一危机感，仍靠着"地大物博"迷糊了几十年，直到看到自己已经落后，这才意识到"人口多，底子薄"的现实，提出过紧日子的口号。然而不少人却还只是停留在口头上。

而我们一些效益不是很好的企业的领导依旧在挥霍，大吃大喝。跑了三年"皇冠"轿车过时了，于是又换了辆"奥迪"，一下丢掉了三十多万。

若将这些被挥霍的钱用在刀刃上，又何愁资金不足呢？葛朗台从一个箍桶匠，最终成了亿万富翁，秘诀之一就在于他的吝啬。我们实在对葛朗台批判得太多，肯定得甚少。但我想，在创业中，我们若能有一点"葛朗台精神"，把"浪费""挥霍"这等漏洞严严地堵住，那我们的生活必然会富裕得多。如确能坚持聚沙成塔，集腋成裘，那我们的国力必然强大得多。

（《少年文史报》）

众所周知，"葛朗台"是"集贪婪、吝啬、狡诈于一身"（文章作者语），其本质是丑恶的，其表现令人作呕。老葛朗台从一个箍桶匠最终成为一个亿万富翁，他的"聚财理财"实际上是残酷剥削和疯狂掠夺的代名词。对于这样一个罪恶的"葛朗台"理当全盘否定。

然而，这篇文章的作者却做出这样的分析，一方面，葛朗台的灵魂是"卑鄙"的，本质是"丑恶"的，"确令人深恶痛绝"，而另一方面，他"精于聚财理财"，其表现又是可取的，我们在创业中"不妨提倡一下'葛朗台精神'"。作者把一个事物的现象和本质完全割裂开来，抛去本质，空谈现象，由于思想方法错误，导致认识偏差，最终得出完全错误的结论。

这说明，分析问题时思想方法正确与否至关重要。就现象和本质而言，现象是入门的向导，一进了门就要抓住事物的本质，这才是可靠的科学的分析方法。"节俭"绝不是"吝啬"，"追求"和"贪婪"不可同日而语，"精明"和"狡诈"也有天壤之别，怎么能仅仅根据事物表象的某些相似点，不顾本质的截然不同，就横加类比，这样思考问题焉有不错之理？

类似的情况还有。有的同学对"东施效颦"提出异议，说什么爱美之心，人皆有之，要"为'东施效颦'说句公道话"。有的同学认为"'南郭先生'也有可取之处"，能混则混，混不下去就做出新的选择，"不失为明智之举"。还有的同学说"愚公移山"精神固然可嘉，然而审时度势，智叟"搬家"之说也不无道理，等等。仅就现象来说，似乎都能自圆其说，但割裂本质谈现象，犯的正是思想方法不正确的毛病。

以此为鉴，《不妨提倡一下"葛朗台精神"》一文思想方法失误或许能给中学生一个告诫。

（七）事实胜于雄辩

在议论文中，确立论点也好，批驳论点也好，都离不开列举事实。事实确凿，以此证明论点，就有不可辩驳的力量。

《"第二"又何妨》是一篇颇有新意的议论文，文章肯定"第一"固然好，而对"第二"也应该有积极的评价，从超越的意义看，"第二"尤其值得鼓励。

"第二"又何妨

季文君

自古及今，"第一"是人们心中梦寐以求的目标。鲁迅先生曾说："第一次吃螃蟹的人是很可佩服的，不是勇士谁敢去吃它呢？螃蟹有人吃，蜘蛛一定也有人吃过，不过不好吃，所以后人不吃了。像这种人我们当极端感谢的。"的确，古今中外，不少仁人志士做出了"前无古人，后无来者"的贡献。但是，当我们打开历史这幅连绵的长卷，另一种"景观"却伫立在我们面前——

牛顿并不是开创力学先河之人，却赶超了阿基米德、伽利略，建立了牛顿第一、第二、第三定律；蔡伦并非造纸的祖师爷，而他的名字却无形地印在了每一张纸上，为后人所传颂；李昌镐并非第一个下围棋之人，但是他的棋艺比之老前辈们有过之而无不及……

其实，"第一"诚然可贵，而"第二"又有何逊色之处？"青，出于蓝而胜于蓝；冰，水为之而寒于水"，说的就是"第二"赶超了"第一"。世上本没有多少人能够做到"第一"，然而至少我们每一个人都有很多的机会去当"第二"。成功与失败的区别就在于：有人一味地追求"第一"，对"第二"却不屑一顾；而有人纵然当不了"第一"，也无悔地在"第二"的努力中踏踏实实、一步一个脚印地登攀，最后甚至超越了"第一"。

生活就是这样，重要的不是位序的前后，而是一种超越。苏轼敢于驳郦道元而著《石钟山记》；高维晞文兴大发，一篇《石钟山寻古》洋洋洒洒。前人有前人的勇气和独到之处，而我们这些"人生注定"的"后人"，可以站在前人的肩膀上，我们有可能站得更高。

"超越"是一个永恒的话题，打这个名词出现，"第二"这个字眼已不再给人一种若得若失的感觉。那么，作为我们这一代，是不是也可处于"第二"的位置，达到甚至超越"第一"的境界呢？

真的，有志气在，"第二"又何妨！

"第一"，是指前所未有，具有开创意义，它的价值人所共知。而"第二"则往往不引人注意，以为尾随人后，缺少创造性，至多是重复。其实，这样的认识是不全面的。"第二"不只是简单的重复，它还有超越的一面，"第二"可以转化为"第一"，"超越"正是历史发展的动力。谓予不信，文章列举事实：

1. 大科学家牛顿并非力学研究创始人，继阿基米德、伽利略之后，却建立了力学三大定律，由"第二"转为"第一"，对科学做出巨大贡献；

2. 大发明家蔡伦并非创造书写工具的第一人，却能集造纸技术之大成，由"第二"转为"第一"，发明造纸术，彪炳史册；

3. 世界冠军李昌镐并非围棋的创造者，却能名列榜首，由"第二"转为"第一"，独霸棋坛，称雄世界；

4. 对名胜"石钟山"得名的认识，更是历经千年，由郦道元至苏轼，直至当代作家高维晞，均是"后人"的认识超越"前人"的结论，最终使石钟山得以科学释名。

事实胜于雄辩。四个确凿不移的历史事实，光照古今中外，使文章《"第二"又何妨》的立论熠熠生辉，不耻人后，敢于超前，站在前人的肩膀上，创造一个又一个成果，这就是历史。

这篇议论文列举的事实是经过精心选择的。贴切、充分，而又有新鲜感。

先说贴切。文章所举的历史人物均是功在千秋，名扬天下的大家，每个人物都有丰富的生活经历和各自的巨大成就。然而，文章举他们为证的时候，只选取其中与论点相应的部分，突出他们生平中后来居上，由"第二"跃居"第一"的史实，紧扣论点，令人信服。尤其是"石钟山"得名一例，民间传说以形定名，而文人则以声论名。北魏郦道元作《水经注》，说是下临深潭，水石相搏，声如洪钟。唐人李渤击石得声，认为由于石质的缘故而得名。宋代大文学家苏轼月夜泛舟，发现绝壁下多穴罅，水浪进出其间，声如洪钟。高维晞是当代作家，他作《石钟山寻古》引明清罗洪光、俞樾等人考证著作，证明"盖全山皆空，如钟覆地，故得钟名"，石钟山确实是一座中空如钟的石山。围绕同一对象，历经千余年，许多专家学者前赴后继，严格考证，不断的由"第二"向"第一"冲刺，终于使石钟山得以科学释名，事例蕴含的"超越"的精神与论点"'第二'又何妨"提倡的精神完全相同，有力地印证了论点的正确性。

次说充分。作为论据的事实，总是要受到时空的限制，带有个别性的特征。举出的事实是否具有普遍的意义，尚需多方论证。这篇文章所举四例，时空涉及古今中外，人物包括科学家、文学家、棋手各色人等，不同角度、不同地域、不同方面都顾及，涵盖面广，表明鼓励超越精神，推动社会发展，是放之四海而皆准的普遍真理。

再说新鲜。观点新，还要材料新。牛顿、蔡伦、郦道元、苏轼、李昌镐等虽然都是大名人，他们的事迹和贡献人们耳熟能详。但是，从由"第二"追"第一"的角度去解读他们对社会的贡献却是前人很少议及的，所以，在本文中，这些事实读来既亲切又陌生，读者对这些敢于超越前人的创造精神又有了新的认识。

议论文中列举事实，绝非"捡到篮里就是菜"。细加选择，以一当十，力求覆盖，贴切、充分、新鲜当是三把衡量的标尺。

（八）人见其一，我见其二

"童叟无欺"是旧时商家挂在店堂内的口号。老人和儿童往往被视为弱者，对弱者尚且不搞欺瞒，可见平等待人、公正待人的商业道德。这是值得称许的。

作文《能否"童叟优待"》不满足于前人的认识，自出心裁，在"童叟无欺"的基础上，进一步提出"童叟优待"的建议。这个建议是不是合理？

能否"童叟优待"

周文钢

"十里南京路，一个新世界。""新世界"已成为闻名上海的大商厦。

不知你有没有发现，在"新世界"的购物人群中，小顾客越来越多了。从长远看，今天"新世界"的小客人，其实就是明天"新世界"的消费群。如何吸引这批未来的消费群呢？如何给小客人留下美好的印象呢？这使我想起了一句话，叫作"童叟无欺"，它是中国自古以来的为商之道。在新世纪来临之际，我觉得"新世界"应继续发扬中华民族传统美德，不仅做到"童叟无欺"，而且推出"童叟优待"的新举措。

具体地说，"童叟优待"计划有这么一些要点：

"新世界"可安排六位礼宾小姐分别站在三个大门两侧，见到老人或者孩子，主动相迎，并赠给一张"当日有效"的八五折优惠卡。让我们来设想一下，推行这种优惠卡后的一个场景：

一位中年妇女，想去"新世界"买一套早已看中的时装，就劝她母亲，说："妈，我想去'新世界'买一套衣服，您去了，还可以领一张优惠卡呢！"母亲觉得合算，于是就陪女儿去逛了"新世界"。买完后，中年妇女又对母亲说："您还需要什么？我来帮您买……"这样，母女俩又去买了点商品，这不是无形中增加了销售吗？

要是有人问："为什么不向进商店的所有客人都赠一张优惠卡？"理由很简单，因为进店的顾客每人手里有一张优惠卡，那和没有优惠卡就毫无分别了。甚至还会引起顾客的误解："'新世界'是否抬高了原来的价位……"反倒会弄巧成拙。

"新世界"的商品价格比较适中，深受顾客称赞，如果再向顾客中的老人和儿童赠送当日有效的优惠卡，那么至少老人们在白天空闲时会到"新世界"逛一逛，见到需要的就买点；孩子们一到周末也会来"新世界"买自己喜欢的东西；而中年人呢，到"新世界"购物，一定会带上老人和孩子，因为"新世界"实行的是"童叟优待"，真正成为人们的购物天堂了。

文章开始即突出购物人群中"小顾客越来越多"的现象，指出"小客人"和未来"消费群"的关系。从消费起笔，切合商家心理，为提出"童叟优待"的建议作铺垫，文章是写给商家看的，"心中有读者"，这是作者的聪明之处。

"具体地说"以下数段，列举"要点"，或指明举措，迎宾赠卡；或模拟场景，母女购物；或区别分析，对老人和儿童赠送优惠卡最为有利。理由明白充分，建议切实可行。

《能否"童叟优待"》一文的思想价值就在于有创意。从"无欺"到"优待"，对商家从商提出了新的要求。众所周知，商业行为是卖家和买家的互动结果。

由于利害关系，买卖双方有对立的一面，但它们又是矛盾的统一体，必然也有统一的一面。"无欺"是统一性的一种表现，体现了商业的公平和公正性。这一点前人已经看到并已经付诸实践。这是"人见其一"。然而买卖的统一性不止于此，从"无欺"到"优待"，能更进一步调节买卖关系。顾客受惠（"童叟优待"），刺激了购买欲。商业繁荣，商家财源茂盛。买卖双方都得到了实惠，是谓"双赢"，这是符合商业规律的，表明此项建议的合理性。"无欺"为前人已有，而"优待"为作者首创。同是为商业繁荣，可谓人见其一，我见其二。

真理是不可穷尽的。真理在一定范围内、一定条件下体现规律性，因此，具有相对性。在前人认识的基础上，还有哪些类似条件、因素、结果可考虑，前进一步如何，深入一层如何，拓宽拓深思路，就会有新的见地。从"童叟无欺"到"童叟优待"，反映作者不拘成见、勇于创造的探求精神。

真理就是规律性。探索真理必须符合规律。"童叟优待"建议的合理性就在于它符合商业规律。文章模拟"童叟优待"后的购物情景，虽说是虚拟的，却是顺理成章的。相信经过实践的检验，不但老人和孩子愿意去商店，中年人也会带上老人和孩子光顾，那么商厦就会成为人们的"购物天堂"。

站在前人的肩膀上，登高望远，即使年少如中学生也会新见迭出。又如，一句"学海无涯苦作舟"为世人熟读。中学生在"人见其一，我见其二"求异思想的激励下，就会分别写出"学海无涯巧作舟""学海无涯乐作舟""学海无涯趣作舟"。求学要"苦"，要"巧"，要"乐"，要"趣"，这些都是学习规律的反映，同中见异，各自成理，每种见解都闪现出创造的智慧。

《能否"童叟优待"》一文的成功，是作者正确运用思想方法的成功，也是作者创新思想的成果，它的思想价值正在于此。

（九）生动、深刻地写出另一面

事物是写作的对象。物品是有形的，存在于空间之中，有正面、反面、侧面，描写它，说明它，议论它，可以写它的各个侧面。人事则是无形的，然而，它也是客观存在的，它的表现形式也有各个方面，叙述它，说明它，议论它，也可以写它的各个方面。

　　一般地说，事物的正面比较容易为人注目，记叙它、说明它、议论它，比较常见。而事物的侧面乃至反面，就比较容易为人忽视。写作文，出新意，往往是写出了事物的容易被人忽视的一面。

　　例如，有许多成语格言，"开卷有益""旁观者清""多多益善""有志者事竟成""名正言顺""熟能生巧"云云，从事物的一个方面说，它们都是真理，因为反映的都是客观事实、客观规律。以这些话为中心、为论题，顺理成章，能写出好文章。但是，说过的话再说，说多了，说惯了，仅止于此，没有开拓，没有发展，那就难免人云亦云，有老生常谈之嫌。

　　如果，能换上一个角度，以新的视角写出事物的另一面，而又是读者闻所未闻，见所未见的，你能言之成理，读者为之折服，就能感到这类文章别出心裁，别有新意。

　　仍以这些格言成语为例，自然，在一定的条件下，从特定方面说，它们都是至理名言。但是，情况有变，条件有变，这些话就大可探究。因为，真理都是相对的，任何事理都是在一定的范围内，一定的条件下方始成立的。比如，"开卷有益"，读有益的书，读的人有鉴赏能力，这话是不错的。但如果读的是坏书，读的人又缺乏鉴别能力，"开卷"就未必"有益"，于是写出《"开卷有益"，不能一概而论》就颇有新意。其他如"旁观者未必清""多多未必益善""有志者事未必成""名正未必言顺""熟不一定能生巧"种种，它们分别反映了事物的另一些侧面，能这样思考，并付诸文字，辩证说理，写出来也不失为好文章。

　　这样说，希望不要误解为不分青红皂白，不管是否符合客观事实、客观规律，一概来一个"反其道而行之"，就能出"新意"、出"好文章"。这会走向"逆反"的一个误区。因为，反思是一种良好的思维品质，而盲目地"对着干"，故作姿态地反着说，是幼稚的，不健康的。关键的一点，要看揭示的是不是事物的真实存在的一面，是不是真有道理。当传统观念与现实生活出现矛盾的时候，当一件事进行到相对完整的时候，得成功则想不足，受挫折则想有利的条件，正面经验固然可贵，反面教训也实属难得。这些都是反思的事实基础。

　　从生活的感性认识出发，通过逆向思考，完成理性认识，这就是反思的全过程。

小练笔

❋ 从下列话题中选择一二项说说你的看法。

（1）"第一名"的副作用

（2）折腾也是份可爱

（3）放弃也是选择

（4）人言不足畏

（5）"老调"可以"新弹"

（6）人应当做几回错事

❋ 自古以来，"这山望着那山高"一直被人们当作贬义词，用来讽刺那些干一行，怨一行，见异思迁的人。

但是，有人说，它反映了一种人在事业上勇于进取的精神。

"这山望着那山高"是一种永不知足的精神。

"这山望着那山高"是一种不断创新的精神。

"这山望着那山高"是一种力争上游的精神。

你同意这样的"新解"吗？

（十）事物可以转化

人常说，坏事可以变成好事；又说，失败乃成功之母；还说，物极必反；这是说事物是处于发展中的。在一定的条件下，事物可以转化。用转化的观点去认识事物是一个重要的思想方法。

其实，贵重也是一种负担

黄 玺

家里的沙发旧了，一坐就"吱嘎，吱嘎"地响，和家里的摆设很不相称，妈妈决定买新的。我早就坐腻了那又灰又土的沙发，也早就厌烦了那老气的布套和断坏的弹簧。听说要换新沙发，我就开始日盼夜盼。盼星星呀盼月亮，终于，一个阳光明媚的星期天，我等到了它的"大驾"。

它是真皮做的，全身乌黑，淡淡的阳光均匀地洒在它身上，和整个客厅的气氛融为一体，真是气派非凡。我开心极了。等送走帮忙的人，我往新沙发上舒舒服服地一靠，真结实！哪像旧沙发，软得像团烂棉花。心中一得意，就开始忘形了，我双腿一支，在沙发上站了起来，忍不住蹬蹬腿。忽听爸爸大喝一声："下来！"我吓了一跳，连忙蹦了下来。"不许踩！""有什么了不起的嘛。"我赌气地拍了拍沙发。"这沙发一千多块钱呢，真皮的，你踩得起吗？""踩不起，坐还不行吗！"我老老实实地坐下了，心中却很不平。坐着，坐着，我不觉伸手去抓，本以为抓到的是那一层松软的花布套，却只摸到冰凉凉的一层真牛皮。我这才猛然反应过来：旧沙发不在了，这是真皮的新沙发呀。

说来也怪，此时，我竟怀念起那曾让我讨厌的旧沙发来。在旧沙发上，我可以翻来滚去；可以跳上跳下而无人阻挡；可以在我生气时给我当出气筒，蹬上两脚，揍它几拳；可以在我高兴的时候让我拿大顶，在我摔下时让我软着陆……

甚至，连那旧弹簧的"吱嘎"声也变得亲切、可爱了。而这冷冰冰的高贵的新沙发是绝不可能接替它的位置的。

我想念我的旧沙发。因为，其实，贵重也是一种负担。

"贵重"，是指事物的价值高贵，自然也是人追求的目标。拥有"贵重"，是令人高兴的事。文章以新旧沙发置换为例，以旧沙发布套"老气"，弹簧"断坏"，对比新沙发是"真皮做的"，"气派非凡"。两者有贵贱之分，不可同日而语。然而，就是这份"贵重"的拥有，却使作者浑身不自在，生气时不能借它发泄，高兴时不能与它共享，新沙发是"冰凉凉的"，失去了旧沙发特有的"亲切"和"可爱"。"贵重"竟成了一种心理"负担"。

事情是平常的，感受却是真切的，蕴含的道理引人思考。这个事例告诉我们，事物是有两面性的，而且，在一定的条件下，事物的两面性还会互相转化。从两面性来说，新沙发"气派非凡"，是"贵重"的，却又是"冰凉凉的"，并不可爱；旧沙发"'吱嘎，吱嘎'地响"，是破旧的，但可以任意"翻来滚去""跳上跳下"，又是"亲切、可爱"的。从转化来说，对新沙发，原来是企求，是期待（"日盼夜盼"），后来转化为"赌气"，进而变成"一种负担"；对旧沙发，原来是"厌烦"，是丢弃（"决定买新的"），后来转化为"怀念"，留下"亲切、可爱"的回忆。

事物可以转化，而转化需要一定的条件。就新旧沙发而言，促使转化的条件就是认识事物的标准有了改变。以物质价值的认识标准衡量，新沙发是"真皮做的"，价值"一千多块钱"，自然"贵重"。但从物随人意的认识标准衡量，使用新沙发却要遭限制、受约束，"贵重"就成了"一种负担"。相反旧沙发从物质价值观念看，"一坐就'吱嘎，吱嘎'地响"，自然不屑一顾。而从物随人意的观念看，旧沙发可以任意"踩"，任意"翻"，任意"跳"，结合青少年特有的生动活泼的个性，自有一份亲切和可爱。

这篇文章的可贵之处就在于揭示了事物转化的认识过程，由"贵重"到"负担"，体现了作者认识的深刻性。从普通的生活现象中抽绎"事物在一定条件下转化"的规律，并以此为思想方法去认识其他事物就有一条可遵循的思路，一个可依据的准绳。

由此类推，美与丑，善与恶，真与假，福与祸，喜与悲，乐与苦，明与暗，生与死，大与小，远与近，深与浅，强与弱，长与短，高与低，快与慢，攻与守，多与少，成与败，正确与错误，完美与瑕疵，安乐与忧患，先进与落后，成功与失败，等等，都有可能在一定条件下转化。世间万物各有矛盾，两相对立，运用辩证法，分析两面性，看到事物转化的条件，认识事物就能由此及彼，由表及里，去伪存真，深刻地认识事物的本质和来龙去脉的动因。《其实，贵重也是一种负担》一文提供给读者的正是这样一种可靠的科学的思想方法。

（十一）学会逆向思考

作文是用来表情达意的。情意来自对生活的思考，思想是情意的集中表现。从这个意义上说，"意"成于"思"。《我这样思考》一文是王殊同学对自己学习经验的总结，他现身说法，揭示了一个重要的思维方法，那就是看问题，不只是从一个方面看，而是从多个方面看，这样就能比较全面地认识事物。

我这样思考

北京地质学院附中　王　殊

谈到学习，我总是不由自主地想起我写过的一首诗。事情是这样的，有一次，妈妈对我说："凡是假的，一定都是丑的。"我马上反驳说："那可不一定。

您看,爷爷的牙掉了,镶上假牙后,既好看又适用。这假牙就不丑。"妈妈无言以对,我得意极了。当天晚上,我写出诗歌《美与丑》:

我到菜场去买藕,一位售货员阿姨笑盈盈地向我招手,

"阿姨,我……"

——我的话还没全出口,

原来,她是个模特儿在里头。

后来,

我发现真的售货员阿姨坐在菜堆后,

聚精会神地把画报瞅。

我高兴地喊:"阿姨,阿姨,我买藕。"

"嚷什么?"

她瞪着眼睛大声吼。

我吓了一跳,

没有买藕就想往回走。

两位真假阿姨,

引起了我的思考:

怎么?

假的倒比真的美,

真的倒比假的丑。

后来,这首诗在报纸上发表了。爸爸说,这首诗有点哲理。有没有哲理我不知道,但这首诗的思考方式却是我在学习过程中经常采用的。妈妈说:"这是求异思维。"我也不知道是不是,但我喜欢这样思考。在别人说好的时候,我总要想一想有没有坏的因素;在别人说坏的时候,我总要想一想有没有好的一面;在别人说美的时候,我总要想一想有没有丑的地方;别人说丑的时候,我总要想一想有没有美的成分……

这样思考,对于数学、语文各门功课的学习都有促进,最明显的是促进了我的诗歌创作。我现在已发表了十几首诗歌,其中,《我爱我的朋友》曾在中央电视台和《东方少年》联合举办的全国少年儿童诗歌比赛中获优秀奖。

文章题为《我这样思考》,那么,"我"是怎样思考的呢?作者说:"在别人说好的时候,我总要想一想有没有坏的因素;在别人说坏的时候,我总要想一

想有没有好的一面。""妈妈"说"这是求异思维"。作者说："我也不知道是不是，但我喜欢这样思考。"应该说，这是很好的思维方法。它符合人的认识规律。因为事物是复杂的，表现也是多方面的，事物不仅有正面，还有侧面和反面。事物的正面比较引人注目，人们容易看到，而事物的侧面，尤其是反面则往往为人所忽视。王殊喜欢从另一角度观察事物，引起思考，这就避免了认识的片面性。正因为他善于"这样思考"，所以，王殊常常能想人所未想，发人所未发，写诗作文，新意迭出，取得了可喜的成果。不仅如此，运用这种思考方式，还"对于数学、语文各门功课的学习都有促进"。

人人都希望聪明。聪明是什么？说到底，是思维能力强，想得开，想得远，想得深，反应敏捷。且看，王殊同学就很聪明。妈妈说了一句："凡是假的，一定都是丑的。"他立即回应说，爷爷的"假牙"，虽"假"而不"丑"。反应迅速，让"妈妈无言以对"。同时还以自身生活经历为题材，写"模特儿"虽"假"而"美"，营业员"阿姨"虽"真"而"丑"："假的倒比真的美，真的倒比假的丑。"并以诗歌的形式，说明不能光看表面"真假"，而要看"美丑"的实质，发表于报端。王殊的聪明哪里来？这与他"经常采用"这种思考方式是直接相关的。王殊的经验证明，运用科学的思维方法，通过不断的思维实践，就能提高思维能力，使自己聪明起来。

《我这样思考》是一篇经验总结。从写"总结"的角度看这篇文章，对读者也有启示。第一，它真实。"总结"以事实为依据，事例要真，真实才有说服力。王殊的"总结"以亲身经历为依据，表现"这样思考"的积极成果，有案可查，真实可信。第二，概括合理。"总结"经验要合情合理。陈述事实，不是罗列事实，重在揭示事实蕴含的道理，由感性认识向理性认识升华。以此说明求异思维的价值。第三，语言朴实。"总结"主要以事实说话，多用口语，少加文饰，懂多少说多少，绝不言过其实，浮于言辞。相比有些同学的"总结"，写到事实，则往往不得要领，一味铺陈，混淆"记叙文"与"总结"的不同写法。

《我这样思考》一文，作者强调的是求异思维的价值，而行文中，同时还涉及对"美"与"丑"的认识，表现出从现象到本质的思考。作者没有提及这一点，这里，我们要告诉读者，也提示作者，他的"这样思考"不仅说的是求异思维，还包括从现象到本质的思维。这两种思考方式统属于"辩证思维"的范畴。

毛泽东曾经赞赏现代作家鲁迅后期的杂文"最有力"，原因是他学会了辩证法。学会辩证的思考方式将会大大加深我们对事物的认识。

（十二）换个角度说事理

作文《己所欲，施于人》，其立意明显地从古语"己所不欲，勿施于人"演化而来。"己所不欲，勿施于人"语出孔子。学生子贡请教老师做人的道理，孔子回答说："其恕乎！己所不欲，勿施于人。"（《论语·卫灵公》）意思是，推己及人，自己不想要的（"不欲"），就决不强加于人（"勿施"）。"恕"者，将心比心之谓也。

"己所不欲，勿施于人"的道理，自然是正确的，那么，"己所欲，施于人"的道理也是正确的吗？

且读文章：

古语说得好，"己所不欲，勿施于人"。如果拿着这句话比照比照我们自己，恐怕都能做到。但如果要我们"己所欲，施于人"，我想，能够做到的人恐怕不多。

据某杂志调查，"你对同学最赞赏的品质是什么？"调查结果，排在第一位的是"乐于助人"。是啊！每个人都希望生活在好人当中，都希望整个社会洋溢着关心、爱护的情感，都希望国家稳定、团结和繁荣。

可是，又有这样一件事：某单位在一些青少年中做不记名问卷调查："你如果遇到别人碰上麻烦事时会怎么办？"回答是"悄悄走开"的人不少。

为什么问别人和问自己竟有如此差距的回答呢？因为这些人心中只有自己，没有别人，他们的脑袋里只有个人主义，没有奉献精神。

每个人都希望自己生活好、事业好，都希望有人来帮助自己。可是，如果大家只想等着别人来帮助自己，却不主动，甚至回避去帮助别人，那将会出现什么样的境况呢？每个人都生活在一个个人的小圈子里，没有交流、没有爱，整个社会被一种冷漠的气氛所笼罩，国家萎靡不振，那还谈什么国与家，谈什么个人呢？

"己所欲，施于人"。君不见，互助的同学，学得好，玩得好；互助的邻居亲密无间，胜似一家人；互助的集体兴旺发达。

要想让我们每个人都生活好，那么就把自己得到的，奉献给别人。要想我们的国家繁荣昌盛，就让我们每个人都出一把力。

朋友们，如果我们都能"己所欲，施于人"，那么我们的未来就会更加美好灿烂！

文章首段立论。作者将"己所不欲，勿施于人"与"己所欲，施于人"两句话做比较，认为做到前者易（"恐怕都能做到"），而能做到后者的则不多（"能够做到的人恐怕不多"），由此强调提出"己所欲，施于人"的观点。

其实，"己所不欲，勿施于人"与"己所欲，施于人"两句话说的都是将心比心同一事理，只是论述角度不同。"不欲""勿施"说的是不应该做的，而"所欲""施于"说的是应该做的。同样依据将心比心的道理，"己所不欲，勿施于人"是正确的，"己所欲，施于人"也是正确的，作者借用名言，合理推演，这就为立论的合理性打下基础。

作者的立论是正确的，但是为了突出"己所欲，施于人"的观点，就有意降低"己所不欲，勿施于人"的实施难度。本文提出的有难有易说，则是不能服人的。两者道理既为同一，就无所谓难易。硬作区分，只能表明作者对"己所不欲，勿施于人"理解得肤浅。话虽如此，一个青年学生能从学习古语出发，合理引申，其独立思考的精神还是值得称许的。

为了论证"己所欲，施于人"的论点，文章引用两则"调查"资料，言之有据，表现了严谨求实的态度。作者对所引资料，还进行了深入分析，指出有"所欲"而不能"施于人"的原因，是"心中只有自己，没有别人"，是"个人主义"思想作祟。同时指出其后果严重。任其发展，人间将会"没有爱"，社会"冷漠"，国家"萎靡"，"那还谈什么国与家，谈什么个人呢"？这里，不仅摆出了事实，还从因果联系讲明了道理，使读者认可"己所欲，施于人"的道理，也同时学到了摆事实、讲道理的基本方法。

如果仅仅看文章的结构和语言，《己所欲，施于人》一文并不突出，我之所以推荐它，是看重作者借鉴名言警句的积极主动、独立思考的精神。对待名人名言（也可延伸到文化遗产）大致有三种态度：一种是盲目尊崇；一种是妄加非议；一种是分析、理解、扬弃、吸收。我们赞许第三种态度。即便是孔子的言论，也不能一概而论。其中有的于今仍有教育意义，可直接引用；有的则带有历史局限，今天不一定适用，如"父母在，不远游，游必有方"（《论语·里仁》）；还有的则完全不适用，如"民可使由之，不可使知之"（《论语·泰伯》），意思是老百姓可以让他们按指定的道路去走，不可以让他们知道为什么要这样，显然有愚弄民众的意味，这是应予批判的。总之，对待名人名言要取分析的态度，有比较，有鉴别，然后才有继承，其中关键是学会独立思考。

《己所欲，施于人》一文，正是以独立思考取胜。作者接受了孔子"己所不欲，勿施于人"的思想。孔子说的是"不欲""勿施"，而作者说的是"所欲""施于"，它们所秉承的思想品质则是同一的，那就是将心比心。作者继承孔子的思想，论说的是事理的另一面，从不同角度认识事理，理同而说异，引用中有引申，继承中有创新，表现了较强的独立思考精神。

作者的独立思考精神还表现在将"调查"资料与孔子言论结合起来。《己所欲，施于人》原是 1997 年的一篇应试作文。当年的高考作文题是材料作文题。提供的材料即文中所列的两则"调查"资料，要求根据这些资料"自选角度，自拟题目，联系实际，写一篇议论文"。两则资料说的是"乐于助人"的事。材料中并没有"己所不欲，勿施于人"的语句，但作者看到材料反映的是人际关系问题，而这一点与孔子的话是相关联的，从"欲"与"施"的关系看，两者有共通点，作者正是把握了这一共通点，才写出了《己所欲，施于人》一文。这是作者现场的灵感表现，也是作者文化积累的表现。从中可以看出，没有文化积累，灵感就无从生成；而有积累无灵感，则材料无用武之地。积累是独立思考的基础，灵感是独立思考的火花。不理解名人名言的含义，不能将事物有效地联系起来，没有探索的勇气，不敢标新立异，《己所欲，施于人》是不可能写成的。明乎此，即可知成就一篇优秀作文，文化积累和独立思考是不可或缺的，此既是为文之道，也是为学之道。

（十三）类推是一条思路

成语"老马识途"为人熟知。语出《韩非子·说林上》，说的是管仲随齐桓公攻打孤竹，春去冬归，迷了路。管仲说："老马之智可用也。"就让原来的马走在前面，果然找到了路。以马喻人，年长者见多识广，经验丰富，遇事能拿出主张。强调经验的借鉴作用是这个成语的积极意义。

然而，只有年长能积累经验，年少就不能积累经验吗？"识途"的意义，既指识"老路"，还指识"新路"。那么，就识"新路"而言，年长和年少谁为优先则需要具体分析。云南个旧市第一中学王昕同学以《"小马"也能"识途"》为题，提出的就是这样一个颇有新意的主题。

"小马"也能"识途"

云南个旧第一中学　王　昕

在我们祖先流传下来的语汇中，有"老马识途"这样一个成语。自古以来，它几乎成了一条定律：年纪老就一定有经验，有经验就标志着成熟。

对于这样一个老观念，今天应该怎样理解和认识呢？

不久前，我姐姐的一位朋友来我家玩，就此发表了一番高见，使我耳目一新，深有同感。

她说，"老马识途"这个成语，对现代人来说并非是一般的科学规律。其一，"老马"并非都"识途"，"识途者"也并非皆"老马"。即使在自然界的动物之中，领头者也并非都是老者，而是那些勇于搏斗、出类拔革的强者，更何况是人呢？其二，"识途者"并非是最聪明的，所谓最有作为的"识途"者，不外乎这些情况：（一）经过别人领着走一两趟，而后自己就能走；（二）只需别人指点一下，自己就懂得怎么走；（三）不需别人指引，自己能按图"索路"，这种人是"识途者"中的佼佼者。

我想，有的人承认"老马识途"的另一理由，大概是因为年纪老的人自然比年轻的人路走得熟些、多些的缘故。然而，这种传统观念，在今天已面临着挑战。社会进入急剧变革的时代，新技术革命的兴起推动着时代的飞速发展，许多旧观念、旧传统、旧事物、旧习惯已显得老化、落后；而科学的竞争和获取信息成为当代社会前进的动力。人们越来越清楚地意识到，光靠经验已远远不能满足时代的需要。

一个"识途者"，不但要有丰富的知识和经验，还要有勇于开拓创新的能力。比较起来，前者只是一种基本要求，后者才具有决定意义，而具备这样能力的"识途者"，不仅有老年人、中年人，也有青年人。

首先，这是由于我们所处的这个时代，人们的年龄价值周期发生了巨大变化。在当代，由于社会生产力发展，科学水平提高，人类的社会生活出现了快节奏、高效率的趋势；由于社会高度重视智能开发并与先进的开发手段相结合，缩短了人的成熟周期。而今，衡量一个人的学识水平、办事能力和成熟与否，并非取决于年龄大、辈分高、资历深，而是看其实际能力。因此，"小马"也能"识途"，已成为现实。当然，说"小马"也能"识途"，并非是要否认老年人的作用。就一般情况来说，个人的成熟与年龄的增长是成正比的，而只有早日成熟，才会更加有所作为。

其次，从社会生活的现实状况看，年轻人也是大有作为的。尤其是近几年来，随着我国经济的对外开放，国外朋友和港澳同胞前来与我们洽谈生意，代表中就有为数不少的年轻人，在谈判桌上表现出高效率和老练成熟。由于各项改革政策的落实，对青年人的禁锢被打破了，他们有了充分施展才能的机会。

目前，在国内就有一大批率先冲向改革潮头的年轻人，成为运筹帷幄的企业家，指挥着成千上万人的大企业，管理着成百上千人的事业单位，在创造性的管理下，一切都显得有条不紊，生机勃勃，经济效益大大提高。

人的成熟周期的缩短，管理人员的年轻化，已构成当今时代发展的一个新趋向。可以设想，随着改革的深入进行，青年人将大展宏图，整个社会将更加充满生气，一群"小马"正充满活力飞奔向前。

文章论述分两部分。第一部分对"老马识途"一分为二的分析，可谓实事求是。特别是放在现代社会的背景下审视"祖先流传下来的"这一成语，更见其局限性，它为第二部分论述"小马识途"提供了基础，使全文论述浑然一体。

文章的重点在"小马识途"。

对于"识途者"，文章指出"不但要有丰富的知识和经验，还要有勇于开拓创新的能力"，相比之下，后者更具有"决定意义"。对"识途"原因的界定，显示了立论的深度。以这两点而言，"识途者""不仅有老年人、中年人，也有青年人"，成了自然之理。

"年龄价值周期"的分析，突出现代社会"快节奏""高效率""重视智能开发"的特点，有利于青年人的成长，为"小马"能"识途"做了理论阐述，再以"现实状况"佐证，有理有据，令人信服。

类推是一条思路，更是一种能力。概括地说，"以此类推"就是相似关系的类推，或是以类似原因推出类似结果，或是以类似结果推出类似原因。"小马识

途"由"老马识途"而来，就是遵循以类似原因推出类似结果的思路进行的。有经验和有勇气是"识途"的两个条件，"老马"具备条件，即能"识途"，"小马"具备条件，当然也能"识途"。类推是认识事物的一种思想方法。循理推论，把握重点，点面兼顾，肯定"小马"，又不否定"老马"，只说青年人"也能"，而不说青年人"更能"，论述辩证，留有余地，新颖的见解有赖于科学的思想方法而成立。掌握类推的思想方法，提高类推能力，这是本文留给读者的启示。

（十四）质疑需要胆识

2000年全国高考作文题，提供了四个图形，要求找出哪一个与其他三个类型不同。结果有四个答案，由于标准和角度的不同，这四个图形都可以作为正确答案。由此得出"世界是千变万化的，疑问是层出不穷的，答案是丰富多彩的"道理。试题要求学生以"答案是丰富多彩的"为话题，结合体会写一篇文章。

以下是四个图形：

A.   B.   C.   D.

作文的题意是明确的，旨在引导学生发散思维，不拘一格，以表达"答案是丰富多彩的"论题。一题既下，数以百万计的考生顺应题目设定的思路写作。而独有一群考生经过思考，却认为这一命题不尽合理，他们"反其道而行之"，大胆提出质疑：答案都是丰富多彩的吗？以此应对这道高考作文题。

这是其中的一篇：

答案都是丰富多彩的吗？

本题提示：答案是丰富多彩的，这是评判标准和角度不同的结果。

此话不假，从天到地，从物到人，从自然到社会，处处体现着"答案是丰富多彩的"。庐山瀑布有多高？实际测量应有百余米，可在李白的眼中它有三千尺。宇宙的中心在哪里？教会认为是地球，而哥白尼则坚定地提出是太阳。"答案是丰富多彩的"确实无须过多证明。

我所关心的是：所有问题的答案都是丰富多彩的吗？我认为，这个问题的答案是"否"。举个形象的例子：若问高考允不允许作弊，我们大家的答案怕是不会丰富多彩的。

答案唯一并不否认答案的多样性，正如生物的存在需要环境，答案的确定也需要范围。我认为在一些原则问题上，答案是唯一的。譬如哲学问题中的是非讨论等等。还有，面对事实，答案就是确定的，比如非洲目前的医疗水平在世界上是比较落后的。

答案唯一并不与运动的、发展的观点相悖，相反，发展的眼光、运动的思路常常给一些唯一的答案以有力的支持。例如无论历史如何发展，国际风云如何变化，改革开放都被证明是中华民族复兴的必由之路。

当然，在许许多多时候，答案的唯一性和答案的多样性相结合，会给我们的学习、工作和生活带来许多意想不到的结果。爱因斯坦正是以光速的唯一性和质量的可变性为基础，才创立了"相对论"。而在我们的学习中，学习目的的专一与学习方法的不断选择、变化，不也正体现了这种关系吗？的确，只有这样，学习才能不断迈上新台阶。

"反其道而行之"是学习的新准则，我的文章的立意是否体现了这样的思想呢？想必评判定是公正客观而多样的吧。

就到这儿吧。

这位考生首先肯定作文题意有正确的一面："答案是丰富多彩的""此话不假"。为了支持这一观点，他还补充了两个案例，李白的诗丰富多彩和哥白尼的科学发现。但笔锋一转，作者尖锐地提出："我所关心的是：所有问题的答案都是丰富多彩的吗？""答案是'否'。"旗帜鲜明地表示对这道命题的质疑。作者列举事实，证明有些问题的答案就是唯一的，是即是，非即非，来不得半点含糊。是"所有"，还是"特有"？是"全称"，还是"特称"？命题以全称判断的形式肯定"世界是千变万化的，疑问是层出不穷的，答案是丰富多彩的"，而忽视"答案有时就只是唯一的"事实存在，思维是不严密的，认识带有片面性。作文题设定的立意，引导考生写作，一开始就让考生不自觉地陷入认识的误区。

这篇文章的可贵之处在于强调"答案唯一"与"答案丰富多彩"有区别，却并不相悖，它们相互支持，相互结合，既有"唯一"，又有"多彩"，这才是完整的世界，才是全面的认识。就此一点，也证明这位考生质疑考题不是一时兴起，而是深思熟虑，有正确的思想方法指导的。

这篇文章是学生的应考之作。身在考场，面对考题，敢于挑战高考试题的"权威"，敢冒高考失分的风险，这需要怎样的勇气，何等的胆识！胆识两字相连，自具深意。古人云："文以识为主，认题立意，非识之高卓精审，无以中要。才、学、识三长，识为尤重。"（刘熙载《艺概·文概》）考生站在理论高处，洞察试题，思考用意，这才敢于发难。没有识见的底气，哪来胆略的表现？自然，作者毕竟还是一名中学生，又限于考场时间的紧迫，他在行文时多用实例证明，而少理论解剖，这是弱处，也是可以理解的。

有趣的是，高考过后，不少作家也热情参与这道高考作文题的讨论。有的作家也对"答案是丰富多彩的"命题表示怀疑。只是因为他们是作家，是成人，说话超脱，行文自由。请听，徐坤如是说："的确，看问题的角度不一样，答案就会有所变化。然而，我仍然相信一句中国古训叫作'万变不离其宗'。"邱华栋如是说："人们看问题的角度不一样，可得出的答案有时候会是一样的，就像那句老话：'条条大道通罗马。'"李大卫如是说："差异存在于一切存在之中。如无特别需要，我们不必强调某一对象的与众不同之处。"他们不无调侃地说这道作文题明明是"设置一个绕来绕去的路障"（邱华栋），"犯不上把作文弄成智力测验"（李大卫）。（以上引自《高考作文大参考 考作家》，华东师范大学出版社 2001 年版）

考生的应试之作和作家的文章相比照，质疑的形式也堪称"丰富多彩"，而答案却只有一个，那就是观察现实、思考问题，都不能离开辩证法。强调一面，忽视一面，以偏概全，就难得正确的认识。这道高考作文题，看似开启思路，引发创新，实是设定框框，引向片面，有违命题者的初衷，结果适得其反。面对考生的质疑"答案是丰富多彩的吗"，命题者、执教者、受教者能不深长思之，从中获得启示？

（十五）一篇争议作文引起的思考——"真话"辨

上海市某初三年级同学以"为自己竖起大拇指"为题（此题原为 2002 年上海市中考作文题）作文。其中多数同学应题而作，在文中表现自己身上的"闪光点"，或者写出自己的决心和勇气。但也有同学不愿依题而写，如一个同学就改题为《我看〈为自己竖起大拇指〉》，他认为原题不适合他。"为自己竖起大拇指"，"我不能"。为什么"不能"呢？他针对题目，写下了自己的看法：

我看《为自己竖起大拇指》

上海某校 S 同学

有的时候，有一些人、一些事会像冬天飘荡的树叶一样浮现于眼前。而这时，我总喜欢安静下来，或坐或站，思绪开始萌发。

生活在普通繁华的大都市，天天与来往的人擦肩而过，我身上有值得骄傲的东西吗？

没有，我说。

煮一碗快餐面的时候，世贸大楼倒了，众所周知，本·拉登干的。

哪家银行、珠宝店又被抢了，新闻头条登了出来。

幸好，不是我干的。

每天第一声鸡叫时，背起书包上学。太阳发紫时，再照样背回家。

我的处世法则：按照他人说的做。

题目是：为自己竖起大拇指。而我不能，我可以为任何人竖一下大拇指。但为我自己，我办不到。

我身上确确实实找不到任何一处闪光点，因为我懦弱、胆小、马虎，什么事也做不了。我唯一能夸赞的，大概是我碌碌无为，奉行中庸之道。

通常，置身事外，而去观察世事，往往要比站在世事中看世事要好。

就像不用镜子，用自己的左眼看不到自己的右眼。

来谈谈碌碌无为，这不是什么坏事。俗话说："棒打出头鸟。"更有一种做法：龟之类的生物，当它伸长脖子时，注定会被砍下。而往往砍下之后，仍瞪着眼。

社会是平衡的，上天每隔几年造一些普通的人，以维持社会稳定。这是必要的。

我甚至于在许多的时候会这样想：我宁愿背个龟壳缩起脖子，沉浮于汪洋之中。

（选自《新民晚报》2011年6月19日）

文章在班级宣读后，引起轩然大波。怎样评价这篇作文？有三种意见。一种意见是否定的，认为该文"文不对题，思想消极"，是"不及格"作文。又一种意见则是肯定的，认为文章能"写出真实思想，即使离经叛道也比那些如一个模子刻出来的无病呻吟、乱赶时髦的东西好"。再说"中庸之道"有什么不好？大多数人"都是平庸之人"。第三种意见认为"给这样的作文打不及格似乎没有错，特别是不能让它蔓延开去"，但是"孩子脸，六月天"，"为什么不允许他们有时发泄点其他的情绪，哪怕是'灰色'的"？

评价孰是孰非？很显然，争议的焦点不在于作文的语言形式，而在于作文表达的思想内容。

众所周知，思想内容是文章的第一要素，一切写作手段都是为表达思想内容服务的。"情动于中而形于言"（《毛诗序》），认定文章思想内容，并以此作为评文的首要标准，这是不错的。

问题是，怎样认定这篇文章的思想内容？

讲真话，抒真情，这是认定文章内容的前提。文以情动人，是指真情动人。不能设想，虚情假意，矫情伪饰能感动人心。这就是说，如果表达的不是真情实感，文章就失去了表现的意义。鹦鹉学舌，言不由衷是当前中学生作文的通病。不少同学力挺《我看……》一文，正是因为它"写出真实思想"。作者说："题目是：为自己竖起大拇指。而我不能，我可以为任何人竖一下大拇指。但为我自己，我办不到。"不能就说"不能"，办不到就说"办不到"，哪怕"冒犯"题意，也要实话实说，不讲假话，这是作者诚实为文的态度。

讲的是真话，但是如果讲的是错话，这样的"真话"也值得肯定吗？

作文讲真话，这是前提，毋庸置疑。至于讲的话是"正确"，还是"错误"，这是需要认真分析的。

作文题目是"为自己竖起大拇指"，这是涉及人的自我评价的话题。这个话题具有极强的主观性，人物性格有异，观察角度不同，自我评价自然呈现多样性。比如，你可以"为自己竖起大拇指"，也可以"为自己敲警钟"，思维原是多向的。而本题只指定一种思维趋向，不符合自我评价的多样性的实际。这是命题本身的局限。该生从自我出发，选择自省的角度，坦言自己"懦弱、胆小、马虎，什么事也做不了""碌碌无为"。这是他的选择，他的真情实感，据实而言，为自己竖起大拇指，"我不能"。恰恰是对题而作，有感而发，何错之有？

也许有人会说，文章的失误在于"思想消极"。这篇文章"思想消极"吗？也不能一概而论。

首先，作者的思考态度是积极的。他说："我总喜欢安静下来，或坐或站，思绪开始萌发。"他在思考之后认识到："置身事外，而去观察世事，往往要比站在世事中看世事要好。"一个中学生能静下心来思考"世事"，这也是值得肯定的。

再说思考的结果。该生在大是大非面前，旗帜还是鲜明的，恐怖主义，抢劫行为，作者不屑为伍。至于自身弱点（"懦弱、胆小"云云），他不讳言。诚然，他表述的观点有的偏激，有的片面，有的是错误的，如："我的处世法则：按照他人说的做。""碌碌无为，这不是什么坏事。""我宁愿背个龟壳缩起脖子，沉浮于汪洋之中。"读者不能仅看字面意义，而要深入了解它的实际意义。比如，作者把"碌碌无为"等同于"中庸之道"，这是用词之误。"中庸之道"，乃不偏不倚，无过无不及之谓也，这其实是一种精神境界，只是作者一知半解，所以才有"碌碌无为，这不是什么坏事"的错误表述。作者想表达的是"中庸之道"，用的却是"碌碌无为"。这是知识缺欠引起文章用词张冠李戴之误。

再说思想方法。作者对作文题目的思维局限性敢于说"不""我不能"，言之有据，勇气可嘉。但同时行文中又多处暴露矛盾之处。如一会儿说"我身上确确实实找不到任何一处闪光点"，一会儿又说"我唯一能夸赞的，大概是我碌碌无为，奉行中庸之道"，又说"我可以为任何人竖一下大拇指"，这些表述都表明作者认识模糊、思维并不严密。

毋庸讳言，该文作者知识的欠缺，思想方法的偏颇，表述观点的失准，这些都是应予指出的。作者不愿虚假陈言，敢于说"不"的独立思考精神，不断自省，努力表述自己的观点的积极作为是应该鼓励的。对于成长中的中学生来说，思考的过程就是宝贵的积累，正误辨识思考的结论他们会不断修正。循循善诱，不妨多给他们一点自由发展的空间，是成长的需要，也是教育的艺术。

所以，我不赞成用"思想消极"之类带否定性的词语评价学生作文。青少年的思维最为活跃，这在他们的作文中每每有精彩的表现。正因为他们处在成长中，积极性和不成熟性往往杂糅在一起。我们千万要注意不能只看到他们的不成熟性而忽视他们思维的灵性。不敢思考、不会思考的一代是令人忧虑的。

愿有更多闪现思维灵光的中学生作文问世。愿青少年一代意气风发，茁壮成长。我以这篇争议作文为例，正是想表明这样的观点。

（十六）"见风使舵"，是耶，非耶

成语"见风使舵"，据《辞海》（第七版）释义："亦作'看风使舵'。比喻相机行事，随机应变，现多用作贬义。"作文《"见风"是否要"使舵"》对成语"见风使舵"的语义有自己的理解。文章认为"见风使舵"有褒有贬，不能一概而论，关键要看"见"的是什么"风"。如果见"好风"而"使舵"，那是"随机应变"，当褒；如果见"恶风"而"使舵"，那是"同流合污"，当贬。褒贬有别，"见风使舵"应有此二解。

且读该文：

"见风"是否要"使舵"

上海市复旦初级中学　赵　茜

见风使舵如今的意思已成了完全的贬义词。这个词通俗一点说就是"墙头草，两边倒"。这个词所适用的有这么两种人，一种是毫无主见的人，就如水上走木桩，完全不选择下一步，走一路下来也是迷迷糊糊，木桩插哪儿，便走哪儿。还有一种便是如过街老鼠、人人喊打的小人了，被名利富贵之风、沽名钓誉之风所驱，完全如无根之草，也确无安身之地。

但是，这真的是古人的本意吗，今人是否有所引申或曲解呢？或者说，"见风"是否真该"使舵"呢？

让我们设想一下，如果你正航行海上，当"山雨欲来风满楼"之际，你不见风使舵，会怎么样呢？不用说，必定是舟覆人亡，万劫不复了。

但，且慢，我并不是说"见风"就要"使舵"，其实这有一个很重要的前提，这是什么"风"？

如果这是充满着名利味、铜臭味等种种腥味的风，当然，我们绝不可以"使舵"。"使舵"便是同流合污，是抛弃原则。因为这风的正对面便是正义，而正义是往往能与"恶风"相抗衡，甚至将其打败的。但，这如果是别的"风"呢？

这风可能是"东风"，是时机，是局势的变化。像当年荆人涉水，"循表"而"夜涉"一样，时机已变，"风"已变，而不"使舵"，便落得全军覆没的悲惨下场。就像是门锁已换，你还拿原先的钥匙，自然插不进锁眼了，这叫随机应变，因势利导。

这风也有可能是"春风"，是正义之风。就像这次地震，全国人民都被那些志愿者的善良之风所感化，纷纷解囊相助。春风沐人，人便纷纷"使舵"了。还有一些坏人的改邪归正也是如此。佛说："放下屠刀，立地成佛。"

这风也可能是人生时运之风。我很赞赏三毛所认为的"我没有用'克服'这两个字，请你仔细看好吗？我用的是'化解'"。这里的化解还不等同于顺从。而是像余秋雨《文化苦旅》中所登的沙山一般"也不硌脚，也不让你磕撞，只是款款地抹去你的全部气力"。面对"风"的来袭，便是这种态度："顺"，却不"从"，有着一股韧性，这样，才不会被"风"所湮灭，随遇而安。

所以，见"风"是否要"使舵"，要看这是什么"风"了。

成语"见风使舵"褒贬"二解"说能成立吗？

贬义之解当无疑义。"见风使舵"者犹如"墙头草，两边倒"，此类人毫无主见，沽名钓誉，随"风"而趋，犹如"过街老鼠、人人喊打"。

而褒义呢？作者对把"见风使舵"看成是"完全的贬义词"提出质疑："这真的是古人的本意吗，今人是否有所引申或曲解呢？或者说，'见风'是否真该'使舵'呢？"

从成语的本义说，"见风使舵"应是自然之举。文章反证说，当风雨来袭时，如果不能"见风使舵"，那就必定"舟覆人亡，万劫不复"。

"但，且慢"，一个转折。作者说，今人运用"见风使舵"词，乃取其比喻义，因"风"而变，关键是要看"这是什么'风'"，褒贬之分，依"风"而定，"这有一个很重要的前提"。

文章下列四段，分两个方面。第一方面说贬义。如是"恶风"，即不正之风、名利风、铜臭风种种，那就不能顺风"使舵"。"见风使舵"，则为"同流合污"。

第二方面说褒义。文章列举"东风""春风""时运之风"，确定其均为正义之风。"东风"是"时机"之喻，相机行事，随机应变，必须"见风使舵"。"春风"是"正义"之喻，善良之风劲吹，也必须"见风使舵"。"时运之风"，更不可抗拒，"顺"而"应"之，既得风之助，又不为风"湮灭"，随遇而安，堪可称道。

文章末段总其成，最后得出结论："见'风'是否要'使舵'，要看这是什么'风'了。"

该文观点是鲜明的，论述思路也是清晰的。这是议论文写作的最基本要求。尤为可贵者，作者对成语的语义细加分析，字斟句酌，表现出强烈的独立思考的精神。

独立思考与言之成理是相互依存的。没有独立思考，不可能学得真理。充其量也只是人云亦云，鹦鹉学舌，并不能真正懂理和用理。然而，只说独立思考，而没有真理支撑，也不能以理服人，只能落得孤家寡人、众叛亲离的结局。对于成语"见风使舵"的语义，一有辞书可查，又有习惯用法可依，似乎不必再有异议，然而，《"见风"是否要"使舵"》一文的作者，不囿于此，自立新说，变一元解读为多元解读，表现了敢于立言的独立精神。不仅如此，作者不仅敢于立言，还能据理力挺。论述思路几经转折，"但是""让我们设想一下""但，且慢""如果"等，均列举事实，其中包含演绎推理。特别是褒义之说，"东风""春风""时运之风"，以实例证明，有荆人"'循表'而'夜涉'"，不察时变而溺死（《察今》），有"汶川地震"的慈善捐款，有作家三毛的心灵之语，实事求是，得出"见"正"风"而"使舵"的必要性。言之成理，作者的独立思考闪现出智慧的火花。

常见的情况是，青少年受阅历、知识的限制，他们表现的独立思考精神会呈现某种不成熟性。即以本篇论，作者对成语"见风使舵"语义的理解，也不无偏颇处。《辞海》释义明明说，它比喻相机行事，随机应变，并无贬义。"多用作贬义"，是指语义运用的历史演变。而文章却断言"见风使舵如今的意思已成了完全的贬义词"，显然有些武断。而把"多用作贬义"一概斥之为"曲解"古人的本意，更是少年气盛，暴露出知识的欠缺。行文虽着力引证推理，却难免饶舌，略显繁复。尽管如此，我还是从文章的基本面"敢于立言"，致力搜集例证，对于少年作者的种种努力予以肯定。少年的不成熟并不可怕，他们会在成长中逐渐提高，得以完善，而其勇于创造的精神将是他们一生发展的用之不竭的动力。

举一反三，类似"见风使舵"的成语运用、语义发展不是孤例。例如"墨守成规""清规戒律""斤斤计较""见异思迁""盖棺定论""班门弄斧""知足常乐"等等，社会发展，时代前进，语义运用都在变化之中。这里，重要的不是一词一语的昔是今非，重要的是一代又一代青少年生生不息的创造力的培养和发展。热情扶持，悉心指导，扬长避短，择善而从，对于中学生的求异作文，我每每作如是观。

（十七）"狐假虎威"能这样"新解"吗

"狐假虎威"是为人熟知的成语。它原是一个寓言故事的紧缩语。"假"，借用。成语的意思是，狐狸借助老虎的威势，吓退其他动物，喻指仗势欺人。

有同学则认为，这样解读成语对狐狸是不公平的。他们认为，狐狸处于危难之际，"借虎之威，制胜于虎"，明显是不得已而为之，这正是狐狸的智勇之举，何错之有？且看文章如下：

"狐假虎威"新解

安徽六安霍邱县陈郢中学　郑青松

"成语'狐假虎威'出自《战国策》。狡猾的狐狸借老虎的威风吓唬百兽，比喻为借别人的威势欺压人。"我认为这个成语解释对狐狸的评价是不公平的。

何为狡猾？狡猾为诡计多端不可信任之意。

这个故事的开端是"虎求百兽而食之，得狐。"老虎得狐无疑是为了充饥。在这种弱肉强食的情况下，弱者只有两条路可以选择：一条是想方设法，战胜强者，保存自己，就像故事中的狐狸那样，说："子无敢食我也，天帝使我长百兽，今子食我，是逆天帝命也。"几句话就把老虎唬住了。继而，进一步争取主动："子以我为不信，吾为子先行，子随我后，观百兽之见我而敢不走乎？"从而摆脱了丧命的险境。

另一条路就是服服帖帖地让老虎吃掉。如果说前者是狡猾的话，那么唯有让老虎吃掉才对吗？

我认为，狐狸这个弱者，在被老虎这个强者猎取的一瞬间沉着清醒，思维敏捷，想出绝妙的对策，这正是狐狸的大智；继而，它敢于领着老虎走进森林，临危不惧，这正是狐狸的大勇。由于狐狸的大智大勇，才由被动转化为主动，从而战胜强敌，保存了自己。这怎么能说是狡猾呢？

何谓欺压？系欺负压迫。这个说法用于狐狸也不确切。狐狸领着老虎走进森林，他的目的是借老虎的威风吓走百兽吗？是让百兽屈服于自己吗？显然都不是。狐狸之所以领着老虎走进森林，是"兽见之皆走"，不过是脱身的一种权宜之计，是为了摆脱自己的危险处境罢了。

因此，我对这条成语的解释是：狐狸能够运用巧妙的对策，战胜凶恶的老虎，这正说明了狐狸的聪明、机智和老虎的愚蠢。这叫借虎之威，制胜于虎。

"新解"第一段，先引出习见的对成语"狐假虎威"的传统解释，观点鲜明地指出，这样解读成语"对狐狸是不公平的"。

接着文章从"狡猾"和"欺压"两个方面提出论证，据理力争，为狐狸开脱"罪责"。文章说狐狸身处险境，已别无选择，要么束手待毙，要么化险为夷。此时狐狸能临危不惧，沉着应对，"唬住老虎"，利用老虎，终于脱离险境，"这怎么能说是狡猾呢"？又，"狐假虎威"，目的是吓走百兽，"蒙骗"老虎，求得脱身，于百兽并无伤害，怎么谈得上"欺压"？

文章最后为"狐假虎威"做出"新解"：狐狸巧施策略，借虎之威，制胜于虎，这正说明了狐狸的聪明、机智和老虎的愚蠢。

从字面看，如此"新解"，似乎不无道理，且能顺理成章。由此，狐狸从反面形象变成了正面形象。然而，从成语的原本意义说，这样解读实际是违背原义。细读《战国策》原文（见附文），这里的"狐"和"虎"都是有所指的。"狐"指"昭奚恤"，此人为令尹（相当于相国），拥有重权。"虎"指"楚宣王"。陈述这段寓言故事的是"江乙"，为楚臣。昭奚恤何许人也？其人媚上压下，仗势欺人，深受楚王宠信。当楚王问及昭奚恤的能力时，众臣不敢直言（"群臣莫对"），唯有江乙以寓言喻之，揭穿昭奚恤其实并无能耐，其所以耀武扬威乃是凭借楚宣王的强大和威武，"狐假虎威"而已。

回到文本意义，"狐"（昭奚恤）的本性就是"狡猾"，对待群臣就是"欺压"。工具书以"狡猾的狐狸借老虎的威风吓唬百兽，比喻为借别人的威势欺压人"来解读"狐假虎威"的语义是完全正确的。"新解"脱离语境，仅凭字面意义解读，曲解其义，实为误读。

以此，还可以类推一些所谓成语"新解"，如"南郭先生也有可取之处"（"滥竽充数"），"为东施效颦说句公道话"（"东施效颦"），"'移山'不如'搬家'"（"愚公移山"），"吹毛求疵有必要"（"吹毛求疵"），"拔苗助长，精神可嘉"（"拔苗助长"），"桃李不言，下难成蹊"（"桃李不言"），"'眼高手低'是常情"（"眼高手低"），等等；又从成语推及一些文字典故，如"不妨提倡一下'葛朗台精神'"（《欧也妮·葛朗台》），"严监生的另一面"（《儒林外史》）等，都是仅根据事物表象的某些相似点，不顾本质的截然不同，横加类比，任意（不从文章意义）发挥，导致认识偏差，最终得出错误的结论。

那么，对成语典故的传统意义一律都不能做出"新解"吗？也不是。这里可分两种情况：一种是成语典故原义本来只是说的事理一个侧面，事理还有其他的侧面，如"近朱者赤，近墨者黑"，原意是靠近朱砂的，染上红色；靠近黑墨的，染上黑色。比喻接近好人的，人会变好；接近坏人的，人会变坏。这句成语揭示了客观环境对人的成长的影响，有其合理性。但是，人的成长不只受外因制约，还同时受内因制约，外因是变化的条件，内因是变化的根据，外因通过内因起作用。从这个意义上说，内因起着更重要的作用，所以"近朱者未必赤，近墨者未必黑"同样是合理的，这样解读成语是允许的，它与"近朱者赤，近墨者黑"意义并行不悖。类似的如"旁观者未必清"（"旁观者清"），"言多未必失"（"言多必失"），"人微言不轻"（"人微言轻"），"'眼见'不一定'为实'"（"眼见为实"），"举贤还是避亲好"（"举贤不避亲"），"近水楼台不得月"（"近水楼台先得月"）等均属此列。

还有一种情况，诸如"任人唯亲"（"任人唯贤"），"下马观花"（"走马观花"），"'弄斧'必到'班门'"（"班门弄斧"），"无的放矢"（"有的放矢"），"望书兴叹"（"望洋兴叹"），"一触即跳"（"一触即发"）等，借用成语，别有寄意，用的已不是成语原意，而是在特定语境中翻造的新的词语。毛泽东在《湖南农民运动考察报告》中曾对"矫枉过正"一词做出"新解"："矫枉必须过正，不过正不能矫枉。"成语原意是为了把弯曲的东西扭直，过了头，又弯向另一边。比喻纠正偏差而超过应有的限度，又出现另一种偏差。"矫枉过正"原是贬义的，毛泽东把它解读为褒义的，这样做是就特定语境而言的。当时，党内的机会主义者攻击农民运动"太过火了"，毛泽东针锋相对，反其意而用之，指出"每个农村都必须造成一个时期的恐怖现象，非如此决不能镇压农村反革命派的活动，决不能打倒绅权"（《湖南农民运动考察报告》）。机会主义者口中的"矫枉过正"，正是指农民运动如火如荼的形势，他们的指责用语是错误的，实际"矫枉"并不"过正"。如果他们认为是"过正"，那么，这个"过正"是"必须"的。不"过正"则不能"矫枉"。毛泽东的解读有其特殊性，有其针对性，是有语境的，与成语"矫枉过正"本意并不违背。

回到"狐假虎威"一语，成语的文本意义是不能随便改变的，它有具体的语境。仅就字面意义，随意延伸"解读"，是不被认可的。

当然，也有一种情况，有意一反旧说，另起炉灶，对狐狸自作评论，如高洪波的诗歌《我喜欢你，狐狸》：

你是一只小狐狸，/ 聪明有心计，/ 从乌鸦嘴里骗肉吃，/ 多么可爱的主意！

活该，谁叫乌鸦爱唱歌，/ "呱呱呱"自我吹嘘！/ 再说肉是他偷的，/ 你吃他吃都可以。

也许你吃了这块肉，/ 会变得漂亮无比！/ 尾巴像红红的火苗 / 风一样掠过绿草地。

我崇拜你，狐狸，/ 你的狡猾是机智，/ 你的欺骗是才气。/ 不管大人怎么说，/ 我喜欢你。

这是一首饶有情趣的儿童诗，歌咏的是狐狸，或许与"狐假虎威"的故事有某种意义上的关联（"不管大人怎么说"），但是，这是一篇全新的创作，不能看作是"狐假虎威"成语的"新解"。在文学作品中，"狐狸"应该是怎样的形象，见仁见智，或褒或贬，各取所需，属于艺术典型创造，本文讨论的内容是另一个话题。

寓言"狐假虎威"

荆宣王问群臣曰："吾闻北方之畏昭奚恤也，果诚何如？"群臣莫对。江乙对曰："虎求百兽而食之，得狐。狐曰：'子无敢食我也！天帝使我长百兽，今子食我，是逆天帝命也。子以我为不信，吾为子先行，子随吾后，观百兽之见我而敢不走乎？'虎以为然，故遂与之行。兽见之皆走。虎不知兽畏己而走也，以为畏狐也。今王之地方五千里，带甲百万，而专属之昭奚恤；故北方之畏昭奚恤也，其实畏王之甲兵也，犹百兽之畏虎也。"

（《战国策·楚策》）

（十八）为潘金莲翻案，对吗

《其实并不是这样》一文为《水浒传》中的人物潘金莲"翻案"，文章以标新立异的观点引人注目。这原是 2007 年山东莱芜地区一名中学生写的中考作文，评为"满分作文"，先后被多家媒体转载。值得讨论的是，这篇文章真的如推荐者所说是"推陈出新、分析合理、情理交融"的"满分作文"吗？如果不是，又应该怎样评价这类作文？还是先看文章再说。

其实并不是这样

2007 年山东莱芜考生

"王蜂一口针，橘子两边分。世间痛恨事，最毒淫妇心。"自从《水浒传》一问世，人们便拿此评价其中的人物——潘金莲。这个人物形象成了人们心目中心狠手毒的"淫妇""荡女"的典型。

潘金莲你实在是冤枉啊！

生活在封建社会最底层的婢女潘金莲的一生是充满着血泪的一生：由于她长得漂亮，起先主子要娶她为妾，但年少的她却宁死不从。于是主子大怒，强行把她和"三寸丁"武大郎撮合在了一起。对于一个年轻的、对未来充满着无限美好幻想的少女来说，这是一次比肉体上的摧残更加严酷的精神摧残。是仪表堂堂而又正直刚毅的打虎英雄武松的出现，引起了这位苦闷少女的好感。这犹如被关在黑屋子的人看到了一丝阳光般让人兴奋。可正直端庄的武松断然拒绝了她炽热的追求。对潘金莲来说，这无疑是一次沉重的精神打击，把刚刚看到一丝光明的她重新推入了无底的深渊！正当潘金莲心灰意冷的时候，不幸又遇到了无赖西门庆，由于她的幼稚无知和对爱情的强烈渴望，她不幸陷入了西门庆的圈套。后来，对爱情的狂热追求，让她陷入了发昏的地步，在完全丧失了理智的情况下，与王婆、西门庆合谋演出了杀夫的丑剧，最终丧命于武松无情的刀下！

在中国的封建社会中，"嫁鸡随鸡，嫁狗随狗"是封建礼教对妇女的无理要求，而封建统治阶级宣扬的"忠贞""活寡"却成了他们评价妇女美德的"标尺"。如果用这把尺子来衡量潘金莲，她的错误在于对其封建主子的一次不从，对其丈夫的两次不忠。她理所当然地为封建意识浓厚的人所不齿。可今天来看，潘金莲的一次不从、两次不忠恰恰是对封建不合理婚姻制度的一次冲击，是对爱情自由和人权的追求！虽然她采用不当的手段导致了自身的灭亡，但她的死绝不是如有人所说的"罪有应得""大快人心"，而是一幕引人深思的悲剧。

文章的观点是鲜明的。作者说，历来人们都把《水浒传》中的人物潘金莲看作是"淫妇""荡女"的典型，这"实在是冤枉啊"，因为潘金莲"其实并不是这样"的人。文章以潘金莲"一次不从、两次不忠、三次不幸"概括她的红颜薄命史，笔触间对她的"悲剧"命运充满深深的同情。对她的死，作者断然说这"绝不是如有人所说的'罪有应得''大快人心'，而是一幕引人深思的悲剧"。

潘金莲究竟是怎样的人？她的言行举止是善，是恶？是值得同情，还是应予谴责？这些都是应该细加分析的。问题的难点在于，她是一个性格多面的人，且有一个逐步蜕化变质的过程。因此，评价这样一个比较复杂的人物，偏于一面，拘于一时，而不顾及全人，就难免陷于认识的误区。就少女潘金莲来说，她不愿做妾，"宁死不从"，其反抗精神堪可嘉许，文章作者对此给予同情是有道理的，是所谓"一次不从"。而潘金莲对丈夫"两次不忠"的行为就不能一概而论了。这里要从两个方面说，一方面，以美丽少女"撮合""三寸丁"武大郎，潘金莲确有委屈，受到"精神摧残"，她的遭遇也是值得同情的。但是"两次不忠"，对于无辜的武大郎来说，不能不说是极大的伤害。作恶的是"主人"，受害的是"丈夫"。潘金莲把自身受到的戕害转嫁到丈夫身上，这是极端自私的行为。文章作者说潘金莲遇见武松，意在出轨是她对"一丝阳光"的追求，这是只讲"情"，不讲"理"，显然是混淆了是非。怎能反而说是她个人的"不幸"？杀人偿命，死于刀下，完全是咎由自取，"罪有应得"。潘金莲就是杀人犯，这是盖棺论定。文章作者为她呼冤，不惜笔墨，其立论是站不住脚的。

那么，文章作者对潘金莲这个人物的认识为什么会产生"错觉"呢？只见其一，不见其二，只看现象，不看本质，以致造成判断失误。不错，潘金莲确有值得同情的一面，可那是在早期，少女时期的她受"主人"迫害，受社会摆布。但是，现在评论的是潘金莲的一生。严峻的现实是，她已由纯情少女蜕变为谋害亲夫的杀人共犯。这才是顾及全人，看清本质。人们的认识有时候会出现偏差，原因之一就是为局部道理所囿，而置全局道理于不顾。殊不知，大道理是要管小道理的。因小而失大，舍本以逐末，情感蒙住理智，最终将失去判断的准绳。

不过，话又得说回来。这篇文章还是有值得肯定的地方的。青少年处于思想成长期，不断探索，有所修正，原属正常。一般说来，学生的认识问题，不应作为判定作文优劣的唯一标准。《其实并不是这样》一文，作者在字里行间流露出同情弱者的气质，还需保护。至于作者对潘金莲的偏颇认识，一经点拨，克服了思想认识的片面性，就能纠偏扶正，它不影响我们对这篇作文做出的全面的评论。

本文语言流畅，论述有序，感情充沛也是明显的优点，文章以民谣"王蜂一口针，橘子两边分。世间痛恨事，最毒淫妇心"起笔，引出对潘金莲形象的评论，贴切自然。又以"一次不从、两次不忠"表述潘金莲的悲剧人生，也极具概括性。文章历数潘金莲的"不幸"，以"宁死不屈"写她的反抗；以"撮合"写她的委屈；以遇见武松"犹如被关在黑屋子的人看到了一丝阳光般让人兴奋"，写潘金莲的躁动；以"陷入了西门庆的圈套""最终丧命于武松无情的刀下"，写潘金莲的悲惨下场，行文流畅，一往情深。对潘金莲从悯其"年少"，到恨其"发昏"，责其"杀夫"，悲其"丧命"，终其一生，语言恰当，形象突出，层次清楚，显示了作者扎实的语文基本功。

尤其难能可贵的是，本文作者具有比较多的阅读积累。文章写于考场，应对考题，流行民谣信手拈来，对潘金莲的命运遭际了如指掌，且有一定深度的思考和概括，并初步形成一些观点，行文流畅，这些都可见作者平时积累之功。学习语文贵有积累。笔者对此曾有过三句话总结：

语言积累，重在感悟，途径是阅读；

生活积累，重在认识，途径是感悟；

思想积累，重在方法，途径是历练。

看来，这篇文章的作者在这三方面都是下了功夫的。

最后，要说对这篇作文的整体评价。总的说，这是一篇有特点的作文，有积累，有见解，有感情，这些都可圈可点，尤其是作者敏于思考，敢于质疑，初生牛犊，颇见胆略，应予鼓励。但是，鼓励不是盲目褒奖，不能说文章为潘金莲翻案，标新立异就是"推陈出新"，也不能讲文章只说了某些小道理，而

失去全局大道理还是"情理交融"。"理"之不全，何来"交融"？评文要实事求是。所以我认为，称这篇文章为"有特点的作文"可，而评其为"满分作文"则过。

一、不同版本的"潘金莲"。

1. 施耐庵《水浒传》中的潘金莲（淫妇、祸水）。

2. 兰陵笑笑生《金瓶梅》中的潘金莲（祸水、色情狂、阴谋家、虐待狂）。

3. 欧阳予倩《潘金莲》中的潘金莲（叛逆者、封建婚姻的反对者、个性解放的追求者）。

4. 魏明伦《潘金莲》中的潘金莲（反抗、委屈、追求、沉沦）。

（魏明伦《"我"的潘金莲》，2006年9月10日演讲词，选自《作家的素材本》，安徽文艺出版社2009年版）

二、据山东《清河县志》记载，潘金莲原型并非"不正经的女人"，更不是荡妇，而是贤良温淑的大家闺秀，贝州潘知州的千金小姐。武大郎原名武植，少年聪慧，中年中进士，做过山东阳谷县的知县。

县志关于潘金莲的记载，有"在清河传说"五个字。这表明关于潘金莲的其人其事只是"传说"，是不能认定为史实的。这也为不同的文艺作品塑造不同的"潘金莲"艺术形象提供了可能性和合理性。

八、锤炼语言

（一）语言"鲜活"的魅力

说话靠口头语言，作文靠书面语言。说到语言，谁都不喜欢陈词滥调。唐人韩愈说"惟陈言之务去，戛戛乎其难哉！"（《答李翊书》）表达的正是对语言鲜活的追求，尽管要做到这一点并不容易。

阅读中学生作文，你就能感到一股青春气息扑面而来，这是十分可喜的。且看天津女生陈瑶这样为她的练笔本《丑小鸭》题句：

> 一行行歪斜的脚印，
> 已被岁月抹平；
> 一首首稚嫩的心歌，
> 飘逸着蓝天下洁白的梦。
> 用真情抒写自己的历史，
> 让风雨中长大的翅膀，
> 去迎接金色的黎明。

留下少年"脚印"，唱出稚嫩"心歌"，搏击世间"风雨"，迎接人生"黎明"，字里行间，记录的是少女成长的心路，表现的是蓬勃生命的活力。

请看，这是中学生笔下的一群女生形象：

十一岁的女孩，可以敞开心扉向爸爸妈妈"哭诉"自己的"委屈事"，可以坐在爸爸妈妈腿上撒娇，可以"死皮赖脸"地向爸爸妈妈要钱买零嘴吃而爸爸妈妈还说你是"心肝宝贝"。

（天津　魏　微）

十三岁，失败后会咬着牙不让眼泪流出，成功后热泪却挂满眼眶。十三岁，有笑，有思，有泪，有情。十三岁，带着我们从童年走向少年。我们会为过不了"儿童节"而遗憾叹息。

（天津　陈　瑶）

十六岁的我可以下雨不带伞，把在雨中狼狈地"逃窜"称为洒脱；十六岁的我可以做事不负责，把饭烧焦了还推说锅底太薄；十六岁的我可以偷懒不干活，把地板上那一层厚厚的灰尘叫作"地板保护层"；十六岁的我会撒娇扮鬼脸，惹得不高兴的奶奶哈哈大笑；十六岁的我会为一只死去的蝈蝈"修坟立碑"；十六岁的我会把"变形金刚"贴满铅笔盒。……对于十六岁的我来说，有太多的"可以"，太多的"会"。

（天津　陈　瑶）

十七岁，一个美丽的年龄，一个多彩的季节，埋藏多年的豪情，就要在这个如火的夏天绽开第一朵绚丽的花。十七岁，有太多的梦要追逐，背上行囊写一路风雨给自己，让它向世人宣告：十七岁，我走向成熟。

（福建　赵　林）

四个年龄段的女生各自特征鲜明，成长轨迹清晰，由撒娇到自律，由外放到内敛，由羞怯到俏皮，活脱脱的青春女孩，一个个跃然纸上。例如写"十六岁的我"，不说雨中奔跑，而戏言"逃窜"，少年任性情态毕现。不说地面积灰，而称之为"地板保护层"，生造词语让读者会心一笑。不说为蝈蝈之死埋葬撰文，而故作惊人之语，说是"修坟立碑"，写出青少年特有的纯真和善意。这里运用的都是词语"移用"的修辞手法。在特定的语言环境中，有意改变词语的原有意义和用法，赋以新意，横生妙趣，给读者以语言鲜活的美感。

再看看男生们笔下的"自画像"：

在幼儿园里，我养成了自己的性格——"倔"，成了最"猴"的孩子。倘若不信，我脑袋可以作证，那块硬币大小的"荒原"（没有头发）就是那时留下的。

（甘肃　李　然）

OK，矮个的优点还真不少呢！

事物都是相对的，正因为有矮个，才会有高个呀！有高有矮，世界上才显得错落有致，才称得上"多层次""全方位"。

男子汉应该有"野气"，应该挺起胸，大踏步地走。应该抛开顾虑尽情干自

242

己愿做的事。血性男儿不该随波逐流，应该敢作敢为，闯自己的天下。

（上海　陈力宇）

男孩子性格多率直、豪放、乐观，又不失幽默感。不说"顽皮"，而说"倔"强；不说"伤疤"，而说"荒原"；不说身材高矮，而说"错落有致""多层次""全方位"，巧用新词，出言幽默。

从语言的表达方式说，充分个性化，正是中学生作文语言灵动性的表现。中学生喜欢模仿，喜欢借用，喜欢夸张，喜欢含蓄，喜欢排比，喜欢象征，往往在任性中带着一点迷茫，在纯真中带着些许狡黠，一吐为快的同时，又总想保留一点小小的"秘密"。日记里记有"密码"（不让偷看的父母"破译"）；同名同姓的同学提出"署名权"的问题；直呼"妈妈'专制'"，一赌气，不吃饭，竟然说"要绝食到底"。在这里，浪漫是中学生的，含蓄也是中学生的，理直气壮是中学生的，情绪波动也是中学生的。从真情实感出发，从现实生活出发，作文语言就有一种特殊的魅力，呈现出一种自然美。文章中鲜蹦活跳的语言正是中学生语言青春美的表现。

小练笔

✽ 在阅读中，注意收集富有表现力的"鲜蹦活跳"的语言，留心生活中生动形象的口语，日积月累，将它们归类整理。

例句：

（1）十三岁像一支歌，一首诗，一幅画，蒙着神秘的色彩，满载着未来世界缤纷的花朵，不知不觉地向我走来了。

（2）希望妈妈能允许女儿拥有一块自己的"心理领空"。

（3）妈妈说我是一阵风，奶奶说我是一个宝，哥哥说我是一个谜，爸爸说我是一棵草。不要奇怪，不要发笑，这是好平常好平常的事，你该知道，我爱哭也爱笑，好温柔也好霸道。

（二）语言的"气"和"势"

"文以气为主。"（曹丕《典论·论文》）这里所谓"气"，是指文章的思想力量和感情力量。捉笔行文每当要表达的思想容量较大而感情又特别强烈的时候，字里行间就会涌动一股咄咄逼人的语势。"气势"也，"气"是内容，"势"是形式。请听，这是改革开放初期一篇文章中表达的一代青少年对"父辈"束缚的呼吁：

啊，父辈，也许我们才是最不安分的一代！

啊，父辈，难道你们就这么忍心，这么固执！

啊，父辈，我们希望少一点"关心"，多一点鼓励！

啊，父辈，请多给我们一点自由的空间吧，让我们也能奋飞！

文章一连用了四个"啊，父辈"，句式齐整，排比而出，形成急促、奔涌的语势，辅以语气词和感叹号，由自怨到反诘，由期待到自强，感情起伏，层层推进，语势逼人，激动读者的心灵。

借重名言警句，抒写人生情怀，能使语势陡增。在一篇题为《小小的我》的文章中，作者引用阿基米德的一句名言"给我一个支点，我就能撬动地球"，进而发挥："那么，我的地球在哪里？我的支点又在哪里？"展示有志少年宏大的胸怀，进取的勇气，表达了当代中学生迷茫的心灵中躁动着奋发向上的活力。名言警句一般都含有较深的思想，较大的气魄，有耐人寻味的意境，恰当地引用，能提高文章思想感情的力度，扩大思维想象的空间，给人以鼓舞的力量。

展示广阔的背景，有助于表现重大的主题，深邃的思想，充沛的感情。以宇宙之大，历史之长，人生之贵，在这样廓大背景下，议论风生，直抒胸臆，就给人以博大感、纵深感、庄重感。例如，有一篇题为《遥望星空》的文章写道：

遥望星空，我猛然醒悟……为什么说"有的人活着，他已经死了，有的人死了，他还活着"？我明白了，……你（指"星空"）虽然无穷，……但我已经找到了比你更无穷的东西。……我们是新一代的青年人，我们要毫不犹豫地将时代重任负在肩上，让宇宙看看，我们是无畏的一代。

以广阔的时空为背景，以漫漫人生为话题，一代有为青年，肩负民族复兴的重任，顶天立地，放眼世界，"少年壮志当拿云"，读后令人感奋，豪气顿生。

说到语言的"气"和"势"，并不仅止于表达浩然之气，奔腾之势，也包括抒发柔美之情，隐忍之志，激动气势，暗含其中。请看下面一节文字，倾诉绵绵的母子情，其情其状，其"气"其"势"，令人心动：

"妈妈，您有白头发了。"我像是发现新大陆似的对母亲说。

"都老了，怎么能没有白头发？"母亲的回答极其简单。

"妈，您要是不老该多好！"我有些异想天开。

"唉，你都长这么大了，我还能不老吗？"母亲的声音略微有些低沉。我刚要再说些什么，母亲早已从厨房里端出了几只刚烹饪好的螃蟹："来来，这阵子用脑，多吃些！"母亲从中拣了一只大的递给了我。

我赶忙抓住了螃蟹，甩开膀子大吃起来。吃着吃着，我发现母亲并没有吃一只螃蟹。我有些诧异，递过去了一只："妈，您也吃个。"

"噢……不了，我不爱吃螃蟹。"母亲硬是推了回来。

"你吃吧，妈都吃了，你还吃什么？你上学用脑子，妈老了，吃好的也没用。"母亲的话十分坚定，似乎不允许我再有什么分辩。

就这样，推让几番，我到底是嘴馋，三下五除二地吃了个精光。而母亲却在那里吃掉了昨天的剩饭。一下子，我心里翻了个儿，很不是滋味，刚才清蒸螃蟹的香气，也好像飘得一丝不剩了……

（天津 林 松）

一幅多么温馨的母子交流的画面。孩子的稚气，粗疏，莽撞，醒悟，情态可掬；母亲的慈爱，细致，精心，付出，其爱心何其深！文章以自然朴实的语言，表达厚重真挚的母爱，笔触委婉，亲情充沛，看似语言平静，实是心潮涌动。

自然、浩荡、激越是一种语势，委婉、蕴藉是一种语势，舒缓、回旋又是一种语势。不管哪一种语势，都是以思想感情为其内核，排比、反诘、警句等，只是语势的表现形式。有"气"，才有"势"。语言的气势来自凝练的思想和充沛的感情。

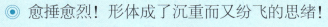

◉ 愈捶愈烈！形体成了沉重而又纷飞的思绪！

愈捶愈烈！思绪中不存在任何隐秘！

愈捶愈烈！痛苦和欢乐，生活和梦幻，摆脱和追求，都在这舞姿和鼓点中，交织！旋转！凝聚！奔突！辐射！翻飞！升华！人，成了茫茫一片；声，成了茫茫一片……

（刘成章《安塞腰鼓》）

◉ 苏轼曾在《文说》中这样总结自己散文创作的经验："吾文如万斛泉源，不择地而出，在平地滔滔汩汩，虽一日千里无难；及其与山石曲折，随物赋形而不可知也。所可知者，常行于所当行，常止于不可不止，如是而已矣。"诚哉斯言！

（三）巧设"比喻"

比喻是语言形象化的重要手段。同是一句话，一段语意，平直说来，流水账似的，读者会感到厌倦。而一经比喻点染，人事就顿时"鲜活"起来，使读者如见其人，如闻其声，如临其境。

设喻之巧，一在于选择形象。用作比喻的事物形象特征都是十分突出的。常用的有气势非凡的自然景观，如"青春是生命的源泉在涌流""那瀑布似的头发披下肩头""父亲一扬手（打耳光），我的脸上就起了'五指山'""你将在实干中，找到生命的绿洲"。有形象鲜明的动植物，如"我要做一个跳出井底的蛙""收回思想的缰绳，畅想的骏马回到身边""机会是一只永不停飞的鸟""在班里，我就像一株不起眼的太阳花""当十七个生命年轮镌刻之时"。有意蕴丰富的文化现象，如"在生活的大舞台上，你我都是演员""我希望心事能找到可靠的读者""生活是一本书"。用作比喻的事物还可以有很多很多，但是，特征突出是它们的共同点，也是形象鲜明的基本条件。

设喻之巧，更在于发挥联想。有联想，才有意趣；再借助形象，注进丰富而深刻的内容，这样的比喻才有生命的活力，才能拨动读者的心弦。

请看一段文字：

十六岁，一曲未必上口的歌，一首未必押韵的诗，一个未必圆满的梦。

"歌"的豪放，"诗"的深沉，"梦"的飘忽，当与十六岁的少年生活相联系，就留下广阔的想象空间！中学生的浪漫、思索和追求尽在形象的联想之中。三个"未必"的修饰，传神地刻下了青少年困惑、期待、追求的年龄印记。

比喻贵在创新。就中学生而言，比喻带有模仿性是不足为怪的。他们从阅读中学得范例，移用过来，表现此时此刻的意愿心情，只要妥帖，也属自然。例如"泪水像断了线的珍珠滚滚而落""女孩子的心是一杯纯净的水""我们拾级而上，步上十七岁的台阶""不必回首，弯腰如张开的弓，用力前行。不要踌躇，即使桅杆折断，我们也要用背脊托起生命的船，渡向彼岸"。

中学生如果能从生活出发，以独特的语汇、思路和表现方法，写出有创意的比喻，无疑更应当鼓励。有这样一段话："……无怪乎班上有同学暗地里戏称他的头发为'雀巢'。昨天还是一头'雀巢'，今天却是漂亮的'凤窝'。"以"雀巢"作比，头发散乱可见，又是一语双关（"雀巢"还是咖啡的一个品牌），融进时代气息，结合少年生活，平添一份俏皮味和风趣美。又如"提高班是'书呆子集中营'""我像老鼠似的钻进了厨房"。这些比喻，表现少年淘气，不乏机敏和青春的单纯，又有些狡黠，有些反抗，情状可掬，少年独有，令人击节赞赏。

创新比喻来自深刻的体验和知识的积累。以上述成功的比喻为例，如果仅仅指称"提高班"为"集中营"，那只是表明中学生的压抑和不满，而加上"书呆子"为修饰语，则显然流露出一丝无奈和一份认可，这种既无奈又认可的感受是青少年切身的生活体验。"父亲一扬手，我的脸上就起了'五指山'"，看得出作者在这个别致的比喻中调动了地理知识。体验和知识正是比喻的双翼。

孔子说："情欲信，辞欲巧。"巧设比喻，当是语言意趣的一个标志。

小练笔

* 写出含有比喻意义的十个成语。

（例：作茧自缚、心急如焚……）

* 仿照下列句式，写出五个比喻句。

我的心跳得像急奔的小鹿。

妒忌——心灵的毒瘤。

青春永远是一个问题。

友谊的彩桥在我俩心中缓缓升起。

◎ 作家梁晓声的母亲说给儿子的一番话，梁晓声把它作为座右铭记在心上。他母亲说："我给你三条做人原则，你要永远牢记——空如竹，直如松，美如葱。"当我读到这番话时，心中不由赞叹，一位不识字的家庭妇女竟说出如此富有哲理的语言。尤其是那句"美如葱"，是生活的体验，是自然心地的倾诉。生活给这样一个普通人的启示是没有任何雕饰的，它让我悟出一条深刻的做人原则和自我美的评价的标准，美在实在，美在自然，谦虚为本，贡献为真。

◎ 数数歌（儿歌）

1 像铅笔细长条，

2 像小鸭水中漂。

3 像耳朵听声音，

4 像小旗随风飘。

5 像秤钩来称菜，

6 像豆芽咧嘴笑。

7 像镰刀割青草，

8 像麻花拧一遭。

9 像勺子能吃饭，

10 像鸡蛋做蛋糕。

（四）别有情趣说"夸张"

青少年个性开放，想象力丰富，同是夸张手法，在他们的笔下，别有一种情趣，独具青春魅力。

请看下面一段文字：

我一旦写起来，身边发生什么事就基本上不知道了。夸张地说，要是写到一半门外来个小偷，把屋里的东西一件件搬完了，最后拍拍我的脑袋，道声"晚安"，我也不一定会有什么感觉。再如果一篇文章一晚写不完，留到第二晚，那么这一整个白天，我都会沉浸在我作品的气氛中，连神情、语调也不像"原装"的了。据说每当这时，同学们都会"怕怕"地敬而远之，以为是来了"未来世界"中的仿制品。

设想"小偷"光顾，拍拍"脑袋"，道声"晚安"，亲切友好之态可掬。其反常表现虽言过其实，却情在理中。写作时神情专心致志如此，生动地写出"物我两忘"的境界，"小偷"云云，不无调侃之意，设想奇特，在夸张中透出青少年特有的俏皮。

"原装"和"仿制品"，是又一种夸张。以物代人，浓缩变形，借用现代工业生产术语，写出在写作中神情大异，仿佛换了一个人，既形象突出，又给人想象的余地，在夸张中显现中学生的一定的知识水平。知识性是青少年运用夸张手法的又一特色。

充分情绪化也是中学生语言的特点。再请看表现演唱会的一例：

突然表哥来电话，说是为我搞到了入场券！……我狂喜地跳起来，真想拥抱全世界每一个人！……"其实——你——"他还没报完歌名，以下的字已被惊天动地的掌声淹没，接下来，只要激奋的歌声有一点空隙，便会融入无止境的掌声、喝彩声。……实在该感谢感谢上海体育馆完美的设计和坚实的支柱；否则，只怕早被如此的热情熔化了，被如此的掌声震坍了！

热情可炙，以至于极度夸大，"拥抱全世界每一个人"，只要"有一点空隙"，便会"无止境"，"熔化""震坍"演出场地，把青少年"追星"的狂热情态表现得淋漓尽致。

夸张是为了突出事物的某一特征，当一般性的叙述描写说理不足以形容其极致时而采取的"夸大其词"手法。"有悖事理"和"合乎情理"是它的两重性。"有悖事理"是它的表现形式，当以新鲜别致为好；"合乎情理"是它的感情基础，以真实可信为前提。只有感情强烈，生活真实，两者俱有，夸张才有引发感奋、强化印象的表达效果。反之，那不是夸张而是浮夸了。喜欢幽默，略带俏皮，巧于模仿，显现知识，情绪热烈，一览无余正是青少年性格、生活和心理特征的反映。

这是一位中学生描写班上同学的歌唱表演：

某同学上场了。此人之男高音独唱简直盖过"怕瓦落地"。据说他曾高歌一曲以致东海一条50吨重的鲸活活气死，而两头大象更是痛苦得死去活来，最

后一咬牙关,跳进了海里,死得惨不忍睹。

帕瓦罗蒂,意大利人,世界三大著名男高音歌唱家之一。这里故意谐音"怕瓦落地"(形容他声高震动屋顶瓦片落地),再以鲸气死、大象丧生衬托,可谓极尽夸张之能事。在作者笔下,班上欢乐的文娱活动,如在眼前。

青少年喜用夸张,有不少文章正是在别有情趣的夸张中"妙笔生花"!

小练笔

❋ 摘录古诗词中运用夸张手法的诗句十例。

如:"燕山雪花大如席。"(李白《北风行》)

❋ 下面两题,任选一题作文(如有可能请注意运用夸张的修辞手法)。

(1)小小荒唐——十六七岁的人,禁不住自我的纠缠,不管学业、环境如何,都难免有"荒唐"的小插曲,说一个你的有趣故事。

(2)假如我得到××的签名——假如你有幸获得被仰慕者亲笔签名,你的感觉会如何呢?请发挥想象,有滋有味地写出来。

(五)语言的"色彩"美

色彩是人的一种视觉感受。不同的色彩会带来不同的心理反应。大千世界,七彩人生,令人目不暇接,美不胜收。用语言表现绚丽多变的色彩,是表达人的丰富的感情的需要。

请看,这是街头一景:

我发现路边围着一大群指指点点的孩子。"他们在干什么呢?"啊,原来,在刚才一阵急雨之后,与火红的太阳争艳的是缤纷绚丽的彩虹。它横跨空中,七色分明:赤、橙、黄、绿、青、蓝、紫,灿烂夺目。仿佛一座巨大的彩色拱桥,矗立在面前。似乎只要穿过这座桥,便可进入童话世界。孩子们专注神往的表情令我心动。

雨后彩虹,色泽鲜丽,横空架桥,可谓鬼斧神工。"赤、橙、黄、绿、青、蓝、紫",以七色绘之,再现了一幅多么灿烂夺目的大自然景观。从孩子的眼中望去，七色彩虹，形似天桥，又激起童心的多少兴奋和美感，承载着小小少年多少遐想和梦幻！这是色彩表现的自然美。

色彩的象征意义常常形成文章的主题。例如，描写"绿色"：

绿色。啊，绿色，只有绿色才是十一岁。绿色象征着活力，象征着真实，也象征着稚嫩和顽皮。十一岁，就是这样的年龄。

以植物之"绿"，象征人的生命之"绿"，这是一曲生命的赞歌。同是写"绿"，树梢上的嫩绿，可以代之为豆蔻少女，而老叶的墨绿、深湖的莹绿，拟之为沧桑老人。名篇《最后一片绿叶》，写的就是老人把绿色的希望赋予了病危的女孩，自己却不幸病逝了。绿色，给人以力量，给人以温馨，给人以启示。几抹自然色彩，竟蕴含如此巨大的感情力量，这是色彩的神奇，因为它表现的是至真至纯的人的精神追求。

从表现手法说，色彩还有衬托的意义。

例如：

下雪了，我看着窗外。原本平静的心一下子被纷纷扬扬的雪花打乱了。

男孩的身影越来越远了，只看见一缕柔和的晨光洒在他身上，很淡，很美……

飞舞的白雪陪伴多情的少女，亮丽的金光映照纯真的少男。以景衬人，色彩之美，犹如画幅，人情之美，令人心动。

色彩还有比喻义。"近朱者赤，近墨者黑""我们一起成长，由几片嫩嫩的叶到几个红红的果""蓝蓝的夜，蓝蓝的梦"等等，以色彩喻人、喻事、喻理、喻情，形象生动，底蕴丰富，提到哲理认识的高度，更有鼓舞人心的力量。

语言色彩说到底是感情的色彩、生活的色彩。富有光彩的语言，能表现自然美、人情美、哲理美，具有强烈的美感。但是，色彩再现毕竟是一种表现方法，是第二位的，而思想情趣则是第一位的。"形易神难"，游离了思想感情的"神"，语言色彩的"形"也就失去了生命。

小练笔

❋ 请以颜色为题，分别拟出五个文章题目。例：金色的童年、青出于蓝、一朵红玫瑰……

❋ 色彩示意举例：

红，表示幸福、激情、革命；黄，表示温和、光明、成熟；橙，表示兴奋、活泼、华美；绿，表示青春、朝气、和平；青，表示希望、坚强、庄重；蓝，表示秀丽、清新、宁静；紫，表示华丽、典雅、高贵；黑，表示神秘、静寂、悲哀；白，表示纯洁、高雅、神圣；金，表示光荣、贵重、辉煌；灰，表示平静、朴素、稳重；褐，表示严肃、浑厚、温暖。

❋ 自选一种色彩，参照下面的写法，写一段文字。（句式、语意不必相同）

神秘的人喜欢看紫。紫色是红与蓝的完美结合，既有红的热情奔放，也有蓝之睿智平稳，这只是神秘的人喜欢的紫色。不凡的人更爱紫色，帝王之气中蕴含着豪奢气派。因为不凡，所以爱紫色，因为爱紫色，所以更不凡。

❋ 作家林青霞评电影演员李菁的四次衣着变化："从粉墨雪纺长裙，到苹果绿套装，再到咖啡色衬衫，至最后黑白上衣，色泽一次比一次黯淡深沉，那由绚烂归于平淡的过程，恰象征着主人翁由盛至衰的残酷命运。"

（转引自李景瑞《三个人关于颜色的对话》）

（六）语言的"韵律"美

汉语是音乐性很强的语言。"文章"一词，顾名思义，就是"绘画加音乐"的意思。"文"指文身，是一种图画，"章"指乐曲的节拍和段落。运用汉语写作，充分显示其音乐性的特点，能使文章朗朗上口，好读可记，给读者以抑扬顿挫的语言美感。

请读下面一篇习作的片段，这是描写住校学生的宿舍生活的：

八个多愁善感的男儿们，都拥有十七岁的浪漫，十七岁的希冀。我们曾为三毛的离去慨叹人生如梦，我们曾为一步棋子而争得脸红耳赤，我们曾向学习成绩较差的男儿伸出友谊的双手。整整半年，多少不眠之夜，我们生活在同一个和和睦睦的"国度"，有着同样的梦想，有着同样的追求，想哭就哭，想笑就笑，想说就说，想唱就唱，一切的一切是多么的痛快淋漓。在我们的"国度"里，春的梦幻，夏的火热，秋的斑斓，冬的纯洁，都曾包容。我们的"国度"，男儿的刚强，男儿的柔情，男儿的宽容，男儿的悔恨，男儿的执着，都曾拥有。哦，难忘我们的"男儿国"！

这是一幅男孩学校生活的生动写真。

就篇章而言，这篇文字写青年学生初涉人世，思索人生，追寻梦幻，呼唤友情，既抒写成长的烦恼，又体味同窗友情的温暖，感情起伏，层层推进，一气呵成，给读者以鲜明的层次感和节奏感。层次感是节奏感的基础，富有节奏感的语言连缀而成，就自然形成文章特有的韵律美。

就句段而言，这段文字多用对举和排比的句式，语句齐整而匀称，例如"想哭就哭，想笑就笑，想说就说，想唱就唱"四个短句，结构相同，排比而出，表现青少年放任多变的情绪，真可谓"痛快淋漓"！从语言表达来说，整齐中见变化，推进中有回旋，透出一种起伏回环的和谐美。

就字词而言，这节文字多用双音节词和四字格的词语结构，特别是用于句末有规则的停顿，有意识的贯连，形成铿锵有力的语势。无论是"慨叹人生如梦"，还是"争得脸红耳赤"，也无论是"春的梦幻，夏的火热，秋的斑斓，冬的纯洁"，还是"男儿的刚强，男儿的柔情，男儿的宽容，男儿的悔恨，男儿的执着"，语句概括简练，富有特征，表现出语言节奏的匀称美、变化美和简洁美。这里还想特别提一下语气词的运用。语气词原有多种感情色彩，一般用于句末，或以独词句形式，用于句首。语气词的语音都比较长，恰当地运用语气词，能使文章的语言舒缓跌宕，错落有致。如上文最后一句："哦，难忘我们的'男儿国'！"一个"哦"字，拉长了声调，留出了空间，在回响的语音中凝聚了上文奔放的热情，增加了文章的感情容量。

现代汉语的音乐性来自它特有的组音规律。汉语的语音由元音和辅音组成。元音响亮，能拉长，配以辅音，自然间隔，形成节奏和旋律，再通过有意的组合，如排比句、独词句、四字结构（成语）、双音节词等等语言形式，文章语言就产生韵律美，显示出一种音乐性。朗读富有音乐性的语言会使人产生一种回味隽永的美感。

小练笔

❋ 下面一句话中的空缺，选择哪一项填充最恰当？

孩子应该干可以干的事情，要让他们自己去干，父母不要□□□□。

A. 评头品足 B. 越俎代庖

C. 指手画脚 D. 求全责备

❋ 在写作中，掌握一些音乐知识是有利的。如常用的音乐用语：旋律、节奏、音符、交响乐、和声、管弦乐、钟鼓、变奏、进行曲、圆舞曲、前奏、尾声、重奏、颤音；描绘声音的词语：高亢、悠长、舒展、跳跃、幽深、圆润、清脆悦耳、轻柔、甜美、浑厚、抑扬顿挫、饱满、低回等等。若能恰当地运用，会使文章增加韵律美和动态美。请以"我喜爱的歌"为题，举出三首风格各异的歌曲，简要说明喜爱的理由。

❋ 朗读下面的语段。（注意加点词语的读音）

亲爱的朋友们，当你坐上早晨第一列电车走向工厂的时候，当你扛上犁耙走向田野的时候，当你喝完一杯豆浆，提着书包走向学校的时候，当你坐到办公桌前开始这一天工作的时候，当你向孩子嘴里塞着苹果的时候，当你和爱人悠闲散步的时候……朋友，你是否意识到你是在幸福之中呢？

（魏巍《谁是最可爱的人》）

（七）"对举"，相得益彰

为了表述事物内涵的丰富性，从不同角度运用意义相对或相反的词语、句式，组织在一段文字中，揭示事物多方面的事理，会使读者产生强烈的对比感，从而加深印象，显示出语言表现的深刻性和变化美。

且看下面几例：

❋ 世界上最快而又最慢，最长而又最短，最平凡而又最珍贵，最易被忽视而又最令人后悔的就是时间。

　　* 啊，"小小的我"，今天她的世界仍然很小很小，但心中的世界却很大很大。

　　* 死，对于我们这些无忧无虑的少年，曾一度是那样遥远。如今却忽然发现，生死之间，也只是一线之隔。几天前那个鲜活的生命，转眼便无处可寻了。

　　* 天下无不散的筵席，但天下也有永远——那就是记忆！

　　以上几例"时间""世界""生死""聚散"这些都是大课题，内涵极其丰富，涉及面又极广，即使以一个人而言，要表现的内容也是方方面面。这时候，运用对举性的语言，或词语对举，如对"时间"则有"快"和"慢"，"长"和"短"，"平凡"和"珍贵"，"易被忽视"和"令人后悔"等不同角度的阐释，全面写出珍惜时间的重要意义，语势酣畅淋漓，意义也周全完满。或运用句式对举，如生死之间，昨天还"那样遥远"，今天却"只是一线之隔"，以亲身感受，写出生命的短暂，生命的可贵，生命的意义。对举性的语言结构齐整，富有节奏感，内容又相反相成，既显示强烈反差，又呈现和谐完美，留给读者的印象是十分深刻的。

　　写好对举性的语言，关键有二：

　　一是对事物的内涵要有深刻的认识，对事物的本质要有明晰的概括，对事物的众多方面要有全面的了解。这样，选择对举性的词语才有依据。如上例，对"时间"有多方面的感受，多方面的认识，才有"快"和"慢"的不同心理反应，"平凡"和"珍贵"的相应的价值评定。又如，一个人的生活环境有限，而心理世界却可以扩大，有了这个对心胸开阔的认识，才有生存的"世界"很小，心中的"世界"很大的对举。

　　二是慎重选择恰当的反义词。用于对举性的词语多为反义词。词义反差越大，对比就越强烈，但合在一段文字中，正反对照，相得益彰。"天下无不散的筵席"，显示短暂，即使美好，也还是转瞬即逝。记忆可以恒久，以至于永远。"短暂"和"永远"的对举，充分展示了对美好一瞬的感受可以终生铭记的激动心情。这里虽然不是直接用的反义词，但是词语所表达的意义是对举性的，是正反对照的，运用这些词语同样有慎重选择的要求。

◎ 自负，像一个泥潭，陷进去了，就难以自拔，以至于停滞不前；自卑，像根受了潮的火柴，也难以把希望之火点燃。

◎ 诗中有画，画中有诗。

◎ 诗是有声的画，画是无声的诗。

◎ 放下又拾起的，是你的信件。拾起又放下的，是我的忆念。

◎ 受任于败军之际，奉命于危难之间，尔来二十有一年矣。

（［三国］诸葛亮《出师表》）

◎ 生如夏花之绚烂，死如秋叶之静美。

（泰戈尔《飞鸟集》）

◎ 生时愿如火花，燃烧到生命最后一刻。死时愿如雪花，飘然落地，化为尘土。

（琼瑶七十九岁时致家人信）

（八）巧于"借用"

连节假日，学生也难逃沉重的学业负担。"留校补课"，一声指令让学生哭笑不得，虽有"不满"和"抱怨"，却又"无可奈何"。面对"师威"，身在考场，终于"厚积"（郁结于心）而"薄发"（下笔为文）。

请看文章：

补　　课

这次五一节期间不放假，留校补课。这则消息使我们原本就不满的心又增添了种种抱怨，然而又无可奈何。

上午第三节课，我们迎来了语文老师，他"抚尺一下"，将沉醉在下课快乐气氛中的"一滩鸥鹭"惊吓住了。接着"满坐寂然，无敢哗者"，只得恭恭敬敬听命于师了。

"其实作文也不难写。"语文老师用手在空中画了个圈，认真而严肃地说道。

大家齐呼一声:"嗯!""只要做到首尾呼应!""嗯!"

然而一呼噜声从远处传来,糟了,一同学睡熟了!语文老师侧耳倾听着,东寻西找那隐藏的"声源"。不好,发现了!只见他"奋袖出臂",跨步上前,揪起该同学的耳朵,给了他一个"满堂红"。这同学揉着惺忪睡眼,吓得"两股战战",眼泪夺眶而出。气得七窍生烟的老师坐在讲台前,一声令下:"自习!"接着我们便是等待,等待,再等待,等待铃响呀!

好不容易,电铃响起第一声,就听见有腿"作作索索","几欲先走",可还没等铃声响完,又迎来了匆匆而至的"老班"。

老班教物理,一进门就吐出四个字:"这课考试!"哎,多难的题!我又到了山重水复疑无路的地步。这"牛顿"和"焦耳",急得我"蹬"脚、抓"耳"。我与一张铅印试卷照着面,它不认识我,我也不认识它。只见同学们无不"伸颈""侧目"。望着巡逻的"老班",我们既要警惕又要合作,这考试真是一场不寻常的"战斗"啊!终于挨到铃声响,告别"牛顿",我们这群"鸥鹭"终于飞出教室。此时,叹息声,责怪声,怨恨声,"一时齐发","凡所应有,无所不有",中间还夹杂着经自己改编的歌谣:"作业最多的人是我,书包最重的人是我,休息最少的人是我,挨骂最多的人是我……"

我挤在人流中,头脑像铅一样重,想到下午还得重温"抚尺一下,满座寂然"的难堪,不由接下去唱道:"五一没自由的是我,放假关禁闭的是我,是我是我还是我……"

这是一篇应考作文。临场有感,发而为文,多借名句,信笔点染,绘声绘形,调侃而不失意趣,苦涩又让人会心,竟至于忍俊不禁,字里行间涌动的是青春的灵气和少年的机敏。

借用是一种艺术。名家名篇,历来脍炙人口,语言精彩,含义深刻,深入人心。能恰当借用,自然引起读者联想,既引进深邃的意蕴和精练的语言,又与描述的现实相映成趣,相得益彰,引起读者阅读的兴味。

《补课》一文集中写了两堂课的情景。语文课上,语文老师"抚尺一下","满座寂然,无敢哗者"。这里显然套用课文《口技》中的句子。原文表现的是"口技"的精湛,听众为之惊异。而本篇则引以表现学生的受"惊吓"。前者是"满座宾客"欣赏之,后者是"一滩'鸥鹭'"痛苦之,同是"无敢哗者",情境相似而意趣迥异。读者为之心动,同情之心骤起。借用名著名句贵在贴切。唯有贴切，才可乱真，读者欣然接受，才有强烈的表现效果。

借用方法有三种形式。

一是引用。较多的是名言佳句的直接引用。有的甚至不加引号，但是确有出处。本文写物理课，"我"面对试卷，不知所云，慨叹到了"山重水复疑无路"的地步。行文中，陆游的名句被直接引用，未加引号，语出名篇，真切地表达了此时此刻"我"的一筹莫展的困惑和无助。

二是套用。课堂上，学生"两股战战""伸颈""侧目""作作索索""一时齐发""凡所应有，无所不有"，而老师则是"抚尺一下""奋袖出臂"，均是《口技》中描摹的声音和众宾客的现场反应。移花接木，从"口技"演出现场移用到节假日"补课"课堂，不无夸张，却合情理，明知套用，反以为真，自然妥帖，别有一番情趣。

三是活剥。所谓"活剥"，原本指机械地生搬硬套。但是，作为一种表现手法，那就传达出另一种意味。节日"补课"终于结束，一群"鸥鹭"飞出教室。文中引出学生两段自编歌谣："作业最多的人是我，书包最重的人是我……""五一没自由的是我，……是我是我还是我……"沿用流行歌曲的曲调，改动若干歌词，再添加身负学业重担而不得喘息的歌词，自嘲自讽，自怨自艾，反复咏叹，旋律不变，学生"不满""抱怨"而又"无可奈何"的心态于歌声中和盘托出。

综观《补课》全文，文笔是轻松的，心情是沉重的。轻松和沉重产生强烈的反差和对比，写出应试教育对青春活力的压抑。即便如此，青春毕竟是美丽的，作为读者，身为师长，应该自省，应该让这群灵动活泼的"鸥鹭"有自由飞翔的天地。

运用"借用"手法的前提是有名篇名句可"借"。这篇习作的成功，表明作者平时学习是用功的，语言是有积累的。有思想，有语言，才可能有好文章出现。本文除多处引用《口技》的名句之外，"一滩鸥鹭"引自李清照《如梦令》："争渡，争渡，惊起一滩鸥鹭。"佳词妙句，信手拈来，意到笔随，写出青少年的好动和渴望。可见读书有用，"读书破万卷，下笔如有神"确为箴言。

（九）美在"含"而不"露"

人的感情是丰富的。为了表情达意的需要，有时候在文章中有意把话说得委婉些，含蓄些，这样，留有想象的空间，感情容量反而更大，更能扣动读者的心弦。

请读下面一段文字：

终于，在一个雾蒙蒙的早晨，他怯生生地走近我，递给我一封信，带着一个怯生生的笑容。……整天，我都被一种我自己也说不清楚的情绪包围着。怎么会这个样子呢？的确，我喜欢那种被人默默关怀的感觉，我喜欢和他在一起时的感觉……因为，我十六岁，一个喜欢编织自己美丽的梦的年龄。可是，那种好纯真好朦胧的情感被这充满激情的"I like you"破坏了。我决定，一个十六岁少女心中的雪地不能留下一个脚印。

第二天我来到车站，伫立着的他有些神采飞扬，眼中流露出来的是掩饰不了的希冀。我第一次勇敢地接住他的目光，带着微笑，轻轻地摇了摇头。男孩眼中的光彩顿时黯淡了，我的心中也掠过一丝淡淡的涩味。

少男少女之间的微妙的情感，确是"好纯真"，又"好朦胧"！表达这份情感，如果运用过于直露的语言，明明是既有勇敢，又有胆怯，喜悦和惊恐兼有；既有憧憬，又有失望，决心和犹疑并存；时而掩饰，时而坦诚，时而甜蜜，时而苦涩，此时此刻，花季少年思绪万千，怎么写？要说涌动心头的究竟是哪一种情感，谁又能将这些杂缠的情绪一一分辨清楚？文章用"我自己也说不清楚"一句模糊的语言表达，这是作者的聪明。因为，只有这样"模糊"地写，才是比较准确的。明明是"说不清楚"的情绪偏要"说清楚"，结果只能弄巧成拙，劳而无功。作者在这些动感情的地方，有意不明说细说，含而不露，却让人心领神会，这就是模糊语言的特有的表达功能。

巧设比喻，借用象征，以景语写情语，也有助于抒写委婉含蓄的心态。"我决定，一个十六岁少女心中的雪地不能留下一个脚印。"一句隐含的比喻，把深藏少女心头的善良、坚定、纯真的情怀揭示得多么明确而富有诗意！又如，有一位女生写父亲临终，她把一朵水仙花轻轻地"放在爸爸冰凉的手中，那朵花便是我，那个永远属于爸爸、伴随爸爸的我"。在作者的笔下，以花代人，寄寓一颗多么眷恋、多么悲切的女儿心！花无语，人有情，含蓄而深沉的表达不禁令读者怦然心动。

含蓄是一种美。语言的含蓄美在于字少意多，文约意丰，读者思考余地大，参与意识强，容易引起共鸣，含蓄的前提是有真情，真情实意是含蓄的生命。含蓄不同于晦涩。含蓄令人回味，而晦涩让人不懂，只有"言传"，没有"意会"，起不到心灵沟通的作用。含蓄与直白也不相悖。语言毕竟只是表达的工具，当需要我们旗帜鲜明、慷慨陈词时，开门见山，针锋相对，单刀直入，凌厉明快的语言同样为读者激赏。语言的表现方法多种多样，各有所长，含蓄只是语言的一种美的形式。

小练笔

阅读下面的例句，请画出哪些是表达含蓄的语句。

（1）我知道，十六岁不仅有浪漫的花季，也有茫茫的雨季。

（2）好一个傻气而又困惑的十六岁！它就像一颗青橄榄，嚼在嘴里让人觉得很苦涩。

（3）妈妈回过头，目光中含着感激、疼爱，还有一种似曾相识但我又读不透的东西。

（4）我的心里升起一股难言的感动，是暖意，还是歉意，自己也分不清。

（5）我总抱怨爸爸不理解我，什么都管，可我究竟了解他多少，理解他多少呢？这一夜，我失眠了……

（十）三言两语亦惊人

作文多以"篇"称，这似乎已为惯例。在有些人眼里，写成"一句话"或"一段话"，因不成"篇"，故而是算不得作文的。其实，为文者，"篇、章"也好，

"句、段"也罢，都是以文字表情达意，篇幅大小，各取所需，各有所用，是所谓"文之制体，大小殊功"（《文心雕龙·神思》）。重视作文"篇"的写作，同样应该重视作文"句、段"的写作，此是正理。

所幸的是，诸多报刊已留意到中学生"句、段"写作这一块。就我所见，有《初中生优秀作文》（黑龙江）的"我喜欢的一句话"，《中学生阅读·初中版》（河南）的"会员沙龙"，《新读写》（上海）的"新语丝"等，都是设置专栏用以发表中学生的"句、段"作文的。

浏览之中，多见精彩之笔。今录数则，略作分类以供读者赏玩。

① 场景再现

江南，一与烟雨相逢便没了棱角，柔柔的，水墨画一般。远处的山，轮廓若隐若现；对岸的松柏，只望得见其墨绿；脚边的野花，缀在青草丛中；清透的露水，悄悄滑落花瓣，而我，就醉在这个烟雨湖畔。

（上海市三林中学北校　叶天嘉）

家乡如画：春，绿荫满地；夏，凉风习习；秋，果实累累；冬，白雪纷飞。

（山东乳山市崖子镇岛子村　宋　茹）

青春悄无声息地来了，她带着女孩飘逸的秀发、苗条的身影；青春迈着轻盈的脚步来了，他伴着男孩粗粗的嗓音、蓬勃的朝气。

（上海市延安中学　陈　茜）

天气异常闷热，路灯像一个个孤独的老人，软弱无力地垂着头，似乎在思考些什么，发出一些微弱的、橘黄色的光。

（上海市毓秀学校　丁　燃）

开学第一天，班主任让小呱呱鸟点名。小呱呱鸟拿着点名册念道："刘华！"只听台下有人喊："耶！"小呱呱鸟说："为什么不喊'到'？"一个男生站起来说："我的名字不叫刘华，叫刘烨（yè）！"全班都笑起来。

（河南信阳淮滨县一中　王寅锋）

此数则记录的都是眼前实景，目力所及，各显异彩。用笔或素描，或勾勒，或概括，反映的是自然一角，也是社会一角。情随景生，场面生动。有的类似情景剧的一幕，令人爱不释手。

② 心灵独白

草原知道离群羔羊的孤独；沙漠知道迷途行者的孤独；大海知道漂泊水手的孤独；谁，谁知道我的孤独？

（浙江东阳巍山镇中学　张莺三）

我想变成一片绿叶，静静地挂在枝头，听清风拂过明月，听雨滴打湿芭蕉，然后偷偷地藏起一缕玉兰花的幽香，点缀着我葱茏的梦境。

（上海市老港中学　唐雨心）

面对失望，以笑容来填补；面对伤心，以笑容来掩埋；面对成功，以笑容来释放……

（河南三门峡　刘向征）

青春有梦只须追，莫待无梦空悲切。

（河南西华县叶埠口乡一中　吴书艳）

现在打盹，你将做梦；现在学习，你将圆梦。努力，加油！

（河南荥阳广武镇实验学校　罗　薇）

我们年少，但绝不无知。

（福建连江县启明中学　张玲珑）

生活处处都有美，我希望我有发现美的眼睛。

（符周州）

与其做被埋没的金子，等待被发掘，不如做一粒种子，努力去生长！

（河南延津县城关中学　郭大豪）

我从未放弃我自己，因为我相信，不光金子会发光，铜和铝也会闪光。

（河南西平县观音堂初级中学　杨瑞超）

词曰：少年不识愁滋味，为赋新词强说愁。我说：少年识得愁滋味，只因无暇赋新词。

（上海市向明中学　于婷婷）

青少年正值青春期，精力旺盛，思维活跃，多动，多情，又多梦，敢想，敢说，又敢做。"谁知道我的孤独"是心灵的倾诉；"我们年少，但绝不无知"是求知的渴望；"不光金子会发光，铜和铝也会闪光"是面对现实的多元思考，更是青少年从幼稚走向成熟的标志。感情强烈，多有起伏，有话即说，三言两语，直抒胸臆，是他们所乐于选择的便捷的表达方式。

③ 感悟真谛

心里没有阳光的人，人生不会有光彩。

（福建福州市第十一中学　冯　坤）

鸟儿之所以眷恋蓝天，是因为它相信飞翔才是生命的真谛。

（安徽池州市青阳三中　程子卿）

火柴：没有头脑，哪有价值。

烛：站得不端正的，必然多命短。

（《光明日报》）

成熟的麦子低垂着头，那是在教我们谦逊；一群蚂蚁能抬走大骨头，那是在教我们团结。

（胡兆祥）

在生活的天空中，即使翅膀断了，心也要飞翔……

（河南遂平县一中　张思杰）

生活给你一百个哭泣的理由，那你就要给自己一千个笑的理由。

（河南光山县第一初中　张玉田）

无论你是否珍惜，人生旅途都只有单程票。

（刘卓贞）

还以为自己一夜之间长高了，原来是被子盖横了。

（河南平顶山市第十三中学　孙韩飞）

菊花凋零了，我并不惋惜。反而，让我知道它并不是一朵假花。

（上海市东海学校　金浩林）

玫瑰再美，终究带刺，烟花再美，稍纵即逝。

（山西怀仁同仁中学　曾佩佩）

锯子：练就一张利嘴，专门离间别人。

蚂蟥：每次吸你的血，它都用热烈的亲吻。

罂粟：打扮得十分美丽，却藏着一颗毒心。

只问耕耘，不问收获，收获自在其中，但行好事，莫问前程，前程就在脚下。

（刘梦洁）

这个世界唯一不变的就是它一直在变。

（蒋梦昕）

相比前两类，这几则已从生活现象（场景、独白）提升到"感悟"阶段，进入到抽象的思考层面。话虽不多，有的也只有一句话，提示的却是"生活的真谛"，人生的"价值"，做人的"态度"。难能可贵的是，还能运用辩证思考的方法，识别真假，区别美丑，由表及里，贯连变通，使所写的认识具有普遍的意义。"无论你是否珍惜，人生旅途都只有单程票。""只问耕耘，不问收获，收获自在其中，但行好事，莫问前程，前程就在脚下。"语言简练，比喻生动，揭示了人才成长的规律，深刻的语义使这些三言两语具备了"格言"的性质。

④ 批注点评

"沉默是金，雄辩是银"已经流传很久了，被许多人认为是金科玉律，而我总觉得沉默也罢，雄辩也好，毕竟只是一种技巧，而真的便是真的，沉默与雄辩在真实面前都会变得无力。真实，才是金。真实就是美。

（上海交通大学附属中学　韦　娜）

熠熠生辉的哈佛校徽上，永远镌刻着一排庄严的拉丁文字：VERITAS（真理）。正是这朴实的话语告诉每一位哈佛人：在这茫茫的宇宙中，最永恒的不是走出哈佛后的荣华富贵、引人注目，而是不变的真理、信念及对人类的奉献和爱。

当今文坛，小说类一枝独秀，世人将其分为武侠、言情、科幻、侦探、历史、生活、神怪等数种，而以武侠、言情二者为盛。武侠小说，以古龙、梁羽生、金庸写得最好。吾观金庸之书，情节多变，引人入胜；梁羽生此人学识广博，文才横溢，颇有吴（承恩）罗（贯中）之风。梁金二人各有所长，不分伯仲。言情小说，写之者如若牛毛。而琼瑶、席绢之书各风行一时，极为不易。人言琼瑶文采极好，诗作随处可见，席绢文思敏捷，内容清新。余日前各阅一，觉琼瑶果真不俗，而席绢次之。小说盛，人多闲时也，而不观散文、诗词，似不当也。

（上海外国语大学附属中学　刘振东）

李白登黄鹤楼本欲赋诗，后投笔不写，乃因"眼前有景道不得，崔颢题诗在上头"。李白本是有些傲岸不羁的人，他的欲赋又罢，表现他的自知之明。

（南京师范大学附属中学　彭　浩）

分数

——虽使"明星"们闪闪发光，却令芸芸众生黯然神伤。

——用来给学生划分阶级的标准。

——学生的命根，老师的法宝。

（《语文学习》）

这几则是对人对事对文的简要评点。"真实，才是金"是对成语"沉默是金"的反思。"真理、信念及对人类的奉献和爱"是对哈佛大学校徽镌刻"VERITAS（真理）"的意义解读。"自知之明"是对诗人李白"欲赋又罢"举止的赞扬。还有对文坛的扫描，点评金庸、梁羽生、琼瑶、席绢等小说作家，要言不烦，切中肯綮，显示了中学生广阔的阅读视野和不俗的欣赏水平。对"分数"的调侃，"明星"之喻，"阶级"之说，"师生"之分，又见别样文风，寓庄于谐，意味深长。

以上举出四类，自然不足以涵盖所有的中学生的"片、段"作文，内容不同，形式有别，功用各异，还可以衍化成多种多样，如"题记"，如"赠言"，如"随想"，如"笑话"，如"寓言"，如"日记"，等等，列举如上，只是为了引起读者的注意和阅读兴趣。

"句、段"作文，虽为"三言两语"，但绝不是随意涂抹，而是自成格局的。哪怕是一幅场景，一点感想，一种联想，一个心愿，一句警示，甚至是一则素材，也必须是内容集中，感"点"明确。这是第一要素。其次，要在语言简练上下功夫。篇幅短小，固然带来写作上的便捷，而唯其短小，则更需凝练。比如："火柴：没有头脑，哪有价值？"又如："词曰：少年不识愁滋味，为赋新词强说愁。我说：少年识得愁滋味，只因无暇赋新词。"语义深长，形象突出，巧借名句，自有情趣。又如评价诸多作家作品，"金庸之书，情节多变，引人入胜；梁羽生此人学识广博，文才横溢，颇有吴（承恩）罗（贯中）之风。梁金二人各有所长，不分伯仲"，观点鲜明，用语准确，绝少赘言，从中可见作者扎实的阅读基础。说明要做到语言凝练，作者必须具备必需的文化素养。又唯其篇幅短小，内容具备，则必须在表现方法上自有特点，这样才能吸人眼球，给人留下深刻印象。从以上举例中我们看到它们或做比喻（"无论你是否珍惜，人生旅途都只有单程票"），或成对句（"青春有梦只须追，莫待无梦空悲切"），排比有

之，夸张有之，联想有之，字句不多，而方法各异，产生语段惊人的表达效果。

"句、段"作文在表情达意上有重要的意义。心灵独白，感悟真谛，中学生借以抒发感情，认识生活。同时又用于交际，赠言寄意，评点时事人文。"句、段"作文对于中学生还有练习写作的作用。因为短小易成，可以写于零纸碎片，可以写于文边书后，不拘场合，不拘条件，每有心得积累素材，整理思想。此种积累比之抄写词语、抄写材料，有着更高的层次，养成思考的习惯，将终身受益。

著名语言学家张志公先生特别提出"段"的写作意义。他说："实际上，在语言表达中，段落是极其重要的。无论是说或者写，一串连贯的句子构成的一段话，是一篇讲话或一篇文章的组成部分。一段是一篇的具体而微。"（《〈段落教学〉序》）从"具体而微"的意义说，"句、段"的写作训练也可以说是"篇"的写作训练。

"句、段"作品成为文学精品，在文学史上不乏其例。最著名的如印度诗人泰戈尔《飞鸟集》，中国作家冰心的《春水》，鲁迅的《无花的蔷薇》等，都是"三言两语"，字字珠玑，意味隽永，为传世之作。有心的同学，寻来一阅，这将于写作、于成长都大有裨益。

小链接

墙角的花！
你孤芳自赏时，
天地便小了。

（冰心《春水》）

摘下的花瓣
拼不出花儿的美丽

（泰戈尔《飞鸟集》）

墨写的谎说，决掩不住血写的事实。
血债必须用同物偿还。拖欠得愈久，就要付更大的利息！

（鲁迅《无花的蔷薇之二》）

春山如笑，夏山如怒，秋山如妆，冬山如睡。

（［清］恽寿平）

（十一）学写"警句"

文字凝练是运用语言成熟的标志。而最能表现语言凝练功夫的，在一篇文章中，是那些集中揭示文章主题的语句。这些语句为数不多，少则一句两句，多则数句，在文章中起着统领和核心的作用，姑且称之为"警句"。古人说："立片言而居要，乃一篇之警策。"（晋·陆机《文赋》）说的就是这种语言现象。学写警句，是中学生提高作文语言质量的重要一步。

请看一篇议论假花和真花的习作。文章说，假花虽然做工精致，但"冷冰冰、硬邦邦"，"没有丝毫感情，也就只剩下虚假的美丽"。作者写道：

我仍喜欢在我的天地里，插上那么一两朵真的、有生命的花，哪怕是极其普通的野菊。那些活脱脱的花，有生气，有活力，风起时，花枝乱颤，似在絮语，数月后，花瓣飘落，似道别离，好像和人的感情有脉脉相通之处。最最重要的是：鲜花在绚烂地绽放了它的美丽之后，便悄然凋落——整个过程，带着一种悲壮的美。

花不老、不凋、不死，永远停留在同一阶段一如假花，好比僵化的生命，没有意义！

从摘录的两段文字看，凝练语意有两种形式，前一段写实，将花的生长期概括为"悲壮的美"，带有说明段意的性质。后一段示理，从花的生命联想到一切生命，"僵化的生命，没有意义！"从哲理的高度审察真花和假花的不同，因而更具有普遍的认识价值。同为凝练语意，后者有哲理的内涵，正是文章题意所在，是可谓"警句"。

学写警句，首先要在炼意上下功夫。"欲望句之惊人，先求理之服众。"（清·李渔语）只有思想新颖、深刻、独到，炼字、炼句才有基础，才有意义。"僵化的生命，没有意义！"斩钉截铁的否定语气，表达了对凝固不变、虚伪矫饰的唾弃之情。正是作者有了这些"情"和"意"，警策人心的语句才会脱颖而出。

从语言表现来说，警句当是简练的，形象的，有回味的。试举学生习作中的几例：

曾经有人说过这样一句话：家，一个成长岁月中向往出走，垂暮之年期盼归去的地方。

（《家》）

在我同命运搏斗的时候，人们啊，请理解我，因为是生命就要成长，是种子就要发芽！

（《墙头草自述》）

是啊，为什么不试一试呢，也许成功就在你下一试之中。

但愿，你的孤独能宽容年轻的热情！

但愿，你的沮丧能绕过麻烦的年龄！

（《漫说"少年愁"》）

错觉并不可怕，可怕的是受错觉的迷惑。

（《错觉的启示》）

从这些例句中，我们可以得知，所谓简练，是指语言简明，结构齐整，一语中的。所谓形象，是指运用多种修辞手法，或引用，或比喻，或对举，或排比，集中而生动地表现对生活的认识和见解。所谓有回味，是指语意深刻，思想和感情的容量大，发人深思，耐人寻味。

这里特别提一提点题句，这是指在文章中那些集中揭示文章主题的语句。对于点题句，要细加推敲，反复锤炼，务求精警。在文章的起始处、核心段、结尾处，能精心写出一些简短匀称、富有哲理、形象鲜明的语句，点明题意，恰到好处，可收一语警人、满篇生辉之效，给读者以思想深刻、语言凝练的美感。

小练笔

仿照下列句式，以"灯"或"路"为题，写出两句警句。

伞：你总是在暴雨中绽开，在烈日下开放，在和煦的阳光下收敛，你不愿过庸俗而平淡的生活。

在人生的秩序中，童年有它的地位："应当把成人看作成人，把孩子看作孩子。""儿童是有他特有的看法、想法和感情的。"

（卢梭《爱弥儿》）

是的，那是孤独的雪，是死掉的雨，是雨的精魂。

（鲁迅《雪》）

问：你为什么要去攀登？

答：因为山在那里。

（美国登山家马洛里）

警 句

一部作品中，语言简练、含义深刻并富有哲理的句子往往给人留下深刻的印象。这些话在处世为人、治学修身等方面给读者以启发，能起到警示的作用。这样的句子就是警句。陆机在《文赋》中曾说："立片言而居要，乃一篇之警策。"警句寥寥数语，却是文章的精华。如陆蠡散文《囚绿记》一文中说："绿色是多宝贵的啊！它是生命，它是希望，它是慰安，它是快乐。"这就是文中的警句。理解警句，对于准确理解作品内涵，把握作品主旨至关重要。

小链接

（十二）试写"格言"

读者朋友，请阅读下面一组文字：

* 火柴：走出营房就能举起火炬的战士。

* 笛子：漏洞难道都是缺点吗？

* 早读：听取"娃声"一片。

* 乒乓球：圆滑而空虚，在家长和老师的拍子下疲于奔命。

* 横眉冷对作文本，俯首咬破钢笔头。

* 世上本没有作业，想考大学的人多了，也便有了作业。

* 送东阳马生序（马洵侃赠同学吴东阳）

男儿当展雄鹰志，

奋击长空转乾坤。

待到春风化雪时，

盘旋天地再谢君。

✳ 聚，不是开始，而是力量凝聚；散，不是结束，而是希望的播种。

✳ 口袋空空穷一时，脑袋空空穷一世。

✳ 沉默之所以可贵，就在于它具有"不鸣则已，一鸣惊人"的品质。

✳ 当我的左脚踩住右脚的鞋带，我的身体就倾斜了，原来，自己也能把自己绊倒。

✳ 我以竹为师，不断地为生活做出小结。

✳ 是人言都可信吗？

✳ 前途是可以用牙关咬出来的。

✳ 男生用狂欢掩盖空虚，女生用沉默显示充实。

✳ 问：人为什么要长大？

答：因为婴儿永远被人控制。

✳ 教物理之石老前辈问："何以测电压？"楠反应敏捷答："用手测，电死乃高电压。"

你喜欢这些文字吗？

也许，你会说："很喜欢。"那么，你为什么会喜欢它们呢？

言简意深当是一个原因。这一段段文字，虽说寥寥数语，有的只是一句话，但是意义相对完整，寄寓深刻，耐人寻味，颇具"格言"的情韵。例如，同是"聚""散"之说，不囿于离合的悲欢，咏唱的是生命的延续和发展，高出一格。又说"漏洞""人言""沉默"等习见的社会现象，不只看一面，更不只看表面。"笛子"有"漏洞"，却是美妙的乐器。"人言"有可信者，也有不可信者。"沉默"不再是消极的退避，而是"一鸣惊人"的酝酿。言近旨远，要言不烦，顺理成章，富有哲理。

青少年说"理"，往往有"大人腔"，那是因为言不由衷，代人立言，不得已而说"套话"。而这组文字不是，感情真挚自然，青春气息扑面而来，原因是这些文字来自中学生的生活，是中学生自己的悟得。例如，"鞋带自绊"一例，"当我的左脚踩住右脚的鞋带，我的身体就倾斜了，原来，自己也能把自己绊倒。""鞋带"绊脚，是生活现象，而"自己也能把自己绊倒"则是生活现象的提炼，前者是个别现象，后者是经验概括，带有普遍性意义，对人的成长有警示作用。又如，对男生女生的评论，从"狂欢"看男生的"空虚"（确切地说略带浮躁），从"沉默"看女生的"充实"（确切地说略见沉稳），由表及里，过激言辞，虽不免多少有些性别偏见，却是少男少女真实的思考和探究。

意赅而言简，尤其值得称许。所谓"简"，这里既指简明，又指简练。说明一个道理，只能用几句话，有时就只用一句话，因此语言不允许枝枝蔓蔓，啰唆重复，赘字冗句，要用最简洁的话把道理说清楚，说明白。这类文字多用设问句、对比句、比喻句、概括句。设问是一种修辞方式，可以只问不答，答案自在其中，省去不少话语。对比句，意义完整，无须过渡，意义相同则加强，意义相反亦相成。"口袋空空"对"脑袋空空"，固然都是"穷"，却有"一时"与"一世"之比，千里相差，天壤之别。充实知识，发展能力，开发智力乃是关系一生的大事。比喻是又一修辞方式。将"火柴"比作"走出营房就能举起火炬的战士"，火柴头犹如"火炬"，火柴杆就是一群腰杆挺直、整装待发的"战士"，火柴盒就是"营房"，短短一句话，比喻贴切，形象生动，抒写少年壮志，抖擞精神，淋漓尽致，栩栩如生。

构思新巧是写好"格言"文字的秘诀。没有独到的构思就很难收到预期的效果。巧借名句是取"巧"法。从"横眉冷对千夫指"到"横眉冷对作文本"，从"世上本没有路"到"世上本没有作业"，从"听取蛙声一片"到"听取'娃声'一片"，从《送东阳马生序》（明人宋濂）到"送东阳马生序"（马洵侃赠同学吴东阳），都是巧借名句，仿照课文，真是前有古人，后有来者，刻意模仿不乏大胆创造，精心叙述能见精神升华，既显逼真，又有机巧，笔到意随，恰到妙处。

个性化是构思新巧的重要标志。有个性才有独特性。或同音谐趣，或一语双关，或比喻出神，或夸张有度，人无我有，人有我优，人优我异。早读课上"听取'娃声'一片"，何等形象，何等风趣。"娃声"与"蛙声"，同音不同义，自然引出对名句的联想，印象深刻；"娃声"又是学子独有，出于学生之口，来于校园生活，有鲜明的个性特征。老师问："何以测电压？"学生答："用手测，电死乃高电压。"出语狡黠，透出机敏，幽默生动，情趣盎然，融于笔端。

格言，熟语的一种。言简意赅是一个条件，可供学习规范是又一个条件。后一条件是更高的要求。能称为格言，须几经承传，历久弥新，约定俗成。对于中学生，学写"格言"，力求言简意赅，用于熔铸思想、锤炼语言，目的是培养创新思维，提高语言能力，是写作练习的一种手段。整理思想，选用语言，强调构思，偶有警句，试作"格言"，会激起写作兴趣，有意愿的青少年，愿你一试。

（十三）怎样锤炼语言

　　什么是语言表现力？语言表现力是指在一定的语境中，应对表达需要的语言再现能力。语言再现，自然需要词汇，因此，积累词汇量是必要的，多读是积累词汇的途径。然而，光有词汇还不行，还须意到笔随，应需设词。这种情动辞发的能力是隐性的，是在写作实践中自然呈现的。有人称之为"语感"，它是在不断的读写实践中逐渐养成的。

　　作文《他们》在语言运用上颇具特色。这原是 2008 年上海一篇高考作文，从写作实践出发，讨论语言表现规律，对同学们可能会有较大的启发。

他　　们

　　在城市尽头，没有繁华的街市，闪亮的霓虹；在城市的尽头，只有破旧的棚户区，有饱经生活风霜的生命；在城市的尽头，有他们这样一群人。

　　让我怎样称呼他们？外来务工人员子女？农民子弟？抑或是农民工二代？不，我不想用这些冰冷的名字称呼他们，我多想叫着他们带着泥土气的乳名，拉着他们的小手，走近他们的生活……

　　他们从小生长在故乡的青山绿水中，纯洁的灵魂在田野里抽穗拔节。在山野的风中，他们奔跑着，憧憬着。风从田野中吹过，吹进了城市，为了生计，为了未来，他们跟从父母来到了城市，在城市的尽头扎下了根。于是习惯了青山绿水的双眸第一次触碰到了高楼大厦、车水马龙。他们不知道怎样穿过六车道的马路，小小的手指怎么也数不清写字楼的层数。繁华的现代文明不曾给他们带来任何快乐，这一次，却在心上烙下了深深的痕迹。

　　他们背起书包，小心翼翼地融入城市的生活，可是却在"城市人"异样的眼光中，第一次明白了户口与暂住证的区别。他们都是父母心头的宝啊！却过早地承担了不属于这个年龄的负担。

　　放学回家，他们做好简单的晚饭，父母还在工地或菜场上劳作；午夜醒来，泪眼中城里的星空没有家乡的明亮；悄悄许愿，希望明天他们的打工子弟小学不会因交不出电费而被查封……

然而，在他们日益长高的身体上，我看到了他们的成长。记得一位记者问一个打工子弟学校的孩子，学成后是否会回到家乡时，小姑娘毫不犹豫地说：当然，一定回去！那一刻，我差点落下泪来，为他们的成长。

记得那年春晚他们稚气的宣言："我们的学校很小，但我们的成绩不差。""我们不和城里的孩子比爸爸。""北京的2008，也是我们的2008！"他们逐渐成熟，告别昨天的羞怯，开始迎接新的一天。

虽然，他们还在为不多的学费而苦恼；虽然，学校还是交不上水电费；虽然，还有好多体制还不够完善……虽然有好多个"虽然"，但是，只有一个"但是"就足够了，已经有好多视线转向他们，他们正在茁壮地成长。

太阳从地平线上升起，照亮了城市的尽头，照亮了他们的生活。

他们，终将会成为我们。

作文原考题是："平常大家关注更多的也许是'我们'，如果把视线转向'他们'，你会看到什么，又会想到什么？请以'他们'为题，写一篇文章。"

本文作者关注的"他们"，是城市中一个特殊的群体——外来务工子女。文章有记叙，有描写，有抒情，有议论，语言能力表现比较全面。

语言顺畅是作文的基本要求。所谓顺畅，它包括用词准确和合乎逻辑两个方面。运用词语，特别是关键词语，要注意选准。比如，文章在表现"外来务工子女"的居住环境时，选用"在城市的尽头"一语概括，"尽头"一词准确点出城乡接合的地域特点，反映农民工生活的艰辛，极具真实性。又如，反映"外来务工子女"的成长，文章说："他们逐渐成熟，告别昨天的羞怯，开始迎接新的一天。""羞怯"一词，与"成熟"呼应，揭示他们的心理变化过程，既真切，又生动。再从语句的连贯来说，要达到前后照应、顺理成章，就必须合乎语言的逻辑顺序。仍以《他们》一文为例，全文共10个段落，分4个层次。第1段为第1层次，写"外来务工子女"的居住环境，紧承题目"他们"而来。第2段为第2层次，写"外来务工子女"的称呼。第3层次，第3至第7段，写"外来务工子女"初到城市（"第一次触碰到了高楼大厦"），"融入城市"，"逐渐成熟"，依次写他们的心理压力、生活负担和未来愿望。第4层次，第8至第10段，写对"外来务工子女"的评论。全文层次井然，娓娓道来，合乎生活逻辑，也符合感情逻辑。语言编排的逻辑性是语言顺畅的内在基础。

语言形象是对作文的又一要求，就表达方式而言，对于描写用语，求形象表现，中学生相对熟悉，如运用比喻、拟人等修辞方法，往往得心应手。而用于叙述、议论、抒情等表达方式，求其形象化表现就较难驾驭。有鉴于此，本篇作文恰恰在后者表现突出，可引为范例。如文章在叙述"外来务工子女"的生活状况时，不是简单化地用一个"艰苦"词语了之，而是通过"破旧的棚户区""简单的晚饭""交不出电费""为不多的学费而苦恼"等具体、形象的词语加以凸显。写"外来务工子女"的心理压力，也不是用一个"苦闷"了之，而是通过"他们不知道怎样穿过六车道的马路，小小的手指怎么也数不清写字楼的层数"，写他们的茫然；用"午夜醒来，泪眼中城里的星空没有家乡的明亮"写他们的失落。特别是写"外来务工子女"的成长，原本内容繁多，概括都难，本文却能以形象出之，生动展示。文章写他们在农村时，"纯洁的灵魂在田野里抽穗拔节"，来到城市，"他们逐渐成熟，告别昨天的羞怯，开始迎接新的一天。""抽穗拔节"，比喻贴切，何其形象！又何其生动！告别"羞怯"，刻画心态，惟妙惟肖，何其形象！何其真切！议论亦然。一般地说，议论多用抽象、概括的语言，而本篇作文却能以形象的语言展开，如评论"外来务工子女"的心理压力，文章说："他们都是父母心头的宝啊！却过早地承担了不属于这个年龄的负担。"表达了作者的同情之心和不平之意。在预言"外来务工子女"必将有光明的未来时，文章用了"太阳从地平线上升起，照亮了城市的尽头，照亮了他们的生活"，首尾呼应，以"阳光"作喻，寓议于叙，读懂了形象，也就读懂了意义。

含蓄表达是语言表现较高的层次。语言简洁而意蕴丰厚是含蓄的特点。《他们》为少年作文，能做到这一点是难能可贵的。文章谈到对"外来务工子女"的种种称呼，什么"农民子弟""农民工二代"等等，作者说："我不想用这些冰冷的名字称呼他们……""冰冷"一词，情动于衷，情感是炽热的。文章最后一句："他们，终将会成为我们。"这是全文中心思想的概括，"他们"和"我们"由分而合，不仅充分表达了作者对"外来务工子女"的肯定和赞美，揭示了他们成长的意义，而且从一个侧面反映了当代中国社会的变革、城市化进程的时代步伐。用语深刻，言约意丰，达到语言含蓄表达的高度。

《他们》一文写于现场，应题而作，作文语言能写得如此顺畅，如此形象而又言简意深，实为不易，可见作者扎实的语言基本功。作家孙犁说："从事写作的人，应当像追求真理一样去追求语言，应当把语言大量贮积起来。应当经常把你的语言放在纸上，放在你的心里，用纸的砧、心的锤来锤炼它们。"(《文艺学习》）有志于写作的同学们，正应该记住这三个"应当"，尝试以"纸的砧""心的锤"来提升自己的语言表现能力，倘能如是，何愁不成？

炼　字

古人写诗作词，字斟句酌，常常"吟安一个字，捻断数茎须"（卢延让《苦吟》），这就是炼字。炼字的目的在于以最恰当的字词，贴切生动地表现人或事物。如王安石《泊船瓜洲》中的两句："春风又绿江南岸，明月何时照我还？"这个"绿"字化静为动，写出了春风的气势，给人以春意盎然、生机勃勃的美感。这样的例子很多。如苏轼《江城子·密州出猎》中，"千骑卷平冈"中的"卷"，以狂风席卷比喻出猎阵势，极言压倒一切的气势。李清照《如梦令》中，"绿肥红瘦"中的"肥"和"瘦"，以物拟人，对比强烈，极富情趣，写出了作者对红颜易老的感慨。

"推敲"释义

据宋人胡仔《苕溪渔隐丛话前集》卷十九引《刘公嘉话》："岛（贾岛）初赴举京师，一日，于驴上得句云：'鸟宿池边树，僧敲月下门。'始欲着'推'字，又欲着'敲'字，练之未定，遂于驴上吟哦，时时引手作推敲之势。时韩愈吏部权京兆，岛不觉冲至第三节，左右拥至尹前，岛具对所得诗句云云。韩立马良久，谓岛曰：'作'敲'字佳矣。'"后因谓斟酌字句、反复考虑为"推敲"。

据后人考释，"推敲"并非实有其事。韩愈和贾岛都是卓有成就的大诗人，对待诗作字斟句酌，创作态度极其认真。世人借助他们的为人为诗，编制了这个故事，对后世产生了深远的影响，以至"推敲"成了一个专用词语，表达了一种极为严肃的写作精神。

（据李知文《"推敲"考释》，《新民晚报》2010 年 7 月 28 日）

"红杏枝头春意闹"，著一"闹"字而境界全出。"云破月来花弄

影", 著一"弄"字而境界全出矣。

（王国维《人间词话》）

（"红杏枝头春意闹"，为宋代宋祁《玉楼春·春景》词中名句。"云破月来花弄影"为宋代张先《天仙子》词中名句。）

毛泽东修改《长征》诗

1952年1月1日，原东北师范大学历史系教授罗元贞，看到《长征》诗中出现两个"浪"字："腾细浪""金沙浪拍"，认为这种重复历来为诗家所忌，似可一改，便写信向毛泽东贺年，同时建议将《七律·长征》第五句"浪拍"改为"水拍"。毛泽东欣然接受了罗元贞的建议，并于1月9日复信罗元贞，说："1月1日来信收到，感谢你的好意。"1958年12月21日，毛泽东又在这首诗旁做出批注："浪拍，改水拍。这是一位不相识朋友建议如此改的。他说不要一篇内有两个浪字，是可以的。"这位不相识的朋友就是罗元贞。

（《毛泽东诗词新解》，中央文献出版社2003年12月版）

（十四）提高语言的表现力

写好一篇作文，涉及思想、结构和语言诸多方面的因素。常见的是，思想、结构的问题，一经指点，容易领会，而提高遣词造句的能力则非一日之功，立竿见影，似乎很难。学生展现作文水平，提高语言能力，这又是写作绕不过去的"坎"，现在，就让我们以文为例，细细讨论，以寻求切实可行的提高语言能力的门径。

生 如 葱 兰

浙江东阳中学　金远晴

第一次见到她并无多大好感。在我看来，她不过是寄身于墙角路边的一丛丛杂草罢了。许是我太过粗心，竟一直没有发觉校园里其实到处有她的身影，也忽略了她是有规律地成片分布——显然，这是花匠们精心安排的。

对于一种花来说，她的茎与叶真是过于不雅了。我一直以为，一种植物既是会开花的，即便茎叶普通一点，但至少总不能像她一样长得……长得太像葱吧。在我看来，葱应该是和柴米油盐联系在一起的，葱是属于尘世俗用的，而不是属于审美的。甚至我还认为，葱还不如柴米油盐。柴米油盐虽是俗的，但至少生活少不了它们。可葱呢，不过是种可有可无的点缀。所以当我知道她的名字叫"葱兰"时，我不禁为兰花愤愤不平了起来。人人都赞空谷幽兰的不俗，人人都说兰乃花中君子。可试问，谁会赞美一棵"葱"的高雅呢？把兰的雅号扣到了一棵"葱"的头上，我怕会压坏了她。

当她开出第一朵花，我轻轻一瞥就带过了；当那一整片一整片的绿色中出现了星星点点的白色，我也不曾驻足；可是，当那一大片的花朵在一夜之间全部开放，我不自觉地停住了匆匆的脚步，弯下腰来仔细端详她。

是第一次发现，一朵花竟然可以以如此坦白的姿态开放。

她就这样站在那儿，开得无声无息旁若无人。她的颜色是如此洁白，没有浓墨重彩渲染，只是纯粹的白。白得无畏无惧、肆无忌惮，纯粹得叫人嫉妒。她的花瓣如此舒展，毫无保留地露出她那金黄色的花蕊——像是一颗炽热的心。那滚烫的金黄啊，我真怕会溅出来。而她的花柱高高立起，卑而不微，纤而不弱。从侧面看去，她则呈现出一种怀抱的姿态——张开双臂企图把蓝天拥在怀里。我曾疑心，她那细瘦的茎如何能够承载得了秋日那一地纯净的阳光。风来了，那一大片一大片的白色也随之汹涌。我没有想到，第一次给我一种"花海"的震撼的，不是多情的薰衣草，也不是浪漫的郁金香，更不是清新的百合，而是眼前这片不起眼的葱兰。

毫无保留地开放，把一种颜色演绎到极致；无声无息地开放，把一种香淡淡地酝酿。用如玉般冰冷的瓣，去包裹如火的心。水含珠而柔媚，山蕴玉而朗润。看着葱兰那不俗的花朵，我突然发现她原先很不入眼的茎和叶突然焕发出一种独具的青翠素朴之美。葱兰啊，你绝不负"兰"的美名！

纤小而坚强，美丽而坦白，无闻却博大。我以为，不论是一朵花还是一个人，这便是极致了。

愿做一株葱兰，静静地开在道路旁。

借物抒情、托物言志是这篇文章的特点。文章借的"物"是一种名为"葱

兰"的植物。葱兰形色一般，貌不惊人（甚至有点"俗"），而她的花期却甚为别致，灿如"花海"，让人惊心。由此，作者因花及人，托物言志，表示"愿做一株葱兰"。题目"生如葱兰"集中表达了文章的主旨。

这篇文章的语言有很强的表现力，从中我们可以寻得一些启发。

先说这篇文章的遣词。

该文用语雅致，富有文化内涵。诸如"寄身""尘世""审美""高雅""一瞥""驻足""端详""渲染""承载""震撼""演绎""极致"等等。这些词语从词义和构成看，已经从口头语言上升到书面语言。显然，掌握这些词语有赖于作者平时阅读的积累。又如四字词语的运用，"愤愤不平""空谷幽兰""花中君子""星星点点""旁若无人""浓墨重彩""肆无忌惮""无声无息"等，不仅用词恰当，朗朗上口，而且带有一股书卷气，可见其中的文化内涵。这更是作者平时勤于阅读的见证。词汇是构成语言的基本材料，掌握足够量的词汇，其中包括简练的书面语汇，是提升语言表现力的重要基础。夯实这一基础，只有依靠阅读积累，舍此，别无他法。

次说造句。由词到句，选择句式是提高文章语言能力的又一重要条件。本文有叙述，有描写，有说明，有议论，有抒情，句式选择也各有特点。以叙述论，这篇文章叙写作者发现"葱兰"的过程，清楚明白，衔接自然。由"第一次见到她并无多大好感"，继而看到"她开出第一朵花"，只是"轻轻一瞥"，再到看她"出现了星星点点的白色"，终于见她"一夜之间全部开放"，这才有了惊人的"发现"。行文流畅，有条不紊。叙述语言明白晓畅是第一要义，简洁凝练是提升语言的要求，本文都有较好的表现。

以描写论，单句往往重在对一句中的中心词语加以修饰，如初看"葱兰"，"她不过是寄身于墙角路边的一<u>丛丛</u>杂草罢了"。"一<u>丛丛</u>"状其形，"墙角路边"示其位，"寄身"写其飘无定所，描写"葱兰"的位卑形微，并不显眼。而描写更多的是以句群的形式出现。如文章描绘"葱兰"花色之白："她的颜色是如此洁白，没有浓墨重彩渲染，只是纯粹的白。白得无畏无惧、肆无忌惮，纯粹得叫人嫉妒。"用五句话连成一组，描写白色。先是形容，"如此洁白"；再是对比，"没有浓墨重彩，只是纯粹的白"；还以拟人，"白得无畏无惧、肆无忌惮"；后以夸张，"纯粹得叫人嫉妒"，调用多种修辞手段，融深情于笔端，呈花色于纸上，铺陈展开，显示作者较好的语言功力。

既为句群，句子之间就有层次的要求，或连贯而下，层层深入；或从不同角度，正反对照，以取得相得益彰的效果。作者表达面对"葱兰"花开时的惊喜心情就富有层次："我没有想到，第一次给我一种'花海'的震撼的，不是多情的薰衣草，也不是浪漫的郁金香，更不是清新的百合，而是眼前这片不起眼的葱兰。"连用三个排比句，"不是……也不是……更不是……"，更加一个对比"而是……"，表示"震撼"心情逐渐凝聚的过程，句式整齐，节奏鲜明，真实可信，具有强烈的感人力量。

以议论说，表达议论的语句多用判断句。比如，开篇第一句就说，对于"葱兰"，"第一次见到她并无多大好感"，直接表明对"葱兰"的好恶。常见的表述方式是，"在我看来""我以为""我认为"，然后直陈其旨。为了增强判断的力度和语势，或用反问句，如："可试问，谁会赞美一棵'葱'的高雅呢？"或用感叹句："葱兰啊，你绝不负'兰'的美名！"或用句式变化，将判断的内容移至句首，以示突出，如："纤小而坚强，美丽而坦白，无闻却博大。我以为，不论是一朵花还是一个人，这便是极致了。"

无论叙述、描写或是议论，抑或抒情和说明，当内容较为丰富、感情较为强烈时，不妨调整句式，多用对应、对举、对比的组合形式。如前所述，"葱兰"给予作者的"震撼"，"不是多情的薰衣草，也不是浪漫的郁金香，更不是清新的百合，而是眼前这片不起眼的葱兰"，语句结构相似，语意前后对应（见加着重号的词语），回环递进，显示语言的节奏美感。又如，描写"葱兰"的艳而不俗、娇而不妖："水含珠而柔媚，山蕴玉而朗润。"比喻形象，蕴藉丰富，对举而成。评价"葱兰"："纤小而坚强，美丽而坦白，无闻却博大。"既有对比，又相连贯，语意凝练，可见作者驾驭语言的纯熟自如。

显示语言能力，切不可为文造情。应当记住，语言终究是为表情达意服务的，这是一条根本的原则。所谓情动而辞发。"情动"永远是第一位的。离开真情实感、真知灼见，语言是苍白的，没有生命力的。为赋新词强说愁，是中学生作文的通病。稍有写作经验的人都知道，语言是顺应思想自然"流"出来的，情动于中而形于言。语言修养只有靠平时阅读积累，没有其他捷径可走。金远晴同学能写出《生如葱兰》这样的美文，成功在于她对生活细致的观察，深切的体悟，自觉的追求，加上她丰富的阅读积累，于是情到笔至，一抒胸臆。"阅读＋体验"是写作的真谛。写作美文者于此两者不可偏废。试问同学诸君，明于此理，有志为文，能不勉之乎？

九、青春如诗

（一）青春是诗的年龄

青少年喜欢诗歌。诗有韵律，有形象，语言简练而又意味深长。可以看到，在中学生的日记、赠言、练笔、信件中不时地记下他们新鲜活泼而又不失稚气的诗行。

妈妈，请您歇会儿

湖北宜昌一中　谭小小

妈妈，您的头发怎么花白了？

我照了镜子，

原来，您把黑亮的头发给了我。

妈妈，您的背怎么驼了？

我直了直腰杆，

原来，您把挺拔的脊梁给了我。

妈妈，您的皱纹怎么多了？

我摸了摸脸庞，

原来，您把光滑的皮肤给了我。

……

"白发""驼背""皱纹"，典型的细节写出妈妈的艰辛、操劳和牺牲，三句"怎么"的设问，殷殷之意，拳拳之心，对妈妈的怜惜和理解，感激和尊重，在整齐而有节律的语言中流淌着真挚的情感。

镜 子 和 我

四川内江一中　秦丝竹

镜子里的我

没有思想

镜子外的我

没有形象

多么逼真的自画像。"没有形象",是自嘲,幽默、矜持、调侃,突出的是对"思想"成长的追求。青少年纯真、灵动的形象恍若眼前。

无　　题

浙江海宁高级中学　沈　浩

外面的天

亮了又暗了

暗了又亮了

眼前的试卷

白了又黑了

黑了又白了

终于有一天

抬起了眼

才发现

外面的世界

已一片模糊

以光亮色彩的变化,尽现应试教育重压下中学生疲惫不堪的心态,"一片模糊"的后果令人触目惊心。

掌　　纹

湖北松滋二中　刘　伟

据说

看掌纹可以预知未来

因为它是人生的轨迹

于是

在那位老先生面前

我将手慢慢地伸了出去

老先生告诉我

你的未来就如掌纹一样

弯弯曲曲

会有许多辛苦

但也有许多欣喜

缩回手的一瞬

我突然明白

未来就如掌纹

完全握在自己手里

"掌纹"是举手可见的形象，借它的"弯弯曲曲"，喻指生活的"辛苦"和"欣喜"，贴切自然。"缩"手紧"握"，一个平凡的动作却是神来之笔。"未来就如掌纹／完全握在自己手里"，朴素的语言概括深刻的道理，自信自强正是新一代青少年精神风貌的集中表现。

韵律。这是诗歌的基本特征。它包括押韵和节奏两个方面。节奏是指诗行之间词语的停顿、起接、变化、呼应。诗句的末一字韵母相同或相近，整首诗咏唱就有一种回环往复的音韵美，上口可听，又有节奏感。"韵脚是诗歌的方向盘，像船只一样，诗歌靠着它航行前进。"（美国教育家勃特勒语）一首成功的诗歌，韵律是不可或缺的。

形象。空洞说教，喋喋不休，贫嘴薄舌，散文分行，这不是诗。诗有形象才有生命。《掌纹》一诗，人生的"弯弯曲曲"就是借"掌纹"的形象表达的。主宰命运，自强不息，就是凭"缩"手紧"握"的动作而充分表现。

落　叶

秋风之中，

你，

飘落大地。

妈妈捡起你，

交给燃烧的炉膛。

于是，

红红的火焰里，

我拾到了一个献身的故事。

"献身"是这首诗的主题。这一主题借助"落叶"的形象加以表现。作者选取"落叶"的形象，就省去了绿叶茂盛，装点春天和大地的景象。在诗中，作者将"落叶"的背景写得很壮阔，很自如。在"秋风"中，在"大地"上，黄叶"飘落"，徐徐而下，从容不迫。投进"燃烧的炉膛"，熔入"红红的火焰"，色彩鲜艳，又是那么纯净，那么坦然，发射出灼人的光和热。"落叶"的生命历程，极富象征性，生动地演绎了"一个献身的故事"，贴切而自然地表现了诗歌的奉献主题。

意境。中学生虽在学诗阶段，但也每每追求意境。古人说，诗有三境，一曰物境，二曰情境，三曰意境。（唐·王昌龄《诗格》）物境求其形似，情境求其沟通，而意境为最高境界。物是表象，情是内涵，意是核心。

眼　　睛

湖南慈利六中　柔　婷

有一双眼睛

一年

不，也许是两年吧

总在我的背后

逡巡

不是母亲的眼睛

母亲的眼睛最慈祥

不是老师的眼睛

老师的眼睛最柔情

不是朋友的眼睛

朋友的眼睛最真诚

这双眼睛

有时显得陌生

有时又很热烈

有时显得迷惘

有时又充满渴望

一次

不，也许是两次吧

明明在我的左右

当我去寻觅

却又躲入路旁树丛

于是

在车水马龙的城市

在泥泞小径的乡村

我苦苦地搜寻

在一个春雨潇潇的日子

四目偶然相遇

虽是瞬间的相对

却惹得两个朦胧的心

怦怦然跳

或许

这是一双羞涩的眼睛

　　"眼睛"，这是具体的物象。它不同于母亲的眼睛（"慈祥"）、老师的眼睛（"柔情"）、朋友的眼睛（"真诚"），而是一双需要"苦苦地搜寻"才能"相遇"的眼睛。"羞涩"，传神地写出少男少女萌动的心曲。闪动的眼神，寄托对人生惶恐而又执着的追求。物境、情境、意境全有，耐人寻味。

　　青春不能没有诗，青春是诗的年龄。然而，从教科书到日常的阅读环境，对青少年读诗写诗的关心远远不够。诗化人生，不是要人人成为诗人，而人人充盈诗情却是现代人生的必需，跨世纪的一代尤其满怀渴望。从这个意义说，多向青少年介绍几首同龄人的诗作，或许能引发更多同学读诗写诗的兴趣。

　　"诗和远方"，永远是人生追求的目标。

押　韵

押韵是诗歌重要的语言特点之一。所谓押韵，就是把同韵的两个或更多的字放在不同句子的同一位置上。因其位置一般是在句尾，所以韵又叫"韵脚"。在北方戏曲中，韵又叫辙，押韵叫合辙。其主要作用是使声音和谐优美，富有音乐感。

诗词用韵，大致相当于汉语拼音中的韵母相同。一个汉字的拼音，一般有声母，有韵母，声母在前，韵母在后。例如"公"的拼音是 gōng，其中 g 是声母，ong 是韵母。它与"东""同""隆"等字的韵母都是 ong，属于同韵字，将它们分别写在诗句的末尾，就形成押韵。

阅读几首小诗：

眼　睛

陈科全（八岁）

我的眼睛很大很大

装得下高山

装得下大海

装得下蓝天

装得下整个世界

我的眼睛很小很小

有时遇到心事

就连两行泪

也装不下

鲜花和泥巴

啊！我的妈妈美如鲜花

噢！我的爸爸丑如泥巴

咦！为何妈妈爱着爸爸

哎！因为花离不开泥巴

秋　游

天啊！

地啊！

同学和老师啊！

谁能告诉我，

何时秋游啊！

我准备的酸奶过期了！

我准备的薯片过期了！

而下一个即将过期的，

恐怕就是我这少年的

心灵了呀！

我　想　变

我想变成一棵树，

我开心时，

开花，

我不开心时，

落叶。

（二）寻觅诗意

　　诗贵有意。诗意与文意一样，是人的感情的凝聚，思想的结晶。不同的是，诗意的表现有其特殊的形式，它常常选择一个突出的形象，形成一种特有的意境，用形象说话，留有隽永的回味。巧取形象，托物言志，是寻觅诗意的一条途径。

石　榴

河南鄢陵县高级中学　梅　朵

每粒籽

一冒出头长成恒牙

在一片岑寂的天地里

守口如瓶　纤尘不染

我们品尝中秋月饼的日子

它就笑着张开缄默已久的双唇

和我们亲切地谈论着

一个鲜明的主题

这就是成长的岁月

这就是岁月长成的甜蜜的秋天

成熟是多么美好

像一个个微笑的石榴

作者选取"石榴"这一形象歌颂成熟，赞美人的青春活力。这就将原本比较抽象的感情和认识化为生动可感的形象。选取形象要注意贴切。"石榴"是人们熟知的果品，它有自己的生长期，下籽、出苗、开花、结果，从孕育到成熟的过程与人的成长过程相似。每粒籽排列整齐，状如"恒牙"，果皮紧包是"守口如瓶"，果皮胀裂是"笑着张开缄默已久的双唇"。"成熟是多么美好／像一个个微笑的石榴"，以拟人手法写活了"石榴"，也写活了人旺盛的生命力。比喻是贴切的，联想是自然的，内容是蕴藉的，诗行句间流露着青春的诗情。

构筑意境，借景抒情，是寻觅诗意的又一条途径。

今天要下雨

四川内江二中　秦丝竹

有意　无意

滚来一只篮球

牵着男孩的帅气

小心　不小心

轻轻碰到脚尖

不知所云

对不起　没关系

低着头　抖抖脚

显得毫不介意

不要想得太多

这本是巧遇

啊　曾记起

昨夜月光朦朦

今天要下雨

　　一只篮球滚到一名女孩的脚下，男孩拾球而去。这是一个普普通通的生活场景，由于倾注了女孩独有的情愫，就形成一种朦胧诗的意境。"牵着男孩的帅气"，是少女敏感的心理反应；揣摩（"小心／不小心"），掩饰（"低着头／抖抖脚"），自嘲（"不要想得太多／这本是巧遇"），有层次地揭示了少女感情的起伏。诗的末尾由事而景："啊／曾记起／昨夜月光朦朦／今天要下雨。"心中难以排遣，故意岔开话题，"顾左右而言他"，掩饰娇羞之态，青春期少男少女的敏感心理表达得含蓄而又委婉。

　　诗意要用诗的语言表现。

　　锤炼秀句。不能要求诗行句句精彩，但要有新词丽句。比喻要新巧，夸张当有度，轻松幽默，惟妙惟肖。比如，有一首诗写同学间的"误会"：

摩擦起电，

就是那一次误会，

引燃了友谊的火花。

失落的情愫，

滑落在心海的沙滩。

恍然发现，

曾经的误会，

是一枚精巧的贝壳。

少年同学，时有"误会"，不足为奇。但在作者的笔下，一连串的比喻把"误会"写得极富情致。"误会"冲突犹如"摩擦起电"，自然"引燃火花"，这是友谊的闪光。人心如"海"，紧连"沙滩"，岁月流逝，昔日"误会"，今朝拾起，竟是"一枚精巧的贝壳"。真纯之情，珍惜之意，新奇的比喻显示了作者的聪慧和灵气。

诗歌还要锤炼警语。所谓警语，就是要穷尽事理，写出哲理性佳句。例如，有一首写"流星"的诗："带走的是凄凉 / 留下的是豪壮 / 永不磨灭的是亮光 / 记载了你一生的辉煌。"还有一首写"塑料花"："你总是笑着 / 面对七色人生 / 纵然容貌依旧 / 始终没有灵魂。"两首诗都是托物言志，精练的诗句概括了人生观、价值观，深刻的内涵，是作者自励，对读者也有劝勉、告诫、警策的作用。

清词丽句、格言警语乃是生活的馈赠。锤炼语言不是雕章琢句。炼意为先，情动辞发。多读诗书，多加体察，多用心思，得心应手，佳句偶得，看似偶然，实是必然。

小链接

阅读两首诗：

爷　爷

爷爷还活着的时候
这个世界的风雨
都绕过我
向他一个人倾斜

没　收

盛煜涵（八岁）

灯光没收了黑暗，
学习没收了无知。
时光没收了我的童年，

微笑没收了我的哀愁。

工作没收了爸爸的陪伴，

我和姐姐，

没收了妈妈的时间。

（三）诗歌样式的选择

诗歌的结构可谓多姿多彩。诗行一般不长，一个词语，一个词组就能成为一行。较长的诗还分成段，由二行至四行，甚至五六行组成一段，几段诗组成完整的一首诗。

中国古典诗歌句式规定较严，绝句是四行，律诗是八行。长诗也很多，如《离骚》《孔雀东南飞》《木兰诗》《蜀道难》等。新诗的组合则较为自由，如：

叶

来的时候

　　穿着豆绿的背心

　　那样性急

走的时候

　　留下枯黄的阴影

　　那么匆忙

其实

　　在这短暂的勾留中

　　你依然有梦

诗分三段，每段句式基本相同，字数也大致一样。以"叶"的形象寄寓岁月流逝、不忘追求的情怀。试想，如果改变表现形式，用标点把这些诗句连接成一段散文，主题未变，情趣大异。原有的含蓄和迂回骤然减色，想象空间也大为缩小。从对比中，读者可以感受到诗歌空白分行的艺术魅力。

诗句排列简短而齐整，就有匀称和简练的美感。

四 季 话 语

河南大学附中　鲁　冰

春对种子说

刚抽芽你就哭了

你还没有一把绿伞呢

怎能度过炎热的夏季

夏对绿茵说

刚举起小伞你就乐了

你还没有果实呢

可不能空手走向秋天

秋对稻穗说

结果不是终点

这一站虽有成熟的喜悦

下一站却是严寒的考验

冬对稻谷说

进仓不是让你休息

你要为下一代

孵育蓬勃的童年

长大的男子汉

山东省菏泽一中　王振华

把妈妈的爱塞进背包

把妈妈的目光拧成绳

把妈妈的期待踩成路

把妈妈的担忧甩在路边

选择一个日子

勇敢地上路了

第一次领略了外面的世界

第一次懂得了跋涉的艰辛

第一次尝到了离开妈妈的滋味

第一次谙悟了路的哲理

握紧男子汉的拳头

烈日暴雨不再躲避！

前一首诗以"春夏秋冬"为序，每段各写一个季节，段首句式相同（"……对……说"），形成排比的段式，犹如方阵，分则醒目，合则完整，以稻谷的"四季话语"，概括人生的历程和生命的意义。后一首呈现大段的排比句式，尽情地抒发对母爱的感受和理解，表明"长大的男子汉"面对生活的勇气和决心。排比段和排比句把诗意的丰富性和层次感表现得酣畅淋漓。

空格停顿是诗歌格式又一鲜明特点。从文面看，诗歌留下的空白远比散文要多得多。诗意是含蓄的，偌大的空白留给读者充分想象的余地。这种空格艺术还表现在诗句的停顿和转行上。例如：

斗争

　这就是

　　生命

　这就是

　　最富有的

　　　人生。

不要说：

　　　"我年纪轻轻，

　　　担不起沉重。"

不，

　命运

　　把你们的未来

　　　　早已安排定，

你们的任务

　　　将几倍地

超过你们的年龄。

（郭小川《投入火热的斗争》片段）

　　这是一种称为"楼梯诗"的特殊格式。有意的分行，将一些重点词语和词组放置在突出的地位。有时一个词语或一个词组就有一个停顿，字字如金石，掷地有声，回荡起抑扬顿挫之美。词的停顿，句的停顿，段的停顿，辅以转行、空格，诗句似春雨轻洒，有时又如战鼓频摧，形成诗歌独有的旋律。

　　诗歌是有韵脚的，反复咏叹是它的重要表现形式。排比句式和诗行对应使诗意回环隽永，既有气势、呼应，保持诗意完整，又各具神采，不显重复。

窗

沈培新

我听见

　我的呼吸

我数着

　我的心跳

我看着

　我的影子

我扛着

　我的叹息

忽然，你开了

一股芬芳向我涌来
　　我听见
　　　　大地的呼吸
　　我触摸
　　　　小鸟的脉搏
　　我掬起
　　　　鱼儿的欢笑
　　哦，原来，你
　　　　是一座桥
　　这一头，是
　　　　一个
　　那一头，是
　　　　许许多多个

以"窗"为形象，排比而出："我听见""我数着""我看着""我扛着"，听觉、触觉、视觉全面启动，一个困守斗室、期待放飞的心灵活泼泼地跃动于字里行间。忽然，打开窗户，跃入广阔的社会空间，芬芳扑面，意境大变，"窗"原来"是一座桥"，"这一头"，是"一个"（形影相吊），"那一头"是"许许多多个"（广阔天地），青少年挣脱束缚的喜悦之情、豁达之意，倾诉青少年打破羁绊、渴望自由的心声。短促的诗行，整齐的句式，有力的停顿，促成诗情奔涌，画意渲染，诗歌的内容与形式相得益彰，产生强烈的艺术冲击力。

诗歌结构还有其他样式，诸如"格言式"，片言只语，就是一首。有的诗还组成几何图形，如"金字塔式""梯形式""直线式"（一字一行，竖直排成一直线）等种种。其中"格言式"也为青少年喜闻乐见。

回　声

你虽然嘹亮、深远，可为什么总是模仿呢？

杯　子

上海市松江二中　顾剑锋

为什么能盛水呢？因为它虚心。

篮　球

湖北省宜昌一中　江晟华

别人为你喝彩

是因为你落入了

已设置好的圈套

一二句话咏叹一件物品，寄寓深刻的哲理，耐人寻味。"创造"与"模仿"，"对人"与"对己"，"喝彩"与"圈套"，都是生活中的矛盾，都有辩证法，怎样认识，如何面对，需要熔铸经验，升华提炼，诗的格局虽小，启迪意义颇深。写好格言诗，要善于截取思维的闪光，选取贴切的形象，形神兼备，心到笔随，神韵自然而至。

十、应用文体写作举隅

（一）信件

通信联络是人际交往的需要。随着现代通信工具日新月异的发展，人们的联络方式呈现多样化趋势。诸如电话、名片、信件、录音、录像、光盘、（手机）短信、（电子）邮件等各种门类，不一而足。在众多通信方式中，信件由于内容相对完整，文字确定可查，操作简便易行，在今天仍然成为人们不可或缺的通信工具。中学生应该学会写信，以适应社会交际，这是学习的需要，工作的需要，也是生活的需要。

写信初看容易，要充分发挥信件功能，符合写信要求，还是需要下一番功夫的。

信件有各种类型。从应用范围说，有"家书"（包括亲友书）和"公函"之分。从信件内容说，有祝贺信、感谢信、申诉信、联络信种种。从发表方式说，有邮件（含电子邮件）、公开信。有时，信件还作为一种表情达意的样式，成为一种文学体裁。（散文，如陶斯亮《一封终于发出的信》，怀念父亲陶铸）本文所说的信，则是指生活中通用的一般书信。下面展读一名初三学生写给母亲的信。

致妈妈的一封信

亲爱的妈妈：

你过得好吗？幸福吗？今天是我中考的日子，你知道吗？我很想你，妈妈！

你知道吗？自从你和爸爸离婚后，我日日夜夜地想念着你，常常在梦里遇见你，虽然我嘴上说不想你、恨你，但是心中的思念如一棵巨树的根深深地扎入了心房。还记得那夜，雨肆虐地下着，雷声中夹杂着你们争吵的声音，电视机摔了，窗户破了，家没了……而我只能躲在房间里痛苦地哭泣，多少次我想出来阻止，可是因惧怕、惊吓，我全身瘫软无力，最后我只能眼睁睁地看着你们分道扬镳。法院将我判给父亲。你走了，没有回头，那饱经风霜的背影永远地定格在我的记忆里……

时间过去，一天又一天，在你不在我身边的日子里，我过得好累。妈妈，初三的生活好苦啊，每天我都要做作业到很晚才能上床睡觉，早上又是早早起床。曾几何时，我想要放弃，但是为了梦想，我一直坚持着。可是，妈妈，当一次又一次无情的分数将我击倒时，我彻底地无助了，没有了你的呵护，没有了你的鼓励，我几乎绝望了。多想挽着你的手臂，依靠着你，说说心里的苦闷与生活的挫折，多想听着你温柔的声音伴我入眠。

妈妈，我多想把心里的小秘密与你分享。在青春的路途上，我找不到方向，就像迷失在森林里的小兔子，心里时常风雨如注，我多希望你能在我身边，教会我如何面对这突如其来的改变。妈妈，你知道吗？当我第一次来例假时，有多难为情，白色的裙子上，那殷红的一块血污使我成了大家的笑柄，我哭了，偷偷地哭了，那时，我最想依靠的，就是你。

当我写到这里，我哭了。考场里安静极了，眼泪的声音，心雨的声音仿佛那样清晰！昨晚我到很晚才睡，说是看书，那只是一个借口，其实我在等你。妈妈，我等着你来为我加油，可是，你没来；我想或许你会打电话来，但是没有。那一刻我好伤心，我很紧张，我最想依靠的是你。可是，妈妈，我不恨你，真的，我知道你有你的苦衷和无奈，妈妈，我希望你好好地幸福地生活！尽管，我是那样想要依靠你。

哦，妈妈啊，我的好妈妈，世界那么大，我多想牵着你的手出发，我的好妈妈，我心中的风雨来了，我最想依靠的就是你啊！

挚爱你的女儿

（2008年江苏无锡中考作文卷）

这封信内容明确，层次清楚，语言得体，格式完整。符合信件的基本要求。

写信内容明确。信写给谁？为什么写？写什么内容？这是首先要考虑清楚的。开始就要明示对方。女儿写这封信是表达对妈妈的思念。所以，在信的第一段，她就写道："你过得好吗？幸福吗？""你知道吗？我很想你，妈妈！"连续发问，一声感叹，表明女儿思念的急切和强烈。

全信有四个主要段落，各段自有中心，依次写出妈妈离家后自己痛苦、难耐、无助和期待的心路历程。书信以时间为序，每段开头都有提示内容的中心句，读信者一目了然。第一段写"妈妈离家"，第二段写"初三岁月"，第三段写"初来'例假'"，第四段写"考前期盼"。一段段深情的文字，一层层感情的波澜，由惊魂，苦闷，难言，到期待，直至谅解并祝福妈妈，真是回肠九转，曲尽心意，表现了一个孤独少女凄苦、稚嫩、善良和懂事的柔弱情怀。表述清楚，环环相扣。

书信语言以明白晓畅为佳。明白，不是平淡。信者，诚也；诚者，情也。真情实感是书信的生命。书信的语言因对象和内容而异，要求得体。比如，这封信是女儿写给妈妈的，特定对象，特殊心境，所以信中多见呼告，时有对"妈妈"深情的呼唤，全信有 12 处直呼"亲爱的妈妈""妈妈""妈妈啊""我的好妈妈"，声声在耳，句句在心，令人心颤。又多用问句，"你过得好吗？幸福吗？""你知道吗？"关切之情，溢于言表。这封信之所以写得感人，同作者具备较好的语言基础是分不开的。例如，表达思念的深切，作者写"思念如一棵巨树的根深深地扎入了心房"。表达离开妈妈后的茫然，作者写"在青春的路途上，我找不到方向，就像迷失在森林里的小兔子"。表达希望妈妈的抚爱，作者写"心中的风雨来了，我最想依靠的就是你啊"。试想，没有这些贴切的比喻，女儿深沉、真挚的感情怎能有形象、动人的表现？再者，这封信还多选真实的生活细节，让读者感同身受，增加了书信感人的力量。如写妈妈离家，留下"那饱经风霜的背影"，女孩初潮的羞怯，"我哭了，偷偷地哭了，那时，我最想依靠的，就是你"。读后，如临其境，如见其人，表现不经事的女儿对妈妈的思念何其刻骨铭心。作者在信的最后一段写"心中的风雨来了，我最想依靠的就是你啊！"是化用作家冰心《繁星·一五九》中的诗句："母亲呵／天上的风雨来了／鸟儿躲到他的巢里／心中的风雨来了／我只躲到你的怀里。"此情此景，两者相合，恰到好处，可见作者阅读的积淀。

最后说信的格式。信的开头顶格，写收信人名号、称谓，以示敬重。首段写问候语，再说明写信缘由，提示书信的中心内容。然后视内容多少，分段叙述。写完正事之后，略说写信人的近况，以示互通情况，让对方有所了解。（这一段不为必有）最后另行写祝颂语，然后写信人署名，附上写信日期。这些内容基本齐全，一封信的格式就算完备。中学生学习写信只要留意这些，信的基本格式就能掌握。

《致妈妈的一封信》是篇考场作文，作文题是"我最想依靠的就是你"，该考生之所以选择书信的形式一抒胸臆，是因为书信对象专一，倾心而谈，不受限制，可长可短，兴尽而止。这封信写于考场（属于一封未发出的信），是一篇应试作文，它充分显示出了信的交际功能，有鉴于此，向同学们推荐这封书信，它不失为学习写信的一篇较好的"范本"。

小链接

王力谈怎样写信封

我每天收到三五封信，多到八九封。多数人在信封上写王力教授收，或王力先生收，都不错。我个人不大喜欢人家称我教授，叫我王先生，我听了比较舒服。有的人叫我一声王力同志，我就心里乐滋滋的。有的同志在信封上写王力伯伯收，那是不合适的。因为信封上的收信人姓名是写给邮递员或送信人看的，邮递员和送信人不叫我王伯伯。有的同志在信封上干脆写王力收，那更不好！我回信说："你在信内称我做尊敬的王力教授，太客气了；你在信封上写王力收，又太不客气了。"这是礼貌问题。还有一些同志在信封上写"王力（教授）收"，把"教授"二字放在括号内（或者把"教授"二字写得小些），我不懂这是什么意思。我认为也是没有礼貌的，似乎是说，你本来不配当教授，我不过注明一下，以便投递罢了。真令我啼笑皆非！

（王力《谈谈写信》，载《语文学习讲座丛书（四）应用文写作》，商务印书馆 1980 年版）

书信格式顺口溜

称呼顶格打冒号，关心问候有礼貌；

正文每段空两格，清楚明白很重要；

事情说完致个礼，健康快乐常祝祷；

署名日期别漏写，恭敬写在右下角。

信 的 别 称

信在汉语里还有几个别名,你知道吗?

1. 函:如"便函"就是便信,"公函"就是公文。

2. 书:如"家书"就是家信,"手书"就是亲笔信。

3. 札:原指写字用的木片,引申为书信。如"大札""惠札""便札"。

4. 简:原指写字用的竹片,引申为书信。如"书简""小简"。

5. 笺:供题诗、写信用的纸张,引申为书信。如"便笺""锦笺""华笺"。

6. 尺牍:牍,古代书写用的木简。用一尺长的木简作书信,所以称"尺牍"。

7. 尺素:素,白绢。古代用绢帛书写,通常长一尺。尺素引申为书信。

8. 鸿雁:出自《汉书·苏武传》:"天子射上林中得雁,足有系帛书,言武等在荒泽中。"此后,常用"鸿雁"代书信。

常用称谓表(一)

写给长辈的	称呼对方	自称
祖父 祖母	祖父(爷爷) 祖母(奶奶)	孙、孙女
父亲 母亲	父亲(爸爸) 母亲(妈妈)	儿、女儿
父亲的 { 哥哥 嫂嫂	伯父(伯伯) 伯母(姆)	侄、侄女
父亲的 { 弟弟 弟妇	叔父(叔叔) 叔母(婶婶)	侄、侄女
父亲的 { 姐夫、妹夫 姐、妹	姑夫(姑父) 姑母(姑姑)	内侄、内侄女

（续表）

写给长辈的	称呼对方	自称
母亲的 { 父 母	外祖父（外公） 外祖母（外婆）	外孙、外孙女
母亲的 { 兄、弟 兄、弟的妻子	舅父（舅舅） 舅母（舅妈）	甥、甥女
母亲的 { 姐夫、妹夫 姐、妹	姨夫（姨父） 姨母（姨姨）	姨甥、姨甥女
老师	老师	学生

常用称谓表（二）

写给平辈的	称呼对方	自称
哥哥 哥哥的妻子	哥哥 嫂嫂	弟、妹
姐姐 姐姐的丈夫	姐姐 姐夫	弟、妹 内弟、内妹
弟弟	弟弟	兄、姐
妹妹	妹妹	兄、姐
伯父和叔父的 儿子、女儿	堂兄、堂姐 堂弟、堂妹	堂弟、堂妹 堂兄、堂姐
姑、舅、姨的 儿子和女儿	表兄、表姐 表弟、表妹	表弟、表妹 表兄、表姐
同志	同志	只写自己的名字
同学	同学	只写自己的名字

（说明：以上称谓是一般传统的称呼。现在有的已不使用，仅供参考。）

信 封 格 式

□□□□□□（邮政编码）

　（收信人地址）

　（收信人）　　　　　　　　　　　　　　　　收

　　　　　　　　　　　　　　　　（寄信人地址）

　　　　　　　　　　　　　　□□□□□□（邮政编码）

（二）自我介绍

　　这是多年前的一篇中学生作文。因其内容真实、富有特色、语言清新活泼而备受好评。当年，曾被编印在语文教材中作为写作例文广为流传。"自我介绍"，是向别人介绍自己。或许，有同学认为，写的是自己，应当不难。可真要下笔，内容繁多，选写哪些，从何下笔，却也颇费思量。《自我介绍》是一篇优秀的可资参阅的例文。

　　难能可贵的是，这篇习作出自十二岁女孩之手，文笔清新，稚气未脱，让人忍俊不禁。读了这篇文章，在你面前会栩栩如生地站立着一个开朗、聪慧的女生形象。

自 我 介 绍

南京师范大学附属中学　陈粤秀

　　知道我名字的人总是试探地说："哦，你是广东人吧？"对了，我爸爸是广东人，我当然也是啰！爸爸的同事们称我"小广东"。也有的叫我"亚非拉"，那是因为我皮肤黑的缘故。

　　不过，现在我长大了，十二岁了，叔叔阿姨可就一本正经地叫我"陈粤秀"了。爸爸、妈妈却说我像个娃娃。其实根本不对，那不过就是因为我爱哭呗！我遇到什么不高兴的事情就要哭，用妈妈的话说，就是眼泪不值钱。现在进了中学，我向妈妈保证：今后一定不哭了。其实，昨天在车站丢了块手绢，我还哭这哩！

爱哭的人就爱笑。我可爱笑了，以前在小学，我和同学们一下课就说笑话，说到高兴的地方，笑得东倒西歪，肚子要疼好一会儿呢！妈妈说我是"疯丫头"。其实，在陌生人面前我还是挺"文雅"的，叔叔阿姨们都说我像个"小大人"，说话办事都蛮稳重的。

我不爱到楼下去玩，只爱在家里看小说。嘿，有趣的小说可把我迷住了。我看了不知多少书，什么外国小说啦，中国小说啦，还有科学幻想故事和美丽的童话。我看书还爱动感情。看《园丁》时，我看到为党的事业、为孩子们献出自己一切的方老师竟被"四人帮"迫害惨死，眼泪就簌簌地往下掉，把书弄湿了一大块。看《大板筋和铜豌豆》时，我看到结巴子"大板筋"被伶俐的"铜豌豆"逗得面红耳赤，憋不住一个人嘿嘿地笑起来，惹得爸爸、妈妈莫名其妙地看着我，调皮的弟弟拉着我刨根问底。我一本接一本看，反正不用担心借不着书，爸爸在南京师范大学中文系教书，那儿图书馆的书架长得一眼望不到头呢！

妈妈也是老师，是教数学的，工作可忙呢。有人说："秀秀，你又有语文老师教，又有数学老师辅导，学习成绩一定好。"可爸爸、妈妈叫我别信这个，学习成绩来自勤奋，哪能靠别人呢！

你别看我平时对爸爸、妈妈的批评不服气，可离开了爸爸、妈妈可难受哩。上小学时，每天三顿饭都在家吃。现在，进了南师附中，离家很远，中午只好在学校搭伙。说起来真不好意思，开学才四天，一到中午就想家了。

每当我学习马虎时，想到天还未亮，爸爸就为我去买菜，妈妈就在厨房的烟雾中为我忙个不停，我就感到非常羞愧。

除了爱看书，我还爱交朋友。你愿意做我的朋友吗？

写人最重要的是写出特点。向别人介绍自己，最重要的也是说出特点。特点的表现有两种形式：一是外在表现形式，即显露于外表的，别人容易感受到的，如人的外貌、神态、声音和动作等。这篇《自我介绍》的前半篇主要介绍作者的外表特征，"小广东"（籍贯），"亚非拉"（肤色），"爱哭"，"爱笑"，寥寥几笔，一个率真、开朗的小女孩形象宛若眼前。特点的另一种表现形式是内在的，即从表面上一下子看不到的，如志趣爱好、习惯品性、思想深度等。它需要从人物的言谈举止中提炼出来。这篇《自我介绍》的后半篇着重介绍作者爱好阅读的特点，就是比较内在的。文章从阅读数量和痴迷程度两个方面表现阅读使人知识丰富，使人精神提升。这样，站立在眼前的就是一个有文化底蕴和精神追求的聪慧女孩形象。

这篇《自我介绍》值得称许，不仅在于作者鲜明地揭示了人物的特点，还在于她通过真实的材料，形象的演绎，生动地展现了女孩独有的文化气质。

起笔不凡。文章从释名开始，巧妙地由姓名"陈粤秀"自然写出祖籍"广东"，从绰号"亚非拉"自然介绍肤色较黑的外貌特点。娓娓道来，风趣引人，不乏诙谐，略显调皮，惹人喜爱。

选材恰当。文章围绕表现人物特点选材。外在特点重点写了她的"爱哭"和"爱笑"。这原是同龄女孩常见的表现，可在作者笔下却能显出同中之异。比如"爱哭"，进了中学，人渐长大，羞于说"哭"，她"向妈妈保证""不哭"，却同时又写"其实，昨天在车站丢了块手绢，我还哭过哩"，既有掩饰，又有自嘲，把成长中女孩矜持好强的心理刻画得惟妙惟肖。同是写"笑"，则极尽夸张："笑得东倒西歪，肚子要疼好一会儿呢！"感情外露，率性而为，一个动作把女孩活泼的天性展露无遗。

在介绍女孩喜爱阅读的特点时，则不惜笔墨，重点突出。情到深处，"憋不住一个人嘿嘿地笑起来"，旁若无人，足见痴迷。写图书馆，近水楼台："那儿图书馆的书架长得一眼望不到头呢！"仅用一句话就写出女孩成长的知识背景，显示她良好的文化基础。

又如，文章还特意选写了"家教"和"想家"两个材料。前者转述父母的话"学习成绩来自勤奋"，表明她努力学习的思想动力。后者由"想家"而引起对父母辛勤养育的感恩，"羞愧"之情油然而起，这是她思想成长的标志。选材恰当，内涵丰富。

尤可称道的，还有这篇文章的语言表达。自我介绍，说的都是自己的话，叙述、描写、议论都是充分个性化的。开心时，"笑得东倒西歪"；伤心时，"眼泪就簌簌地往下掉"；离家时，"离开了爸爸、妈妈，我可难受哩"，表现的是孩子气，又充满真实感。即使是转引成人的说话，一经作者之手，也换成了少年独有的语气，如"小广东""亚非拉""眼泪不值钱""疯丫头""小大人""学习成绩来自勤奋，哪能靠别人呢"等等，使这些成人话语浸润着孩子的情感。

文章中多用语气词（"哦""吧""啰""呗""哩""呢""嘿""啦""吗"），

也显现少年感情直露、容易激动的特点。

语言最能表现一个人的个性特点。写文章要用自己的语言写，不装腔作势，不人云亦云，不要"学生腔"，不作"文学秀"，这样的文章才是自然的、真实的、鲜活的，才能透出勃勃的生机。《自我介绍》的语言表达可圈可点，为学生作文做了良好的示范。

诚然，"自我介绍"的方式多种多样，也应该因人而异，这篇《自我介绍》只是一种写法。

下面再介绍几篇"自我介绍"。这些片段各具特色，供读者欣赏。它们是：

吴峥自传

吴峥，男性公民，年方二八，无字无号，琅琊山方圆十里内人氏。

幼时稚嫩无知，后屡得高师指点，加之悟性奇高，现已自成一派；玩有所长，学有所擅，好友成群，逍遥自在。本向往侠客生活，欲诛奸除恶，可惜人在学校，身不由己。只当闭关修炼好了，算来有得有失：得者，大至全国竞赛奖项，小至摸奖所得一肥皂，而最珍贵的，乃一班老友的支持信任；失者，童心童趣也。

今任安徽滁州中学高二（5）班班头一职，尽心尽力。偶或事务繁忙，心浮气躁，也曾假公济私地发一通火，却无人惧怕——可能因平日过于温柔，发火像做戏。

运用古白话行文，是本篇《自我介绍》的语言特点。所谓"古白话"，乃汉魏以来，随着时代变化，较切近口语的语言，如宋人话本、明清小说所见。多四字句，在口语中夹带一些文言成分，兼有古朴、简练、通俗的特点，如不说"十六岁"，而说"年方二八"；不说"班长"，而说"班头"；介绍个人得失，"得者"，获有大小奖项，"失者，童心童趣也"。整篇文字不长，却妙趣横生，一个有志向、有能力、有修养，又略显调皮的中学生形象跃然纸上。

林松的自我介绍

天津市实验中学　林　松

姓名：与武松同名，与林冲同姓。

年龄：吹过十三支蜡烛已半载有余。

最喜欢的一句话：天生我材必有用。

最喜欢的运动："爬格子"。

众所周知，武松与林冲同是小说《水浒传》中的传奇英雄人物。"与武松同名，与林冲同姓"，出语惊人。自报家门，在两位英雄姓名中各取一字，组成自己的姓名，以表示对英雄的仰慕之情。略显俏皮，却见侠气，表达的正是"天生我材必有用"的远大志向。如此别有特色的"自我介绍"，引人注目。

一张产品说明书

上海浦东新区罗山小学　陆嘉翊

品名：陆嘉翊

性别：和爸爸一样

生产日期：2009 年 4 月 18 日

保质期：永久

脾气：有点强迫症。比如拼乐高时一定要把颜色相同、形状对称的摆在一块儿。这点应该遗传自妈妈，因为妈妈每次倒车时都要停在车位正中央，不能有丝毫偏差，否则她会不停地打方向盘移动车身，直到满意为止。

爱好：比较广。喜欢绘画、书法、英语，但最爱看书。每当找到一本喜欢的书，就变成了小书虫。吃饭看，上厕所看，车上看，甚至睡觉时都会梦见书在眼前上下飘动，想去抓，却又抓不住。

功能：比较全。拥有打扫卫生、擦桌拿筷、晾晒衣服、按摩等技能，是一个勤劳的小能手。

这就是我，一个实实在在的我。如在使用本产品的过程中发现任何问题，请致电投诉。电话：66666666666。

本产品生产厂家：陆 × × 和沈 × 之家

售后服务中心：罗山小学

技术指导：徐老师

以"产品"自称，以"人"拟"物"，想象奇特；表现乖巧的脾性、广泛的兴趣、勤劳的品质，语言诙谐，含义深刻；介绍自我，全面周到；出自小学生之手，实为难得。

沙叶新的自我介绍

我姓沙，叫沙叶新。人家不叫我沙叶新，叫我"少十斤"。什么是"少十斤"？"少十斤"就是"沙叶新"三个字的右半边。（笑声、鼓掌）所以我这个人没多少分量的。（笑声）去掉一半，才少了十斤，那我整个一个人就只有二十斤。右边"少十斤"，那左边呢？就不好意思说了，叫"亲三口"。（笑声、鼓掌）那么我这个人，可以从名字上看出来，一是没分量，只有二十斤，不厚重，浅薄之至。二是待人还算亲切，一见面就亲你三口。当然不好乱亲。

（为东南大学百年校庆所作的演讲《精神与使命——我的心路历程》的开场白）

这是作家沙叶新在一次演讲开场时的"自我介绍"。他从解读自己的姓名讲起，运用拆字术，分解"沙叶新"三个字的偏旁。右偏旁是"少十斤"，左偏旁是"亲三口"，自嘲"没分量""不厚重"，但为人"还算亲切"，虽三言两语，却语义深刻。既是自谦，也表友善，看似玩笑，却是自律，这是沙叶新特有的语言风格，也表明剧作家对正直为人的坚守。

（三）发言稿

发言和写文章一样，都是用语言来表情达意的。所不同的是，前者是用有声语言（口语）表达，后者是用书面语言表达。而"发言稿"则兼有这两种表达方式的特点，它是以书面语言呈现的，所以它是文章。同时它又是用于发言的，所以，它又具有口语的特点，从而形成独具特色的一种实用文体样式。

下面请读者欣赏一位初三学生写的"发言稿"，它写在特定时间内，有特定的情境、特定的听众，读来亲切，如临其境，如见其人，如闻其声。这是在毕业前夕，"初中最后一堂班会课上"，一位女同学情真意切的"发言"。

我的集体与我的作文

——初中最后一堂班会课的发言稿

南京师范大学附属中学　陈粤秀

　　我又一次站在讲台上发言了。还记得吗？每次班会课发言时，我总是垂着眼睛，不好意思。可是，今天我要勇敢地抬起眼睛，对着你们——我朝夕相处了三年的、给了我数不尽帮助的老师、同学们大声地说：我感谢你们，从心底里感谢！

　　真的，我在初中写过的哪一篇成功的作文，不是你们启发我，帮助我的呢？哪一篇作文不是在你们的影响下写成的呢？

　　还记得刚刚在我们这个活跃、亲热的新集体里仅仅生活了四天的我，写了一篇小作文《自我介绍》。这篇作文发表以后，收到了全国各地三四百封小读者来信。他们在信中都说："我愿意做你的朋友。"因为我的文章的最后一句话就是："除了爱看书，我还爱交朋友。你愿意做我的朋友吗？"

　　我真想告诉那些小读者，我的同学们更愿意做我的好朋友呢！你们没忘吧，当李老师在班上读大家的《自我介绍》，当读到我的这一句时，你们都笑着对我大声说："愿意，愿意！"那时我的心里热乎乎的，我看着微笑的老师和你们，觉得作文给我和同学们带来了多大的快乐啊，像一条友谊的彩带把我们连在了一起。那一刻，我就想，一定要写出更好的作文来，才配当这热情友爱的集体的真正一员。

　　后来，我的《儿时的趣事》获得了作文比赛一等奖。你们肯定又要笑起来了，笑我在作文中写的小时候扔肥肉的故事。你们看过我的作文，总是能把其中的一两句挂在嘴边，不时冒出来。给我印象最深的是：有一天中午吃饭，我的饭碗里突然冒出一块大肥肉，吓了我一跳，你们却在一旁笑个不停，看着我那发愁的样子，说："咦，不是说能吃小块的肥肉，再也不会压在碗底了吗？"那是《儿时的趣事》里最后的一句话。虽然你们只和我开了个玩笑，我却又明白了一个道理：写文章就要写真实的东西。明明还不吃肥肉，为什么这样写呢？以后，每当我写作文时，眼前就会出现那块油腻腻的大肥肉来……

　　下面，你们一定知道我又要提到《泪花，晶莹的泪花》了。是的，我怎么能不说到它呢？这篇文章就是你们给我的啊！如果说它是成功的，那是因为你们助人为乐、热情友爱的精神和品质感动了读者。我写《泪花，晶莹的泪花》，就是为了表达我心中对你们的感激和热爱。那天，我也是站在这讲台上，给大家读那封山东孤儿的来信，希望大家为她捐学费。全班同学的反应那样强烈，所有的人，都关注着那个小姑娘；所有的人，都把零用钱掏了出来。许多人在日记上记下了这件事，发誓要奋斗，让祖国富强。你们说，我怎么能够不写，怎么能够不告诉所有的人："爱，是多么深，多么广！""用心中的烈焰去温暖感到寒冷的人！"《泪花，晶莹的泪花》中的这句话，是从你们身上找到的啊！

在这最后一堂班会课上，面对着亲爱的老师和同学，请让我再说一遍，我感谢你们，真心地感谢你们！

写"发言稿"自然是为"发言"用的，因此，它首先具有口语的特点。口语交际是有现场的，声音传递，无论言者和听者都受到时间的限制，现场又是不可重复的，这就要求发言者必须说得清楚明白，有吸引力，能给听者留下鲜明深刻的印象。

为了一开始就让听众明白发言的内容，发言者自当开宗明义，切忌信口开河，东拉西扯，不得要领。这篇发言稿以标题概括发言内容，并在第一段就表明此次发言的中心是："我感谢你们，从心底里感谢！"这样写一开始就让听众明确说话的中心，提纲挈领，是符合"发言稿"的写作要求的。

结构清楚，是写"发言稿"的要求。听发言不同于看文章。看文章一次没看清楚，还可以倒回来再看。而听发言不然，如果这一段话听不清楚，就会影响听下一段话。因此，"发言稿"每段话都要中心明确（一般以中心句揭示），段与段之间还要有清晰的过渡，内容复杂的使用过渡段，内容单一的则可用关联句或关联词。总之，段与段之间要有明晰的转接显示，以求过渡自然。这篇"发言稿"的第二段是为下面分述三篇"作文"做过渡的，它以反问句式强调"我的作文"都是在集体的"帮助"和"影响"下取得好成绩的，起到引领下文的作用。在分述三篇作文时，又以时间为序，分别以"刚刚在我们这个活跃、亲热的新集体里仅仅生活了四天的我，写了一篇小作文《自我介绍》""后来，我的《儿时的趣事》获得了作文比赛一等奖"，"下面，你们一定知道我又要提到《泪花，晶莹的泪花》了"起句，段意分明，脉络清晰，层次井然，每段话的中心都让听众了然于胸。

运用口语是这篇"发言稿"的语言特色。写作"发言稿"用语不能晦涩难懂,要尽量口语化(适当运用语气词),以求朗朗上口,让听众一听就能明白。要避免同音引起的歧义误解。这里强调一点,要求发言稿明白如话,不是说语言就可以平淡无味,用于说话的语言同样要求生动形象。在这篇"发言稿"中,就有"我的心里热乎乎的""像一条友谊的彩带把我们连在了一起""眼前就会出现那块油腻腻的大肥肉来""用心中的烈焰去温暖感到寒冷的人",谈吐中,有形容,有比喻,有夸张,感情强烈,语言形象,这些都给听众留下难忘的印象。

写"发言稿"要特别注意现场气氛。发言是有特定场景的,有特定的听众对象,言者和听者在现场要有交流,这样讲话的现场气氛就会活跃、热烈。在"发言稿"中,内容如果能联系听众对象,联系现场背景,联系时事新闻,就能增强发言的现场感。这篇"发言稿"多用设问句和反问句,用第一人称"我",直称听众为"你们",言者和听者面对面地交流。在发言中,讲者与听众共同回忆昔日生活的情景,感同身受,引起共鸣。"你们没忘吧""你们都笑着对我大声说""你们肯定又要笑起来了""这篇文章就是你们给我的啊""我感谢你们,真心地感谢你们",感情交流,心灵沟通,言者和听者打成一片,收到了较好的现场效果。

另外,"发言稿"的结尾也值得一说。结束语有两个要求:一要简洁明快;二要紧扣发言中心。这篇"发言稿"最后点题,与发言开始段遥相呼应,意思相同,表述不同。首段说"相处了三年",尾段说这是"最后一堂班会课";首段说:"我感谢你们,从心底里感谢!"尾段说:"请让我再说一遍,我感谢你们,真心地感谢你们!"同义异语,反复而不重复,强调而不冗赘,突出中心,加深情意,可谓恰到好处。

诚然,发言稿和发言还是有些差别的。发言是口语化的,辅以手势、眼神、语气停顿,根据现场需要,语言或可增减,只要现场效果好,听众明白,不必拘泥于片言只字。而写成文字,那就是文章,它要求语言规范、格式完整、标点正确,这是不容忽视的。不能因为它是为发言准备的,就不字斟句酌,从而降低了对它作为文章的严格要求。

《初中最后一堂班会课的发言稿》书后

陈粤秀

快两年了，而我仍然清晰地记得在升学考试时看到这题目，心中的兴奋和跃跃欲试的情态。三年充实的初中生活，对我来说无比珍贵，我对它也是无比留恋的，一时间，千言万语涌上心头。

大凡我自己觉得写得顺畅、自然的作文，都是因为先爱上了题目。

提笔写提纲时，我冷静了下来。掌握素材，还要精心选材，否则就会像老熊掰玉米，到最后一无所获。聪明的做法，是把重点放到某一个方面，集中笔力来突出一个中心。

我立刻想到了我初中三年写出的一篇篇作文，篇篇都来自老师、同学们的鼓励。这正是我一直想写的好题材。今天，机会来了！

我把题目——《初中最后一堂班会课的发言稿》仔细地揣摩了一下。既然是最后一堂班会，那么发言应该有总结回顾的主调，要写的也不应该仅仅是一两件单独、隔断的事例，必须有紧密的联系而又能看出其间的不同与发展。因为随着时间的流逝，我们的集体、我们每个人都在一天天地成熟、进步。

我打定了主意，就以初一到初三的几篇作文为线索，分几个层次来写。主标题《我的集体与我的作文》就是为了体现这样一个主题，感谢集体对我的帮助、给我的温暖和动力。

正式写的时候，我始终觉得自己不是在往考卷上写作文，而是在对台下的老师、同学说心里话，尽量避免生涩、拗口的词句，要真的读起来上口、响亮、有真情，整篇文章，用的都是交谈的语气。当时我心里确实很激动，忘了是在考场，也不拘谨和紧张，一气呵成。

文章发表以后，我收到许多读者来信。不少读者在信中问："你的集体真的这么好吗？"

我现在仍然毫不犹豫地回答："是的。"

（四）读后感

阅读一篇文章或一部作品，自然引发一些"感想"，而将这些"感想"写成文字，这就是"读后感"。"读后感"不同于"文学评论"。"文学评论"重在客观地评价作品，而"读后感"则较多带有读者个人的感情色彩。读者有感而发，随感而录，议论所及，既起于作品，也源自感受。

《钢铁是怎样炼成的》是苏联著名的长篇小说。小说主人公保尔·柯察金是位传奇式英雄。他奋战沙场，出生入死，重建国家，舍身忘我，直到双目失明、全身瘫痪，仍矢志不渝，生命不息，战斗不止。保尔的英雄行为感动了成千上万的读者。许多中学生为此写下感受真切的"读后感"，《生命的温度——读〈钢铁是怎样炼成的〉》一文就是其中的一篇。

生命的温度

——读《钢铁是怎样炼成的》

上海市市北中学　黄晟达

我在小学五年级的时候用半年的时间读完了这本《钢铁是怎样炼成的》。每天做完作业，我便把它从书架上拿下来，一点一点地去品味那如同火一样迸发出来的力量。我把它紧紧地捧在手中，好像是捧着一段人生，触摸着一个生命。

那是一个被西伯利亚旷野上的寒风无休止地吹刮着的生命，那是一个被彼得格勒漫天的大雪封锁着、积压着的生命，那也是一个用热情与信念燃烧起来的生命，更是在千度的熔炉中锤炼出的生命！

于是，我便时常想，那样的生命究竟有怎样的温度。我继续读，再次用手捧着，最后我终于触摸到了，那是一块滚烫的冰，那是用心的高温去抵御躯壳的寒冷与苦难，又用外在的平淡去凝练生命的热度，就像在炼钢后淬火时的骤冷，锻炼出了生命的坚硬。

这样的温度，这样的生命，造就了一个伟大的人。山冷漠无语，谁知道那山脊中流淌着滚滚岩流；大海冷酷无情，谁知道那万顷流水覆压的海底积蕴了怎样的能量——一样的山，一样的海，一样的生命！

我时常在想，保尔与他少年时的女友冬妮亚最后分手时，是否应该说出那么重的话，后来想想那句"粗鲁"也不能算得上太重。但美好的爱情的逝去总是让人感到不舍与遗憾，怎么就分了呢？而现在大概是明白了，这就是生命的温度——保尔是内热而外寒的，而冬妮亚是内凉而外暖的，彼此冷暖不相融，在生命的温度的曲线上走着不同的路，最后只能越走越远。他们的生命从两个不同的起点面对面走来，相遇的时候是两条曲线的交点，可惜的是冬妮亚没有选择融入那个交点的温度，于是他们又成了两条不同的曲线。

但是我相信那块滚烫的冰是会或多或少温暖人的。普通的火太灼人又太肤浅，只有透着冰穿过来的温暖才最具暖意，这种温度甚至可以说是一种美学的理念。

保尔最后身残，他的手稿甚至被朋友弄丢了，但他坚持写作。凡是用生命内在的温度写作的人，都是伟大的。奥斯特洛夫斯基本身便是如此，我想到了史铁生的《我与地坛》，那是一种无泪的感动，温暖被一点点渗透出来，润湿了我的心。

用生命的温度去写作，是一个执笔者最神圣的职责。写作本身就是一种生命的交流，是生命的温度的传递。要成为一名好作家，首先要做一个内热外寒的人，然后把最热的情感奉献出来。正如小说中那段表达生命真谛的话："人最宝贵的是生命……"只有真心的温暖才能实现生命的价值。所以，一想到自己曾经有些作文浮于辞藻，突然感到了一种愧疚感，没有内在温暖的文字怎么能对得起读者，对得起自己的生命！

前几天，风大雨大，人行道上飘满了碎红，我走过时格外小心，生怕踩到它们，但是那一丛丛热烈的火焰岂是你湿漉漉的鞋子所能掐灭的，它们指着那一株株被雨水打湿的绿意，用那潜伏在土壤深处的温度，诠释着——生命是怎样炼成的！

"读后感"是一种常见文体。它表达的观点，亦称"感点"，是由"感想"提炼而成的。读一部作品，引发的"感想"可能是多方面的，比如读《钢铁是怎样炼成的》，由于小说人物众多，事件纷繁，涉及生活方方面面，读后的"感想"自然多多。然而，写作"读后感"不能面面俱到，它只能集中选取其中最突出或最想表达的一点。"集中"是选择"感点"的要着。《生命的温度》一文选取的是小说主人公保尔具有顽强生命力这一点，符合选"点"集中的要求。难能可贵的是，文章作者对保尔的"生命力"自有独到的理解。保尔的"生命的温度"（"生命力"的代名词）不是一般的"高温"（这自然是有的，但不仅如此），而是那种特殊的由"冷""热"组合的灼热。"那是一块滚烫的冰"，一炉"在千度熔炉中锤炼"而又遇到"淬火时的骤冷"的"钢铁"，唯其如此，这种"冷""热"的特殊组合，才使保尔"锻炼出了生命的坚硬"。于此，文章提出了"感点"（观点）："这样的温度，这样的生命，造就了一个伟大的人。"作者选取的这一点，正切合这部小说的主旨，切合保尔的生命特征，表明作者的认识不但是准确的，也是深刻的。本文选取"感点"，能做到集中、深刻、准确，这是作者较高思想水平和认识能力的表现。

"读后感"也是需要论证的，论证材料主要来自作品本身。这是因为"读后感"的"感点"来自作品，是以作品为支撑的。文章为论证"感点"选取两个例证：一是保尔与冬妮亚的爱情，一是保尔以残疾之身，带病完成写作。保尔和冬妮亚相爱由"执手"到"分手"，文章指出，那是因为两人"生命的温度"不一样，"保尔是内热而外寒的，而冬妮亚是内凉而外暖的"。这里的"冷"和"热"，自然是比喻词，实际是环境和激情的比况。两人"在生命的温度的曲线上走着不同的路，最后只能越走越远"。在分析保尔最后以双目失明、全身瘫痪之体，奇迹般地完成鸿篇巨制时，文章指出保尔是"用生命内在的温度写作的人"。他的作品正是火热的革命激情（"热"）和严峻的生存环境（"冷"）碰撞发出的璀璨火花。两个例证均紧扣"生命的温度"这一"感点"展开，推理严密，有很强的说服力，表现出一种坚韧的深刻的美学理念。

在进行推理论证时，还同时伴有强烈的感情投入，这也是"读后感"的特点。论述保尔和冬妮亚的爱情，对他们的"分手"，文章流露出深深的惋惜之情："怎么就分了呢？"显得很"感性"；同样，由于两人"生命的温度"不同，"分手"又是必然的，又很"理性"。对于保尔以非凡毅力完成巨著，文章作者敬佩有加，情溢于辞。由此作者联想到身残志坚的"好作家"史铁生，还联想到自身的写作，"浮于辞藻"，缺少"生命的温度"，实在"愧疚"之至！字里行间，情理并至，表达的效果不仅有说服力，还有感染力。

这篇"读后感"的文字表述也是可圈可点的。

比如，文章标题就拟得好，贴切、蕴藉、简明。"生命的温度"是对"生命力"的比喻。说到保尔的"生命力",若以旺盛、顽强、奇异等修饰都不为过。但是作者不循此例,只是以中性的"生命的温度"为题,因为一加修饰就有定格之虑。保尔生命的"坚硬"精神,联系他的时代背景、生存环境、生理条件,他的精神高度、深度、强度都是难以想象,也难以尽述的。不加修饰,就给读者想象的余地。保尔的形象活在人们心中,每个读者心中都保留着自己的"保尔"形象,如此命题,看似中性,实是留有余地,含而不露,简而明之,恰到好处。

又比如,全文语言流畅,收放自如,用的是作者自己的语言。无论介绍阅读过程,提出"感点",还是引用论证,联系自我,文章没有照抄原作品的语言,没有拿腔拿调,故弄玄虚,没有空洞抒情。而是语出自然,多用排比句、比喻句,前呼后应,一气呵成。

这里举出两段文字,试评析:

他们的生命从两个不同的起点面对面走来,相遇的时候是两条曲线的交点,可惜的是冬妮亚没有选择融入那个交点的温度,于是他们又成了两条不同的曲线。

以"两条不同的曲线"喻指保尔和冬妮亚不同的人生道路。"线""路"相比,十分形象。是"曲线"才有可能相交,是曲线又必然分道扬镳。以此比喻保尔和冬妮亚携手又分手,自然而真切。"曲线"之说,这是作者的语言创造。在两条曲线交会的时候,"冬妮亚没有选择融入那个交点的温度",紧扣人物"生命的温度"主旨,切中题意。志不同而道不合,"他们又成了两条不同的曲线",分析到位,分析论证全用的是作者自己的语言。

前几天,风大雨大,人行道上飘满了碎红,我走过时格外小心,生怕踩到它们,但是那一丛丛热烈的火焰岂是你湿漉漉的鞋子所能掐灭的,它们指着那一株株被雨水打湿的绿意,用那潜伏在土壤深处的温度,诠释着——生命是怎样炼成的!

这是作者读完《钢铁是怎样炼成的》一书后"联系自我"的"感言"。完全摒弃常见的"表决心,立誓言"的模式,作者的眼前雨景与小说中的"旷野寒风""大雪封锁"暗相呼应,以落地的"碎红"("落花")作比,歌颂"碎红"蕴藏的渴望绿意、决不退缩的顽强精神。这是什么精神?这就是生命的精神。结句"生命是怎样炼成的",显然对应小说书名《钢铁是怎样炼成的》,语意双关,学习保尔，锤炼生命，充分发挥生命的价值，作者曲尽其意，以花明志，表达蕴藉，何等诗意，何等真切。

小练笔

❋ 阅读下面一则故事，自拟题目，写一篇读后感。

一群小老鼠开会，要想出一个好方法：当猫儿出现的时候，它们怎样才能够及时逃走？

它们热烈地议论着，充分发表意见，终于想到了一个很巧妙的方法，那就是在猫的脖子上挂一个小铃，当猫儿走动时，小铃便会发出丁零丁零的响声，大家便可以应声逃走。

可是，谁去给猫儿挂小铃呢？小老鼠们很快又都哭丧着脸了。

（五）对联

"对联"亦称"楹联"（楹，yíng，厅堂的前柱，对联悬挂于上，故称），俗称"对子"。"对联"由两句对应的语句组成。上句称"上联"，下句称"下联"。上下联语义相关，字数相等，句式相同，而字音则平仄相对。"对联"语义完整，以对称、凝练和韵律取胜，充分表现汉字"音、形、义"兼具的特点，具有鲜明的民族风格。据敦煌莫高窟藏经洞出土文物显示，它始见于唐代，其后发展于宋元，盛行于明清，延续至今。律诗至唐代已趋成熟，诗中多工整对句，如杜甫的"烽火连三月，家书抵万金"（《春望》），"穿花蛱蝶深深见，点水蜻蜓款款飞"（《曲江》），"敏捷诗千首，飘零酒一杯"（《不见》）等，既是诗句，也是联语，对联始于唐代，从中不难看出它们的渊源关系。

"对联"应用广泛。名胜古迹、殿堂庙宇随处可见，也可用于励志抒情、佳节喜庆、交际应酬，寓文学性与实用性于一体，为人们喜闻乐见。由于它充分体现汉语文学特色，故又常被用来作为语言训练的有效形式。鲁迅在三味书屋就有"晚上对课"的记载，"从三言到五言，终于到七言"。（《从百草园到三味书屋》）"对课"，就是"对对子"。著名语言学家张志公说："属（zhǔ，嘱，写）对是一种实际的语音、语汇的训练和语法训练，同时包含修辞训练和逻辑训练的因素。可以说，是一种综合的语文基础训练。"（《传统语文教育教材论》，上海教育出版社1992年版）许多语文老师引为共识。很多学校都有组织学生撰写对联的活动。所披露的佳作精彩纷呈，现摘取15例，以供欣赏。

三载同窗共砚
一心并驾齐驱

（中国台湾　江思颖）

幸有良师常补短
难得益友总查疏

（湖南　陈媛媛）

桌前笔墨描山水
课外笛箫闹社团

（湖南　缪鸿威）

眼睛虽小不可少
镜片不大却嫌多

（上海华东师范大学第二附属中学）

相逢握手一大笑
离别话情几多愁

（吉林　成思宇）

平湖秋月镜中镜
瀑布青藤帘中帘

（湖南　王亦芳）

居陋室惟吾德馨
赏莲花仅汝清溢

（吉林　孟庆天）

莫待明年花更好
当惜今朝春正浓

（上海华东师范大学第二附属中学）

能文能武，浑然自有气度
亦柔亦刚，半点不让须眉

（中国台湾　江翊君）

学如逆水行舟，不进则退

玩似平原走马，易放难收

（湖南　冰　丽）

爆竹声声辞旧岁，告别过去

笑语盈盈迎新年，憧憬未来

（山东　牛　毓）

桃花源中陶渊明托物言志

岳阳楼上范仲淹借景抒怀

（吉林　朱慧敏）

群英际会，切磋琢磨，臻于"至善"

俊彦云集，精诚勤爱，足以"明德"

（中国台湾　周桂芳）

这人"零点二"，难辨春色，实苦恼

那位"一点五"，明察秋毫，真传神

（上海华东师范大学第二附属中学）

取进怀乡怀进取

（此为湖南怀乡中学教师周炎华出的上联，征求下联。这是回文联，要求不论顺读还是倒读，都很通顺。）

成才苦练苦才成（湖南　徐映霞）

勤学苦练苦学勤（湖南　李　雪）

情牵两岸两牵情（湖南　程　薇）

中学生学写对联，自有一定难度。其难度主要在于对语言要求较高，言简意赅，语句结构对称，字音相谐。不过，中学生只要善于学习，注意推敲，逐渐形成基础，成绩还是十分可观的。以上所列对联均是出于学生之手，扑面而来的是一股青春朝气，给读者以美的感受。"桌前笔墨描山水"对"课外笛箫闹社团"，"相逢握手一大笑"对"离别话情几多愁"，"能文能武，浑然自有气度"对"亦柔亦刚，半点不让须眉"，"这人'零点二'，难辨春色，实苦恼"对"那位'一点五'，明察秋毫，真传神"，尽显少年智慧，形容夸张，谈笑自若，亦庄亦谐。口语入联，与文言词汇衔接自然，表现校园生活情趣，别具一格，做到雅俗共赏。

　　纵观中学生写对联，不少带有模仿痕迹。这不足怪。对联要求意义完整，一副对联一个主题，这比较容易做到。而用词造句、平仄相对则颇费斟酌。有些联句，如"学如逆水行舟，不进则退"对"玩似平原走马，易放难收"，"眼睛虽小不可少"对"镜片不大却嫌多"，其中或直接引进民间格言"学如逆水行舟，不进则退"，或借鉴名句"室雅何须大，花香不在多"（郑板桥句），能做到仿中有创，倒也妥帖自然。

　　写作对联最难的是上下联必须符合对仗的要求。所谓对仗，就是联语两两相对，成对而出，如同古代的仪仗一样。对仗要求上下联语词类相同、句法一致、平仄协调。对仗是对联最主要的特点。这里特别提示，古今汉字声调显示是不完全相同的。古人将字的声调分为平、上、去、入四声。上、去、入三声并为"仄"声。而现代汉语中，四声为阴平、阳平、上声、去声。"入"声已经废弃。也就是说，现代汉语对联中的"仄"声只有"上声"和"去声"。例如：

幸有良师常补短

（仄仄平平平仄仄）

难得益友总查疏

（平平仄仄仄平平）

　　这副对联上下联用字词性相同，组词结构一致，上联以仄声起，仄声收尾，下联以平声起，平声收尾，读起来抑扬顿挫，和谐悦耳。应该说，这副对联意义深刻，应对工整，是中学生用心之作。

　　对联常规是上联末尾字"仄"起，下联末尾字"平"收。有时候，因表达意义需要，也可以"平"起"仄"收。例如：

居陋室惟吾德馨（xīn，平声）

赏莲花仅汝清溢（yì，仄声）

　　这副对联巧嵌名篇名句。唐刘禹锡有《陋室铭》，千古名作，"惟吾德馨"是篇中颂士名句；宋周敦颐有《爱莲说》，历史精品，"香远益清"是篇中赞莲名句。一个"溢"字含"香远溢"之意，以"清溢"与"德馨"相对，意切词工；"仅汝"两字与"惟吾"相对，又精确对应，堪称无缝对接，显示睿智才华，殊为难得。自然，严格说来上联"德"字与下联"清"字，就词性相同和平仄相对而言，稍有欠缺，"德"与"清"同为平声，"德"是名词，"清"是形容词。然而，白璧微瑕，有此小瑕疵，并不妨碍它成为中学生对联可圈可点的佼佼之作。

在上述例句中，我还特意选一副"回文"联：

取进怀乡怀进取

成才苦练苦成才

（勤学苦练苦学勤）

（情牵两岸两牵情）

所谓回文联，即联语顺读或倒读，都有意义，都很通顺。这是一种语言训练，带有文字游戏的性质，似可增添写作兴趣。此外，还有嵌字联：

挽谭嗣同

复生不复生矣

有为安有为哉

谭嗣同，字复生，与康有为、梁启超同为晚清维新运动的代表人物。上联哀痛谭的逝世，下联康有为自责无所作为，巧嵌人名，浑然一体，自然巧对。

还有叠字联，如杭州西湖亭联：

山山水水处处明明秀秀

晴晴雨雨时时好好奇奇

还有一语双关联：

民国万税

天下太贫

刘师亮讽刺国民党政府高叫"民国万岁""天下太平"，谐音双关，心照不宣，有很强的讽刺意味。

对联作为中国传统的文学样式，兼具艺术和实用两大特性。中学生学写对联，是以继承中国传统文化为基础的。学写对联的过程，也是学习中国优秀文化的过程。

如学生撰写对联：

群英际会，切磋琢磨，臻于"至善"

俊彦云集，精诚勤爱，足以"明德"

"至善""明德"之谓，来自《礼记·大学》。"大学之道，在明明德，在亲民，在止于至善。""明德"指完美的道德品性，"至善"指最高的为人准则。以"群英""俊彦"（德才兼备的人）自比，"切磋琢磨""精诚勤爱"，表达莘莘学子的勤勉努力，最后达到彰显美德、完善人生的境界。从引语看，对联作者了解中国古代文献，认可中华文化传统。上下联基本做到用字组词造句相应、平仄相对，是不可多得之作。

指导中学生撰写对联，常以名联引路，这既是写作指导，也是文化熏陶。唐诗中工整对句比比皆是，宋元以后，明清继之，直至当代，略举如：

> 从故乡而来，两地疮痍同满目
>
> 当兵事之后，万家疾苦早关心

（［明］李　贽）

> 风声、雨声、读书声，声声入耳
>
> 家事、国事、天下事，事事关心

（［明］顾宪成）

> 虚心竹有低头叶
>
> 傲骨梅无仰面花

（［清］郑　燮）

> 苟利国家生死以
>
> 岂因祸福避趋之

（［清］林则徐）

> 铁肩担道义
>
> 妙手著文章

（李大钊）

> 与有肝胆人共事
>
> 从无字句处读书

（周恩来）

> 心有三爱：奇书，骏马，佳山水
>
> 园栽四物：青松，翠竹，白梅兰

（方志敏）

对联奇葩，文化瑰宝。薪火传承，源远流长。当年温家宝总理曾在记者招待会上引林则徐对联"苟利国家生死以，岂因祸福避趋之"以自勉，情溢言辞，为我们做出了榜样。今日学子，正当青春，躬逢盛世，大可一展身手，施字斟句酌之力，收珠联璧合之效，"联花"满满，盛开校园，诚可期待。

（六）高考应用文体写作例说

在写作教学中，一直存有一个现象，即学校写作项目多为记人叙事、写景抒情，而在社会生活中，写作此类文字的机会是不多的。常见的是自我介绍、产品说明、情况反映、计划安排、实验报告等。学校写作项目与社会实用写作项目并不完全匹配。那么，应该如何看待这两者既相区别又相联系的现象呢？我认为，两者在提升思维能力和语言表达能力方面是相通的。学校写作多以作家作品为学习对象，练习中耳濡目染，出现一些"文学性"倾向是自然的。这在激发学生写作积极性方面，也起着积极的作用。自然，社会实用写作也有自己的特点，这两者应该并行不悖，互有促进。鉴于此，高考作文试题，在考查学生记叙、议论能力的同时，间或有应用写作的考查，正是对中学写作教学必要的提醒和有力的引导，应用文写作理应引起教学的重视。

在高考作文试题中，间有对学生应用文写作的要求，例如：

 日记

五一劳动节日记

（1963 年全国卷）

【笔者提示】

能不能从小学高年级起，就使学生养成写日记的习惯呢？……凡是干的、玩的、想的，觉得有意思就记。一句两句也可以，几百个字也可以，不勉强拉长，也不硬要缩短。总之实事求是，说老实话，对自己负责。

（叶圣陶《大力研究语文教学，尽快改进语文教学》）

我觉得写日记是练习写作的一种很好的方式，一方面是文体比较自由，不受任何形式的拘束；另一方面是容易养成一种每日写作的勤劳习惯。经常做这样一种写作的基本练习，不仅可以磨炼文字技巧，更重要的是可以提高自己观察事物，表现事物的能力。

（马烽《勤学苦练》，《山西日报》1956年9月10日）

缩写

细读下面这篇文章（《速度问题是一个政治问题》原文略，约1500字），然后把它缩写成一篇五百至六百字的短文。要求做到：

（1）按原文内容缩写，不要写成读后感之类，否则扣分。

（2）突出原文的中心思想，全面地、准确地反映原文的要点。

（3）缩写成的文章首尾连贯，不能写成提纲。

（4）思路清楚，文字通顺。

（5）全文不得超过六百字，否则扣分。

（6）注意书写格式，每个字占稿纸一格，每个标点，也占一格。

（1978年全国卷）

【笔者提示】

认真读文，抓住关键词语，把握中心思想和重点内容，这是缩写的依据，其他则可省略。

改写

细读下面这篇文章（《第二次考试》原文略，约3800字），把它改写成一篇"陈伊玲的故事"。要求做到：

（1）按原文内容写一篇以陈伊玲为中心的记叙文，不要另外编造情节，不要写成《第二次考试》的缩写，否则扣分。如写成诗歌、读后感之类，均不给分。

（2）要有明确的中心思想，注意材料的剪裁和组织。

（3）层次清楚，结构完整。

（4）语言通顺，标点正确，不写错别字。

（5）字数以六七百字为好，最多不得超过八百字（包括标点），否则

扣分。

（6）注意书写格式，每个字占稿纸一格，每个标点也占一格。

（1979年全国卷）

【笔者提示】

改写原作虽有素材上的某种联系，而在主题、结构、语言诸方面却是各自独立的，改写是独自成篇的文章。《第二次考试》主要人物是主考官苏林教授，主题是选才、爱才，而改写《陈伊玲的故事》主人公是陈伊玲，主题是经受音乐和人品的双重考验。原文中陈伊玲的生平介绍只是片段插叙，而在改作中成了文章的基本内容。所以改写既不同于缩写，也不同于读后感。

 书信

阅读下面的材料，根据要求写作。

人们用眼睛看他人、看世界，却无法直接看到完整的自己。所以，在人生的旅程中，我们需要寻找各种"镜子"、不断绘制"自画像"来审视自我，尝试回答"我是怎样的人""我想过怎样的生活""我能做些什么""如何生活得更有意义"等重要的问题。

毕业前，学校请你给即将入学的高一新生写一封信，主题是"如何为自己画好像"，与他们分享自己的感悟与思考。

要求：结合材料，选好角度，确定立意，自拟标题；不要套作，不得抄袭；不得泄露个人信息；不少于800字。

（2020年全国Ⅲ卷）

【笔者提示】

参见本书第十章。

5 简讯

根据下面提供的材料写一篇简讯。

（1）1987 年 6 月，A 县举行小学生游泳比赛，育民小学取得了团体冠军。

（2）1986 年初，育民小学一位老师提出建议："我们这里河湖港汊很多，应该充分利用这一自然条件，为校内学生举办游泳训练班。"

（3）1986 年 4 月，育民小学校务会议同意了这一建议，并决定请一位教练进行理论指导。

（4）1986 年 4 月中旬，育民小学听到一些家长的反映。有的家长说："举办游泳训练班会不会影响孩子们的学习？"有的家长说："我们的孩子是从小在水里泡大的，还要训练什么？"

（5）1986 年 5 月初，育民小学校长在家长会上说："我们举办游泳训练班有两个目的：一是增强学生体质，一是为国家培养体育人才。近年来，我国游泳水平有了很大提高，出现了一些具有国际水平的优秀运动员，在一些国际比赛中拿了不少金牌，但和世界游泳强国相比，还有很大差距。至于说在水里泡大的孩子不需要专门训练，这种认识是片面的。在水里泡大的孩子要成为游泳健儿，也必须有理论指导和严格训练。"

（6）1986 年 5 月，在取得家长同意后，育民小学学生游泳训练班正式开始。经过科学训练，学生游泳水平有了明显提高。

注意事项：

（1）文章要有中心，语言通顺，书写合乎规范（标点占格，阿拉伯数字两个占一格）；

（2）时间、地点、单位、事件（经过、原因、结果）要交代清楚；

（3）写出家长、学校各自的态度和认识；

（4）尽量不超过 190 字（含标点），字数超出要扣分；

（5）某些不很重要的材料可以省略，可以不按照原材料的顺序，也可以不使用原句。

（1987 年全国卷）

【笔者提示】

简讯，新闻体裁的一种，以简要的形式及时报道新近发生的重要消息。真实是消息的生命。言简意明是对文字提出的要求。这项写作练习对培养学生社会敏感能力、思维概括能力、语言表达能力很有益处。

6 摘要

请就下面几段文字，找出主要观点，写一份摘要。（可以摘引原句和用自己的语言作某些适当概括，但是必须组织成文，不要写成提纲式，字数严格限于 200 字以内，超过者扣分。）

中、青年理论工作者同首都大学生对话录（片断）

八年来，我国的改革是按照发展社会主义商品经济的要求，基本上走的是一条搞活农村、搞活企业、搞活流通、对外开放，进而搞活整个经济的路子。改革逐步由农村到城市、由经济基础发展到上层建筑领域，初步调动了基层和企业的积极性。实践证明这条路子是完全正确的。至于经济生活中存在的许多问题，主要是旧体制的弊病造成的，跟改革没有直接联系。要解决这些问题，只有坚持深化改革，没有别的选择。

目前，我国改革新的"黄金时期"正在到来。首先，八年改革使国家增强了实力，人民得到了实惠。其次，不仅我国在搞改革，不少别的社会主义国家都在搞改革，改革的国际环境从来没有像现在这样好。我们党正总结八年改革的经验，将在十三大提出政治体制改革的任务，并加快经济体制改革的步伐。我国的改革将出现一个新的局面。某些东欧国家改革过程中因国内外因素，改革被迫停顿、倒退的现象，在我们国家根本没有发生。基本估计应该是，中国经济体制改革的步子并不慢，而是相当快。和某些社会主义国家比较，我们的改革起步晚了十几年，但一经发动，势头就十分迅猛，短短八年时间，整个经济运行机制就发生了多方面的深刻变革。当前，进一步加快改革，是必要的，也是可能的，但也要注意从实际出发，充分认识改革的艰巨性、复杂性，充分考虑财政经济状况、群众心理、干部素质等各方面的约束条件，而不求成过急。

当前改革正进入新旧两种体制交替和转换时期，各方面的矛盾和摩擦比较多。主要的困难有四个：一是价格改革、工资改革，这涉及每个人的利益；二是企业机制改革，涉及企业利益；三是机构改革，涉及每个干部的利益；四是投资改革，涉及中央各部以及各个地方的切身利益。这四方面中，风险最大的是价格改革。既要改革不合理的价格体系，又要防止出现通货膨胀，这就必须充分考虑国家财政的负担能力、企业的消化能力和群众心理的承受能力，使广大群众能够理解和支持改革。从社会主义国家改革的实践来看，价格改革的确会有一定的风险。当然只要处理得当，也能够化险为夷。

下一步经济体制改革的基本思路，是要沿着发展社会主义商品经济这条主线，把改革向深层推进，在理顺国家和企业、中央和地方等基本经济关系上取得实质性进展，逐步把新体制的框架树立起来。

（摘自 1987 年 6 月 4、5 日《人民日报》，部分段落连接处曾做少许技术性处理）

（1987 年上海市卷）

【笔者提示】

摘要，顾名思义是摘取要点。一般是概述，重要的内容也可引述。它忠实于原文，内容具有客观性。摘取者出于理解和摘取意图的差异，也有一定的选择性。关注原文的中心句、概括句、点题句、收尾句，有助于对原文中心内容的全面把握。摘要一般还有字数要求，可因需而定。

 制定规则

阅读下面一段文字，然后按要求作文。

南山中学是一所新办中学。图书馆开放初期，由于还没有建立规章制度，管理员经验不足，部分师生又很不自觉，以致图书的借阅和管理十分混乱。开放时间不固定，有的人什么时候都来借；有的人拿别人的借书证

来借；借书数量没有规定，有的人跟管理员关系好，可以一次借十几本；有的人借书长期不还；有的人丢失损坏图书不赔偿；还有一些不能外借的重要图书也借出去了。总之是无章可循，既不利于图书的管理，又不利于图书的流通和使用。

为了改变这种混乱现象，完善借书制度，南山中学图书馆准备制定"借书规则"，现在请你执笔起草。草拟的借书规则要求：

（1）要针对上述的混乱现象；

（2）用条款式，语言简要明确；

（3）要有标题、机构署名、实施日期和公布日期。

（1987 年广东省卷）

【笔者提示】

规则是供大众共同遵守的具体规定，具有规范性和公众性的特点。唯其规范，则要求语义确定，绝无含糊，唯其面向大众，则要求用词简约，醒目易记。多用条款式。言"制定"而非"制订"，强调的正是认定的结果。注意条款书写的完整性，包括标题、机构署名、实施日期和公布日期，包括标点符号，不能缺漏。

8 欢送辞

具有数十年教龄的某老师光荣退休，在你的班级举行的欢送会上，同学们纷纷作了发言。你的欢送辞（不代表任何集体和其他人）言简意赅、感情真挚、层次清楚、言语得体（能符合自己的身份和欢送对象的特点），赢得了一片热烈的掌声。请写出这篇欢送辞。（250 字左右）

（1990 年上海市卷）

9 发言稿

阅读下面的材料，根据要求写作。

春秋时期，齐国的公子纠与公子小白争夺君位，管仲和鲍叔分别辅佐他们。管仲带兵阻击小白，用箭射中他的衣带钩，小白装死逃脱。后来小白即位为君，史称齐桓公。鲍叔对桓公说，要想成就霸王之业，非管仲不可。于是桓公重用管仲，鲍叔甘居其下，终成一代霸业。后人称颂齐桓公九合诸侯、一匡天下，为"春秋五霸"之首。孔子说："桓公九合诸侯，不以兵车，管仲之力也。"司马迁说："天下不多（称赞）管仲之贤而多鲍叔能知人也。"

班级计划举行读书会，围绕上述材料展开讨论。齐桓公、管仲和鲍叔三人，你对哪个感触最深？请结合你的感受和思考写一篇发言稿。

要求：结合材料，选好角度，确定立意，明确文体，自拟标题；不要套作，不得抄袭；不得泄露个人信息；不少于800字。

（2020年全国 I 卷）

【笔者提示】

参见本书第十章。

10 广播稿

根据下述材料，按要求作文。

某中学高三（1）班学生小张因病缺课两个月，他担心影响高考，请同班好友小王帮他补课。后来，小张的学习成绩跟了上来。小张的母亲很感激小王，尽管家里不富裕，但还是托人给小王捎来了二百元作为报酬。小王收到钱后感到很为难，他找班主任谈了自己的想法。班上的同学知道这件事后，产生了各种议论。在班会上，大家围绕这件事以及与此有关的一些问题各抒己见，展开了热烈的讨论。

假设你是该班的一名成员，请你在参加了讨论会并和小王交谈后，给校广播室写一篇全面反映这件事和班上同学各种看法的广播稿。

题目自拟，不少于600字。

（1993年，湖南、湖北、海南、云南、贵州、北京六省市卷）

【笔者提示】

广播稿与一般文稿无大差别。需要注意的是，听众不同于读者，靠声音传递，生涩艰深的词语耳朵不易识别，为免误听，广播稿用语平实，多用口语。特别动情的语言，借助声音传递，更能收声情并茂的表达效果。

11 物品说明

写一段关于圆规的功能、构造和使用方法的说明性文字。200字左右。
（10分）

（1993年全国卷）

【笔者提示】

物品种类繁多，功能各异，其说明方法也不尽相同。但说明物品有几个共同点是必须注意的。其一是彰显物品的特点。这是物品的价值所在。其二是遵循说明的顺序，根据物品特点，或由外而内，或由上而下，依序说明，有条不紊。其三是写好说明语言。简明平实，一看就知。这样一篇清楚明白的物品说明就自然呈现在读者面前了。

十一、作文题型分类解说

（一）材料作文题型（23型）

➡ 仿写型　　➡ 实物型　　➡ 评点型
➡ 扩写型　　➡ 图片型　　➡ 选择型
➡ 改写型　　➡ 音响型　　➡ 调整型
➡ 缩写型　　➡ 影视型　　➡ 提纲型
➡ 撮写型　　➡ 自拟型　　➡ 填空型
➡ 续写型　　➡ 系列型　　➡ 改错型
➡ 译写型　　➡ 属对型　　➡ 话题型
➡ 情境型　　➡ 应答型

❶ 仿写型

仿写是基础训练的一种手段。它的特点是先提供一个榜样或范例，让初学者模仿。模仿主要是表现形式的仿照。对于初学者来说，在写作中感到一筹莫展无所适从时，能有"章"可循，有"法"可依，找到一个"起点"，寻见一处"门径"，自然会受到很大的鼓励。所以说"'模仿'是创造的第一步""学习的最初形式"（茅盾语）。但是，模仿不是目的，模仿是为了创造。仿写训练就是为了使初学者完成从模仿到创造的过渡。

仿写的内容要有深度，形象要有特点。内容有深度才能激发思考，使仿写者有一定的发挥空间。形象有特点，模仿才有依据，以求从形似到神似。

请看题式：

"我扑在书上，就像饥饿的人扑在面包上。"（高尔基）

"一本好书就是一个好的社会，它能够陶冶人的感情与气质，使人高尚。"（皮罗果夫）

"书是全世界的营养品。"（莎士比亚）

以上是三位文学家关于书所做的比喻。把书比作阶梯、源泉、船只、顾问……行不行？如果行的话，请你仿照以上三句的写法，选写一句。

把书比作"面包""社会""营养品"，形象地揭示了书籍内容的丰富性和深刻性，书籍存在的社会意义。同样，把书比作"阶梯、源泉、船只、顾问……"分别从不同角度、不同侧面表明书的存在价值和独特的社会效用。同是比喻，内容有联系，形式有启发，思考有深度。仿写须斟酌，思维空间大，思维的质量就比较高。

仿写，要让模仿者有创造的空间。

② 扩写型

扩写是初学写作的练习方式。它提供中心思想和基本素材，一般多用于记叙文写作。

扩写不是无话找话，以填写文字为游戏。画蛇添足，胡编乱造，是大忌。扩写是再创造。扩写要根据中心思想，增添情节，补充细节，突出场面，描绘景物，写出人物言行，刻画人物心理，表现、深化和丰富中心思想，展现人物性格的鲜明性和生动性。扩写内容是原材料合乎情理的延伸和发展。扩写练习能培养学生的认识能力、想象能力和逻辑思维能力，是学习写作的有用的阶梯。

请看题式：

塞翁失马

近塞上之人，有善术者，马无故亡而入胡，人皆吊之。其父曰："此何遽不为福乎？"居数月，其马将胡骏马而归，人皆贺之。

（《淮南子·人间训》）

命题：在翻译的基础上，将其扩写成一篇700字左右的记叙文。

说明：（1）先让学生了解什么叫"扩写"。（2）然后对原文进行分析研究，思考哪些地方有扩展的必要和可能性，不必对原文的每一句话都加以扩展。（3）首先，对人物的外貌、语言、动作进行刻画，可增加对话描写和心理描写；其次，适当增加场面描写和景物描写，这样能渲染气氛，烘托主题。

3 改写型

改写是变换表达方式的训练。有改变体裁的，如题式一：

根据下面这幅漫画的讽刺意义，借鉴《变色龙》一文中描述奥楚蔑洛夫这个人物的内心活动，设计几段对话，每段对话前加一个小标题。

题式二：

请写出"东船西舫悄无言，唯见江心秋月白"（《琵琶行》）这两句诗表现的画面。

有改变人称和结构的，如题式三：

> 细读《第二次考试》，把它改写成一篇"陈伊玲的故事"。要求做到：
> （1）按原文内容写一篇以陈伊玲为中心的记叙文，不要另外编造情节，不要写成《第二次考试》的缩写，否则扣分。如写成诗歌、读后感之类，均不给分。
> （2）要有明确的中心思想，注意材料的剪裁和组织。
> （3）层次清楚，结构完整。
> （4）语言通顺，标点正确，不写错别字。

改写不同于扩写。扩写需要增添内容，允许想象，而改写则不要求增添内容，只是根据要求变换表达方式，重新组合内容。

4 缩写型

缩写是将较长篇幅的文章内容，根据需要，在不改变基本内容的情况下，压缩成较短文字的训练方式。它有助于培养学生的概括能力、语言表达能力，增进学生的理解能力。

在日常生活中，用到缩写的地方是很多的。例如，听报告要快速地记下要点；作汇报必须概括地介绍内容，以及简要列举例证、概述事例；等等。

由于缩写时，基本内容不能改变，因此，缩写前，必须认真阅读原文，正确理解文章的中心和要点。通常做法是先列原文的结构提纲。记叙文，厘清文章的层次，概括层次的内容。说明文，抓住说明对象的主要特征和说明顺序。议论文，重要的是提出论点和论证部分。

其次，依据文章的结构，从缩写要求出发，进行概括复述。复述的语言应连贯、流畅、简明，具有概括性。陈述、过渡、举例、描摹、联想等部分的语言尽可能从简。

请看题式：

将下面记载徐悲鸿巴黎学画事迹的文字分别缩写成 150 字左右、50 字左右。缩写后中心内容不变。

1919 年到 1927 年，徐悲鸿在欧洲留学，主要是在法国巴黎徐梁画院和巴黎国立高等美术学校学习。那时有个外国学生挑衅说："中国人愚昧无知，生就的当亡国奴的材料，即便把你们送到天堂里去深造，也成不了材。"这一下可把徐悲鸿激怒了。他用炯炯的目光注视着这位洋学生说："先生，你不是说中国人不行吗？那好，我代表我的祖国，你代表你的国家，我们比试比试，等学习结业时，看到底谁是人才，谁是蠢材。"徐悲鸿学习美术，目的是为祖国服务，为中华民族争光。

有志者，事竟成。徐悲鸿进入巴黎国立高等美术学校的第一年，第一次作人体油画，就受到法国艺术家弗拉蒙先生的好评。接着，在数次竞赛考试中都获得了第一名。1924 年，他的油画《远闻》《怅望》《箫声》《琴课》等，由于把人物性格刻画得出神入化，在巴黎展出时，轰动了巴黎美术界。这时，那个曾向徐悲鸿发起挑衅的洋学生，不得不承认自己不是中国人的对手。

缩写一：徐悲鸿在巴黎学画，那时，有个外国学生挑衅说，中国人是成不了材的。徐悲鸿愤然与这个洋学生相约："先生，你不是说中国人不行吗？那好，我代表我的祖国，你代表你的国家，我们比试比试，等学习结业时，看到底谁是人才，谁是蠢材。"五年后，徐悲鸿学成，他的画展轰动了法国美术界，那个洋学生不得不表示甘拜下风。

缩写二：徐悲鸿在巴黎以学画的优异成绩迫使一名嘲笑中国人无能的洋学生低头。

徐悲鸿巴黎学画的故事，原文 370 字左右，缩写成 150 字左右，徐悲鸿与外国学生交锋以及学成后外国学生甘拜下风两个要点没有变更，而徐悲鸿在巴黎学画的时间，外国学生挑衅的话语都或删或简，特别是学成后外国学生甘拜下风一节，删去艺术家的评论、比赛的名次、代表作品的名称等，只记下比赛的结果。缩写者用自己的语言概要叙述了故事的内容，达到缩写的要求。

缩写时，有时候适当地糅进原文的关键语句，如议论文的论点，说明文的定义部分，记叙文的中心和揭示主要人物个性、表现主题思想的精彩语句。缩写一徐悲鸿义正词严的回答几乎全文照录，这些话与缩写的语言行文是一致的，保持了缩写语言的连贯性。

缩写可以采用逐步压缩的方法。原文过长，而缩写又要求文字简短，为了使压缩更具有合理性，不妨分步缩写。例如缩写二，一缩再缩。

缩写有多种形式，梗概、摘要、提要等都是日常生活中常见的缩写类型。

5 撮写型

撮写是对众多材料进行综合整理的写作形式。常用于人物介绍、会议整理、情况反映和活动汇报等，社会实用价值较大。

从写作过程来说，撮写需要注意三个环节：

（1）辨析材料。将可供撮写的材料排列辨析，认清哪些与中心思想有关，哪些是无关的，然后剔除与中心无关的材料。再看哪些材料是重要的、主要的，哪些材料又是次要的、枝节的。在重要的材料中，又分典型材料和一般材料，经过辨析，撮写的材料始可认定。如下题：

李明被同学们推举为学生会委员的候选人。选举需要有一份介绍候选人的材料。请根据下面同学们提供的李明的先进事迹，代拟这份介绍材料，字数不要超过150字。

材料一：某一天，李明为病假在家的同学张小敏补习落下的代数和英语两科的教学内容。

材料二：勤奋文具商店职工送来表扬信，表扬李明主动退回购买物品多找的一元钱。

材料三：李明学习态度认真踏实，各门学科的学习内容不留疑点。不管是老师还是同学，他都虚心求教。同学有不明白之处，他也不厌其烦地解释说明，直到同学明白为止。

材料四：李明是班级团支部书记。他立志献身共产主义事业，积极争取加入中国共产党。他说："一个青年人应以天下为己任，以为人民服务为乐事。我要以'好事争着做，好处让别人'为自己的座右铭。"

　　材料五：李明是操场上的活跃人物。他的体育成绩在班上名列前茅。他的学习成绩突出，尤其英语和数学成绩特别优异，他的英语水平已达到能与国际友人自由对话的水平。

　　这则作文题，提供五则材料，要求写一篇150字的人物简介。辨析之后，可以确定材料之三、之四、之五这三则是重要的和典型的。因为三则材料反映了李明是德智体全面发展的好学生。材料之一"助人为乐"的内容在材料之三中已有反映，可予删略。材料之二"拾金不昧"内容虽然很好，但与材料四同属品质类型，似可省略，如要提及也只需一笔带过。

　　（2）安排结构。选定材料，即需条分缕析，按一定顺序编排结构。在这里，材料分类的科学性和编排材料的条理性是结构安排恰当的标志。

　　（3）语言表述。须注意，撮写的语言简明、概括、平实，目的是把事实和情况说明清楚，因此，大段的描绘性语言是可省略的。

　　应当辨析的是，撮写不同于缩写。缩写提供完整的材料、中心和结构。缩写时，只能压缩内容，不能变更结构。撮写则不然，提供材料可以相对完整，也可以是零星的、片段的，撮写的中心和结构根据表达需要，允许调整和删节。诚然，缩写也有删节，那只是细枝末节的删弃，主干和基本内容是不能变动的。

⑥ 续写型

　　续写是提供文章开头由习作者继续写下去直至完篇的训练形式。这类题有助于培养学生的想象能力。想象贵在合理。这个"理"，就是生活的逻辑性。续写部分不应游离开头部分，应该是开头部分的顺理成章的发展。两者必须有内在的联系。以这点为前提，想象力求丰富，善于调动生活积累，使续写的文章有血有肉，组成有机的整体。续写题的开头部分一般揭示事件的开端，要善于用简省的笔墨提出尖锐的矛盾，这样才能激起学生续写的兴趣。

题式一：

> 请续写下面的一段文字，要求有对话、动作和心理描写。
>
> 数学老师拿了一叠考卷，兴冲冲地来到我们的教室，微笑地一边把考卷发给大家，一边说："这次考得不错，大多数同学都考出了水平，只是个别……"老师咽下了后半截话。
>
> 同学们拿到考卷，纷纷核对着答案，热烈地交谈着。我偶一回头，看见小芬独自一人低头坐着，闷声不响……

题式二：

> 为下面这篇寓言续写结尾。
>
> 有人在马路上卖治臭虫的药。这种药包装考究，价格很贵。卖主说它一用就灵。一个顾客买了回去，他拆开一层又一层的包装纸，只见……
>
> 这是一则未写完的寓言故事，它缺少一个结尾，请你设计：假如卖药人是哲学家、医药家或江湖骗子，那么，拆开包装纸后，里面各是什么？请你分别设计三个不同的结尾。

假设卖药者三种不同的人物身份，要求写三个不同的结尾。学生续写的结尾是：（1）"打开一看，只见一块小石头。"（江湖骗子的药）（2）"打开一看，只见纸上写着两个字：'勤捉'。"（哲学家的药）（3）"打开一看，只见一瓶真药。"（医药家的药）想象是合理的，饶有情趣。

7 译写型

译写型专指将文言文译写成白话文的命题形式。由于被选择的文言文均具有相对的完整性，因此，白话译文也要求前后连贯，顺理成章，自成一体，对于培养学生的语言运用能力和逻辑思维能力，增加学生知识积累都有一定的作用。

文言文和白话文在词汇和语法方面均有较大差异，译写时，为使白话语言流畅，前后衔接自然，有必要适当增添若干词语，如：

切忌拾人牙慧

凡我见闻所及，有与古今人雷同者，人有佳语，即当搁笔，或另构思，切忌拾人牙慧；人无佳语，我当运以精心，出以果力，眼光所注之处，吐糟粕而吸菁华，略形貌而取神骨：此淘洗之功也。

（［清］许印芳《与李生论诗书跋》）

译文：

凡是我们见到听到的，（如果）有与古人今人相同的，（而）人家（已经）用很美的话写过了，（我们）就搁笔不写，或者从别的角度构思，切忌蹈袭别人的见解或言论；（如果）别人还没有用很美妙的话写出来，（我们）就该用心思考，竭尽全力，将眼光注视到的地方，去糟粕而取精华，略形貌而详神骨，这就叫剔除芜繁、力求简洁的功夫。

译写实际上是一种提供材料作文。原材料从思想内容到表现形式均基本定型。不同于一般材料作文的是，译写的内容和句式、词语理解有相当难度，而理解又是表达的前提，所以，译写题有时除了提供文言材料外，还适当地提供注释，以减少理解的难度，为译写做好准备。

译写，不是用白话文改写，更不是故事新编。译写必须忠实原文，脱离材料的内容和形式的规定性，任意发挥，添枝加叶，不是译写题的训练初衷。

译写题有助于增加学生的文化积累。因此，提供译写的材料应当精选，文质兼美，富有知识性、启示性，也就是说，入选的文言文材料必须有文化价值。

❽ 情境型

情境题是材料作文的一种形式。提供一定的情境，让学生构思时有切实的依据，不至于野马脱缰而失去控制。从规定情景出发，通过合理的想象，再现情境，有助于培养学生逻辑思维能力和文字表达能力。

设计的情境要富有生活气息。学生进入情境如同走进生活，感到熟悉、亲切，也易于理解。或写人物对话，或写人物神情，或写人物动作，或写场面，或写信件，或写报道，或写公告，都是生活中实际遇到的，进行这样的情景训练，能使学生经受生活的锻炼，增强对生活的适应能力。

设计的情境要能激起学生的兴趣。情境的内容和形式都要为学生喜闻乐见，能激发想象。

题式一：

> 松树和白杨的对话
>
> 　　　　　　　　　　　　（《松树的风格》和《白杨礼赞》读后）

题式二：

> 愚公和智叟的第二次会面
>
> 　　　　　　　　　　　　　　　　（《愚公移山》读后）

题式一写"松树和白杨的对话"，松树的苍劲，白杨的伟岸，各有个性；题式二"愚公和智叟的第二次会面"，愚公的执着和智叟的浅薄，有了第一次针锋相对的争执，第二次相会又将是怎样的情形呢？浓厚的寓言色彩，引学生进入想象的天地。

题式三：

> 领会"最后一课"给小弗朗士的深刻教育，以"回家路上"为题，写一篇500字的短文，描述小弗朗士在回家路上的所见所闻，突出他眷恋、追悔的感受。

题式四：

> 拟告白文稿，注意：字数不得超过10个。
>
> 某村庄旁边有一座年久失修的木桥，行人来往频繁。最近，因连降暴雨，湍急的溪水冲歪了一个桥桩，一时又不便修理加固，为了保障行人安全，村里人准备在桥头挂一块告白牌子，请你代拟文稿。

题式五：

> 校学生会成立新社团"悦读会"，要拟一则招新启事。请你围绕"阅读带来审美愉悦"这一宗旨，为启事写一段话。要求：语言简练，有吸引力。

以上各题，都提供了引人投入的情境。真实、富有意义的语文实践活动情境是学生写作能力表现的载体。学生根据情境写作时读者对象不同、文章体裁不同、表达方式不同，在写作实践中，有比较，有鉴别，得到多方面的能力训练。富于想象和勇于思考是青少年思维的特点，情境题为中学生进行这些思维活动创造了良好的条件。

设计情境最忌一个"假"字。情境作文不是简单的文字图解。情境中情是根本，景是衬托情的，为表情达意服务的，景要明，要简，而情要深，要真，要能扣动中学生的心弦，激起感情共鸣，从而注情于景。这样，才能形成意境，情境作文才能写出个性，写出新意，产生兴趣，获得实益。

⑨ 实物型

"实物"在这里指小型的能用作教具的静物。如题式中列举的"钢笔""盆景""山石""绿叶""橄榄"等等。

实物型作文训练类似于绘画中的实物写生。以实物为写作对象，增加实感，方便教学。全班同学研究同一静物，认识差距和表述优劣易于分辨，通过比较，取长补短。而师生也因面对同样的研究对象，教和学相互沟通，学生从教师的示范中受到启示，教师则针对学生的薄弱环节，现身说法。

实物型作文题要适应中学生的年龄特征。青少年爱动，好奇，求新，高中学生更加一层"成人感"。一般来说，实物写作的内容不宜直露，要含蓄些，有深入思考的余地。

题式一：

> 晓明的爸爸在山区工作。在晓明十四岁生日前夕，爸爸给他寄来一件包裹。晓明高兴地打开包裹，只见包裹里放着一块小山石，一片小绿叶，

一支金笔，并附一短信："明儿：收到包裹，回我一信。爸爸爱你。"

请以晓明的身份，给远方的爸爸写一封回信。

采用"实物信"的形式，符合青少年的理解水平，又有一定的神秘感，学生乐于完成。

又如题式二：

置一盆山水（或花木）盆景于教室讲台上，要求学生为盆景的意境取一个题目，并以"立体的画，无声的诗"为题，写一篇说明文，介绍这盆盆景的艺术造型。

提供的实物是艺术盆景，实物本身就给人以美感，可以预计这道实物题会受到学生的欢迎。

题式三：

有一首民歌是这样唱的："外婆给我一颗橄榄，又涩又酸，我把它吐在路边，一会儿嘴里有了回味，又香又甜，再想找那橄榄，再也不见。"试给每个学生发一枚橄榄，以"由橄榄想起的"为题，写一篇议论文。

向学生提供一首民歌，以扩大知识面，再发给实物（"橄榄"）以满足学生较强的味觉，让学生发表议论，别有一番情趣。

 图片型

提供生动画面，丰富写作素材，调动学生的写作积极性，这是看图作文的长处。学生看图、写图，观察能力、思考能力、想象能力得到锻炼。看图作文还是提高学生艺术鉴赏能力的门径。图片经严格挑选，广涉各个画种，油画、国画、广告画、图案画、漫画，包括木刻、雕塑、摄影等艺术品种，荟萃名作佳画，引导学生研究、理解、评价画面内容和形式特点，有助于开阔视野，增强艺术修养。

题式一：

下面是"全国十八岁成人教育活动"的标志图案，请写出构图要素，并说明图形寓意，要求语意简明，句子通顺，不超过 80 字。

图片型作文题一般有"要求"和"图片"两项。"要求"体现练习目的。包括文体要求、方法要求、鉴赏要求。由易到难，由片段到全篇，由再现到创造，由理解到评价，循序渐进。"图片"提供训练材料。选图适当是作文题设计成功的关键。题式一文字"18"组成一只飞鸟的形象。左边"1"化为鸟头和鸟身；右边是"8"的变形，化为两翼。"18"代表成人的年龄下限，飞鸟象征青年羽翼长成，成为独立个体，可以独立翱翔于社会，两翼的四羽寓争做"四有"（有理想、有道德、有文化、有纪律）新人之意。

题式二：

这组画揭示了怎样的道理？请用一两句话将这个道理说明清楚。再请给这组漫画取一个题目，然后写一篇评论这组画的文章，题目自拟。

 **音响型**

音响作文是一种新型的命题形式。它以音乐语言独有的艺术美，陶冶学生的艺术情趣，提高审美能力，有较高的美育价值。

从类型说，听音响，编故事，发议论，还可抒发感情。值得注意的是，音乐语言有它的特殊性。它不像文字语言那样确定，音乐所表现的内容和主题，比较含蓄，甚至朦胧，有时只表现一种意境，一种氛围，听者结合自己的理解，自己的感情，去补充它，同它产生强烈的共鸣。正因为如此，音响作文提供给学生想象的空间特别广阔，对于培养学生的想象力大有裨益。

题式一：

> 听音响，编故事。
>
> 让学生听一组音响，发挥想象力，编写一个故事，要求将若干音响写入故事中，至于文章的主题和题材则不加限制。
>
> 这组音响内容共有十八种：①太空音乐；②鸟语；③火箭发射；④厨房煎炒；⑤儿童嬉戏；⑥马蹄声；⑦鹅叫鸡鸣；⑧礼炮火花；⑨海浪声；⑩大厅人杂；⑪小虫鸣叫；⑫声频转换；⑬短波发报；⑭汽车鸣笛；⑮开门；⑯风雪声；⑰古刹钟声；⑱太空对话。
>
> 要求编写的故事结构完整，情节动人，主题积极，有时代感；引用的音响不少于以上 18 种中的 10 种；字数 1000 字左右。

要把那么多的音响，组成一个完整的故事，没有丰富的想象力是难以完成的。多次进行这样的训练，学生自会思路开阔，想象能力也就会提高。值得注意的是，向学生提供的音乐作品必须切近学生的理解水平，根据年龄不同，做到难易适度。一味拔高，远离学生的理解水平，非但不能达到培养学生鉴赏能力和写作能力的目的，反而败坏学生写作的兴味。

题式二：

> 选一段相对完整的乐曲，或取意境深邃的，或取热情奔放的，或悠扬，或铿锵，要求学生听两遍，然后根据乐曲的内容和气氛编写一则故事，自取一个题目。

题式三：

> 听《义勇军进行曲》，以"国歌引起的联想"为题，写一篇散文。

题式四：

> 自选一首歌学唱，以"听歌有感"为题，写一篇议论文。

音响作文题，可以练习多种表达方式，记叙、描写、抒情、议论，以音响为媒介，都能得到有效的训练。题式二偏重记叙能力的训练，题式三偏重描写和抒情能力的训练，题式四则侧重训练议论能力。

优美的音乐旋律，深邃的歌曲意境，陶冶学生性情，提高文化素养，还能从中汲取写作营养。具体来说，可以从以下几个方面得到借鉴：

其一，引导学生鉴赏音乐和歌曲，将其融入谋篇布局的构思。例如，欣赏歌曲《我爱米兰》，写《我心中的茉莉花》，以"茉莉花"为线索，歌颂园丁的美好品质。欣赏《流星》，经"流星"前后贯穿，歌唱青年人"流星般纯洁的友谊"。

其二，在文章局部移植精彩的音乐和歌曲。或以音乐和歌曲名称做文章标题，如《爱的奉献》《为了母亲的微笑》《路在脚下》《莫让年华付水流》《浪花里飞出欢乐的歌》《在希望的田野上》《命运交响曲》《祝你平安》《涛声依旧》《说句心里话》《春天的故事》等。或以歌词和音乐的意境化为文章的一部分，如习作《我》开头以"天地间走来小小的我"起句，先声夺人。《中国青年报》曾刊载并推荐一位北京中学生习作《十五分钟独行》，这篇捕捉片刻情绪流程的抒情散文结尾写道："我又哼起了这支歌：'展开我狂想的翅膀，飞越不属于我的地方。到一个遥远的异乡，感受阳光和曦的温暖……'"结尾处借助歌词，自然地表露少年一代起伏多变的情绪心态。

其三，借助音乐和歌曲的意境，展开联想和想象，以文字表述再现音响娱人的美感。如倾听二胡曲《二泉映月》、打击乐《将军令》，描绘乐曲幽深的化境，对于培养学生形象思维和丰富想象力都有较好的效果。

12 影视型

借助影视的内容和形式进行写作训练的命题方式。形象鲜明、节奏明快、想象空间大是它的特点。

影视型的命题方式，有如下几种：

形象再现：

> 选择一部故事影片（或电视剧），截取一个相对完整的片段，用描述的语言把它记下来，以"影片（或电视剧）《×××》片段之一"为副标题，正标题自拟。1000 字左右。

摘要说明：

> 指定或自选一部电影，写一篇 500 字的影片说明。

赏析评论：

> 人物对白是影视艺术重要的表现手段。为了塑造鲜明的人物形象，编导总是在人物语言上刻意求工，这种艺术语言，有着丰富的内涵，赏析评论就是将它们揭示出来，让观众能欣赏到它的艺术之美。

再度创作：

> 请将鲁迅小说《故乡》中的一段环境描写化成一组蒙太奇镜头。
> 我冒了严寒，回到相隔二千余里，别了二十余年的故乡去。

时候既然是深冬；渐近故乡时，天气又阴晦了，冷风吹进船舱中，呜呜的响，从篷隙向外一望，苍黄的天底下，远近横着几个萧索的荒村，没有一些活气。我的心禁不住悲凉起来了。

阿！这不是我二十年来时时记得的故乡？

（1）远景：＿＿＿＿＿＿＿＿＿＿＿＿＿＿＿＿＿＿＿＿＿＿＿。

（2）近景：＿＿＿＿＿＿＿＿＿＿＿＿＿＿＿＿＿＿＿＿＿＿＿。

（3）特写：＿＿＿＿＿＿＿＿＿＿＿＿＿＿＿＿＿＿＿＿＿＿＿。

（4）远景：＿＿＿＿＿＿＿＿＿＿＿＿＿＿＿＿＿＿＿＿＿＿＿。

这一段句与句的连接就可化成一组蒙太奇镜头：

（1）远景：深冬，天色苍茫，一条乌篷船在小河中行驶。

（2）近景：船舱中……

（3）特写："我"向篷隙外望去。

（4）远景：远处几个萧索的荒村。

这里，用不着语言的解说，也用不着演员的表演，冬日农村的零落荒凉传达出主人公返回故乡时的凄苦之情，给人以阴冷惆怅的感觉。

选用影视题型，从教学需要须注意以下三点。

（1）时效性。影视有广泛的群众基础，容易形成一时的热门话题，及时地组织引导学生观看和评论影片，能激起学生的参与兴趣。

（2）计划性。影视的内容虽然变化频率较高，但是，有关影视的知识却有显然的联系。影视的表现形式与写作的表现形式相辅相成，能在一个总的系统下有机组合，对提高学生的表现能力效果明显。

（3）知识性。影视是十分普及的一种艺术门类，学生可以说天天都要接触它，但是，影视的表现技巧又是专门性的，对于一般学生说来，有感性的接触，却未必有理性的认识，适量适时地传授影视知识，如"远景、中景、近景、画面、空白、蒙太奇"等，使学生描述、说明、评论影视片有所依据，加深理解，有效借鉴。

 **自拟型**

自拟题是提供材料或取材范围，由中学生自取中心思想的写作训练形式。自拟题不同于自由命题。前者自拟题目是有条件的，后者自由取题则是无条件的。自拟题目唯其有条件，文章立意就要与这些条件有密切的关联。究竟是什么关系，怎样依据材料立意，那就要看习作者独立思考的水平了。这种训练形式，对于培养学生判断能力和独创能力有着积极的作用。

自拟题有各种类别。

有的给副题，如题式一：

> 　　关于石钟山的命名，南北朝郦道元认为是"下临深潭，微风鼓浪，水石相搏，声如洪钟"，故名。唐朝李勃"得双石于潭上，扣而聆之"，认为听到的声音如钟声，故名。而宋朝苏轼则通过身临其境的考察，认定乃水流动，灌进石穴所致，故名。他还因而发出了"事不目见耳闻，而臆断其有无"的慨叹。
>
> 　　八百年后，曾国藩借助将士熟知地貌之便，探石钟山，发现"石钟山者，山中空，形如钟""钟山以形言之，非以声言之"。因而又叹道："东坡叹李勃之陋，不知坡亦陋也。"
>
> 　　试根据以上材料，以"从石钟之命名谈起"为副标题，正标题自拟，写一篇议论文。题目要表明观点。

有的不给副题，如题式二：

> 　　鲁迅的《一件小事》是人们熟知的一篇小说。在这篇小说中，鲁迅对于初稿的文字有这样的改动：
>
> 　　（1）其间耳闻目睹的所谓国家大事，算起来也很不少。（初稿是"其间亲见的所谓国家大事"……）
>
> 　　（2）我因为生计关系，不得不一早在路上走。（初稿无"一早"两字）
>
> 　　（3）甚而至于要榨出皮袍下面藏着的"小"来。（初稿为"甚而至于要

榨出皮袭里面藏着的"小"来）

你看了这样的修改，有些什么想法，写篇议论文，题目自拟。

有的仅仅提供材料，对于如何拟题不加任何提示的，如题式三：

一群小老鼠开会，要想出一个好方法：当猫儿出现的时候，它们怎样才能够及时逃走。

它们热烈地议论着，充分发表意见，终于想到了一个很巧妙的方法，那就是在猫的脖子上挂一个小铃，当猫儿走动时，小铃便会发出丁零丁零的响声，大家便可以应声逃走。

可是，谁去给猫儿挂小铃呢？小老鼠们很快又都哭丧着脸了。

阅读上面这则故事，写一篇读后感，题目自拟。

练习自拟题，正确理解题目提供的材料具有重要意义。理解材料是写作的前提和基础条件。自拟题不仅能检测学生的写作能力，同时检测学生的阅读能力，有较大的综合性，常常用于考试命题。

系列型

由若干作文题连成一个有机的整体，形成一组系列训练，称之系列题。其组合形式有三种。一种为整散组合，既有片段写作要求，又有整篇写作要求。一种为不同文体组合。一种为既有整散组合要求，又有文体组合要求。例如，题式一：

一次自行车障碍赛

（1）考虑以下问题：

① 比赛参加者的范围、年龄和对所用自行车的要求应该是什么？

② 整个赛程经过哪些障碍物，障碍物的衔接顺序，通过障碍物的要求是什么？怎样确定优胜者？

（2）填写下列公告的空白：

自行车障碍赛公告

时间：2024 年 6 月 25 日下午 3：30 开始。

地点：火车站街 184—192 号居住区大院。

参加条件：＿＿＿＿＿＿＿＿＿＿＿＿＿＿＿

比赛优胜者确定办法：＿＿＿＿＿＿＿＿＿＿＿＿

奖品：＿＿＿＿＿＿＿＿＿＿＿＿＿＿＿

比赛筹备组：初一年级（2）班学生

（3）给年轻人的家庭、退休了的老夫妇、面包店老板各写一封信，写信时除了告知自行车赛事安排外，还需考虑以下问题：

① 年轻的父母、老年人、商人喜欢孩子们怎样对他们说话？

② 年轻的父母有和我们年龄差不多的孩子，老年人习惯了清静，面包店不在比赛场附近，老板对噪声并不介意。针对不同的状况想想信里应该写哪些内容？怎样写才能促使他们赞成你们的比赛活动？

③ 用哪些词语来做自我介绍？怎么写结尾的寒暄语和祝颂语？

（4）写一篇通讯报道宣传这次比赛，题目自拟。

这组作文题，有片段写作，有整篇写作，有写信的要求，也有写报道的要求，整散组合与文体组合兼而有之。

进行系列作文训练，能使学生由易而难，有一个逐步提高的过程。写作难点分散，写作训练相对集中，学生便于掌握写作要领，从而增加信心、克服困难，顺利完成写作任务，特别对于写作能力较差的学生有帮扶作用。

例如，题式二：

请每位同学随身带小镜子一面，在练习本上，分别写四篇文章：

记叙文：镜子里的我

说明文：小镜

议论文：照镜子的启示

抒情散文：镜子的风格

材料是一面小镜子，分别写四篇文章：一篇记叙文，一篇说明文，一篇议论文，一篇散文。多种文体同时训练，有利于发挥学生的长处和写作积极性。作文是主观性很强的表达方式，学生经历不同，兴趣爱好差异，写作能力也有强弱，多题为学生提供了自由发挥的可能性。如果只出一个作文题，势必一部分学生感到正中下怀，一部分学生感慨并非所长。

有的系列作文题，如题式三：

> 读《东施效颦》后，做三题：
> （1）给东施们上堂美学课
> （2）假如东施是美人
> （3）西施的"颦"为什么美？

同一材料，同一文体，三个题目表明三种写作角度，一是从"东施"角度写，一是从"西施"角度写；而写"东施"，又一从"丑"写，一从"美"写。通过练习，学生看问题，不仅看事物的这一面，还看事物的另一面，不仅看事物的正面，还看事物的反面，掌握辩证的认识方法，提高学生辩证思维的能力。

15 属对型

对对子（对联，亦称对子）是我国传统的写作训练形式之一。汉语语言特具的音乐性特点——音调柔美，节奏明快，韵律和谐，又兼词汇选择、词序变化对表情达意有重大影响，巧设对联就成了衡量人的知识水平、智力水平的重要标准。语言学家张志公说："属对练习能够通过实践，灵活地将语法、修辞、逻辑几种训练结合在一起，并且跟作文密切结合起来。"（《传统语文教学初探》）对联字数不多，寓意深刻，构思巧妙，用语精练，学会写对联对于陶冶思想情操，培养有针对性地敏捷思考的能力和运用语言（准确、精练）的表达能力都有重要作用。

教会学生对对子，一般是先讲对联知识。对联要求字数相等，意义相关，结构对称，音韵（平仄）协调。再让学生做推敲词语的练习，培养运用同义词、近义词和反义词的能力。（如对称词语填空练习，对偶诗句及俗语、谚语的填空练习）最后引导学生从仿到创，进行对联创作练习。

题式一:

> 写出下列对联的下联。
>
> 室雅何须大,_____
>
> 有理尽管胆大,_____
>
> 书到用时方恨少,_____
>
> 今日幼苗明日参天大树,_____
>
> 春山春水春意浓,春色醉我;_____
>
> 大球,小球,大小球,誉满全球;_____
>
> 进校如进山,欲上最高层遨游,须得登峰造极;_____
>
> _____

从学生答题中,可以看出属对的训练得益。如有的学生取对"书到用时方恨少,事非经过不知难",底蕴深刻,富有哲理。

题式二:

> 按下列题目,创作六副对联。
>
> 颂春:{   赞美同学友情:{
>
> 珍惜时间:{   献给革命先烈:{
>
> 歌颂心灵美:{   保护视力:{

以"珍惜时间"为题,学生创作的联语有:"将时间抓住,方为强者;被岁月抛弃,便是懦夫。"以保护视力为题的联语有:"这人'零点二',难辨春色,实苦恼;那位'一点五',明察秋毫,真传神。""眼睛虽小不可少,镜片不大却嫌多。"从教学实践中看出,对对子练习能激起学生写作的兴趣,点燃他们智慧的火花,其意义当然就不仅仅止于掌握作对联的知识了。

16 应答型

应答是社会交际的一种需要。在日常生活中，面对质询问难、答疑解难，常常用到书面应答的形式。训练中学生善于应答，为他们走向社会做好准备。而且，应答总是在一定条件下，在限定的时间内，对提问者做出明确而迅速的反应或回答，能培养学生思维的针对性、灵活性和敏捷性，有积极的作用。又因为书面应答内容有长有短，可写段，也可成篇，形式活泼，应答在应试和练习中使用频率都是很高的。

应答的问题应是人们关心而又有一定难度的问题。人们关心的问题，才能激起应答的热情，也只有疑而后问，答题有难度，才能吸引读者关注，发挥应答的社会作用。

应答要注意针对性。对准问题的实质和症结，把要点阐述清楚，知难而进，使之迎刃而解。如下题：

> 《三毛流浪记》创作于 1947 年，时隔数十年，张乐平画的《三毛学雷锋》《三毛学科学》中的三毛却仍然是个儿童。这样的造型符合事物发展规律吗？为什么？谈谈你的看法。

这则作文题，提出的是文艺典型问题，抓住问题实质，就将画册中的少年典型人物——三毛与生活中的少年人物区别开来。

应答要针对问题，抓住要点，有的放矢。不能模棱两可，含糊其词。当提问者同时提出几个问题时，回答要分清主次，区别重点与一般，不要面面俱到，平均用力。

17 评点型

所谓评点就是在品评作品时针对某一点写的简短的评论文字。评点，对于培养学生概括力、鉴赏力有促进作用。由于文字短少（三言两语，至多一两段话），要求语言简洁，一针见血，因此，评点也是锤炼语言的有效形式。

评点的位置，写于书眉或文稿上方空白处，称眉批；写于文（诗）中，或写于句间，称夹注、夹批；有的写于段末。例如：

醉翁亭记（片段）

若夫日出而林霏开，云归而岩穴暝，晦明变化者，山间之朝暮也。野芳发而幽香，佳木秀而繁阴，风霜高洁，水落而石出者，山间之四时也。（写山间朝暮和四时变化的美景。）朝而往，暮而归，四时之景不同，而乐亦无穷也。（滁人游，太守宴，宾客欢，太守醉。时作者被贬官降职，游览风物，寄情山水，实是排遣郁闷。）

点评的方式大致有以下几种：

（1）概括式

虽是寻访古迹，回顾历史，但表达的却是促进民族文化交流，加强民族团结的强烈愿望。（评《内蒙访古》）

（2）思辨式

"但热闹是他们的，我什么也没有。"——表现的是作者的愁绪吗？不，这是一种与自然融为一体时宠辱皆忘的心境，至少可看作是一种自嘲式的幽默。（评《荷塘月色》）

（3）质疑式

说布鲁诺"天才的思想，——被证实了"，此言谬矣。"在别的行星上，也有生物，甚至还有像人一样有智慧、会思索、按照理性生活的动物"，布氏的这一设想并没有被"证实"。（评《火刑》）

（4）赏析式

把陆谦上身衣服扯开，把尖刀向心窝里只一剜……

（施耐庵《林教头风雪山神庙》）

作者在描写林冲杀仇人时，这个"剜"字用得好。它是林冲用刀的一个动作，表现了蓄积在林冲心里的深仇大恨终于得到宣泄。这个"剜"字体现了林冲思想的突变，他对官府、对个人前途不再存有幻想，只有上梁山这条路了。

应当经常把你的语言放在纸上，放在你的心里，用纸的砧、心的锤来锤炼它们。

（孙犁《文艺学习》）

"锤炼语言"一说用"纸的砧、心的锤"作比，老话有了新意，所谓锤炼语言就是反复地用"心"去选择和修改。

 选择型

选择题有利于培养学生的鉴别能力。有比较才有鉴别，有鉴别才有认识上的提高。"求异"，是选择题的基本特征。这里通过比较有两种求异的方法，一是同中求异，一是标新立异。

题式一：

"清明时节雨纷纷，路上行人欲断魂。借问酒家何处有，牧童遥指杏花村。"

这是一首脍炙人口的唐诗。有人却认为原诗啰唆，完全可以在意思不变的条件下改成五绝：

清明时节雨，行人欲断魂。酒家何处有，遥指杏花村。

你觉得原诗好还是改诗好？简要说明理由。

将这两首表现同样题材、同样意境的诗加以比较，一优一平，情味迥异。

原诗有"纷纷"一词，雨丝绵绵，呈现出画意美；加上"借问"和"牧童"两句，一问一答，极富生活气息。而改诗删去"纷纷""借问""牧童"等词语，就显得突兀、生硬。

题式二：

> 某班语文课因为学习"知足常乐"这个成语引起了一场热烈的讨论。同学们各抒己见，归纳起来有两种观点：（1）知足才能常乐；（2）不知足才能常乐。你赞同哪一种观点？有没有第三种观点？请写一篇800字左右的发言稿（议论文），参与他们的讨论。题目自拟。

这则作文题，不仅向学生提出两种观点供选择，思路更拓开一面，鼓励学生标新立异，提出第三种观点。选择题不囿于现成结论，有利于培养学生的创造精神。

选择题忌平直。那些可以不"选"（不必思考）而"择"的选择题，学生得不到思考和创造的乐趣，自然全无兴味。

19 调整型

调整题主要用于训练学生思维的条理性。人的思维活动是能动的、活跃的，也是复杂的、多向性的、多层次的。只有当复杂的思维活动形成一个系统，也即形成一定条理的时候，思维水平才达到新的高度。思维的条理性是思维成熟的标志。

思维的条理性以合乎逻辑为其基础。人认识事物的过程或是从个别到一般，或是从一般到个别，或是从个别到个别，这是形式逻辑。人认识事物还有一个过程，就是透过现象看本质，从量变看质变，分析事物的因果联系，等等，这是辩证逻辑。当思维活动过程顺乎一定的逻辑联系的时候，思维的条理就形成了。调整题就是帮助学生寻找思维活动的逻辑联系的训练形式。如下题：

> 下边这段文字，有的地方思路不清晰，请把它理顺。（不能改动文字和标点）不必重抄原文，可在需要调整的语句（包括标点）底下画横线，然后勾画到恰当的位置上。
>
> 一切科学的研究，就其来源说是实践，就其功用说是指导实践。但是总的说来，还是要对指导实践起作用。如果科学研究离开了指导实践，它还有什么用呢？语言科学的研究最终也要归结到指导运用语言的实践上来。——当然，对于指导实践不能理解得太狭窄，有的研究课题在指导实践上不是那么直接，不是那么立竿见影。

这一段文字包含五个句子。这五个句子的基本内容可划分为三个层次：一是总说，从正反两面立论（"一切科学的研究……""如果科学研究……"）；二是分说，从一般推及个别（"语言科学……"）；三是总说，再次强调立论的正确（"但是总的说来，……"）。这段文字按逻辑顺序（总—分—总）排列，"但是总的说来，……"一句自然应该移到段末，这样安排才符合逻辑性，文章也才有条理性。

20 提纲型

提纲题是对学生进行写作思路训练的有效形式。写作提纲具有整体性，它反映出文章的主要内容和结构层次，可以这样说，写作提纲的确立是构思成熟的标志。写作提纲又具有简明性，一目了然。写作前，列出提纲，便于推敲修改；写作时，参照提纲，使行文思路大致不脱离预想的方案。

列提纲训练有两种形式。一种是给作文题目，列写作提纲；一种是给写作提纲，按提纲写文。从训练过程说，按提纲写文的训练放在前，对于什么是写作提纲学生就有一个认识，为训练编排写作提纲铺设一个基础。

请看这样两道题，题式一：

> 参阅课文《包身工》内容，以"一张包身契"为线索，按"招工—送别—折磨—探望—垂危"的顺序，写一篇记叙文，题目自拟。

题式二：

> 　　按下面的层次，用逐层深入地论述中心论点的写法，写篇题为"说人才"的议论文。
>
> 　　什么是"人才"──→有学识而无道德算不算人才──→有学识、有道德而无健壮的体魄算不算人才──→什么是真正的人才──→怎样才能使自己成为真正的人才

　　题式一、二是先有写作提纲，后要求写文章的。写作提纲的文字或是文章内容的概括，或是文章论述角度的提示。

　　养成写作前认真思考的习惯，很有必要。练习编写提纲是养成认真思考习惯的有效措施。学生编排写作提纲常见错误是提纲无条理，文字不准确、不完整、不简洁。纠正这些错误对于训练学习思维的条理性、准确性和清晰性都有益处。

21　填空型

　　填空题要求学生在一个整体中用简明的文字填上部分的内容。填写的内容，是记忆性的，还是思辨性的，是衡量题目水平的标志。好的填空题，不限制学生的创造性。填写的内容不是简单的记忆的再现，而是周密思考的结果。

题式一：

> 　　在下面这段文章的末尾，简要地加上两三句话，使文章的要旨能清楚地表达出来，并为文章补上题目。
>
> 　　从前有位好画山水画的人，有一天应朋友之约画一幅青松图。他画了一棵挺拔的青松，本来很好看了。可是后来转念一想：在植物学上松柏不是同科吗？于是就添了柏树。又一转念：古人不是说松、竹、梅岁寒三友吗？便又画上了竹和梅。画着画着，灵机一动：有松要有山，有山必有石，就又补上了山和石头。这样添来添去，结果是＿＿＿＿＿＿＿＿
> ＿＿＿＿＿＿＿＿＿＿＿＿＿＿＿＿＿＿＿＿＿＿＿＿＿＿＿＿
> ＿＿＿＿＿＿＿＿＿＿＿＿＿＿＿＿＿＿＿＿＿＿＿＿＿＿＿＿

这道题要求填写的内容是指出作画人"画蛇添足"。这里填写的内容不是题目材料的重复，而是对材料从本质意义上进行概括，并提出恰当的评价。

又如题式二：

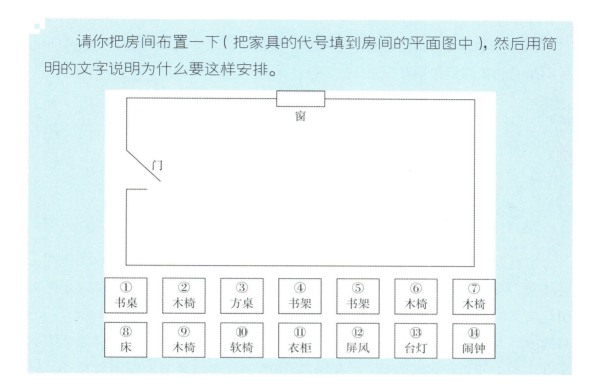

请你把房间布置一下（把家具的代号填到房间的平面图中），然后用简明的文字说明为什么要这样安排。

题式三：

填表：

题 目	论 点	论据（用概括的文字写）
说俭朴		
俭朴与创业		
俭以养德		

题式二留给填空思考的余地更大，学生有极大的主动性，驰骋想象，倾注感情，填写的内容各有特点，别具情趣。题式三要求对三个议论文题目各提一个论点，同中有异，学生完成题目，不仅积累了立论的写作知识，更使分析辨异

的能力得到培养。

22　改错型

改错是通过纠正错误以达到正确认识的训练手段。设计改错题应注意：（1）错误应是重大的（不是说次要的错误不必改正）；（2）错误应是常犯的（同样不是说偶犯的错误不必改正）见下题：

> 下边的电文意思不清楚，至少可以有两种不同的理解。请你按两种意思分别拟两份电文。每份不能超过 7 个字，并且不能加标点，文言、白话不限。
>
> "船已行二日即到"

这道题揭示的是电文有歧义的错误。电文常用于急事要事。电文不明白，有歧义，就要误事，这是不能允许的。但由于电文简省，又不用标点符号，电文引起歧义的毛病是常见的。"船已行二日即到"中的"二日"是指某一天（一个月的第二天，即二号），还是指两天的时间？收信人对此不能确定，又怎么照电文办事呢？如果将电文改成"已开船二号到"或"船已开两天即到"，那么，收报人不会莫衷一是。

23　话题型

话题，即谈话的题目，指用笔谈的方式，围绕一个话题（中心）发表感想，提出意见，抒发感情。话题紧密联系生活，又有一定难度，而表达方式却是充分自由的。现实性、思辨性、灵活性是话题型作文的特点。

题式一：

> 自然是一本书，社会是一本书，父母是一本书，老师是一本书，同学是一本书，自己是一本书……
>
> 人生经历中，各种接触、交流的过程都是"读"的过程，读是面对，读是探索，读是了解，读是感悟，读是品味，读是沟通，读是超越……

请以"读"为话题，写一篇不少于 800 字的文章。

注意：（1）所写内容必须在话题范围之内；（2）立意自定；（3）文体自选；（4）题目自拟；（5）书写规范，正确使用标点符号；（6）不得抄袭。

读书是人所熟知的动作和行为，可是由此引申到读自然，读人，读成长，那就复杂得多，需要清晰的思辨，深刻的感悟，行之于文，则需要选用适当的表达方式。话题作文有极大的自由度（"立意自定""文体自选""题目自拟"），集中考查的是写作者的思维能力和语言表达能力。

题式二：

小时候人们喜欢发问，长大后往往看重结论。对此，有人感到担忧，有人觉得正常，你有怎样的思考？请写一篇文章，谈谈你的认识。

要求：（1）自拟题目；（2）不少于 800 字。

提供一个社会现象，提出两个不同的看法，要求写出自己的思考。话题看似寻常，其实并不简单，其中有涉及年岁增长，从幼稚走向成熟的问题，有"发问"和"结论"的关系问题。如果仅从一个角度看，一个方面看，那就是"剪不断，理还乱"，思辨的要求是不低的。

题式三：

阅读下面的材料，根据要求写作。

"本手、妙手、俗手"是围棋的三个术语。本手是指合乎棋理的正规下法；妙手是指出人意料的精妙下法；俗手是指貌似合理，而从全局看通常会受损的下法。对于初学者而言，应该从本手开始，本手的功夫扎实了，棋力才会提高。一些初学者热衷于追求妙手，而忽视更为常用的本手。本手是基础，妙手是创造。一般来说，对本手理解深刻，才可能出现妙手；否则，难免下出俗手，水平也不易提升。

以上材料对我们颇具启示意义。请结合材料写一篇文章，体现你的感悟和思考。

"本手、妙手、俗手"原是围棋的三个专业术语，其本义实际是"本手"是基础，"妙手"是创造，"俗手"是不切实际、弄巧成拙。三者关系作为话题自无不可。话题以通俗明白为宜，借用专业术语，会造成一般写作者的理解障碍。题目还为此专门做了解释，实是多此一举。再说这三者的关系，题目已有明示，"一般说来"云云，主题先行，定论在前，会影响思维的开放性和自由度，这也是话题作文的大忌。

（二）非材料作文题型（8型）

➡ 记叙型   ➡ 概念（议论）型

➡ 描写型   ➡ 判断（议论）型

➡ 抒情型   ➡ 半命题型

➡ 说明型   ➡ 微信型

记叙型

记叙题从题目的修辞色彩看，有直述式和修饰式两种。例如，"妈妈教我做家务""我做的一件荒唐事""我从实践中懂得了一个道理"，属于直述内容，简洁明白，朴实无华。而"啊，难忘的六月""春雨点点——记精神文明活动二三事""脚印"等题，则属于修饰式，运用呼告、比喻、借代等修辞手法，有较强的抒情意味。

非材料性作文命题，没有辅助的写作材料，题目内容更要切近学生生活，"妈妈教我做家务""我做的一件荒唐事""泪，别挂在脸上"等题，都鲜明地打上了青少年生活的印记。而"我告诉你一个秘密""老师，您还记得吗？"等题采用问答、探秘、幻想等形式，适合青少年"爱好幻想，渴望理解"和"求新、求美、求异"的心理需求。

记叙性的作文题，还常常与议论相结合，激发学生深入思考。例如，"我从实践中懂得了一个道理""我的一段思想经历"等题，有意识地引导中学生透过现象看本质，不仅认识事物的一个方面，还能思考容易被忽视的事物的另一个方面。这类作文题，以记叙为主，兼及议论，对促进学生思维能力的发展、思想认识的成熟很有益处。

非材料性作文命题，虽不直接提供写作材料，但不等于可以不为题目写必要的"提示语"。"提示语"切忌古板、"指令性"。用语亲切，要求具体，带有启发性，难度较高的作文题，铺设答题阶梯，使学生乐于写，便于写，写出好文章。见下题：

> 生活是严峻的老师，生活中的一件事，一个人，一个瞬间，往往都会给人们带来深深的思考。青年朋友，请从你的生活中选择一个有意义的引起深思的内容，写一篇文章。题目就叫"生活告诉我……"。

非材料性作文题是否使用标点符号，也因题而异。一般说，题目不加标点。只有在特定情况下，如有必要强调停顿、加强气氛、增强感情，才需要使用标点。如"春雨点点——记精神文明活动中的二三事"，有正副标题，所以要加破折号，以示区别。又如，"课本，我的小船……"（培根说："书籍是在时代的波涛中航行的思想之船，它小心翼翼地把珍贵的货物运送给一代又一代。"）一题，用逗号作停顿以表示强调，用省略号表示意味深长，用括号介绍培根的名言。连用几个标点，就把命题要求比较完整而突出地表述清楚。

小练笔

❊ 从下面的作文题中挑选感兴趣的作文。

难以言说的"一闪念"

在生日那天许了个愿

一张贺卡

生活中的一次闪失

我做了一件荒唐事

一次有惊无险的经历

我害怕长大

我想有个弟弟（或妹妹）

我渴望有个知己

十五岁，一个女孩子的梦

记住这句话："爱我所爱，无怨无悔。"

我俩不是对顶角

生日里，荡漾着爱

快乐的三人世界

校园又有新热点

② 描写型

描写题是以描写为主要表现手段的命题形式。从描写对象分，大致有人物描写、景物描写、事物描写三种。

人物描写，又可分几种：

（1）肖像描写：写人物的容貌、姿态、神情、衣饰，以表现人物鲜明的个性特征。题式一：

张老师的眼睛有特异功能。

功能，就是功效或作用。人们常说"画龙点睛"，写人，尤其要注重眼睛的描写。通过写眼，不仅可看到人物的肖像特征，还可看出人物的心态、精神。有同学说，某某老师的那双眼睛简直就像探照灯，又像童话里的宝镜。你注意到了吗？有这种感受吗？请仔细想想。

（2）语言描写：写人物的独白和对话，言为心声，展现人物的独特性格。题式二：

高考填志愿，是高三学生家庭的热门话题。张芳一家对是否填报师范院校展开了热烈的讨论。通过合理想象，写出张芳（高三毕业生）、张芳父（某中学高级教师）、张芳母（某公司会计师）三人讨论时的对话。

（3）动作描写：描写人物的行为和动作。恩格斯说："人物的性格不仅表现在他做什么，而且表现他怎样做。"题式三：

在仔细观察的基础上，写出人物在不同情况下所具有的表情、神态和动作。（任选两题）

喜出望外的他　　　　悲痛欲绝的他

大发雷霆的他　　　　沉思默想的他

胆怯、腼腆的他　　　　惊慌失措的他

（4）心理描写：展示人物的思想活动和内心世界，通常运用的方法，有心理概述、内心独白、动作暗示、景物衬托，有时还运用特殊的手段，如梦境、幻觉等。题式四：

观察上面的《全家福》一图，展开合理的想象和联想，写一段反映母亲心理活动的话，200 字左右。

　　景物描写，以景物和周围陈设为描写对象，一般穿插于写人叙事之中，也有单独成篇的，如游记。题式五：

> 　　用100字左右写一段话，描述你站在某个地方所见到的景物。要求变换观察点，要有顺序，如由近及远，由低往高，由外向内，由整体到局部。

　　题式六：

> 　　当身处一境，有所见闻，（比如，见到久别的亲友；公布考试成绩时……）你会想些什么？做些什么呢？或者，当面临偶发事件，（比如，突然停电，发生车祸的时候……）你又将如何思考？如何处置呢？
> 　　请以"当_____的时候"为题，写一篇200~300字的情境小作文。

　　创设情境的写作训练，是一种带限制性的定向描写训练，或描绘出某种情境的具体情状，或反映出特定情境中人物的外貌、语言、心理等特征。这种训练有利于想象力的培养和创造力的发挥。

　　场面描写，是对于在一定场合内，众多人物共同活动的情景描述。描写场面，要注意点面结合，写出气氛。题式七：

> 饭桌上的一次谈话
> 哭笑不得的一幕
> 一个小孩叫我"叔叔"（或阿姨）

　　细节描写，指对人物的某些细小的举止行动或对某些具有特征性的物件精心描绘，以小见大，从细微处见精神。题式八：

> 爸爸的口头禅
> 妈妈的微笑

描写的方法还有许多，例如，正面描写和侧面描写，白描和工笔，含蓄和渲染，等等，学生通过阅读积累和写作实践，由浅而深，由易而难，逐步掌握多种描写方法。

描写是为表现人物和主题服务的，为描写而描写，为卖弄而描写，只能弄巧成拙，效果会适得其反。

③ 抒情型

抒情题是要求全篇以表现强烈感情色彩为特色的命题形式，或托物言志，或借景抒情，或咏物写怀。题式一：

咏物抒情是一种常见的文学写作手法。请从下列几首咏物诗中任选一首为题，根据该诗内容的提示，写一篇200字左右的咏物抒情短文。

钢　筋

分明是你撑起一座大厦，落成剪彩时却不见你的身影。

铁　轨

限制的是发狂的自由，却保证了列车一路高歌猛进。

文　凭

虚心的人用你来鞭策自己，心虚的人用你来装饰自己。

山　泉

一旦潴留于狭小的池塘，就会失去原来的光洁。

要求：（1）要符合所咏之物的形象特征；（2）要抒发某种感情或揭示某种哲理；（3）语言简洁、生动、流畅、得体。

题式二：

春天的情怀

联想和想象是富有表现力的抒情手段。题式三：

请根据下列词语展开联想，写篇文章。（注意：要把词语当作联想的诱发点）

杨柳依依　放鸭　白云　立交桥　茅舍　她

感情是现实生活的产物。抒发感情自然要以现实生活为基础，充实的生活激起充沛的感情，只有扎根于生活的土壤，感情才真挚、丰富，有内涵，而不是无病呻吟，故作姿态。

青少年喜欢写抒情文章，这是因为他们内心涌动着青春的情感，面对五光十色的世界，一切都感到新奇，有情要抒，有感要发。这一时期的青少年，生理、心理都处于突变飞跃的阶段，因势利导，及时地提供感情宣泄的机会将会受到中学生的欢迎。

抒情型作文题带有明显的年龄的印记。比如：

我是一只小小鸟

书包减肥梦

我的足球梦

无声的春雨里我不撑伞

秋风恼人

青春年华

十六岁，我想要个男（或女）朋友

如果天上有两个太阳

如果地球是透明的

我的四季

跨越自我

我想……

沉默是一种静态的美

我追求无怨无悔

寻找成熟

这一组作文题看得出年龄的阶梯。郁积于心头，诉之于笔端，流动青春的情感，吐露纯真的心声，反映青少年感情发展变化的轨迹。

"少年不识愁滋味，为赋新词强说愁。"生活实践的局限，进入社会的好奇，有待提高的文化修养，用笔反映生活的后滞（生活丰富而表现力较弱），这些都容易使中学生的抒情失真、失实、失准。

失真，感情虚假；

失实，感情虚泛；

失准，感情表达失去分寸感。

通过抒情题型的训练，学生的情感得以陶冶，得以抒发，青春心理得以平衡并健康向上发展。

 ## 说明型

说明是生活中常用的表述方式。说明的对象多种多样，一件物品、一种方法、一个过程、一次活动、一条建议，都可以列为说明的对象。说明训练有助于学生思维的条理化，对于培养中学生逻辑思维的能力和运用语言准确表达事物的能力有积极的作用。相比于记叙能力和议论能力来说，中学生的说明能力是稍逊一筹的。加强说明能力的培养，既是生活实用的需要，也是克服当前作文教学薄弱环节的需要。

设计说明型作文题，一要注意命题的生活化，要结合学校生活、家庭生活和社会生活命题。如"介绍一种好吃的水果""一张（或一套）引人入胜的邮票""欢迎你报考我们的学校""对教师教法不适应的自我调节"等题，要求说明的对象都是中学生熟知的。中学生习作不为内容所限，集中精力研究说明方法，追求表达效果，对培养学生的说明能力有实际意义。

二要赋予题目以感情色彩。对于说明性作文题，赋予题目以感情至为重要，因为不同于记叙和议论的对象是人或事，人和事本身有较强的感情色彩，容易激起中学生的写作热情。说明性作文题说明的对象是物，是演化的过程，是活动，一言以蔽之，不是"有情物"。如此，设计说明性作文题，沟通说明者和说明对象的感情是必须下功夫的一个环节。如题目"一张（或一套）引人入胜的邮票""我爱读的一篇课文""妒忌心理活动剖析"等，"邮票""课文"等都与"人"的感情联系起来，激发起"人"的主观感情，写作者的写作激情就会受到鼓舞。

三要增强题目的创新意识。由于说明对象是生活中固有的东西，似乎只能客观地说明它的存在，而很少有创造的余地。众所周知，青少年的思维是相当活跃的，缺乏创造性，会扼杀青少年的写作兴趣。青少年有自己的喜好，喜欢表现"人无我有"的独特认识，有兴趣说明普遍关心而难以说明的对象。因此，说明题要努力激起习作者的好奇心和自豪感，如"我喜爱的一句名言""欢迎你报考我们的学校""对教师教法不适应的自我调节""要是我来设计一幢住房"等题，让学生在说明中有创造，产生写作冲动。当然，强调创新意识，绝不是说可以主观臆断，信口开河，说明既有确定的对象，客观性是第一要求。说明能力不是一种被动表达的能力，它同样渗透着一个人的创新意识，表现出人的聪明才智。

请看下面一组作文题：

介绍一种好吃的水果

怎样挑选西瓜

一件纪念品

一张（或一套）引人入胜的邮票

我爱读的一篇课文

为孔乙己写一张履历表

我喜爱的一句名言

怎样查找图书

欢迎你报考我们的学校

日常生活中的一种物理现象（或化学现象）

外语单词识记方法种种

论电流和河流的相似性

给学校提一条建议

我的记忆法

春节习俗探源

对教师教法不适应的自我调节

妒忌心理活动剖析

要是我来设计一幢住房

布置我的小天地

怎样吃好三顿饭

5 概念（议论）型

概念题是议论文写作题型之一。它是通过阐释概念的外延和内涵来论证一种观点的训练形式。

阐释概念需要一定的知识基础。概念属于理性认识的范畴，正确阐释概念的外延和内涵没有相当的理论修养是不行的。例如《说"羞"》，"羞"是一种情态，"羞"有种种表现，它反映了一个人的羞耻心理、自爱心理、上进心理。有人知羞，知羞自责，自责改错，这正是进步的起点。不掌握有关害羞的心理知识是很难阐释"羞"这个概念的。

从类型来说，概念题有阐释一个概念的，有阐释两个或三个概念的。阐释两个以上概念的题型，常常用到比较的方法。这里有两个或三个概念的相似比较，如《发现和发明》《请！谢谢！对不起》；也有两个或三个概念相关、相异甚至相反比较，如《理与礼》《果断和武断》《"自负"与"自卑"》《抄袭·模仿·借鉴》。只有通过比较，加以鉴别，才能找出概念间的相似点、相关点、相异点，从而提出自己的观点。

阐释概念有助于培养学生思维的概括性、严密性和精确性，对于训练学生思维的逻辑性，提高思维素质将起着很大的作用。

请看下面一组作文题：

> 说"羞"
>
> "羡慕"小议
>
> 也谈"马大哈"
>
> "闲言碎语"析
>
> 玩笑的分寸
>
> 名牌的"吸引力"
>
> 中学生交友域概说
>
> 发现和发明
>
> 果断和武断
>
> "正号"和"负号"

理与礼

短时间与高积累

树木与树人

"合群"和"离群"的思考

出力与讨好

人与环境

高分等于高质量吗?

从氯气有毒又消毒说起

是叹息,还是奋斗?

抄袭·模仿·借鉴

请! 谢谢! 对不起!

理·权·法

自负,像一个泥潭,陷进去了,就难以自拔,以至于停滞不前;自卑,像根受了潮的火柴,也难以把希望之火点燃。

细读这段文字,写一篇题为"'自负'与'自卑'"的议论文。

有人说:"人生能有几次搏。"有人说:"人生难得几回醉。"这一"搏"一"醉",鲜明地表明了两种不同的生活态度。你的认识怎样? 请以"'搏'与'醉'"为题,谈谈你的看法。注意:必须恰当地运用举例和正反对比这两种论证方法。

6 判断(议论)型

判断题型是议论文特有的写作训练题型。以判断为题,题目表明观点,引人注目,有突出的表达效果。

判断题型大致分为两类。一类是题目即论点。如"提倡多说'请'字""根深才能叶茂""切莫忽视课间休息""驳'人不为己,天诛地灭'"。或用肯定判断,或用否定判断,是是非非,旗帜鲜明,毫不含糊。思考目标集中,有助于学生深化对事理的认识。

另一类是题目揭示一个被议论的判断，论点尚未直接表明，但议论的倾向性观点是有的。如"谈'三人行必有我师'""对一句格言的异议""给爸爸妈妈提一点意见"。这类题目，往往有议论的对立方面。这样，思考的时候，就不仅要正面立论，还要思考事物的对立面，正反结合，论证就比较全面，学生对事理的认识不至于偏颇，这对于训练学生思维的针对性和周密性大有裨益。

请看下面一组作文题：

> 切莫忽视课间休息
>
> 给我一方空间
>
> 从"良药苦口利于病"谈起
>
> 对一句格言的异议
>
> "不听老人言，吃苦在眼前"析
>
> "忧郁"的兄弟是"欢乐"
>
> 岂能因"财"施教
>
> 把握生命的每一分钟
>
> 永不言弃

7 半命题型

半命题是一种介乎命题作文和自由作文之间的命题形式。它有限制性的一面，一般对文章的体裁都有明确要求，例如下面的三个题式。

题式一：

> 记叙文：面对_____的目光
>
> 要求：在横线上填称呼，如"老师""爸爸""同学"等；再细致一点，加上如"赞许""责备""惊喜"……

一个感情丰富的初中生，面对师长、亲朋的不同态度，会有各种各样的心

态，想起自己做过的事……题目决定了记叙顺序必须调整，合理地安排倒叙与插叙。同时必须运用记叙、议论、抒情等多种表达方式，才能写得感人。

题式二：

说明文：_____的自述

要求：在横线上填上一种熟悉的物品，以拟人写法（自我介绍的方法）说明物品外部形状、内部构造的特点、性质、功用。

题式三：

议论文：《_____》读后感

题式一要求写成记叙文，题式二要求写成说明文，题式三要求写成议论文，这些都是题目中明示的。

作为半命题的命题形式，它又有开放、自由的一面，一般对文章的内容只作题材范围的划分，在规定的题材范围内，写作者完全可以自由选择，写出自己熟悉的、感兴趣的、有体会的题材内容。

这种命题形式的优点是文章表达形式的训练要求具体明确，有针对性，适合于阶段训练，有利于教学上的循序渐进，而题材内容比较开放、自由，有较大的选择余地，思维空间广阔，有助于培养学生的创造能力。

为了帮助习作者领会题意，这种命题形式常常附有比较明确的提示，指导学生合理地选择方向。题式一要求学生在横线上填称呼，举出"老师""爸爸""同学"等例示。题式二要求学生在横线上填物品的名称，同时在写法题材内容上也做出提示。题式三虽然没有文字提示，但是用了一个书名号，显然是要求学生对一本书或一篇文章发表读后的感想。

半命题型的基本式有以下几种：

（1）命前补后。如"星期天给我带来_____"。写作者可填"烦恼""苦闷""遗憾""高兴""激动""喜悦"等。

（2）命后补前。如"_____给我带来了欢乐""_____的启示"。前一题或填某项活动、某种爱好，或填某件事、某样物品。后一题可填"拔河""植树""芳草""撑竿跳""丑小鸭"等。

（3）命首尾补中间。如"一个_____的日记"（可填"班长""胜利者""值日生"等），"好胜是一种_____品质"（可填"好"或"坏"）。

（4）命副标题。如"×××××——《祝福》人物描写谈"

8 微信型

微信，一种通过网络实现即时通信的应用软件，可以发送文字、图片、语音、视频等各类信息，还提供语音和视频聊天、公众平台、朋友圈、消息推送、微信支付等服务功能。即时性、互动性、简便性是它的特点。微信因使用便捷且不受时空限制而广受欢迎。学生运用微信参与学习活动或发表个人言论想法，大致有心语独白、两人对话、群体聊天、公众平台等多种途径。

（1）心语独白：

（2）两人对话：

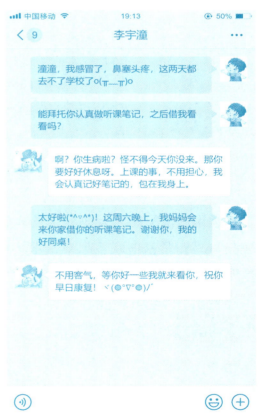

（3）群体聊天：

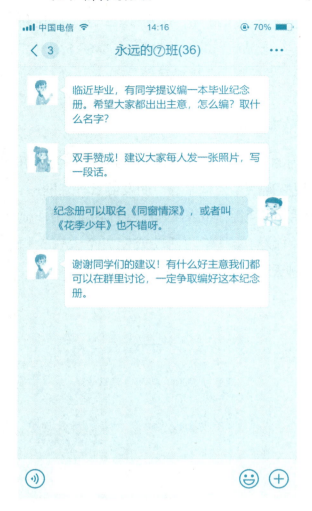

（4）公众平台：

语文学习"灵魂三问"：为什么要学、有什么用、怎样学好？

顾之川 语文学习 2023-08-17 11:12
发表于上海 🎧19人听过

点击上方蓝字 关注我们

语文是学生最早接触的学科之一，从咿呀学语、识字认字起，语文就与我们的生活密不可分。正是因为语文与生活紧密结合，以致大家有时会忽视它的存在。为什么要学语文？学语文有什么用？怎样学好语文？今天我们为您分享人民教育出版社资深编审、中学语文教学专业委员会原理事长顾之川先生关于语文学习的认识，相当

　　运用微信写作大大地丰富了学生的写作手段，将说话与写作、图案与写作、视频与写作紧密地联系起来，必能更有效地提高表达能力。需要注意的是，微信发布自由度大，在设定情境中，往往一个词、一幅画（如表情包）、一个截屏，一经发出，接受方就能心领神会。由此提醒使用者，在运用中不要率性而为，生造词语，以免影响正常交流。

（三）自由作文题型（1型）

➡ 自由型

自由作文是学生自己命题、自选题材、自立主题、自定体裁的写作训练形式。写作主动是自由作文的一大优点。学生有事可记，有情则抒，有议就发，写作不再是负担。表情达意成了学生寻求心理平衡的一种自觉诉求。

自由作文形式灵活。书信、日记、随笔都是中学生常用的课外练笔方式。自由作文的写作时间由作者灵活安排，写作机会大大增加。这对于形成写作能力尤为必要。教学实践表明，课外练笔和课内作文相辅相成，是提高学生写作水平的两条平行而又互相沟通的渠道。

自由作文是作文训练的一种题型，自然需要教师指导，"自由"不意味放任。通常在起始阶段，向学生提供任凭选择的作文题目，或者提供同龄人自由作文的范例，这些题目和例示，内容来自多种角度，形式包括各种类型，起到启示学生思路，开阔学生视野的作用。而一旦学生自由练笔初成习惯，则组织交流，加强讲评，进行比赛，从而把学生课外自由作文的水平逐步提到新的高度。

请看一组中学生自由题例：

听老外说汉语

电脑"上网"带来的欢乐

在你身边的化学

店名集萃

感谢你，红绿灯

异性评价有说服力吗

班内的"动物王国"——小议绰号

谈中学生送礼怪圈

课堂里的"市场经济"论

"克隆"是非种种
兴办"贵族学校"之我见
真理乎，邪说乎——伪科学思辨
远离"心的沙漠"和"爱的荒原"